TOWARDS 2050

面向2050

全球城市现代化战略

GLOBAL URBAN
MODERNIZATION STRATEGIES

叶青◎等著

2050

中国经济出版社
CHINA ECONOMIC PUBLISHING HOUSE
·北京·

图书在版编目（CIP）数据

面向2050：全球城市现代化战略 / 叶青等著 . --
北京：中国经济出版社，2022.12
ISBN 978-7-5136-7137-8

Ⅰ.①面… Ⅱ.①叶… Ⅲ.①现代化建设－研究－北京-2021-2025 Ⅳ.① F127.1

中国版本图书馆 CIP 数据核字（2022）第 197549 号

责任编辑 郑 潇
责任印制 马小宾

出版发行 中国经济出版社
印 刷 者 北京富泰印刷有限责任公司
经 销 者 各地新华书店
开　　本 710mm × 1000mm 1/16
印　　张 26.25
字　　数 460 千字
版　　次 2022 年 12 月第 1 版
印　　次 2022 年 12 月第 1 次
定　　价 98.00 元

中国经济出版社 **网址** www.economyph.com **社址** 北京市东城区安定门外大街 58 号 **邮编** 100011
本版图书如存在印装质量问题，请与本社发行中心联系调换（联系电话：010-57512564）

编写组成员

叶　青　中国科学院中国现代化研究中心研究员，

中国科学院大学岗位教授

赵西君　中国科学院科技战略咨询研究院副研究员

靳　京　中国科学院中国现代化研究中心副研究员

李　力　中国科学院中国现代化研究中心助理研究员

李　扬　中国科学院中国现代化研究中心助理研究员

朱文瑜　中国科学院中国现代化研究中心助理研究员

岳启明　中国科学院中国现代化研究中心助理研究员

吕思晨　中国科学院大学硕士研究生

序

PREFACE

本书是一部关于世界前沿城市现代化的研究报告，由中国科学院中国现代化研究中心（以下简称现代化中心）的年轻学者完成。成立于2002年的现代化中心致力于现代化的基础理论研究，一直坚持以逻辑实证的方法研究世界现代化问题，在全球视野中探求世界现代化的基本事实、规律与差异，并服务于中国的现代化建设，这是宏大叙事的一种交叉科学研究。

自18世纪工业革命以来，城市化进程加速，城市发展成为对人类社会进步有最大影响的地域演化过程之一。城市现代化引领着国家现代化的方向。实现现代化是中华民族伟大复兴的必由之路。中华人民共和国成立之初，毛泽东主席、周恩来总理就提出了“四个现代化”的目标。改革开放后，邓小平同志提出了中国现代化分“三步走”的战略。进入21世纪以来，长江三角洲、粤港澳大湾区、京津冀等较发达地区的城市纷纷提出率先基本实现现代化的时间表，中国现代化运动以城市为先驱开始了最后的冲刺，城市现代化也成为中国城市发展的直接目标。

2019年9月，我和我的同事承担了北京市发展改革委的重大项目——“十四五”时期北京市推进现代化建设的目标、路径研究。虽然是“十四五”时期北京市现代化的目标、路径研究，但实际上瞄准的是2050年——中国“两步走”战略安排的现代化强国目标实现之年，用倒逼式方法做好当下的每个“五年规划”。这一项目时间短、任务重，得益于现代化中心十多年关于现代化研究的积淀，尤其是2011年出版的《现代化报告2011：现代化科学概论》和2013年出版的《现代化报告2013：城市现代化研究》，为本研究奠定了理论基础，2020年出版的《现代化报告2020：世界现代化的度量衡》为本书提供了关于世界中国地区现代化评价的最新数据。在近一年紧张而有序的工作后，我们顺利地完成了任务。课题任务虽已结束，但大家都觉得意犹未尽，有些研究还可以继续深入，例如，面向2050年，全球城市现代化的战略如何？图景如何？因此，我们在原课题的基础上继续推进工作，整理出版了这本书，一方面是对已完成工作的一个总结，另一方面也督促大家勠力同心、奋楫笃行。

本书主体内容一共六章。第一章提供了关于城市化和城市现代化的理论概览。第二章至第四章分别选取了11个全球城市（伦敦、纽约、东京、巴黎、莫斯科、首尔、新加坡、洛杉矶、多伦多、柏林、悉尼）和4个中国前沿城市（北京、上海、深圳、香港）作为案例城市，分析这些城市在现代化进程中的基本事实、发展趋势和现代化的目标愿景等。按城市人口规模和地域分布，把15个城市分为全球特大城市、大型城市和中国城市三类。第五章从已衰落或收缩的城市视角，考察城市现代化的另一种事实、发展趋势和经验教训。第六章以城市记分牌的形式对15个案例城市进行定量比较研究，从经济、政治、社会、文化、环境五个领域和总体状况，分别进行测度、记分和城市分组，以提供数字参考。

本书是研究团队集体合作的成果，统稿人是叶青。各部分具体执笔者如下：导言、结语为叶青；第一章为朱文瑜；第二章伦敦、纽约、首尔和第三章新加坡、柏林五个城市案例为李扬；第二章东京、巴黎和第三章多伦多、悉尼四个城市案例为岳启明；第二章莫斯科、第三章洛杉矶、第四章北京三个城市案例为李力；第四章上海、深圳、香港三个城市案例为赵西君；第五章为吕思晨；第六章为靳京。

特别感谢现代化中心何传启研究员的《中国现代化报告》为本书的撰写提供了丰富的研究资料，感谢大家在本书撰写过程中的资料共享、积极思考和相互启发。

叶 青

2022年12月

目录
CONTENTS

序……1

导　言……1

第一章　城市现代化的理论研究……3

　第一节　多维视角下的城市……3

　第二节　城市化与城市现代化……5

　第三节　城市现代化理论进展……8

第二章　全球特大型城市现代化的案例分析……18

　第一节　伦敦：老牌顶级全球城市的现代化之旅……18

　第二节　纽约：灯塔城市的现代化崛起之路……49

　第三节　东京：向多元包容的智慧城市迈进……89

　第四节　巴黎：古典浪漫与现代化的极致交融……108

　第五节　莫斯科：古老和现代交融的大国首都……122

　第六节　首尔：汉江奇迹的东亚新兴城市现代化……134

第三章　全球大型城市现代化的案例分析……162

　第一节　新加坡：世界花园城市的现代化蜕变……162

　第二节　洛杉矶：向可持续城市典范迈进……200

　第三节　多伦多：在稳健的活力发展中寻求多样性的未来……216

　第四节　柏林：历经战火后融合创意之都的复兴……229

　第五节　悉尼：承载南半球曙光的绿色发展之都……262

第四章 中国城市现代化的案例分析……277
第一节 北京：正在复兴崛起的东方大都会……277
第二节 上海：追求卓越的现代化城市……292
第三节 深圳：打造创新型活力城市……310
第四节 香港：东方之珠的城市现代化……325

第五章 衰落或收缩的城市案例分析……340
第一节 衰落的城市……340
第二节 收缩的城市……346

第六章 全球典型城市记分牌及比较研究……354
第一节 全球视野中的现代城市……354
第二节 城市现代化的指标体系……365
第三节 城市现代化的记分牌……377

结语 全球城市现代化的经验与启示……388
参考文献……397
数据资料来源……412

导　言

在一个国家或地区内，城市是区域发展的中心和国民经济的主体，城市现代化不仅起着地区发展的枢纽和主导作用，而且对整个国家或地区的现代化进程起着决定性的推动作用。

中国仍是一个发展中国家，处于初等发达国家行列。中国的现代化水平与世界中等发达国家的差距比较小，但与发达国家的差距比较大。同样，中国的城市现代化水平与世界前沿城市的差距也比较大。以北京为例，北京的城市现代化水平在中国处于前列，但仅是跨入了现代化发达水平的门槛，与世界前沿城市，如纽约、伦敦、东京等相比，差距还很大。指标上的差距体现在生态指标、创新指数、人均收入水平、国际化程度等方面，体验的差距则是在城市的国际影响力、国际话语权等方面。根据党的十九大报告关于中国现代化建设的战略部署，在全面建成小康社会的基础上，分两步走：到2035年，基本实现社会主义现代化；到2050年，把我国建成富强民主文明和谐美丽的社会主义现代化强国。城市现代化建设在中国的国家现代化建设中理应先行。

2021年，中国城市化率达到63.9%，城市社会已经成为中国社会的主体部分。中国城市现代化的国家目标应该适度超前于中国现代化的国家目标。可以推论，中国城市现代化的目标为：到2035年，全面实现城市现代化；到2050年，部分中国城市进入全球前沿城市行列。新时代强国目标的实现，需要把现代化城市建设深度融入“两步走”战略安排，需要加强城市现代化研究。

我国的城市现代化研究，大体上起步于20世纪80年代初。该时期对于城市现代化的一般概念、基本内涵与战略目标以及城市现代化评价等都做了一些探索，但尚未形成统一的城市现代化概念界定、测度标准与衡量方法等。随着全球化的不断深入，城市成为全球竞争的主体，城市间尤其是全球城市间的竞争日益激烈。因此，各国和各城市的政府、研究机构、企业都开始关注城市间的比较和评估，关于城市与城市现代化的评估和研究层出不穷。

全球城市是逐步形成与发展的。中国的前沿城市，如北京、上海等在向世界城市不断迈进的过程中，应进一步明确与其他顶级全球城市之间的关系和差距，同时，以发达的全球城市为参考，深入研究和积极探索具有借鉴意义的发展路径，为更好地促进中国城市发展提供助力。由于城市现代化的研究对象非常复杂，世界城市的现代化涉及多个方面、多个领域，一项研究不可能对其所有方面和全部过程进行分析，为此，本书选择城市现代化的六个主要领域和六个主要系统进行分析，在城市现代化的历史视角下，以城市现代化规划为主要参照系，对标杆城市和案例城市进行分析。

立足国际视野，基于全球城市的典型案例，我们分析了15个现代城市的现代化历程，现代化水平及挑战，城市规划的目标、战略及举措，现代化特点等，以此为基础，借鉴“欧洲创新记分牌”、OECD“科学技术和工业记分牌”的做法，对这15个案例城市进行记分，以期得到城市现代化水平的直观感受。

第一章 城市现代化的理论研究

国内外城市和城市现代化的研究成果很多，从城市与城市现代化概念的孕育、发展，到城市与城市现代化各种理论的产生和繁茂，地理学、经济学、人口学、环境学、社会学等各学科理论发展，都对城市与城市现代化的研究起到了重要的推动作用。城市与城市现代化的研究产生了一大批有代表性的理论流派和研究成果。

第一节　多维视角下的城市

城市发展历史悠久，有关城市的定义很多，不同的学科都从各自不同的研究角度对城市作出了相应的定义。《大不列颠百科全书》认为：城市是一个高度组织起来的、相对永久性的人口集中地，比城镇、村庄规模大，也更重要。马克思和恩格斯对城市的定义是——城市本身表明了人、生产工具、资本、享乐和需求的集中，而在乡村里所看到的都是完全相反的情况：孤立和分散（马克思，1960）。

经济学家把城市作为一个经济单位来考察，将城市视为经济发展过程中的某一阶段的典型形式，把城市看作工业和服务业经济活动高度聚集的结果，关注研究城市和乡村所表现出的相互对立的经济利益。如松巴特（Werner Sombart）认为，经济学意义上的城市，是指那些生活物质有赖于城市以外的农业劳动产品的人们的较大居住地（中国城市科学研究会，1987）。巴顿（Kenneth J. Button）则认为，城市是一个坐落在有限空间地区内的各种经济市场（住房、劳动力、土地、运输等）相互交织在一起的网络系统，是各种活动要素在地理上的大规模集中（巴顿，1984）。

社会学家认为城市的形成主要是产生了一种城市特有的生活方式——城

市性。城市是一个拥有高密度异质人口、多种非农业职业、广泛的社会联系、发达的市场功能与严密的法律规范的区域。社会学中的城市社会活动形式理论，主要是对比城市和农村在社会关系、人际交往等方面差异的研究。

生态学视野下的城市概念，主要是针对严重的城市问题提出来的，如工业污染、人口拥挤、住房紧张、生态破坏等。它强调城市是一个生态系统，且其本身是人类整体生态大系统中的一个子系统，城市的发展不能违背生态学规律。如苏联学者O.H.亚尼茨基认为生态城市应该符合以下要求：最大限度地节约各种资源，特别是非再生资源；逐步变消费城市为生产城市，特别要注意食品生产；促进城市和周围农村居民区的关系平衡；改善城市环境，使城市具有各自的面貌，使居民保持和自然界的联系；保证城市居民参与城市环境和周围环境的保护和培育（中国社会科学院情报研究所，1985）。

地理学家和城市建筑学家主要从地域景观变化的角度，把城市看作建筑物和基础设施密集的地区。地理学研究地域与人类活动之间的关系，注重经济、社会、政治和文化等人文因素在地域上的分布状况，认识到城市化过程中人口与经济的转换与集中，特别强调城市化是一个地域空间过程，包括区域范围内城市数量的增加和每一城市地域的扩大两方面。

人口学家把城市看作人口高度密集的地区，人口规模和密度成为判断城市的标准。人类学研究城市以社会规范为中心，城市化意味着人类生活方式的转变过程，即由乡村生活方式转变为城市生活方式。历史学从社会结构与组织形式的视角来探测城市社会生活的历史发展过程，认为城市化是一个变传统落后的乡村社会为现代的城市社会的自然历史过程，是一个显示社会生活进步与否和现代文明程度的过程。

由于城市的概念及内涵具有多样性，国际上对城市的界定到目前为止还未形成统一的标准。一般是从五个方面对城市进行界定：①人口密度界定：以单位地理空间中居住人口的密度作为划分标准，其统计口径往往以每平方千米内的居住人口数作为对人口密度的测量。②人口规模界定：以人口的集聚水平和数量规模作为界定城市的标准。③行政区划界定：以历史、政治、立法、行政法规作为设市的标准。④职业界定：以人口的职业构成为界定城市的标准，特别是要衡量从事非农业生产的人口。⑤综合界定：将人口密度、人口规模、非农业人口比重乃至必要的行政方法作为城市的界定标准。随着社会的发展，世界上许多国家纷纷采取了综合法来对城市进行界定，中国就是利用综合法对城市进行界定的国家之一（王胜今，2006）。

总的来说，城市是在人类历史上形成的、在特定的地域范围内、以非农业人口为主体、产业高度聚集，并具有复杂分工和相互依赖关系的人类社会组织形态，具有集中性、经济性、社会性等特征。

第二节　城市化与城市现代化

城市化与城市现代化两个概念相互联系，有一定的交集，但也有所不同。城市化包括人口的迁移，即从乡村人口转化为城市人口，也包括城市社会文化地域扩散的过程。城市化过程中，城市社会、经济、环境及生活方式、思想观念的改变，就是城市现代化的过程。如果说城市化关注的是城市各领域量的提高的过程，那么，城市现代化则更强调城市内部质量的提高，是城市内部的一种级差性转化，具有相对性，是城市化的重要组成部分。城市现代化强调以人为中心，城市在整体上达到当代先进水平，强调社会的全面进步和人的全面发展，以提高居民的生活质量为目的（阎小培，2002）。

一、城市化的概念

城市化一词源于英文urbanization，其出现至今有100多年历史，然而由于城市化研究的多学科性和城市化过程本身的复杂性，国内外学界对于城市化的概念尚未达成一致（表1-1）。

表1-1　国内外学者对城市化概念的理解（举例）

序号	内涵
1	城市化就是人口从乡村地区流入大城市以及人口在城市的集中（赫茨勒，1963）
2	城市化是人类社会现代化和经济增长的伴随产物，是社会经济结构转变的一种表现形式（Hauser，1965）
3	城市化包括四个方面：原有市街地的再组织、再开发；城市地域的扩大；城市关系的形成与变化；大城市地域的形成（山鹿城次，1986）
4	城市化意味着乡村生活方式向城市生活方式转变的全过程（Wirth，1989）
5	城市化是乡村地区转变为城市地区的过程，这种转变引起人口数量的变化（哥德伯戈，1990）
6	城市化是社会生产力变革所引起的人类生产方式、生活方式和居住方式改变的过程（谢文蕙，1996）
7	城市化是一个以人为中心的系统转化过程，包括硬结构和软结构两大系统的建设，是一种从传统社会向现代社会的全面转型或变迁过程（崔援民，1998）
8	城市化是指人口向城市或城市地带集中的现象或过程，它既表现为非农产业和人口向原城市集聚、城市规模扩大，又表现为在非农产业和人口集聚的基础上形成新的城市、城市数量增加（陈颐，1998）

续表

序号	内涵
9	城市化是由工业化发展引起的，伴随着现代化过程而产生的，在空间社区上人口、社会、经济、文化、政治、思想等领域变迁演化的一段承前启后的历史分化过程（王振亮，2000）
10	城市化是指由于社会生产力的发展而引起的城镇数量增加及其规模扩大，人口向城镇集中，城镇物质文明和文化不断扩散，区域产业结构不断转换的过程（陈顺清，2000）
11	城市化是一种变传统落后的乡村社会为现代先进的城市社会的自然历史过程（高佩义，2004）
12	狭义城市化是人口向城市集中的过程，包括城市数量增多、城市人口增加和城市人口比例上升。广义城市化指从农业文明向城市文明的转变和城市文明的扩散等（何传启，2014）

经济学家从经济与城市的关系出发，探讨城市化支撑乡村经济向城市经济的转化，强调生产要素流动在城市化过程中的作用。农村人口持续向城市地区集中，其本质是农业向非农业活动经济结构的转化，从而带来生活方式上的转变。

社会学家以社群网的密度、深度和广度作为研究的对象，强调社会生活方式由农村社区向城市社区转化的过程，以及由此引起的各种后果。

地理学家强调城乡经济和人文关系的变化，强调人口、产业等由乡村地域向城市地域的转化和集中过程，认为城市化是由于社会生产力的发展而引起的农业人口向城镇人口，农村居民点形式向城镇居民点形式转化的全过程。

人口学家研究城市化主要是重点分析城市人口数量、城市人口比例及人口规模等指标的变化，强调乡村人口转化为城市人口的过程；将城市化看作农村人口向城市地区不断集聚的过程，同时分析由这些变化带来的经济、社会影响。

不管城市化的概念如何众说纷纭，但对城市化基本内涵的理解大体趋向一致，即：由工业革命引起的人口向城市地区集中的过程，以及与此同时发生的地域和社会的变化（于洪俊，1983）。总的来说，城市化不仅是农业人口转化为非农业人口进行城市集中的聚集过程，而且是城市在空间数量上的增多、区域规模上的扩大、职能和设施上的完善，是城市的经济关系、居民的生活方式以及人类的社会文明广泛向农村渗透的过程（周毅，2003）。人口集中是城市化的表面特征，生产方式的转变才是城市化的内在动力。

二、城市现代化的概念

城市现代化不等于城市经济的快速增长，也不等于城市化。它是指城市的经济、社会、文化和生活方式突破传统社会的范畴，向现代社会转变的过程，这是一个复杂的发展过程，它不仅由生产力发展水平等条件所决定，而且受地理环境、资源禀赋、历史文化、民族、社会经济制度等因素的制约。城市现代化为城市化的高级形态，具有时序性、动态性和阶段性特征（朱英明，2000）。

城市现代化是现代化的组成部分。对现代化的含义理解不同，国内学者对城市现代化内涵的认识必然也有所不同（表1-2）。在现代化的语境下，城市现代化是现代化在城市尺度上的集中体验。国内学者在这方面的研究较多，不同学者从不同角度提出城市现代化的概念。

表 1-2　国内学者对城市现代化概念的理解（举例）

序号	内涵
1	城市现代化是一个复杂而综合的概念，不仅包括了城市空间和城市区域总体布局的一流水平，而且也包括许多重要的细部规划、建筑艺术、科学管理的国际水平、高素质的居民等（姚士谋，1999）
2	城市现代化是指随着现代生产力的进步，经济、政治、文化、社会结构的优化，城市生产条件及生活质量逐步提高、改善的过程（顾朝林，2000）
3	政治领域的民主化、法制化；经济领域的工业化、市场化、知识化，以及服务经济的确立；社会生活领域的社区化、公平化、生活质量优化；科技与知识领域的创新体系化、终身教育化；城市建设与整体经济社会发展的国际化、信息化、都市化、人性化、可持续化、协调化（黄乃文，2001）
4	经济上的工业化与市场化、政治上的民主化与法制化、城市发展的国际化与都市化、科技与知识的创新及社会信息化、社会生活的公平及生活质量的优化、经济社会发展可持续化与协调化（吴永保，2001）
5	城市以对经济、政治、文化发展的新水平和新境界的追求为目标，不断提高城市与市民文明程度，不断走向文明社会、文明世界的过程（鲍宗豪，2003）
6	城市现代化一般是指城市的经济、社会、文化及生活方式等由传统社会向现代社会转变的过程。它是一个全面发展的概念，城市经济、社会、生态和谐全面地运行与协调发展。它以为城市居民提供最佳工作、学习、生活环境为目的（朱铁臻，2003）
7	城市现代化是未来一定时期城市的发展目标，在这一时期内，城市经济、社会、环境快速、协调发展，从而在终期达到世界城市先进发展水平（韩士元，2004）
8	城市现代化是一个城市经济、社会发展数量和质量的统一，城市现代化包括城市经济现代化、城市基础设施现代化、人口素质与生活水平现代化以及环境现代化，是以人为中心的现代化，是以可持续发展为基础的现代化（陈柳钦，2010）
9	城市现代化是18世纪工业革命以来城市和城市系统的一种前沿变化和国际竞争，它包括现代城市的形成、发展、转型和国际互动，城市要素的创新、选择、传播和退出，以及追赶、达到和保持世界城市先进水平的国际竞争和国际分化（何传启，2013）

纵观城市现代化内涵的演变进程，主要分为四个阶段：①工业革命初期主要是城市产业的现代化，经济指标占有重要比重；②工业革命中期主要是城市内部综合设施功能的现代化；③第二次世界大战前后，城市现代化的内涵是居民生活现代化；④20世纪70年代至今，城市现代化有了深层次的含

义，城市经济科技化、知识化、智能化，城市社会多样化、城乡平衡，城市环境呈现资源节约、环境友好，城市文化多样化、网络化、注重人的全面发展和素质教育，城市的功能以服务功能为主，城市管理更加民主化（王桂芹，2016）。

第三节 城市现代化理论进展

城市现代化的相关研究，包括现代化研究、城市化研究、城市发展研究。城市现代化理论可以分为两个部分：一是现代化视域下的城市现代化理论；二是城市化理论在城市现代化中的应用。

一、现代化视域下的城市现代化

现代化指的是18世纪发源于英法等国，然后以各种方式逐渐扩展到其他国家或地区的一种特定社会历史进程。早期现代化的目标是工业化和城市化，关注工业革命及其扩散对世界发展产生的巨大影响，用现代化来表述从农业社会向工业社会的转变。20世纪70年代以来，发达国家陆续完成工业化、城市化，开始出现经济发展从工业化转入非工业化轨道、环境保护运动兴起等一些新的变化，随之而来的是对现代性、现代化的批判和反思以及对后工业社会的展望等，现代化的发展目标发生了从工业经济向知识经济的转变，世界现代化进入新的发展阶段。

从18世纪到21世纪，现代化的内涵和特征发生了巨大变化。21世纪的现代化发生在政治、经济、社会、生态、文化及人的现代化等诸多领域。这种现代化模式甚至模糊了传统与现代、国内与国际的边界，呈现一种复合发展模式。当今世界，现代化已经波及大部分国家和地区。现代化成为许多国家和人民共同的追求目标。城市现代化是现代化在一个特定空间地域上的投影。

姚士谋指出城市现代化主要有六个方面的标志：城市规划科学合理化、城市基础设施的现代化、城市生态环境园林化、城市经济高技术产业化、城市居民生活高度社会化、城市资源利用高度集约化（姚士谋，1999）。在二次现代化理论的视角下，城市现代化是从传统城市形态向现代城市形态、从传统城市文明向现代城市文明的转变过程及其深刻变化，包括城市的经济、社会、政治、文化、环境和居民六个领域的现代化转型，包括城市的建筑、基础设施、公共管理、公共服务、功能和形态、国际联系六个方面的现代化转型，包括城市的生活、结构、制度和观念四大要素的现代化转型等。迄今为止，世界城市现代化经历了两个阶段、六次浪潮。两个阶段分别为第一次城市现代化和第二次城市现代化。不同国家和不同城市的城市现代化是不同步的。当前世界范围的城市现代化处于一个混合阶段（何传启，2013）。城市现代化以提高城市生产力和生活质量，实现城市的环境优美和市民的全面发展等达到当时的世界先进水平为发展目标。

城市现代化理论体系是一组复杂的、具有时空边界约束的、具有时代内涵的相对目标的集合的动态过程（马崇明，2003）。

当前，世界城市现代化的发展前沿是从工业时代城市向知识时代城市转变，其主要特征为：①高新技术和服务经济的发展，改变了城市经济结构，高技术园区和工业园区兴起，创新意识和创新效率提高，科研人员占劳动力比例提高，企业创新普及程度提高，创新活动社会化，国家创新系统成为社会政策的有力工具。②信息革命引发城市信息化、数字化和智能化，信息和网络普及率快速提高，网络社会逐步形成。③生态革命引发生态城市和绿色城市的兴起，环境保护成为社会共识，生态建设成为社会行为，绿色生产、绿色消费和绿色服务大为普及，生态意识和绿色运动成为社会运动的新特点。④知识经济和知识社会的兴起，带动城市经济的知识和生态转型，知识型劳动者比例超过生产型和服务型劳动者比例，新知识成为社会变迁、社会流动和社会分化的根本动力，终身学习和网络学习普及，学习型社会逐渐形成。

未来的国际化大都市将会越来越多地呈现如下特征：①知识型服务业和知识产业快速发展，引导城市经济转型。②城市社会治理精细化、智慧化、人性化。③城市文化繁荣，国际人员交往、货物交流频繁。④城市建设与环境保护融为一体，郊区化、生态化、自然化，休闲产业和体验经济大发展。

20世纪以来，世界主要发达城市开始制定城市发展中长期战略规划，推动城市现代化进程，包括纽约、伦敦等。2016年，中共中央、国务院印发的《关于进一步加强城市规划建设管理工作的若干意见》明确了建设现代化城市总目标，提出了解决制约城市现代化进程中深层次问题的具体措施办法。城市规划已经越来越成为城市现代化理论中的关键内容。

二、城市化理论

城市化的相关理论非常丰富：一方面是因为该研究领域的多学科性，其研究必然会受到历史上各主流地理学、经济学、人口学、社会学等思潮影响。

另一方面是由于城市化研究是一门解决具体城市和区域发展问题的学科，需要研究解决各个时期、不同国家和地区的城市化问题。早在产业革命前，早期的城市化研究就开始有了，主要是研究城市起源和城市化发端的动力机制。19世纪中叶城市化概念出现之后，城市化研究开始涉及城市起源、城市发展、城市问题及乡村人口向城市流动和集中引起的后果等多种主题。20世纪之后是城市化理论蓬勃发展时期，各种多元化的城市化研究纷纷开展，研究主题主要聚焦在城市及其区域空间组织结构、发达国家城市化发展规律和第三世界城市化理论等研究领域，并形成了多种城市化发展理论流派和经典理论模型。20世纪80年代后，随着经济全球化和国际化进程发展，全球化背景下的城市化研究也逐步兴盛起来（陈春林，2011）。

（一）发展阶段理论

城市化发展阶段是根据城市化过程中呈现的不同特点而进行的人为阶段划分。

英国学者L.范登堡在《欧洲城市兴衰研究》一书中提出“城市发展阶段说”，该学说以经济结构变化的三阶段为根据（即从农业社会为主过渡到工业社会、由工业经济过渡到第三产业经济、第三产业部门继续发展进入成熟阶段），把城市化划分为三个阶段：城市化阶段、市郊化阶段、反城市化与内域的分散阶段。范登堡认为，第一阶段城市化是典型城市化阶段，市郊化阶段是工业化时代继续向前发展阶段，再往后发展则是以自然环境的破坏和肥沃耕地的减少为代价，到头来必将危及城市本身的生存（Geyer，1990）。

美国学者诺瑟姆（R.M. Northam）认为：全球各国的城市化轨迹可以看作一条被拉平的“S”形曲线，其发展历程依次经历了起步、加速、完善三个阶段，具体为：阶段Ⅰ城市化初级阶段，城市化率在30%以下，城市化推进速度非常慢，农业成为城市化的主导驱动力；阶段Ⅱ城市化中级阶段，在工业化及服务业的推动之下，城市化呈现快速推进态势，城市化率在30%~70%；阶段Ⅲ城市化成熟阶段，产业结构日渐成熟，城市化率已上升到70%以上，城市化推进速度再次放缓甚至停滞（焦秀琦，1987）。

霍尔（Peter Hall）于1980年提出城市演变模型，把城市演变分为六个阶段，依次是“流失中的集中”“绝对集中”“相对集中”“相对分散”“绝对分散”和“流失中的分散”。在前三个阶段，中心城区人口高速增长，整个都市区以向心集聚为主；从“相对分散”阶段开始，出现了郊区化的迹象并不断加速；到“绝对分散”阶段，都市区内人口流动的主要方向发生了逆转；到了“流失中的分散”阶段，城市完全进入逆城市化阶段（Hall，1980）。霍尔的城市演变模型反映了在市场经济体制下世界大都市发展的一般规律。

1993年，盖伊尔（H. S. Geyer）和康图利（T. M. Kontuly）提出“差异城市化理论”模型，将城市分成三种类型：大城市、中等城市和小城市，并认为大、中、小城市的净迁移的大小随时间而变化。根据这种变化将城市发展分成三个阶段：第一个阶段是大城市阶段，也叫作“城市化”阶段，此阶段大城市的净迁移量最大；第二个阶段是过渡阶段，即“极化逆转”阶段，在这一阶段里，中等城市由迁移引起的人口增长率超过了大城市由迁移引起的人口增长率；第三个阶段是逆城市化阶段，在这一阶段里，小城市的迁移增长又超过了中等城市的迁移增长。逆城市化阶段过后又进入新一轮城市化周期，即再次进入城市化阶段（Geyer and Kontuly，1993）。

此外，今野修平根据日本的实践提出了近代城市的发展经历了三个阶段，即：城市化、特大城市化和特大城市群化阶段（今野修平，2001）。

（二）城市区位空间理论

城市区位组织和空间关系研究一直是城市化研究关注的焦点，从城市地理学到经济学，都对该领域研究的发展起到至关重要的作用，产生了许多城市化研究的经典理论。

区位理论主要包括农业区位论、工业区位论、城市区位论等。区位理论认为：城市是一种社会生产方式，它以社会生产的各种物质要素和物质过程在空间上的集聚为特征。城市的集聚性创造出大于分散系统的社会经济效益，这是城市化的动力源泉。区位理论的贡献在于，它分析了城市效益的根源，确定了城市的分布状态和分布形式。早期的区位理论代表人物都出自德国，德国经济学家勒施（August Losch）是区位理论的集大成者，他出版的《经济空间秩序》全面系统地阐释了区位理论。他通过分析和比较农业区位论和工业区位论，进一步分析城市区位的产生与选择，指出城市是非农企业区位的点状集聚，即便地球各地区发展平衡，城市仍会因为各种原因产生出来（勒施，1995）。

增长极理论是区域经济分析中的主要理论，由法国经济学家佩鲁（Francois Perroux）于1950年提出。该理论认为经济增长不是同步出现在所有区域，而往往是在非均衡的条件下进行，最先出现在一些增长点上，然后通过特定的渠道将其经济影响向周围辐射，从而不断扩大其自身规模及其外围地区的影响。佩鲁认为“增长极”是由主导部门和有创新能力的企业在某些地区或大城市的聚集发展而形成的经济活动中心，恰似一个“磁场极”，能够产生吸引或辐射作用，促进自身并推动其他部门和地区的经济增长。增长极的产生使人口、资本、生产、技术、贸易等高度聚集，产生“城市化趋向”或形成“经济区域”（Boudeville，1961）。增长极理论强调要将有限的资源集中到有潜力、规模效应和投资效应显著的部门及区域，通过建立主导经济增长点，向外扩散促进整个区域的发展。

“核心—边缘理论”（core-periphery model）由美国著名城市规划学家弗里德曼（John Friedmann）于20世纪60年代提出。该理论认为经济活动的空间组织中，通常具有强烈的极化效应与扩散效应，形成了核心区（core regions）和边缘区（peripheral regions）。核心区通过自身经济的不断强化，形成对边缘区的支配态势，从而形成两者相互依存的机制。一方面，核心区通过向边缘区输送商品，吸引边缘区的资本、劳动力，从而对边缘区产生极化作用，并增强中心区的累积效应；另一方面，核心区又通过向边缘区的创新扩散、信息传播和产业关联效应等，带动边缘区的经济发展。由于核心区的存在，边缘地区的集聚和发展受到抑制。整个空间经济受作为核心的城市支配，资本、知识、信息等各种要素大量流向核心地域，其他边缘地区相对停滞或走向衰退（Friedmann，1966）。核心—边缘理论可概括为由核心区与边缘区间的“权威—从属”关系而引发的国民经济发展与空间一体化过程，通常用来解释城镇体系、都市圈、城市群的形成过程（杨友孝，1993）。

由于分工的专业化、纵深化以及城市发展的多元化，城市群体空间组织类型形成新的特征，大规模的城市群和城市带应运而生。关于都市圈、城市群的研究随即兴起。都市圈（metropolitan area）是指以一个或多个中心城市为核心，以发达的联系通道为依托，由核心城市及外围社会经济联系密切的地区所构成的城市功能地域。都市区、都市圈、城市群、都市连绵区（大都市带）是大城市区域化发展到不同阶段出现的城镇空间组合形式。都市圈是城市群形成发育的前期阶段，是城市群中核心城市及外围城镇形成的紧密联系区，可看作城市群中的次区域（许学强，2009）。

大都市带/大城市带（megalopolis）由国际著名地理学家戈特曼（Jean Gottmann）于1957年提出，描述美国东北部大西洋沿岸的新罕布什尔州南部到弗吉尼亚州北部的城市化地区。在这些城市密集地区，由于郊区城市化的作用，城市不断向四周蔓延，使城市与城市间的农田分界日渐模糊，城市地域呈现连成一片的趋势，形成大都市带现象。他认为，大都市带是市街区大片连在一起，消灭了城市与乡村明显的景观差别的地区。一个大都市带至少应该居住2500万城市人口，过着现代城市方式的生活（Gottmann，1957）。他在1987年出版的《大都市带再观察：25年后》一书中认为，世界上有六个大都市带：美国东北部大西洋沿岸大都市带、日本东海道太平洋沿岸大都市带、欧洲西北部大都市带、美国五大湖沿岸大都市带、英格兰大都市带、中国长江三角洲大都市带（Gottmann，1987）。

21世纪初，巨型城市区域（mega-city region）研究兴起。巨型城市区域指的是以全球城市或世界城市为中心，由数量可多达30～40个城市以及周边的小城镇组成，形成结构复杂的庞大网络状城市复合体。霍尔指出：巨型城市区域在空间和职能上都不是单中心而是多中心的，这是一种全新的城市形态，是由物质形态相互分离但功能上相互联系的10～50个城市集聚在一个或多个较大的中心城市周围，通过新的功能性劳动分工组织起来形成一个个不同的功能性城市区域，再被高速公路、高速铁路和电信电缆的“流动空间”联结起来的城市化区域（Hall，2006）。

（三）城市人口结构理论

城市化进程的最显著特征表现为大量农村人口向城市迁移，人口城市化的核心内容之一是城市的非农产业吸纳农村剩余劳动力，逐步消除城乡二元结构，因此产生了很多人口城乡迁移的经典城市化理论。

美国经济学家刘易斯（William Arthur Lewis）在《劳动无限供给下的经济发展》一文中提出了二元经济结构模型，认为发展中国家存在着平行的二元结构，即并存着两大部门：以农业部门为代表的、人口过剩的传统经济部门；以工业为代表的、采用资本主义生产方式的现代经济部门。这两种体系构成了“二元经济结构”。他认为，在具有二元经济结构特征的社会里，因为传统农业部门存在着大量低收入的劳动力，所以劳动力供给具有完全的弹性，工业部门可以获得无限供给的劳动力，而只支付与传统农业维持生存部门相应的工资（Lewis，1954）。二元经济结构理论是区域经济学的奠基性理论之一。

美国经济学家拉尼斯（Gustav Ranis）与费景汉（John C.H. Fei）以动态视角分析工业和农业的均衡增长，进一步描述了二元经济结构中劳动力配置的全过程，认为因农业生产率提高而出现农业剩余是农业劳动力流入工业部门的先决条件。拉尼斯、费景汉修正了刘易斯模型中的假设，把二元经济结构的演变分为三个阶段：第一个阶段是劳动生产率等于零的劳动力的流出；第二个阶段是边际生产率大于零但小于不变制度工资的劳动力的流出；第三个阶段是农业劳动的边际产品的价值大于不变制度工资的劳动力的流出。前两个阶段的劳动是农业中伪装失业者的劳动，第三个阶段的农业劳动力则已经变成了竞争市场的产品。拉尼斯、费景汉认为，要使就业转换得以实现，必须保证农业迅速增长到足以满足越来越多的非农产业劳动力对产品的消费需求（Ranis and Fei，1961）。

20世纪60年代末，托达罗（Michael P. Todaro）从发展中国家城乡普遍存在失业的前提出发，提出了他的城乡人口流动模型，被称为托达罗模型。托达罗不承认农业部门中存在剩余劳动力，而认为农业劳动边际生产率始终为正数。他认为人口从农村向城市的迁移，不仅取决于城市与农村实际收入的差异，还取决于城市就业率的高低和由此而作出的城乡预期收入差异，农民向城市流动是在市场经济条件下既注意现实又含有预期的理性行为。与刘易斯将经济发展的重点放在城市工业部门相反，托达罗特别强调农业部门和农村发展的重要性。他认为，人口迁移过程是人们对城乡预期收入差异，而不是实际收入差异做出的反应。只有当一个劳动力估计他在城市部门预期的收益高于他在农村的收入时，迁移才会发生，否则，劳动力将会继续留在农村（Todaro，1977）。

早期的发展经济学家在研究支配人口迁移决策的经济因素时，区分了拉力因素与推力因素，提出了人口迁移推力—拉力理论（pull and push theory of migration）。他们认为，拉力因素的存在是由于城市收入较高、生活条件优裕，刺激农村人口向城市迁移。李（Everett S. Lee）是人口迁移推拉力理论的集大成者，他将人口迁移推拉力理论归纳为四个方面：影响迁移的因素、迁移量、迁移的流向和迁移的特征（Lee，1966）。泽林斯基（Wilbar Zelinsky）从经济社会发展阶段出发，提出了著名的“人口迁移转变假说”，认为人口迁移和流动既与社会经济发展条件有关，也与人口出生率和死亡率的转变密切相关。他将社会发展划分为五个阶段，每个阶段的人口迁移具有不同的特征或规律（Zelinsky，1971）。

（四）城市经济发展理论

美国土地经济学家赫德（R.M. Hurd）1924年研究了美国 200个城市内部资料后提出“楔形理论”，又称扇形地带理论。该理论认为城市土地利用功能分带是从中心商业区向外放射，形成楔形地带。霍伊特（Homer Hoyt）在研究美国64个中小城市房租资料和若干大城市资料后又发展了该理论，认为城市不是由市中心向外均匀发展的，而是高租金地域沿放射形道路呈楔形向外延伸，低收入住宅区的扇形位于高租金扇形之旁，城市是由富裕阶层决定住宅区的布局形态（Hoyt，1939）。此后的城市发展实践证明，因企业设置趋向于富裕市场，富裕居民区分布扇形增长最快。

“地理上的二元经济”结构理论是经济学家冈纳·缪尔达尔（Gunnar Myrdal）于1957年提出的一种区域经济发展理论，又称“循环累积论”。地理上的二元经济（geographical dual economy）产生的原因在于各地区经济发展的差距性。劳动力、资金、技术、资源等受到要素收益差异影响，会从落后地区向发达地区流动，这种不平衡发展到一定程度，就会使地区间的经济发展、人均收入、工资水平和利润等产生差距。这种差距的产生会引起“累积性因果循环”，使发展快的地区发展更快，发展慢的地区发展更慢，从而逐渐增大地区间的经济差距，形成地区性的二元经济结构。缪尔达尔主张，当发达地区发展起来后，为防止循环累积性因果作用造成的贫富差距无限制扩大，不应消极地等待发达地区产生“扩散效应”来消除差别，而应由政府采取一定的特殊措施来壮大不发达地区的经济、缩小差别，以最终实现各地区经济的普遍平衡发展（Myrdal，1972）。

1958年，著名经济学家赫希曼（Albert Hirschman）提出“非均衡增长”理论。非均衡增长是从资源有效配置的角度，考虑经济发展的初期如何把有限的资源分配至最有生产潜力即联系效应最大的产业中，通过这些产业的优先发展来带动其他产业的发展。低水平发展国家发展经济时，各部门间的发展速度不一，通常会形成不均衡发展现象。所谓的均衡发展，只在少数成功的国家的发展后期才出现。因此赫希曼提出，要鼓励发展中国家将有限的资本集中投资在特定领域，希望经由这些特定领域的产业发展，带动整体的经济成长（Hirschman，1958）。

产业集群理论（industry cluster theory）是20世纪80年代由美国学者麦克尔·波特（Michael Porter）创立的一种西方经济理论。产业集群是指在某一特定领域（通常以一个主导产业为主）中，大量产业联系密切的企业以及相关支撑机构在空间上集聚，并形成强劲、持续竞争优势的现象。该理论认为，通过这种区域集聚形成有效的市场竞争，构建出专业化生产要素优化集聚洼地，使企业共享区域公共设施、市场环境和外部经济，降低信息交流和物流成本，形成区域集聚效应、规模效应、外部效应和区域竞争力（Porter，1998）。该理论是从“竞争力”这样一个全新的视角来看待和分析产业集群现象，认为集群能够改善创新的条件，加速生产率的增长，也更有利于新企业的形成。

（五）城市生态学理论

城市生态与环境研究工作突出“以人为本”的中心思想，强调人与自然、人与生态环境关系的协调，产生了很多城市生态学理论。

田园城市论是19世纪末由英国社会活动家霍华德（Ebenezer Howard）提出的关于城市规划与建设的设想。霍华德认为，应该建设一种兼有城市和乡村优点的理想城市，即“田园城市”（garden city）：城市的四周为农业用地所围绕；城市居民经常就近得到新鲜农产品的供应；田园城市居民生活、工作于此；城市的规模必须加以限制，使每户居民都能极为方便地接触乡村的自然空间（Howard，2008）。霍华德的田园城市论针对现代社会出现的城市问题提出了带有先驱性的规划思想，对后来的城市规划理论产生了很大影响，也为生态规划的理论与实践奠定了基础。

1915—1940年，美国芝加哥大学以罗伯特·帕克（R. E. Park）为代表的学者们运用生态学的理论，研究芝加哥城市人口空间分布的社会原因与非社会原因，分析城市土地利用模式，对城市环境进行调查研究，人们称之为芝加哥古典人类生态学派（罗伯特·帕克，2016）。该学派认为城市土地价值变化和植物对空间的竞争相似，土地的利用价值反映了人们最愿意竞争有价值的空间。他们还应用植物优势物种的概念解释了城市有形群体的发展形式。

有机疏散论（theory of organic decentralization）是美国著名建筑学家伊利尔·沙里宁（Eliel Saarinen）为缓解由于城市过分集中所产生的弊病，提出的关于城市发展及其布局结构的理论。沙里宁认为城市作为一个有机体，应该通过逐步实施有机疏散来消解城市的矛盾，把扩大的城市范围划分为不同的集中区域，这种区域又可分为不同活动所需要的地段。城市居民生活在一个兼具城乡优点的环境中，保持城市的活力，实现城市健康、持续生长（Saarinen，1943）。

20世纪90年代初，美国经济学家Grossman和Krueger首次实证研究了环境质量与人均收入之间的关系，即污染在低收入水平上随人均GDP增加而上升，在高收入水平上随GDP增长而下降（Grossman，1995）。随后生态经济学家Panayotou采用库兹涅茨曲线①，将这种环境质量与人均收入间的关系称为环境库兹涅茨曲线（Environmental Kuznets Curve，EKC）。EKC揭示出大多数污染物与人均产值的变化趋势也呈倒U形分布，即在经济发展初始阶段，城市

① 美国经济学家库兹涅茨（Kuznets）曾于1955年提出有关经济发展过程中人均GDP的增长与收入分配差距间的关系呈倒U形的理论观点。

化处于较低水平，产业、人口及空间规模相对较小，生态污染与自然物质消耗强度较低；经济发展进入起步阶段之后，城市化推进速度加快，城市人口、资源密集型产业规模持续上升，生态污染强度提高；当经济发展到一定阶段，城市化速度趋于平稳，生态污染达到高峰值之后出现下降趋势，环境质量开始上升（Panayotou，1997）。值得注意的是，EKC显示的环境质量与收入间的倒U形关系更多地反映地区性和短期性的环境影响，而非全球性的长期影响。

城市复合生态系统理论由我国生态学家马世骏、王如松等提出。他们认为，城市复合生态系统是以人的行为为主导、以生态环境为依托、以资源流动为命脉、以社会经济体制为调节器，在利益的驱使下，将物理网络、精神网络、经济网络、社会网络和文化网络，通过有形的、无形的联系交织在一起，从而形成相应的社会、经济和自然三个亚系统，各个亚系统又可分为不同层次的子系统，彼此互为环境。自然亚系统是城市基础，经济亚系统是命脉，社会亚系统是主导，各生态要素在系统一定的时空范围内相互联系、相互影响、相互作用，形成了城市这个复合体复杂的矛盾运动（王如松，2000）。

第二章
全球特大型城市现代化的案例分析

根据联合国2018年估算，全球有81个城市的人口超过500万人。根据我国2014年国务院发布的《关于调整城市规模划分标准的通知》（国发〔2014〕51号），新标准按城区常住人口数量将城市划分为五类：①超大城市，1000万人以上；②特大城市，500万~1000万人；③大城市，100万~500万人；④中等城市，50万~100万人；⑤小城市，50万人以下。结合我国城市规模标准和联合国测算结果，本书研究对象城市中属于全球超大城市的包括北京、上海、东京、莫斯科和深圳；特大城市包括伦敦、纽约、中国香港、首尔和巴黎；大城市包括洛杉矶、柏林、新加坡、多伦多和悉尼。

在这一章中，我们将具体分析具有代表性的全球特大型城市的现代化历程，包括伦敦、纽约、东京、巴黎、莫斯科和首尔，从它们各自的城市发展历程、水平、挑战及未来愿景等角度来解析其城市现代化的全面图景。为了更好地理解城市现代化的现状，我们从城市的六个领域和六个系统进行关键指标的分析。城市的六个领域包括城市经济、城市社会、城市政治、城市文化（科技）、城市环境和城市居民（人口），六个系统包括功能和形态、建筑和住房、基础设施、公共服务、公共管理、国际联系。

第一节　伦敦：老牌顶级全球城市的现代化之旅

伦敦（London）是英国的首都，位于泰晤士河流域，伦敦金融城（The City of London）是其古老的核心和金融中心，最早于公元50年前后由罗马人建立，距今已有2000多年的历史。最近的300多年来，尤其是工业革命之后，伦敦的城市和人口规模发生了翻天覆地的变化，由最初不足几十平方千米的地域面积、不足几万人口规模的村庄，发展演变为如今的英格兰最大城市、国际公认的世界城市之一，在金融、商业、教育研发、文艺娱乐、媒体传播、健康服务、旅游交通等方面都占有显著的地位。

历史上，“伦敦”一词的概念一直在变化，我们这里的研究对象是英国的首都伦敦市，即伦敦大区的概念，由伦敦市长（Mayor of London）和伦敦议会（London Assembly）管辖。1965年设立大伦敦（Greater London）行政区划（Greater London Council，1965），2000年重新组建，其下包含伦敦金融城和32个伦敦自治市（Borough），共33个次级行政区。其中，伦敦金融城外靠近伦敦城的12个市区称为内伦敦（Inner London），靠外的20个统称为外伦敦（Outer London）。由伦敦城、内伦敦和外伦敦构成大伦敦市，共1572平方千米。大伦敦市又可分为伦敦城、西伦敦、东伦敦、南区和港口。伦敦城是金融资本和贸易中心，它比较特殊，几乎拥有和大伦敦市一样独立的行政与立法权限，级别较高。西伦敦是英国王宫、首相官邸、议会和政府各部所在地，东伦敦是工业区和工人住宅区，南区是工商业和住宅混合区，港口是伦敦塔桥至泰晤士河河口的地区。

2020年，伦敦人口达到9002488人，人口密度为5727人/平方千米（表2-1），大伦敦区人口9425622人；伦敦GDP为5039亿英镑（约6468亿美元），约占英国GDP的25%，人均GDP为55974英镑（约71854美元），而大伦敦市的经济占英国的1/3，近1万亿美元。

表 2-1　2020 年伦敦的基本情况

地区	人口（人）	GDP（亿美元）	人均 GDP（美元）	土地面积（平方千米）	人口密度（人 / 平方千米）
伦敦	9002488	6468	71854	1572	5727

资料来源：Office for National Statistics. Estimates of the population for the UK，England and Wales，Scotland and Northern Ireland［EB/OL］.（ONS）https://www.ons.gov.uk.

一、伦敦城市现代化历程

英国位于连接欧洲和美洲两大洲的大西洋上，占据重要的战略地理位置，有着与周围世界进行交往的内在需要和得天独厚的外部条件。伦敦的起源可以追溯到2000多年前，它经受住了瘟疫、毁灭性火灾、内战、空中轰炸、恐怖袭击和骚乱等考验，历经时间的洗礼依然屹立于世界城市之林，成为世界上最重要的金融文化创意之都，走出了一条具有自身特色的城市现代化之路。

（一）伦敦城市现代化的第一次浪潮（18世纪中叶至19世纪中后期）

伦敦的城市现代化起步于18世纪中叶，与工业革命同步。可以说，没有英国的工业革命，就没有伦敦的城市现代化。第一次城市现代化浪潮主要指第一次产业革命期间的城市前沿变化，典型特征是工业城市化、商业城市化，包括工业化、机械化、理性化、民主化、社会流动、发展初等教育、建立公共卫生、建立社会救济和社会保障制度、建设城市基础设施等。同时还伴随着城市环境恶化、贫富差距加大、城市犯罪激增等城市问题。

18世纪是伦敦快速成长的时期，反映在不断增长的城市人口、工业革命的早期兴起和伦敦处于不断发展的大英帝国的中心地位。这一时期，越来越多来自不同国家的商人来到伦敦进行交易。伦敦作为国际金融中心的发展在18世纪的大部分时间已经成熟。19世纪，伦敦成为当时世界上最大的城市，人口从1800年的100万人增加到一个世纪后的670万人。在此期间，伦敦亦成为全球政治、金融和贸易之都。1851年举行的万国博览会是19世纪伦敦最著名的活动之一，吸引了来自世界各地的游客，展示了英帝国统治的巅峰状态。

伦敦的第一条铁路建于1836年，从伦敦到格林尼治。1863年，世界第一条地铁在伦敦建成并投入使用。19世纪初的伦敦因铁路的到来而发生了翻天覆地的变化，这场交通革命刺激了城市的大规模向外发展，从中心区一直扩展到伊斯林顿、帕丁顿、霍尔本等地区。但急剧的扩张造成城市基础设施不足、城市管理混乱、城市景观破坏等一系列问题，也加剧了阶级鸿沟。伦敦城日益显得拥挤、无序、肮脏和嘈杂，城市居民面临着生活的普遍压力和创伤，主要有疾病、拥堵和犯罪等。

（二）伦敦城市现代化的第二次浪潮（1870—1945年）

伦敦城市现代化的第二次浪潮主要指第二次产业革命和两次世界大战期间城市的前沿变化，典型特征是城市的社会现代化，包括电气化、机械化、专业化、民主化、社会活动、普及初等义务教育、发展公共卫生、建立社会保险制度、建设城市基础设施、城市生活水平和生产力提高等。

工业革命之后，城市的经济增长方式从传统的工商业向机器大生产转型，直接带来了伦敦城市人口的爆炸式增长。公共交通的极大扩展促进了城市空间的扩张。第二次世界大战期间，伦敦的中心区域和东区几乎被炸成平地，约3.2万伦敦人在轰炸中丧生，超过5万人受伤，数十万建筑物被毁，10万人无家可归。两次世界大战之间，伦敦的地理范围比以往或之后的任何时候都扩展得更快。伦敦的郊区扩展到伦敦郡的边界之外，进入邻近的埃塞克斯郡、赫特福德郡、肯特郡、米德尔塞克斯郡和萨里郡。1888年，英国成立了伦敦郡。1889年，英国的新城运动使伦敦都市圈得以较快发展。20世纪30年代大萧条期间，伦敦产生了严重的失业现象，大量逃离纳粹德国的犹太移民到伦敦定居。1939年，伦敦的人口达到了历史最高点——861.5万人。

（三）伦敦城市现代化的第三次浪潮（1945—1960年）

伦敦城市现代化的第三次浪潮主要指第三次产业革命期间的城市前沿变化，典型特征是社会城市化和郊区化，包括家庭机械化和电气化、社会福利化、技术自动化、公共服务体系化、普及中等教育和发展高等教育等。同时，城市环境议题和种族问题等引发新的社会改革。

伦敦不是一个以工业著称的城市。特别是第二次世界大战之后，英国政府和伦敦市政当局对伦敦的城市性质作出了明确的界定，即巩固和加强伦敦作为国际商业、金融及贸易中心的地位，突出它的历史文化都市的风格，使其成为国际性的旅游、观光、消费、休闲城市。战后三年，1948年夏季奥运会在原来的温布利体育场举行，此时伦敦的重建起步缓慢。1951年举办的不列颠音乐节标志着伦敦居民乐观的情绪越来越高。战后不久，由于大量房屋在战争中被毁，住房是伦敦的一个主要问题。伦敦市政府开始用高层公寓来解决住房短缺问题，并鼓励人们搬入伦敦周边新建的城镇以缓解住房压力。

整个19世纪和20世纪上半叶，伦敦人使用煤炭来取暖，产生了大量烟雾，与当时的气候条件相叠加，爆发了灾难性的“伦敦雾”，并在1952年达到高潮。1952年12月6日，大雾笼罩伦敦，雾霾持续了5天，丧生者达4000多人。此时的英国正在失去霸主的地位，而伦敦也逐渐失去了其世界中心的宝座。

（四）伦敦城市现代化的第四次浪潮（1960—2020年）

伦敦城市现代化的第四次浪潮主要指第四次产业革命期间城市前沿的深刻变化：第一，高技术和服务经济的发展，改变了城市经济结构；第二，信息革命引发城市的信息化、数字化和智能化；第三，生态革命引发生态城市和绿色城市的兴起；第四，知识经济和知识社会的兴起，带动城市经济的知识和生态转型。受高技术、信息革命和生态革命的影响，经济发展的高技术、信息化、智能化、生态化和服务化，形成了所谓的第四次产业革命。典型特征是服务城市化，包括信息化、网络化、智能化、郊区化、国际化、绿色化、个性化、普及高等教育和终身学习等。

伦敦的向外扩张因战争和大都会绿化带的引入而放缓。由于这种向外扩张，1965年旧的伦敦郡和伦敦郡议会被废除，成立了新的大伦敦议会（Great London Council，GLC），以及32个新的伦敦自治市镇。在20世纪80年代初期，由肯·利文斯通（Ken Livingstone）管理的GLC与玛格丽特·撒切尔（Margaret Thatcher）的保守党政府之间产生政治争端，导致GLC于1986年被废除，其大部分权力归于伦敦自治市。这使伦敦成为世界上唯一一个没有中央政府的大都市。2000年，随着托尼·布莱尔（Tony Blair）政府成立大伦敦管理局（Greater London Authority，GLA），整个伦敦的政府得以恢复，覆盖大伦敦的同一地区。在全球范围内，与纽约和东京相比，伦敦先一步成为一个世界城市。

二、伦敦城市现代化水平及挑战

（一）伦敦城市现代化水平的定量分析

城市现代化包含了城市生活、城市结构、城市制度、城市观念四个要素的现代化，也包含了城市经济、城市社会、城市政治、城市文化（科技）、城市环境、城市居民（人口）六个领域的现代化，以及城市功能和形态、建筑和住房、基础设施、公共服务、公共管理、国际联系六个系统的现代化（何传启，2013）。其中，城市四个要素现代化是六个领域和六个系统现代化的一种概括性表述，六个领域和六个系统现代化是四个要素现代化的具体化。六个领域与六个系统的内容既高度交叉，又相互作用。在对具体案例城市的现代化水平分析中，拟采用12组146个指标进行分析（表2-2），这些指标与城市生活、城市结构、城市制度和城市观念等有比较紧密的联系，指标间有部分交叉。鉴于不同城市数据可获得性、可比性有限，每个城市的现代化水平分析采用举例说明，而不是全面的时序分析，并且指标选择因城市而异。

表2-2　城市现代化研究的分析变量

方面	指标分组	数量	指标举例
六个系统	功能和形态	8	城市功能、城市形态、城市现代化指数、城市人类发展指数、城市生活质量指数、城市宜居指数、城市创新能力指数、城市竞争力指数
	建筑和住房	12	城市建筑密度、城区平均容积率、城市最高建筑、城市建筑质量、城市街道景观、人均城市建筑面积、人均公共建筑面积、人均绿地面积、人均住房建筑面积、人均住房房间数、住房拥挤比例、城市房价收入比

续表

方面	指标分组	数量	指标举例
六个系统	基础设施	13	人均城市道路面积、小汽车普及率、电力普及率、燃气普及率、城市排水系统、安全饮用水普及率、公共教育基础设施、卫生设施普及率、每千人医院病床数、公共文化设施、电话普及率、电视普及率、互联网普及率
	公共服务	15	公共交通、人均电力消费、人均能源消费、人均生活用水、有机食品比例、公共教育费比例、公共教育费占政府支出比例、公共卫生费比例、公费医疗比例、医生比例、护士比例、社区医疗服务、移动电话普及率、信息消费比例、科技投入比例
	公共管理	12	城市人口、城市人口增长率、城区人口密度、公共管理质量、城市规划质量、企业注册所需时间、获得许可证所需时间、平均上班路途时间、城市交通堵塞、妇女就业比例、城市职工平均工资、城市最低工资比例
	国际联系	13	人均国际贸易、国际贸易比例、人均文化贸易、人均外国投资、外国投资比例、出境旅游比例、入境旅游比例、外籍人口比例、人均国际通话、国际会议、跨国公司、国际组织、国际友好城市
六个领域	城市经济	16	人均 GDP、人均 GDP 增长率、劳动生产率、人均国民收入、人均可支配收入、人均购买力、农业增加值比例、工业增加值比例、服务业增加值比例、制造业增加值比例、农业劳动力比例、工业劳动力比例、服务业劳动力比例、高技术出口比例、企业管理水平、新企业比例
	城市社会	16	城市人口比例、百万级城市人口比例、最大城市人口比例、郊区人口比例、家庭平均规模、小学入学率、中学入学率、大学入学率、失业率、不稳定就业比例、基尼系数、城市贫困人口比例、医疗保险覆盖率、养老保险覆盖率、城市犯罪率、城市自杀率
	城市政治	9	民主化程度、选举投票比例、社会组织化、政府雇员比例、政府收入比例、政府支出比例、政府消费比例、政府债务比例、转移支付比例
	城市文化（科技）	11	成人识字率、城市文化遗产保护、城市文化产业比例、研究人员比例、科技论文比例、发明专利比例、信教人口比例、妇女避孕率、离婚率、家庭消费比例、文化消费比例
	城市环境	11	城市灾害防治、建成区绿化率、城市空气质量、人均城市废物、CO_2 排放密度、有机废水排放密度、能源消费密度、废纸循环利用率、生活废水处理率、固体废物处理率、家庭废物收集比例
	城市居民（人口）	10	平均预期寿命、老龄人口比例、劳动力文化素养、艾滋病感染率、总和生育率、童工比例、婴儿死亡率、儿童死亡率、儿童肥胖率、恩格尔系数

资料来源：何传启（2013）。

1. 伦敦城市现代化水平的时序分析

（1）伦敦城市六个系统的时序分析

在城市功能和形态方面，伦敦在各种有关城市竞争力的世界有影响力排名中基本都保持首位水平，城市形态依照单核向多核转变的演变模式。在城市建筑和住房方面，伦敦市房价中位数在25年中增长6倍多，房价收入比也在2017年达到峰值13.25。在城市基础设施方面，小汽车保有量不到30年时间增长16.9%。在城市公共服务方面，2012年城市公共交通综合出行量比1993年增长1倍。在城市公共管理方面，女性就业比例近30年时间增长19.5%。在城市国际联系方面，伦敦市国际游客数量在过去近20年增长近1倍。

①伦敦城市功能和形态的时序分析。

在城市功能方面，有关城市竞争力、综合指数排名的研究不计其数。其中，全球化和世界城市研究网络（GaWC）通过考察四个高级生产服务部门（会计、广告、银行/金融、法律）的全球网络，衡量主要城市的全球连通性以及在全球化经济中的融入度，并以此来定位世界城市，2020年伦敦排名第一（GaWC，2020）。日本森纪念财团都市战略研究所于2021年11月25日发布“2021全球城市综合实力排名”（Global Power City Index，GPCI），通过对全球主要城市经济、研究开发、文化交流、居住、环境、交通六个领域的70项科目进行评估，最终伦敦排名第一；同时，伦敦在文化交流方面排名第一，经济和研究开发方面均排名第二，交通方面排名第三。

关于城市形态方面，现今的伦敦城市空间结构依照单核向多核转变的演变模式。起源于第二次世界大战后为缓解伦敦中心人口骤增、住房短缺的矛盾，政府决定合理疏散伦敦市中心的人口和产业，投资修建新的卫星城。在郊外及其附近建设20个新城（现外伦敦），主要包括距离伦敦100千米以内的9个城市，包括斯蒂文乃奇、克罗利、汉普斯泰德、哈罗、海特菲尔德、韦林田园城市、贝斯尔登、布莱克奈尔、凯恩斯等。沿三条主要交通干线和泰晤士河构建城镇发展带，解决伦敦地区经济、人口的合理均衡分布问题。

②伦敦城市建筑和住房的时序分析。

在城市建筑方面，伦敦一度是建筑物普遍不高的城市，21世纪以前，除了少数高层建筑物，伦敦的地面标志基本上都是历史性建筑。但现在，高层建筑在伦敦城市的天际轮廓线占据着主导地位，大致以聚落的形式集中在四个区域：帕丁顿（Paddington）、金融城、萨瑟克区（Southwark）及金丝雀码头（Canary Wharf）。截至2021年底，伦敦拥有2779座高层建筑，在全球天际线排名中居第56位[①]。伦敦最高建筑是碎片大厦（The Shard，306米），也叫夏德塔或摘星塔，是英国第一高、欧洲第二高建筑物，但在全球排将近200名，大厦包含了办公空间、居住公寓和15层楼高的公共观景廊。主教门大街22号大楼（22 Bishopsgate，278米）位于伦敦城金融区最高建筑群中部，是伦敦第二高建筑物。主教门大街110号大楼（110 Bishopsgate，242米），也叫苍鹭大厦（Heron Tower），是伦敦第三高建筑物。

① Emporis. Skyline Ranking［EB/OL］. 2021-11-26. https://www.emporis.com/statistics/skyline-ranking.

在住房水平方面，伦敦的房价中位数（median house price）从1996年的7.5万英镑上升到2020年的48.3万英镑（图2-1），25年时间增长6倍多，与英格兰房价中位数的差距逐年增加，到2020年大约是英格兰房价中位数（24.3万英镑）的两倍。

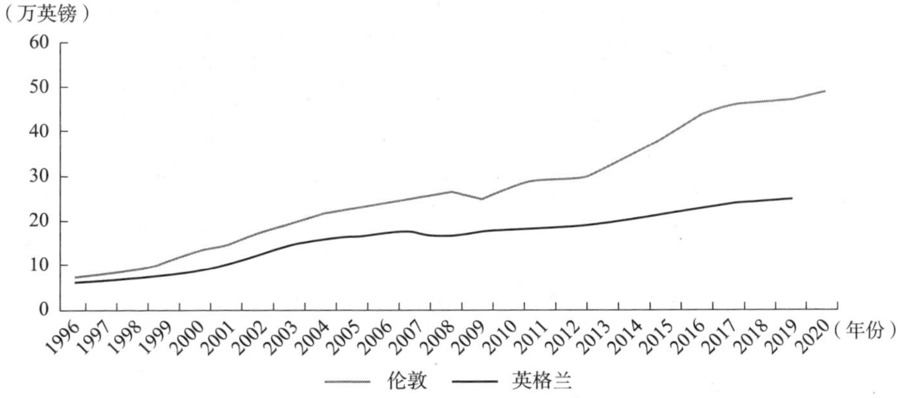

图 2-1 1996—2020 年伦敦房价中位数

资料来源：ONS. Median house prices for administrative geographies [EB/OL]. https: //www.ons.gov.uk.

2020年伦敦房价收入比为12.52，高于英格兰（7.84）的平均水平。2002—2020年，伦敦房价收入比从2002年的6.9持续增长，在2017年达到峰值13.25后略有下降（图2-2）。

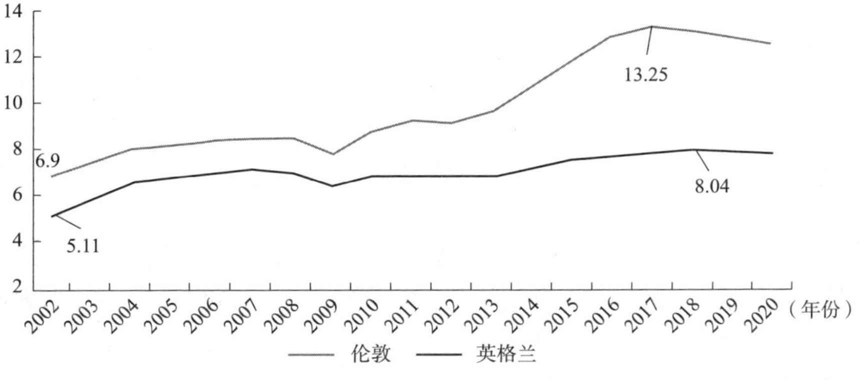

图 2-2 2002—2020 年伦敦房价收入比

资料来源：Greater London Authority (GLA). Ratio of House Prices to Residence-Based Earnings [EB/OL]. https: //data. london.gov.uk.

③伦敦城市基础设施的时序分析。

2020年，伦敦有牌照小汽车保有量为2648088辆（图2-3），每千人拥有汽车295.5辆，即每人平均拥有不到0.3辆汽车，低于英国的每千人489.5辆水平。小汽车保有量从1994年的226.6万辆缓慢增加到2020年的264.8万辆，不到30年时间增长16.9%。

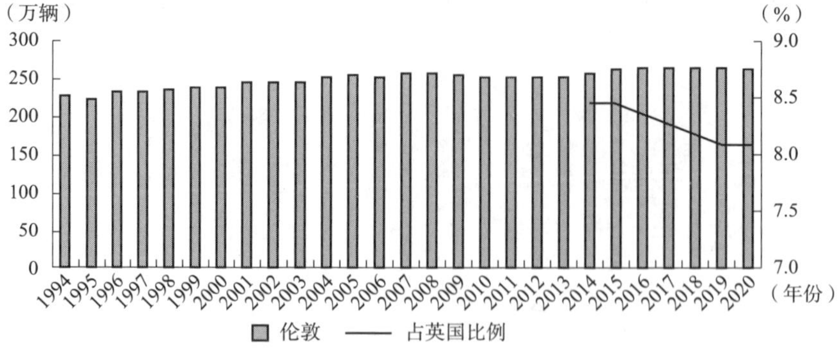

图 2-3　1994—2020 年伦敦小汽车拥有量

资料来源：GLA. Licensed Vehicles – Type，Borough［EB/OL］. https: //data.london.gov.uk.

2014年，伦敦家庭可上网率94%，其中固定宽带（fixed broadband）上网率90%，之后不再进行这一指标的统计。伦敦拥有世界上最古老的地铁系统（London Under），于1836年首次作为地下铁路开通，其第一条电气化地下铁路于1890年开通。

④伦敦城市公共服务的时序分析。

英国是世界上少数几个真正实行免费医疗制度的国家。1948年，英国正式颁布了《国家健康服务法》（*The National Health Service Act*），开始推行当今世界最著名的国家健康服务保障体系。该健康体系由公立健康医疗服务（National Health Service，NHS）、私立健康医疗服务和社会医疗救助三部分组成。2017年，伦敦成立了健康和护理转移计划委员会（London Health and Care Devolution Programme Board），包括伦敦各地的32个临床调试小组、33个地方当局、大伦敦当局、英国国家医疗服务体系伦敦区和英国公共卫生局伦敦区。

图2-4显示了2008—2019年伦敦公共交通方式的行程和乘客千米数的变化趋势。在这11年中后半期的经济衰退后，这两个公共交通乘客量指标连续几年强劲增长，最近趋于平缓并出现小幅下降。由于方法的变化，2016—2017年后乘客千米数的时间序列出现中断。因此，应避免跨越此阈值进行比较。无论如何，与前一年相比，最近一年的公共交通需求在总行程数和乘客千米数方面均有所增加。这两个指标的增长率在这11年中日益分化，表明乘客千米数的增长速度快于总行程。总的来说，这可以解释为平均行程长度的增加。

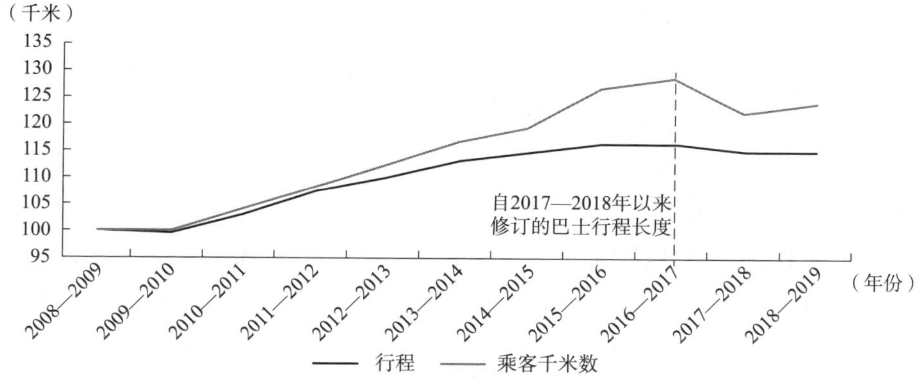

图 2-4　2008—2019 年伦敦公共交通方式行程和乘客千米数的变化趋势

注：指数 2008—2009=100。

资料来源：Transport for London. Travel in London–Report 12［EB/OL］. https://content.tfl.gov.uk/travel–in–london–report–12.pdf.

如图2-5所示，2000—2018年，伦敦对公共交通的总需求（以行程来衡量）增长64.9%。在长期的历史背景下，这种增长水平是前所未有的。然而，增长一直集中在不同时间点的特定模式。从图2-5中可以看出，2000—2008年，所有交通方式的需求都出现了增长，其中增长最快的是公交车（同期85.7%），其次是国家铁路/伦敦地上铁（66.7%）和地铁/轻轨（48.6%）。2000—2008年，公交车需求增长尤为强劲，这与公交网络的特殊投资时期相对应，经过一段时间的平稳后，自2014年以来下降8.0%。尽管增速放缓并呈下滑趋势，但最近两年公交网络的绝对出行次数仍远高于铁路或地铁/轻轨的出行次数。铁路需求受经济衰退的影响最为显著，2008—2009年下降2.9%。2009—2015年铁路需求一直强劲，增长44.1%。然而，2016年的增长率仅为0.7%，随后在2017年下降1.9%，2018年的需求增长2.3%。2009—2015年，地下铁路需求也增长29.1%。之后，地下铁路需求的增长放缓，2015—2018年的净增长仅为0.4%。

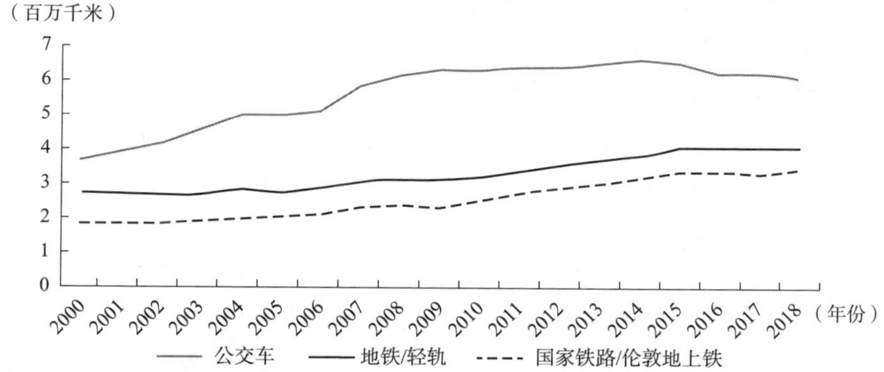

图 2-5　2000—2018 年不同公共交通模式行程量的变化趋势

资料来源：Transport for London. Travel in London – Report 12［EB/OL］. https://content.tfl.gov.uk/travel–in–london–report–12.pdf.

⑤伦敦城市公共管理的时序分析。

在19世纪和20世纪初，随着工业化的发展，伦敦的人口不断膨胀，并在19世纪末和20世纪初的一段时间内，成为世界上人口最多的城市。就在第二次世界大战爆发前的1939年，这一数字达到峰值，为8615245人（图2-6），但到2001年人口普查时已降至7192091人。而在2001年和2011年人口普查之间，人口增长接近100万人，2011年达到8173941人。根据欧盟统计局的数据，伦敦是欧洲人口第二多的大都市区。2020年中，伦敦的人口为9002488人，占英国总人口的13.4%，人口密度5727人/平方千米，是英国全国的近21倍。2001—2020年中，伦敦人口从7192091人增加到9002488人，增长25%，人口密度也由4658人/平方千米增加到5727人/平方千米，每平方千米增加1069人。

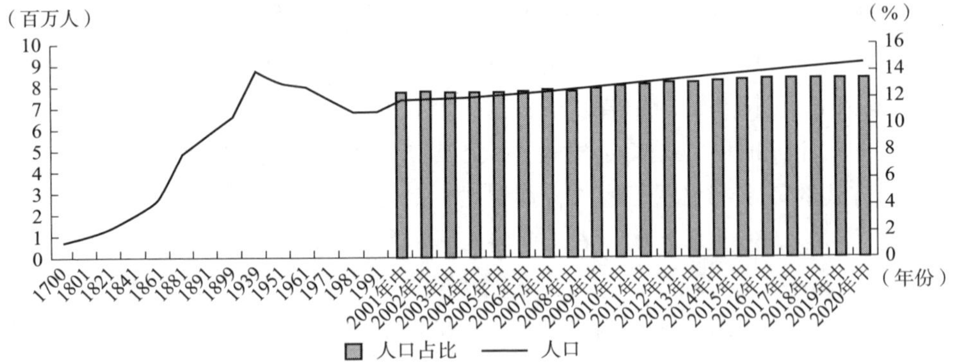

图2-6 伦敦市人口和人口占比

资料来源：ONS. Estimates of the population for the UK，England and Wales，Scotland and Northern Ireland［EB/OL］. https://www.ons.gov.uk；Historical Overview of London Population［EB/OL］. https://www.londononline.co.uk/factfile/historical/.

2020年，伦敦市女性就业人口在总就业人口中占比为46.21%，1992—2020年，伦敦女性就业占总就业比例基本在44.5%~46.6%波动（图2-7），最高值是1994年的46.56%，最低值为2003年的44.58%。女性就业比例从1992年的59.0%连年上升至2020年的70.5%，增加11.5个百分点。

伦敦因交通拥堵而臭名昭著，2009年，伦敦高峰时段汽车的平均速度记录为17千米/小时（Mulholland，2009）。表2-3显示了伦敦巴士在2018—2019年运营的千米数为4.89亿千米，略低于上一年（2.2%）的运营千米数。这是由于计划容量的小幅减少。2017—2018年度计划运营千米数达到的98.1%的创纪录比例在2018—2019 年度继续保持，并进一步改善，因交通拥堵损失的运力比例保持下降趋势，从2008—2009年度的2.3%下降到2018—2019年度的1.3%，同时保持平均巴士速度。

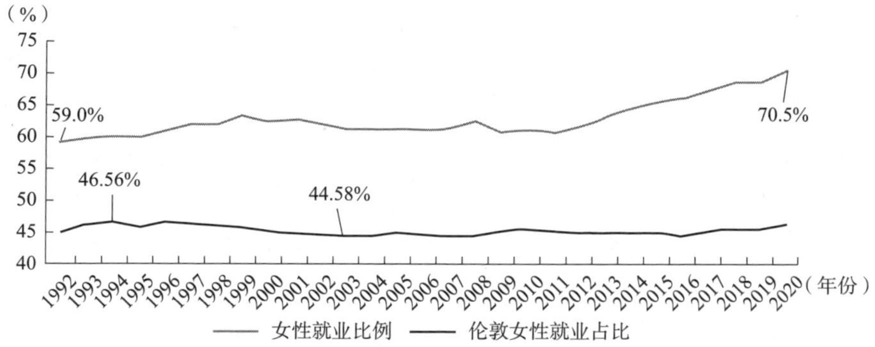

图 2-7　1992—2020 年伦敦市女性就业比例和女性就业占比

资料来源：ONS. LFS：In employment［EB/OL］. https://www.ons.gov.uk.

表 2-3　公交服务供应和可靠性

年份	预计千米数的百分比				
	预计千米数（百万千米）	实际运营（%）	因堵车而损失（%）	因其他原因损失（%）	速度（千米/小时）
2008—2009	492	97.0	2.3	0.7	—
2009—2010	497	97.1	2.3	0.6	—
2010—2011	499	97.4	2.1	0.5	—
2011—2012	502	97.6	1.9	0.5	—
2012—2013	503	97.6	1.7	0.7	—
2013—2014	502	97.7	1.9	0.4	25.5
2014—2015	504	97.1	2.0	0.9	15.3
2015—2016	507	97.2	2.3	0.5	15.0
2016—2017	508	97.4	2.0	0.6	14.8
2017—2018	500	98.1	1.4	0.5	1.50
2018—2019	489	98.1	1.3	0.5	15.0

资料来源：Transport for London. Travel in London–Report 12［EB/OL］. https://content.tfl.gov.uk/travel-in-london-report-12.pdf.

⑥伦敦城市国际联系的时序分析。

2011年的人口普查记录显示，大伦敦地区有2998264人（36.7%）的伦敦人口是在外国出生的，就绝对人数而言，这使其成为仅次于纽约的第二大移民人口城市。2015年在伦敦出生的儿童中，约有69%的父母至少有一个在国外出生[①]。2009年7月至2010年6月，居住在伦敦的五个最大的外国出生群体

① Conor Sullivan. Most London babies have foreign-born parent Archived 25 June 2018 at the Wayback Machine［N］. Financial Times，2016-12-02.

出生地为印度、波兰、爱尔兰共和国、孟加拉国和尼日利亚。

2019年，伦敦共接待了2171.3万名国际游客，国际游客共支出157.25亿英镑，每位国际游客平均住5晚，平均支出为724英镑（图2-8）。2002—2019年，国际游客数量从1160.3万人增加到2171.3万人，增长近1倍。2020年由于新冠肺炎疫情的影响，国际游客数骤减。人均支出也从2004年最低的481英镑增加到2019年的724英镑。

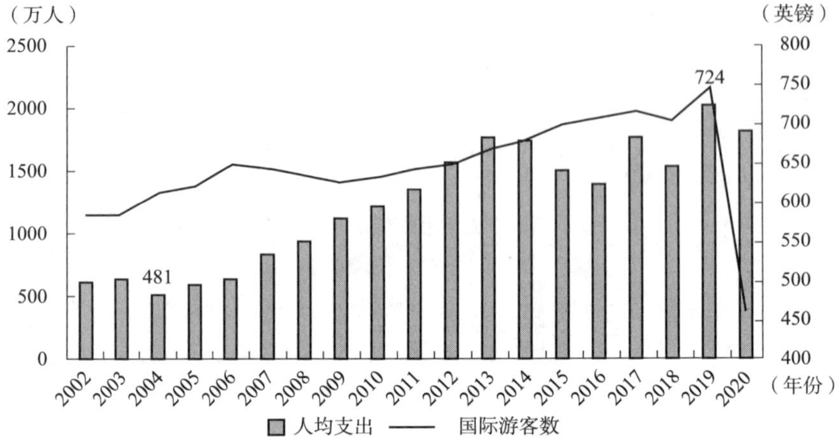

图 2-8　2002—2020 年伦敦国际游客数和人均支出

资料来源：GLA. International visitors to London［EB/OL］. https://data.london.gov.uk.

说起伦敦城市的国际联系就不得不提伦敦金融城。伦敦金融城是世界上最大的国际银行贷款来源之一，跨国贷款占全球总额的19%，居世界之首；管理的投资资产总额达到3.6万亿英镑；世界上最大的外汇市场，日交易量占全球的35.8%；国际债券占全球交易量的70%以上；吸引了世界2/3的顶级律师事务所，包括200多家外国律师事务所；聚集了超过1/3的《财富》“世界500强”公司的欧洲总部，以及几乎所有主要国际银行和金融机构的办事处、分支机构或总部。

（2）伦敦城市六个领域的时序分析

在城市经济方面，伦敦市在过去的20多年间，人均GDP翻了一番，GDP增长近2倍，增加196万个工作岗位。在城市社会方面，失业率在近30年时间里下降56.87%。在城市政治方面，投票率持续下降12年之后，在2006年有所增加，2006年投票率高于前两次投票率，但仍低于1978—1994年的任何一次选举。在城市文化方面，具有四级及以上学历比例从2004年的31.9%增长到2020年的58.5%，增长83.4%，翻了将近一番。在城市环境方面，温室气体排放量在2001—2016年下降5%，意味着人均排放量减少21%。在城市居民方面，2014年伦敦出生时预期寿命为82.1岁，高于英格兰的81.3岁，比2006年增加约3岁。

①伦敦城市经济的时序分析。

在城市经济方面，1998年伦敦的地区生产总值为1904.4亿英镑，2019年伦敦的地区生产总值为5036.53亿英镑（图2-9），约占英国GDP的25%，增长近2倍。主导产业为房地产及租赁业，第二主导产业为金融和保险业。

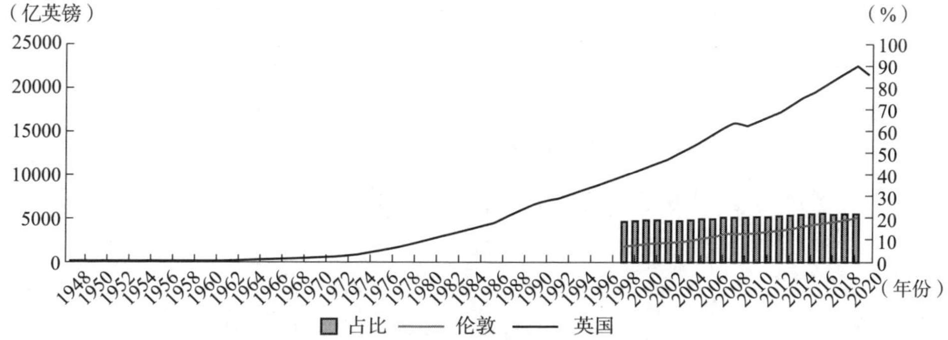

图 2-9　1948—2020 年伦敦国内生产总值

资料来源：ONS. Regional gross domestic product:city regions［EB/OL］. https://www.ons.gov.uk.

2019年，伦敦人均GDP为56199英镑，高于英国的33763英镑。1998—2019年，伦敦人均GDP从26954英镑增加到56199英镑，增长108.5%（图2-10）。

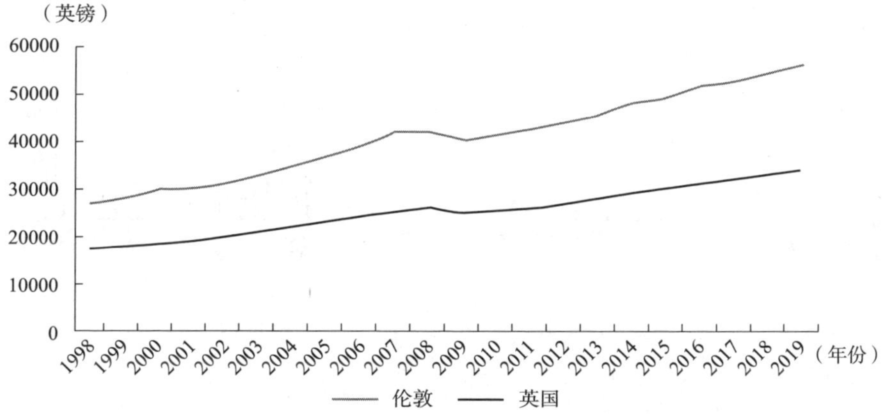

图 2-10　1998—2019 年伦敦人均 GDP

资料来源：ONS. Regional gross domestic product: city regions. Gross domestic product (Average) per head, at current market prices: SA［EB/OL］. https: //www.ons.gov.uk.

伦敦的收入中位数从1997年的20871英镑上升到2020年的41017英镑（图2-11），翻了近一番，与英国收入中位数的差距有所增加，到2020年比英国收入中位数（31777英镑）多了9240英镑。

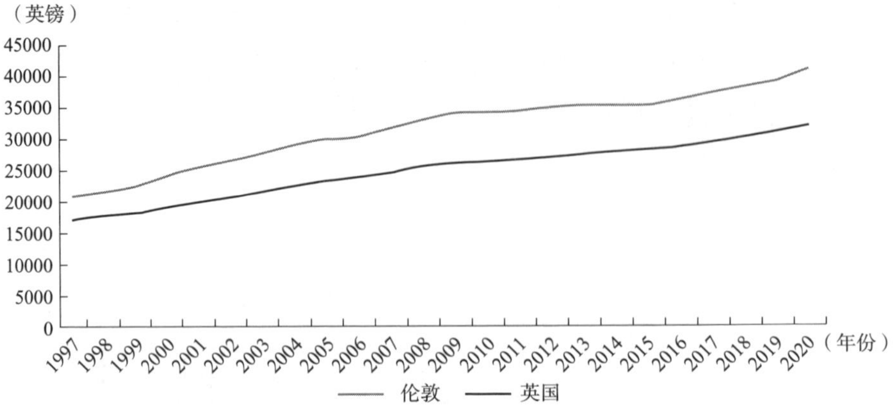

图2-11　1997—2020年伦敦收入中位数

资料来源：ONS. Median house prices for administrative geographies［EB/OL］. https: //www.ons.gov.uk.

2020年，伦敦共提供就业岗位数594.9万个，占整个英国的16.93%（图2-12）。1995—2020年，伦敦就业岗位从398.9万个上升到594.9万个，基本保持稳定增长的趋势，增长约50%。

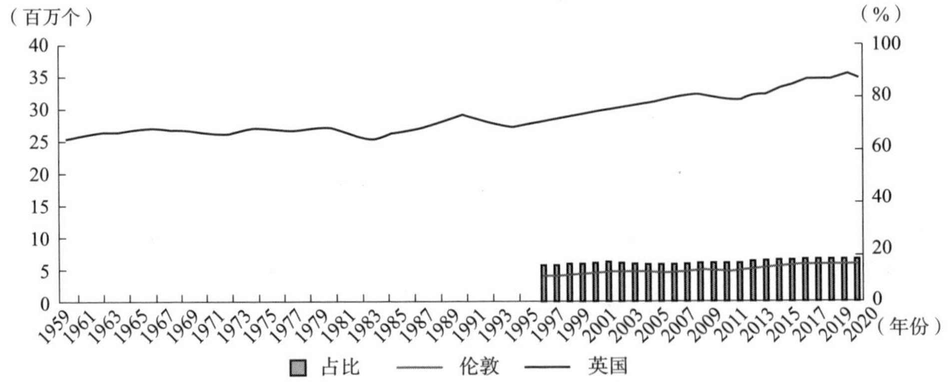

图2-12　1995—2020年伦敦就业岗位数

资料来源：ONS. Workforce jobs［EB/OL］. https: //www.ons.gov.uk.

2020年伦敦就业岗位中，服务业占比高达91.97%，就业机会呈多样化趋势（图2-13），其中最大的行业是专业科学技术（77.3万个，12.99%）、批发和零售贸易（64.5万个，10.84%）、行政和支持服务（58.4万个，9.82%）、人类健康和社会工作（58.4万个，9.82%）、信息与通信（50.4万个，8.47%）。

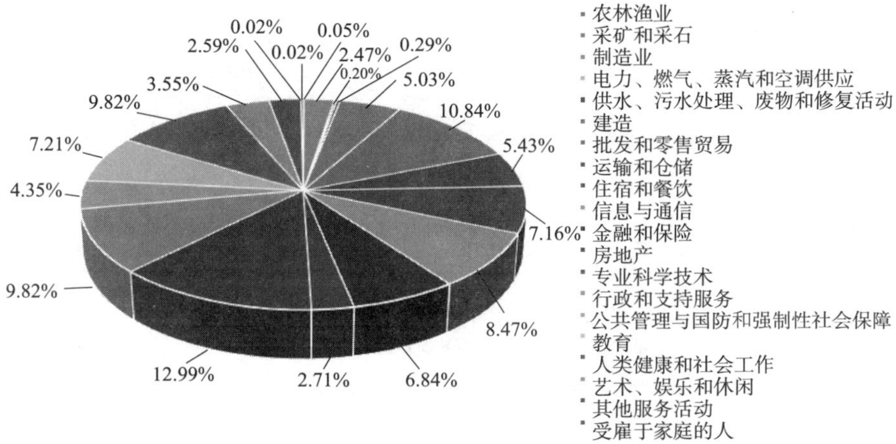

图 2–13　2020 年伦敦市分部门就业比例

资料来源：ONS. JOBS05 Workforce jobs by region & industry 1［EB/OL］. https: //www.ons.gov.uk.

②伦敦城市社会的时序分析。

截至2020年6月，伦敦的少年儿童抚养比[①]为28.5%，稍高于全英国28.11%的平均水平；老年人口抚养比[②]为17.86%，低于全英国29.36%的平均水平。

2020年，伦敦失业率[③]为6.09%，1992—2020年，失业率从14.12%下降到6.09%（图2–14），下降8.03个百分点，最高值为1993年的15.97%，最低值为2019年的4.64%。

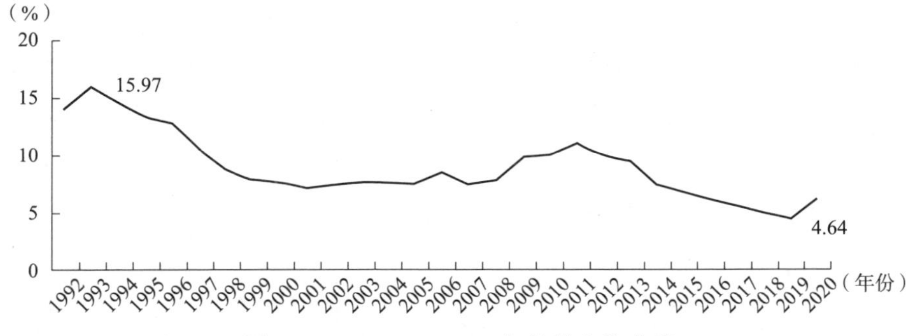

图 2–14　1992—2020 年伦敦市失业率

资料来源：ONS. LFS：ILO unemployed［EB/OL］. https: //www.ons.gov.uk.

截至2021年3月，伦敦市的犯罪率为每千人83.3起，比2015—2016年有所下降，2019—2020年达到相对的高峰值每千人102.4起（图2–15）。

① 少年儿童抚养比 = 少年儿童人口（14 岁及以下人口数）/ 劳动年龄人口（15~64 岁人口数）× 100%。
② 老年人口抚养比 = 老年人口（65 岁及以上人口数）/ 劳动年龄人口（15~64 岁人口数）× 100%。
③ 失业率 = 失业人数 / 总就业人数 × 100%。

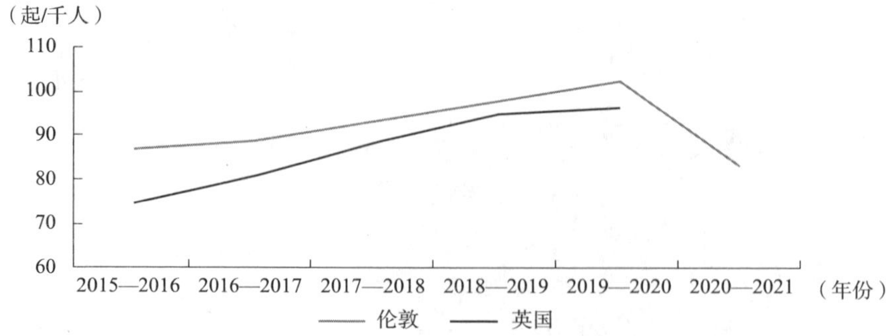

图 2-15　2015—2021 年伦敦犯罪率

资料来源：ONS. Crime in England and Wales［EB/OL］. https: //www.ons.gov.uk.

③伦敦城市政治的时序分析。

伦敦市长的职责涵盖治安、交通、住房、规划、经济发展、艺术、文化和环境等，每年控制着大约170亿英镑的预算。市长的任期通常为四年，任数不限。根据《1999年大伦敦当局法》，市长选举在上次选举后第四个日历年的5月的第一个星期四举行。2020年3月13日，政府宣布由于新冠肺炎疫情原因，选举推迟到2021年。在计算四年一次的选举周期时，选举日期的变化将被忽略。因此，接下来的选举将在2024年举行。2021年5月6日举行的最近一期的伦敦市长选举中，工党的萨迪克·汗（Sadiq Khan）再次当选，赢得了40%的首选票，并在第二轮选举中以55%的选票击败贝利。

最近一次的伦敦地方选举于2018年5月举行，下一次在2022年举行。2018年的伦敦地方选举结果显示（图2-16），3个行政区的选民投票率为38.8%，低于1978—1994年的任何一次选举。在持续下降12年之后，投票率实际上在2006年是有所增加的，尽管当局努力提高参与率，但增幅相对较小。最高的为泰晤士河畔里士满（Richmond upon Thames，51.4%），最低的为巴金和达格纳姆（Barking and Dagenham，29.5%）。

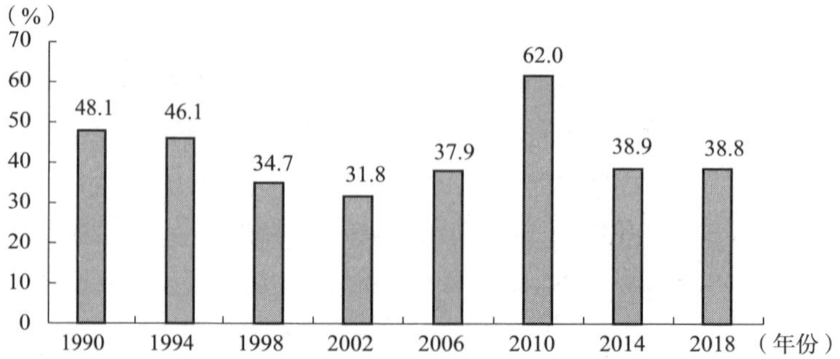

图 2-16　1990—2018 年伦敦大选投票率

资料来源：GLA. Council Elections Voters 2002. Council Elections Voters 2006［EB/OL］. https: //data.london.gov.uk.

在当选议员方面，工党取得45年来的最好成绩，赢得44%的选票、1128名议员席位和21个议会的控制权。这是工党在伦敦地方选举中的第二好成绩，略高于1971年的总成绩。保守党失去92个席位，仅当选508名议员，这是其在伦敦地方选举中有史以来席位最少的一次。自由党从保守党手中赢得的2个地方议会席位，绿党总共赢得11个地方议会席位。独立党的支持率大幅下降，失去了所有席位。

④伦敦城市文化的时序分析。

2020年，具有四级及以上学历的人口占16~64岁人口数的比例为58.5%，高于英国43%的平均水平（图2-17）。2004—2020年，具有四级及以上学历的人口比例从31.9%增长到58.5%，增长83.4%，翻了近一番。

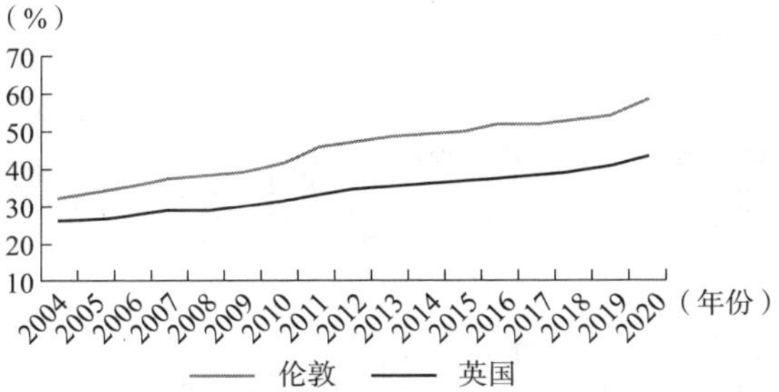

图2-17　2004—2020年伦敦具有四级及以上学历的人口占比

资料来源：ONS. Qualifications of Working Age Population (NVQ),Borough［EB/OL］. https: //data.london.gov.uk.

伦敦是全球主要的高等教育教学和研究中心，也是欧洲高等教育机构最集中的地方。根据GS 2015—2016年度世界大学排名，伦敦是世界上一流大学最集中的地方。在2021年QS世界大学排名中，伦敦帝国理工学院（Imperial College London，ICL）世界排名第八位，伦敦大学学院（London's Global University，UGL）排名第十位，伦敦国王学院（King's College London，KCL）排名第31位。伦敦政治经济学院（London School of Economics and Political Science，LSE）被描述为世界领先的教学和研究社会科学机构，伦敦商学院（London Business School，LBS）被认为是世界领先的商学院之一。伦敦还拥有世界前十名艺术表演学校中的三所：皇家音乐学院（Royal College of Music，排名第二位）、伦敦大学皇家音乐学院（Royal Academy of Music，排名第四位）、吉尔德霍尔音乐与戏剧学院（Guildhall School of Music and Drama，排名第15位）。

伦敦是当之无愧的文化之都、时尚之都、创意之都。伦敦是世界最繁忙的电影制作中心之一，比任何其他城市呈现更多场的现场喜剧，拥有世界上最多的剧院观众。伦敦是许多博物馆、画廊和其他艺术机构的所在地，截至

2016年底，伦敦有超过250家的注册艺术机构，其中许多是免费入场的，包括著名的大英博物馆和国家美术馆。大英图书馆是英国的国家图书馆，也是世界第二大图书馆。伦敦曾举办过1908年、1948年和2012年三届夏季奥运会，是第一个举办过三届夏季奥运会的城市。

⑤伦敦城市环境的时序分析。

2016年，伦敦基于消费的温室气体排放量约为1.1亿吨二氧化碳当量（图2–18）。尽管在此期间伦敦的人口增加近150万人，但自2001年以来，温室气体排放量已经下降5%。这意味着人均排放量减少21%（从15.9吨二氧化碳当量减少到12.6吨二氧化碳当量）。降幅最大的是2008—2009年全球金融危机期间，对家庭支出产生了重大影响。

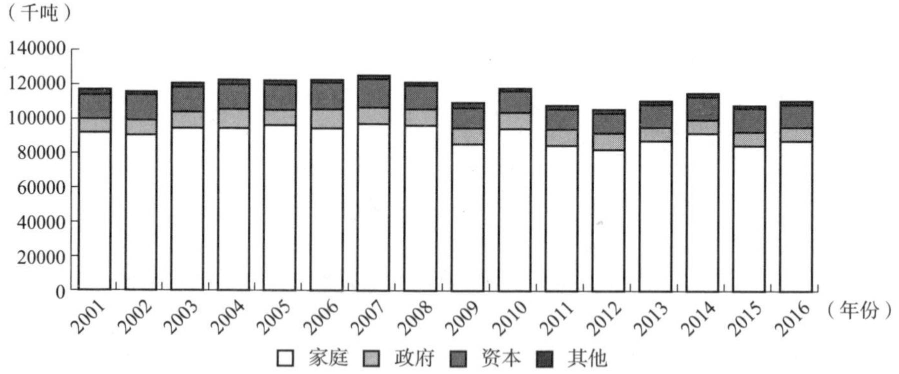

图2–18　2001—2016年伦敦温室气体排放量

资料来源：GLA. London's consumption based greenhouse gas emissions 2001–2016［EB/OL］. https: //data.london.gov.uk.

伦敦的人均消费足迹接近英国的平均水平（图2–19），2001—2016年都有

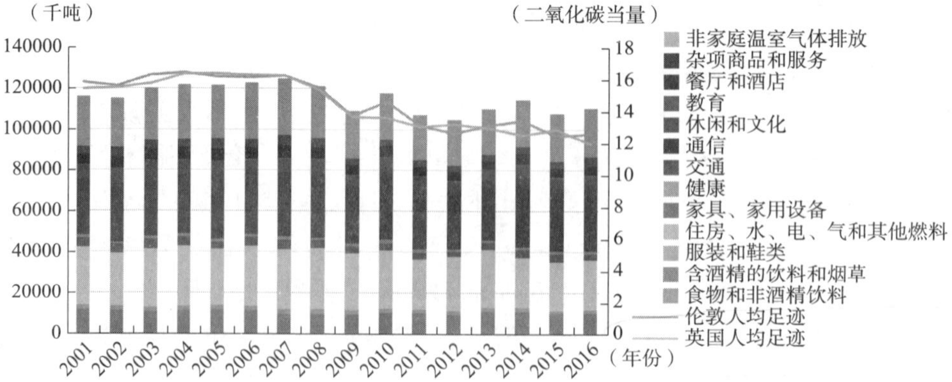

图2–19　2001—2016年伦敦市分部门温室气体排放情况

资料来源：GLA. London's consumption based greenhouse gas emissions 2001–2016［EB/OL］. https: //data.london.gov.uk.

减少的趋势。在部门层面，2001年排放量排名前三位的分别是住房、水、电、气和其他燃料，交通以及非家庭温室气体排放，而从2010年开始，交通的排放量已经超过住房排名第一位。伦敦的人均排放量在某些情况下也有所不同，例如，食品和饮料——伦敦在户外消费的食品和饮料的排放量较高，而在家中消费的食品和饮料排放量较低，这反映了不同的饮食模式；交通——伦敦人与航空旅行相关的排放量高于平均水平。

表2-4表明，2003—2013年，伦敦总林地和树木覆盖率有所增长，从18.2%增长到19.5%。在过去的20年里，伦敦的总绿色覆盖率超过50%。

表 2-4 2003—2013 年伦敦绿色覆盖率

年份	绿色（植被）覆盖率（%）			其他土地覆盖率（%）				
	总林地和树木	其他植被	总绿色覆盖	大厦	平顶屋	其他人造	交通	水域
2003	18.2	34.4	52.5	12.4	3.9	17.4	11.6	2.1
2007	19.5	33.7	53.2	11.2	4.4	15.7	12.	2.6
2010	19.4	33.6	53.0	13.6	2.4	17.5	12.2	1.3
2013	19.5	32.5	52.0	11.4	4.7	16.0	13.8	2.1

资料来源：Mayor of London. Measuring Tree Canopy Cover in London:An analysis using aerial imagery[EB/OL]. https: //www.london.gov.uk.

⑥伦敦城市居民的时序分析。

2020年，伦敦女性比例为49.9%，稍低于全国50.6%的平均水平。2020年中，伦敦人年龄中位数为35.8岁，低于全国40.4岁的平均水平，比2001年中的34岁增加1.8岁（图2-20）。

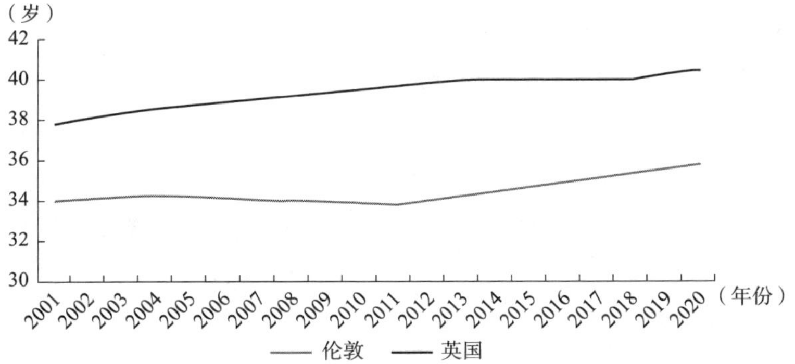

图 2-20 2001 年中至 2020 年中伦敦市及英国人口年龄中位数

资料来源：ONS. Estimates of the population for the UK,England and Wales,Scotland and Northern Ireland［EB/OL］. https: //www.ons.gov.uk.

2014年，伦敦出生时预期寿命为82.1岁，高于英国的81.3岁，比2006年增加约3岁（图2-21）。

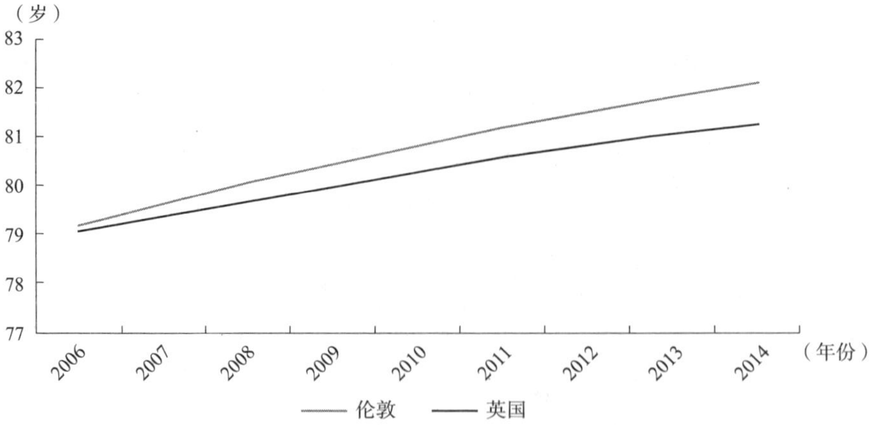

图 2-21 2006—2014 年伦敦市、英国出生时预期寿命

资料来源：ONS. Life Expectancy at Birth and Age 65 by Ward [EB/OL]. https: //data.london.gov.uk.

根据国家统计局2011年人口普查数据，伦敦8173941名居民中有59.8%是白人，其中英国白人占44.9%、爱尔兰白人占2.2%、吉卜赛/爱尔兰旅行者占0.1%，12.1%被归类为其他白人。与此同时，20.9% 的伦敦人是亚裔和亚裔混血，其中19.7% 是全亚裔，1.2% 是亚裔混血。印度人占6.6%，其次是巴基斯坦人和孟加拉国人，各占2.7%，华人占1.5%，阿拉伯人占1.3%，另有 4.9% 被归类为其他亚洲人。

2. 伦敦城市现代化水平的截面分析

伦敦市六个系统和六个领域的截面分析用2020年截面为代表，采用2010—2020年可获取的数据。

（1）伦敦城市六个系统的截面分析

伦敦城市六个系统的截面分析如表2-5所示，在城市功能和形态方面，伦敦在各种有关城市竞争力的世界有影响力排名中基本保持在首位的水平，在城市形态方面，表现出从单核到多核的空间演进特征。在建筑和住房方面，2020年伦敦的房产中值为48.3万英镑。在基础设施方面，每千人汽车拥有量为295.5辆，家庭有宽带比例96.0%。在公共服务方面，2018年全科医生诊所数为1311所，护士空缺率大约为14.0%。在公共管理方面，2020年伦敦市人口9002488人，女性就业比例达到70.5%。在国际联系方面，2019年国际游客数量达到2171.3万人，外国出生人口比例为36.7%，《财富》“世界500强”公司份额占3.2%。

表 2-5　伦敦城市六个系统截面数据

指标维度		代表性指标	数值
六个系统	功能和形态	全球城市竞争力排名	全球第一
		城市形态	单核—多核（新城）
	建筑和住房	房产中值	483000 英镑
		房价收入比	12.52
		房屋租住率	51.78%
		最高建筑	碎片大厦
	基础设施	每千人汽车拥有量	295.5 辆
		家庭有宽带比例	96.0%
	公共服务	全科医生诊所数	1311 所（2018 年）
		护士空缺率	14.0%（2018 年）
	公共管理	城市人口	9002488 人
		公共交通上班比例	43.0%
		女性就业比例	70.5%
		因堵车而损失的公交车预订千米数百分比	1.3%
	国际联系	国际游客数	2171.3 万人
		外国出生人口比例	36.7%
		《财富》“世界 500 强”公司份额	3.2%

（2）伦敦城市六个领域的截面分析

伦敦城市六个领域的截面分析如表2-6所示，在城市经济方面，2020年GDP为5039亿英镑，人均GDP为55974英镑，收入中位数为41017英镑；2020年伦敦共提供就业岗位数594.9万个，服务业就业比例高达91.97%。在城市社会方面，少年儿童和老年人口抚养比分别为28.50%和17.86%，犯罪率2021年为每千人83.3起。在城市政治方面，2018年地方选举选民投票率为38.8%。在城市文化（科技）方面，2020年四级及以上学历比例达到58.5%。在城市环境方面，树木覆盖率为19.5%，温室气体排放量为1.1亿吨二氧化碳当量。在城市居民（人口）方面，老龄人口比例[①]为12.2%，年龄中位数为35.8岁。

① 这里的老龄人口比例指的是65岁及以上老年人口占总人口比重。

表 2-6　伦敦城市六个领域截面数据

指标维度		代表性指标	数值
六个领域	城市经济	GDP	5039 亿英镑
		人均 GDP	55974 英镑
		收入中位数	41017 英镑
		就业岗位	594.9 万个
		三产就业比例	91.97%
	城市社会	少年儿童抚养比	28.50%
		老年人口抚养比	17.86%
		失业率	6.09%
		每千人犯罪率	83.3 起
	城市政治	投票率（2018 年）	38.8%
		2018 年地方选举	工党，44%
	城市文化（科技）	四级及以上学历比例	58.5%
		注册艺术机构	250 个以上
		奥运会举办方	三届：1908 年、1948 年、2012 年
	城市环境	温室气体排放量	1.1 亿吨（2016 年二氧化碳当量）
		树木覆盖率	19.5%（2013 年）
	城市居民（人口）	男女比例	50.1∶49.9
		老龄人口比例	12.2%
		年龄中位数	35.8 岁
		出生时平均预期寿命	82.1 岁（2014 年）
		白人比例	59.8%

（二）伦敦城市现代化面临的挑战

当下，伦敦面临一些严峻的挑战，包括：人口和就业的增长并没有与伦敦需求的房屋数量和类型的增长相匹配；伦敦市中心对大型跨国企业的关注与该城市其他地区的经济发展不匹配；未能考虑伦敦经济增长的更广泛影响，增加了对汽车的依赖，导致市民身体活动水平低下、城市严重拥堵、空气质量差和其他环境问题等。具体的挑战表现为以下几点。

1. 不断增长的人口、家庭和变化的人口结构

自 1988 年以来，伦敦的人口每年都在增长，当前，人口增长再次加速。伦敦的家庭数和家庭规模在过去的 10 年中都有所增加。伦敦的人口结构，特别是年龄结构和种族构成也发生了巨大的变化，不断趋向年轻化和多元化，学龄人口和 64 岁以上人口数持续增加，中年人减少，需要更多的学校和其他

设施，同时还要满足人口老龄化的需求。伦敦人口的不断增长意味着需要更多的住房，同时对住房结构的多样化也提出新的需求。

2. 不断发展变化的经济

2008年全球金融危机爆发后，伦敦经济增长缓慢。伦敦的经济总体上看表现为中期强劲，远期将面临一定的不确定性，经济结构和经济地理格局都发生了明显的变化，表现为：经济结构从以传统的制造业为主，转向金融、零售业等服务业为主，经济结构中的创新、技术比重越来越大；经济地理格局转变为不同的区域倾向于集聚不同的产业；内伦敦以办公、休闲业为主，中部以金融和商务服务业为主，外部以制造业为主。经济结构和经济地理格局的演变使得规划体系也要随着经济状况的变化而调整。

3. 持续存在的贫困和不断加剧的不平等问题

伦敦的贫困问题是英国中较严重的，贫富差距正在逐步加大，正在成为一个日益两极化的城市。一方面，收入大幅增长，高薪人数和收入均显著增加；另一方面，低收入或没有工作的人越来越落后。这种两极分化与健康不良、药物滥用和犯罪等一系列社会问题有关。贫困发生率没有下降，而贫困主要集中在抚养子女的家庭，以及黑人、亚裔、少数民族裔和残疾伦敦人中。伦敦的儿童、工作年龄的成年人和养老金领取者的贫困率高于英国其他地方，低素质人口就业难、低收入者住房难等一系列问题也亟待解决。

4. 欧盟公投结果带来的不确定性

2020年1月，欧盟正式批准英国“脱欧”，结束了其47年的欧盟成员国身份。英国的经济是强大的，而且是全球性的，因此欧盟公投结果后的不确定性加剧了全球其他城市对伦敦竞争力的现有威胁。对于一些伦敦人来说，他们家门口的经济繁荣和财富，以及一个负担得起的、体面的可以称为家的地方似乎比以往任何时候都更加遥不可及。鉴于伦敦从向世界开放中获益良多，欧盟公投的结果并不是市长和许多伦敦企业所希望的，但伦敦经济的独特之一是它的适应能力，即伦敦的韧性、创业精神和成功仍将继续下去。尽管如此，与欧盟关系的变化意味着必须以不同的方式最大化其作为一个全球城市的优势——确保大型跨国企业继续在伦敦立足，企业家可以成功地在首都开办并扩大新的企业。

5. 气候的变化

全球气候变暖和环境恶化使得伦敦的人居环境面临着严峻的考验，要通过规划来管理现有的空间并提供更多的绿色开放空间。伦敦必须准备好应对变暖的气候，更干燥、炎热的夏天，更多雨水、潮湿的冬天，更频繁、更高的潮汐洪水，以及水资源日益短缺的挑战。

6. 基础设施跟不上未来的需求

确保依靠完善的基础设施增长，不断完善的硬件和软件基础设施，满足人民的需求。这里强调了确保伦敦有足够的物理基础设施来满足一个不断发展的城市需要的重要性，帮助尽可能高效和可持续地利用城市资源。在公共资源可能短缺的情况下，所有这些需求都必须得到管理。其中一些可以通过更好地利用现有的基础设施来解决，但解决所有问题都需要伦敦的地方当局、企业、关注伦敦未来发展的志愿组织和其他利益相关者与市长合作，为未来对伦敦投资给出强有力的理由。所有组织都必须共同努力，确定并优化各种资助基础设施的方式——无论是充分利用现有规划系统内的机制，推动新的税收筹集权力，还是探索税收增值融资等创新方法。

7. 生活质量新聚焦

在增长的需求与追求良好的并不断改善的生活质量的条件之间，存在明显的紧张关系，需要加强对生活质量问题的日益关注，包括：确保有足够的房屋满足伦敦人在其生活各个阶段和任何情况下的需求，并经过设计以积极提高他们所在社区的质量；解决伦敦持续存在的贫苦和排外问题，特别是作为世界上最富有城市之一存在的不可接受的健康不平等问题，以确保人人享有平等的生活机会；保护和改善伦敦的自然环境和栖息地及其总体环境质量，针对空气质量和其他形式的污染问题采取行动；确保一个充满活力和令人兴奋的市中心网络，以及所有伦敦人都能获得优质健康的食品等一系列与生活质量相关的议题。

三、伦敦城市现代化规划的战略及举措

（一）伦敦城市现代化战略规划历史演变

整个大伦敦地区的综合战略规划可以追溯到1944年由艾伯克隆比（Patrick Abercrombie）主持编制的《大伦敦规划》（*Greater London Plan*），对战后伦敦重建以及大伦敦地区的平衡发展作出了贡献（谢鹏飞，2011）。该规划的核心思想是控制伦敦市区的蔓延，将空间的扩张约束在绿带（greenbelt）之内，以此来疏解伦敦都市区过分拥挤的人口和产业，大规模的新城建设运动也由此展开（迈克尔·布鲁顿，2003）。

1965年成立的大伦敦议会（Great London Council，GLC）负责大伦敦规划管理与发展，标志着伦敦地区进入相对统一的规划管理阶段。为了改变大伦

敦规划中同心圆封闭布局模式，1969年GLC编制《大伦敦发展规划》草案（*A draft Greater London Development Plan*，GLDP），通过沿着城市三条主要快速交通干线向外扩展，以绿带为控制手段把新城设置在伦敦通勤范围外，以期在更大区域范围内实现地区经济、人口和城市的合理均衡发展（Davoudi，2009）。但由于GLC与32个自治市管理机构之间的现实矛盾，伦敦不同地区间存在的人口、经济发展脱节等问题，该规划直到1976年才被中央政府批准。这也间接说明GLC并未有效发挥统一规划管理的作用，并于1986年被撤销。2000年设立大伦敦政府（Greater London Authority，GLA），主要负责住房交通、规划管理、经济发展、环境保护、社会治安维护、火灾和紧急事务处理、文化体育和公众健康等（Greater London Authority，2012），并于次年开始进行《伦敦规划》的筹备工作。2004年，以GLA为编制单位，以当时的伦敦市长肯·利文斯通（Ken Livingstone）为名义编制人出台了第一部《伦敦规划2004》（*The London Plan* 2004）。

《伦敦规划》的编制是一个“编制—实施—监测—评价—更新”不断滚动的过程。从2001年规划启动编制到2021年，三任市长共颁布了三版伦敦规划，数十个规划草案和修订版，几十个关于经济发展、住房保障、基础设施、资源利用、文化发展等专题的专项战略。这些规划与战略的不断修订，既是大伦敦政府按照法定要求不断地监测、评估与修改规划的结果，更是伦敦在转型过程中，针对不断演化的城市问题所采取的主动应对策略。可以说，伦敦规划的修订过程，也从一个侧面反射出伦敦不间断的城市转型过程（表2-7）。

表2-7　2001—2021年《伦敦规划》

伦敦市长	颁布时间	规划名称
肯·利文斯通（Ken Livingstone）（2000年5月至2008年5月）	2001年5月	《走向伦敦规划》
	2002年6月	《伦敦规划草案》
	2004年2月	《伦敦规划2004》
	2006年9月	《进一步伦敦规划修改草案》
	2008年2月	《伦敦规划：基于2004年以来的变化》
鲍里斯·约翰逊（Boris Johnson）（2008年5月至2016年5月）	2008年7月	《规划更美好的伦敦》
	2009年10月	《伦敦规划：更换方案征求意见稿》
	2011年7月	《伦敦规划2011》
	2013年10月	《伦敦规划的早期小规模修改》
	2014年1月	《伦敦规划修改草案：2011年7月伦敦进一步改变规划草案、2013年10月整合与修正早期轻微的改变》
	2016年3月	《伦敦规划：基于2011年以来的变化》

续表

伦敦市长	颁布时间	规划名称
萨迪克·汗（Sadiq Khan）（2016年5月至今）	2016年1月	《所有伦敦人的城市》
	2017年12月	《伦敦规划草案》
	2018年8月	《新伦敦规划草案：显示了微小建议的变化》
	2019年12月	《伦敦计划：打算发布（纯净版）》
	2021年3月	《伦敦规划2021》

资料来源：https: //www.london.gov.uk/.

1.《伦敦规划 2004》

《伦敦规划2004》明确了伦敦成为欧洲主导城市和世界城市的发展定位，为伦敦今后20~25年的发展制定了一个集经济、环境、交通、社会于一体的发展框架，并提出了城市发展基本目标。规划以后每隔几年都会进行一次修订，以切合最近一段时间的伦敦发展方向。2006年和2008年颁布了修订版本，总体上延续了2004版规划的框架和内容，同时也进行了部分总结、调整和修改。《伦敦规划2004》的目标展望是通过以下三个互相交织的战略措施，将伦敦发展成为一个备受推崇的、可持续的、世界级的城市：①强劲、多元、持久的经济增长；②富于兼容性的社会，使所有的伦敦市民都能分享伦敦未来的成功；③大大地改进伦敦的环境及其对资源的利用。规划确定了五个主题：人民的城市、繁荣的城市、公平的城市、交通便利的城市、绿色的城市。所有战略规划的编制都要遵守这五个主题，并贯穿了“强调发展、强调机会共享、强调可持续性”的原则。

2.《伦敦规划 2011》

2008年7月，新任伦敦市长鲍里斯·约翰逊提出了《规划更美好的伦敦》（*Planning for a Better London*），认为尽早制定反映其政策和优先事项的清晰空间框架至关重要，并于2011年正式发布了第二版《伦敦规划2011》，规划覆盖年份到2031年，其后于2014年和2016年分别进行了修改和更新。《伦敦规划2011》的核心愿景为：到2036年前后，伦敦应该是一个超越全球城市的城市——全伦敦市民和企业都能公平地获得机会，实现最高的环境标准，有着最高的生活品质，并在应对21世纪城市挑战，尤其是气候变化挑战方面引领世界城市的发展。《伦敦规划2011》包括八个目标和八个章节。

（二）2021 年伦敦城市现代化最新战略规划：《伦敦规划 2021》

1.《伦敦规划 2021》的特点与核心价值

伦敦规划是市长统领各郡、各职能部门的多元参与机制，是以空间为载体的战略规划和行动规划的统一，“实施—监督—反馈”体系确保政策的承接及实施，并且高度关注良好的增长。

《伦敦规划 2021》提出了一种新的方式方法，称为“良好的增长”（good growth），它不是不惜一切代价支持增长，而是重新平衡伦敦的发展，它延续了历届伦敦规划的三个核心发展价值，即增长、公平和可持续发展，是贯穿市长所有战略的一致主题。

2.《伦敦规划 2021》的目标和举措

《伦敦规划 2021》设立了六个良好增长的目标，以及一系列政策措施。

（1）《伦敦规划 2021》的目标

为了确保伦敦的增长是良好的增长，《伦敦规划 2021》中的每个政策领域都以六个良好的增长目标为依据，这六个目标包括：建立强大而包容的社区、充分利用土地、打造健康城市、提供伦敦市民所需的房屋、发展良好的经济、提高效率和韧性。

（2）《伦敦规划 2021》的举措

《伦敦规划 2021》从第 2 章到第 12 章的 11 个不同的议题中提出了相关的 102 项举措，包括空间发展模式方面的 10 项举措、设计方面的 14 项举措、住房方面的 16 项举措、社会基础设施方面的 7 项举措、经济方面的 11 项举措、遗产和文化方面的 7 项举措、绿色基础设施和自然环境方面的 9 项举措、可持续的基础设施方面的 17 项举措、交通方面的 9 项举措等。

3.《伦敦规划 2021》的指标体系

（1）《伦敦规划 2021》的关键绩效和度量

为了不断审查伦敦规划的实施情况，特别使用以下的关键绩效指标（表 2–8）和年度监测报告。

表 2–8　伦敦规划关键绩效指标和度量

住房	
关键绩效指标	新房屋供应
度量	在此期间增加新房供应（根据房屋竣工和批准房屋的净管道进行监测），以满足截至 2029 年 3 月每年所需的 66000 套净额外房屋
关键绩效指标	经济适用房的供应
度量	经济适用房的规划批准百分比呈积极趋势（基于滚动平均值）

续表

经济	
关键绩效指标	办公室容量的供应
度量	写字楼空间规划许可的管道至少是前三年开工的平均写字楼空间建设的三倍
关键绩效指标	提供负担得起的工作空间
度量	可负担的 B1 工作空间在规划批准中占 B1 总建筑面积的比例呈积极趋势（基于滚动平均值）
关键绩效指标	工业用地可用性
度量	伦敦在指定工业地点（B1c、B2 和 B8）的工业和仓储建筑面积没有总体净损失（基于滚动平均值）
环境	
关键绩效指标	绿带和城市开放空间保护
度量	通过参考申请程序防止对绿带和大都会开放空间的危害
关键绩效指标	新发展带来的碳排放
度量	与 2013 年建筑法规相比，对于已批准的可参考开发应用，平均现场碳排放量减少至少 35%
交通	
关键绩效指标	出行模式
度量	增加步行、骑自行车和公共交通（不包括出租车）的出行比例，以实现到 2041 年达到 80% 的目标
健康	
关键绩效指标	参与体育活动的伦敦人
度量	提供更多的自行车停车位，以支持达到截至 2041 年底所有伦敦人每天进行两次 10 分钟的体育活动目标
空气质量	
关键绩效指标	空气质量
度量	已批准的可参考开发应用的积极趋势表明它们至少满足排放的空气质量中性标准（基于滚动平均值）
遗产	
关键绩效指标	发展对伦敦遗产的影响
度量	在已批准的可参考开发申请中，指定遗产资产的损害减少和（或）收益增加的积极趋势（基于滚动平均值）
文化	
关键绩效指标	文化基础设施的提供
度量	没有文化场所和设施净损失（基于滚动平均值）

（2）《伦敦规划2021》的数字目标

2017年12月，市长启动了新的伦敦规划草案。随后进行了为期三个月的咨询，市长代表参加了100多场独立的咨询活动，收到了4000份咨询答复。《伦敦规划2021》的公开审查于2019年1月15日至5月22日在市政厅的会议厅举行，共有超过300个组织和个人参与了51次听证会中94项议题的讨论。《伦敦规划2021》设计了47个机会地区、55个战略工业区、43个受保护的码头，102项举措、27项指定策略，预计实现50%的新住房是真正负担得起的，10%的新住房必须达到无障碍的最高标准，学校附近400米内为新热食外卖禁区，每年新增52000套新房，80%的出行将通过步行、骑自行车和公共交通工具进行，95%的建筑和拆除废物将被再回收利用以实现碳的零排放。

4.《伦敦规划2021》的愿景

在《伦敦规划2021》的前言中，现任伦敦市长萨迪克·汗指出了他对伦敦未来的愿景："我的愿景一直是建立这样的一个城市——它的经济能够支持遍布城市更多的、更高薪的工作岗位，人们在上下班路上花的时间更少，因为伦敦有很多繁华的地方，拥有良好的经济适用房，以及令人兴奋的前沿职业机会。在伦敦，伟大的文化已经渗透到每一个地方，丰富的遗产和文化资源支持着我们不断发展的世界级创意产业。"

伦敦人口由2021年的890万人增加到2041年的1080万人，每年增加7万人；预计增加690万个就业岗位，每年增加49000个。2016—2041年，中央活动区将需要大约375000平方米的额外商品零售面积，中央活动区和北部的狗岛将容纳超过367000个额外的办公室工作岗位和350万平方米办公面积，平均每年14万平方米。2016—2041年将需要额外的10万个托儿名额，为所有3~4岁的儿童提供足够资金支持的早期教育场所。2016—2041年，受伦敦物流服务增长的强劲需求推动，工业用地的净需求为正，预计将有空间再释放2.33平方千米的工业用地。鉴于旅游业对伦敦经济的重要性，伦敦需要确保能够满足想要访问首都游客的住宿需求，到2041年需要额外建造58000间卧室的服务式住宿，平均每年2230间。到2041年，在整个城市范围内，步行、自行车和公共交通出行的比例从63%提高到80%，所有伦敦人每天至少进行20分钟的体育锻炼以保持健康。到2041年，伦敦的交通网络每天将需要满足超过500万人次的额外出行需求，因此迫切需要提高公共交通的能力、连通性和服务质量，以确保其继续满足伦敦的发展需要。

四、伦敦城市现代化的特点

今日之伦敦在保持历史凝重性的同时也充满着现代城市的生机和活力。尽管大英帝国已然雄风不再，而古城伦敦却风采依旧。伦敦的城市现代化历程是英国工业现代化、国家现代化的缩影，它仍然是一个无可争议的现代化国际大都市。伦敦的城市发展，成功地实现了从“工业经济”向“服务经济”“知识经济”的转型，并完成了从“工业之城”向“金融之都”“创意之都”的华丽蜕变。

（一）优越的先天地理位置

当今世界超过100万人口的城市，60%分布于沿海地带，尤其是河口海岸平原区，泰晤士河之于伦敦就是这样的存在。伦敦沿泰晤士河发展，已有2000多年的历史，泰晤士河横贯伦敦，成为城市的主轴线。近10条水系汇入泰晤士河，为伦敦提供了占英格兰面积40%的腹地。在城市发展的早期和农业文明时期，泰晤士河是伦敦边防的天然屏障、是食物与淡水的源泉，彼时的伦敦土质肥沃、自然环境适宜，淡水采用和灌溉便利，易于农耕和繁衍生息；在城市的发展期和工业文明时期，泰晤士河是伦敦交通运输的动脉，是发展航运、商品贸易、旅游、运动的重要载体。

（二）城市现代化的每个阶段都尤为重视城市规划

经过几个世纪的发展，伦敦经历了一个从昔日的帝国之都向今日的世界城市的转变过程。可以说，在伦敦发展的每个阶段，都异常注重规划。伦敦早在1909年就成立了城市规划系统，成为市政府功能之一。1927年，伦敦成立了大伦敦区域规划委员会，规划了占地1800平方千米的大伦敦城。1937年，成立“巴罗委员会”，解决伦敦人口过密问题。1943年，伦敦郡县委员会制定伦敦的总体发展计划即大伦敦规划。1970年，伦敦又制定了东南部战略发展规划。1978年，通过《内城法》，注重旧城改建和保护。1997年，通过新的伦敦发展战略规划书。2000年，大伦敦政府相继编制完成《伦敦经济发展战略》《伦敦空间战略》等大伦敦发展战略规划。伦敦的每次规划都体现出城市发展的国际性，都充分意识到国际经济政治发展带来的挑战和机遇，以一种开放、积极的态度，迎接城市人口的增加和经济的增长。规划提升了伦敦世界城市的整体竞争力，为伦敦经济发展提供了支撑，有效地指导伦敦利用土地、水、能源、交通等资源进行开发活动，为经济发展战略的实施提供了重要保障。

（三）城市现代化更加注重以社区为主和以人为本

伦敦城市现代化的实施工具是社区战略和规划，以及地方层面的其他政策；城市开发项目考虑居民及更广泛利益相关者的需求，并最大化开发项目参与者可以获得的发展机会；鼓励允许社区和居民参与城市建设项目的咨询活动；城市规划和项目最小化对社区发展和商业发展的影响；强调更好地吸引当地社区直接参与建设过程，注重为当地居民提供就业机会，在社区、劳工组织以及其他合作者之间建立联系推动地区就业；任命专门主管加强社区和市政部门之间的协调，直接指派人员参与社区工作，增进居民对政府建设项目的理解；构建网站方便参与建设人员的项目申请以及对项目执行实施状态的查询，在线发布多种语言的项目指导手册。

（四）城市开发遵循严格的规定和法规辅助执行

伦敦城市的控制严格众所周知，所有的规划和开发申请，包括城市再生项目中土地用途和建筑用途的变更，都要通过规划许可。有些建筑用途变化、小的建筑功能替换和增加则可以不需要规划许可，但要具有所谓的可开发权。具体哪些是不需要规划许可的部分服从于对地方建筑设施影响和保护的要求。大伦敦政府通过这种方式，可以保证城市再生项目更好地适应现有伦敦市的社区和商业区的特征。为了保证有足够的住房，并加快住房释出的速度，大伦敦政府争取到一个新的、特殊的可开发许可权，允许在某些关键的商业区将商业办公用房转变为居住用房。为强化这一政策的效果，2013年伦敦市政府规划法的修正案中还增加了允许办公用房改变为居住用房时不需要经过规划许可的条款。

第二节　纽约：灯塔城市的现代化崛起之路

纽约（New York）是充满活力且多元的世界顶级城市之一，是对全球的经济、商业、金融、媒体、政治、教育和娱乐等方面都具有极大影响力的国际大都会，历经400年历史，仍是世界之灯塔。纽约市位于美国东北部，地处纽约州东南，华盛顿特区和波士顿之间，包括曼哈顿（Manhattan，New York County）、布鲁克林（Brooklyn，Kings County）、皇后区（Queens，Queens County）、布朗克斯（Bronx，Bronx County）和斯塔滕岛（Staten Island，Richmond

County）5个行政区，1898年，5个行政区被合并为现在的纽约市。

2020年，纽约市人口为8804190人，分布在778.2平方千米的土地上，人口密度每平方千米11314人，是美国人口最稠密的城市之一。纽约市基本情况如表2-9所示。

表2-9　纽约市基本情况

行政区划		2020年人口普查（人）	2019年实际国内生产总值（2012年，美元）	土地面积（平方千米）	人口密度（人/平方千米）
区	县				
曼哈顿	纽约	1694251	635274518	58.8	28872
布鲁克林	国王	2736074	93907140	179.7	15227
皇后区	皇后	2405464	95547729	281.5	8542
布朗克斯	布朗克斯	1472654	43747638	109.3	13482
斯塔滕岛	里士满	495747	15117375	148.9	3327
纽约市		8804190	883594400	778.2	11314

资料来源：1. U.S. Census Bureau. A Story Map［EB/OL］. https: //mtgis-portal.geo.census.gov.

2. NYC gov. NYC Population: Current and Projected Populations［EB/OL］. http: //www1.nyc.gov.

3. Bureau of Economic Analysis. GDP by County, Metro, and Other Areas［EB/OL］. https: //www.bea.gov.

一、纽约城市现代化历程

在欧洲人到达之前，纽约只是一个印第安人的村落，早期处在荷兰人和英国人的相继殖民统治下。纽约从前工业化时代连接欧美的一个普通港口城市，发展到工业革命后美国最大的贸易口岸和商业银行中心，再到19世纪中后期成为美国排名首位的城市，最后发展为今天的世界之都。其城市现代化道路并不是一蹴而就的，有发展的普遍性和特殊性，具有非常大的研究和借鉴价值。

（一）纽约城市现代化的第一次浪潮（18世纪中叶至1870年）

纽约市的起源可以追溯到1624年由荷兰殖民者在曼哈顿岛南端建立的一个贸易站。这个城市于1664年被英国控制，并在英格兰国王查理二世将土地赐予他的兄弟约克公爵后更名为“纽约”。纽约市在1785—1790年是美国的首都，自1790年以来一直是美国最大的城市。纽约的城市现代化起步于18世纪中叶，第一次浪潮主要指第一次产业革命期间的城市前沿变化，典型特征是工业城市化、商业城市化，包括工业化、机械化、理性化、民主化、社会流动、发展初等教育、建立公共卫生、建立社会救济和社会保障制度、建设城市基础设施等。同时也伴随着城市生活环境恶化，居民生活质量下降等一系列城市问题。

1. 纽约的早期城市现代化（18 世纪中叶至 1820 年）

早期的纽约首先发展起来的是仓储业和批发商业，接着是为海员服务的保险业和为商人们服务的金融业。作为工业革命前商业城市的主要职能，当时纽约市的主导产业为金融保险和仓储批发。18世纪中叶，曼哈顿岛南端是纽约的闹市区，是北美殖民地中比较贵族化的地区，聚集着主要由庄园主、从事远洋贸易的商人们，以及一流的律师们等组成的社会精英（Abu-Lughod，1999）。但是，当时的纽约由于没有与内陆腹地联系的通道，所以在相当长的一段时间内，只是北大西洋沿岸与欧洲贸易往来的港口之一。

独立战争期间（1775—1783年），纽约曾遭到战争的严重破坏，但它很快从战争的创伤中恢复过来。政治的独立和国家的统一有力地推动了美国经济的发展。东北部是美国新兴城市经济的主导地区，纽约又居中心地位，成为东北部经济发展的最主要受益者。独立战争后，英美交恶，经济往来时断时续，但纽约仍设法大量吸引英国资本，与英国商界保持密切联系。1812—1815年第二次英美战争后，纽约成为英国剩余工业品的主要倾销点，强化了纽约与英国商人的联系。由于大多数进口贸易需要贷款交易，也使纽约的华尔街与英国资本关系密切，有强大的英国资本做后盾，纽约向日益发展的国内经济提供贷款业务，为其日后成为美国金融中心奠定了基础。

2. 纽约城市现代化经济的起飞时期（1820—1840 年）

在1820—1870年这半个世纪，纽约走过了它最关键的历史阶段——从大西洋沿岸的一个商埠发展成为美国首屈一指的大都市，经济发展随着工业化的初步展开和交通运输的完善进入起飞阶段。1820—1870年的纽约，大致以1840年为界分为两个阶段，第一阶段是交通革命期（1820—1840年），第二阶段是纽约发展的黄金时期（1840—1870年）。

19世纪初美国的工业革命初步展开，主要集中在新英格兰地区。工业革命还不是当时纽约发展的主要动力，但它使生产在空间上集中，这是纽约飞速发展的物质前提。商业贸易仍是当时纽约经济发展的动力，而制造业和商业服务业是建立在商业资本之上的。当然，19世纪40年代的经济与技术变革使纽约城市发展进入了工业化时代，但由于技术发展水平有限，商业机构不健全、可用动力短缺等，当时工业化与城市现代化促进关系表现得并不突出。直到19世纪末，制造业才取代了商业贸易成为纽约城市经济的主要动力，但商业依旧在纽约经济中占重要地位。

与工业革命相比，交通运输的完善对纽约的影响更直接、更强烈。19世纪，商品的运输成本非常高，运费比劳动力和成本都贵，所以提高运输条件比引进新机器、新方法更有利可图，因此这一时期的纽约政府和商人们就把主要的资金投入交通运输业的完善上。这一时期的交通运输网主要是由运河及汽船等水上运输系统和陆地铁路系统组成，出现所谓的“运河时代”“汽船时代”“铁路时代”，城市因此得以长足发展。

开凿运河是美国进一步发展交通运输事业的重要步骤，其中最著名的是伊利运河。这条运河由纽约州出资修建，1819年动工，1825年建成，缩短了西进的路程，降低了运费，为内地容量较大的制造业产品提供了一条出路，同时也扩大了纽约的腹地，使大湖区成为纽约的市场和原料产地。1851年伊利铁路的全线通车标志着纽约同时拥有两条通向西部的铁路，形成了完善的水陆交通网，极大地便利了城市间及城乡间的经济往来，使孤立的城市结为有机联系的城市体系。

1815—1840年，纽约的人口及其对外贸易额增长近3倍，到1840年美国50%的进口货和1/3的出口货经由纽约（Ellis，1979）。纽约一开始并不热衷于生产新产品，而是致力于转口贸易，从进出口货物中收取代租费、运费、保险费等，积累了大量的财富，逐渐成为金融中心。1841年竣工的商业交易所成为这一商业中心的权力代表，华尔街成为美国财富与力量的集聚地。在此时期，纽约实力大大增强，为其成为全国最大城市奠定了坚实的基础。

3. 纽约城市现代化发展的黄金时期（1840—1870年）

首先，工业革命极大地改变了纽约，人们开始用蒸汽动力和煤炭炼铁。宾夕法尼亚的煤可以通过运河、铁路方便地运到纽约，工厂不再依靠水力。机械设备也得到了许多改进，加速了制造业的发展，使它趋于多样化，小型工厂开始具有现代工厂的特点。交通运输的改善和内地城市的发展，使国内市场有利可图，纽约商人不再满足于出口原料换回欧洲的工业品，他们看到发展自身工业、供应国内外市场的美好前景，开始加速内循环，利用自身强大的资本、商业技术、管理经验等优势，集聚了大批手工业生产者，生产产品，供应全国市场。1812—1815年的战争早已刺激了纽约制造业的发展，虽然中断了海上贸易，使纽约经济受损，但在商业排外主义和战争的保护下，纽约开始生产那些一直从英国进口的工业品。

其次，大量的移民也对纽约的城市现代化产生了极大的影响。美国是典型的移民国家，纽约作为移民的第一站、美国经济机会最多的城市，自然对移民有较强的吸引力，使其成为一个名副其实的移民中心。这些移民使纽约人口大增，1820—1860年，纽约的人口平均每10年递增29%。到内战前夕有接近400万人的总人口数（Klein，1902）。移民到达纽约后，部分继续西迁，大部分则停留在纽约，成为永久居民。1845—1855年，纽约人口中外国出生的比率从1/3上升到1/2。1860年，6%的英国移民、7%的法国移民、9%的德国移民、12%的爱尔兰移民定居纽约（王旭，1998）。大量移民对纽约城市发展的影响是多方面的，它提供了纽约经济发展所需要的劳动力资源，同时随着移民大量涌入纽约，纽约的城市规模也在增大，产生了规模效益，使其经济效益得到了大大提高。

最后，1848年加州金矿的发现促进了纽约的城市现代化进程。包括从旧金山涌入纽约的源源不断的黄金，通过运送到东部，淘金者牟取暴利，淘金者需要的大量衣服、工具、粮食等生产生活用品都直接或间接地刺激了纽约的金融业和工业等方面，纽约进入了繁荣时期。服装和印刷业是纽约最有影响、最富特点的两个工业部门。19世纪50年代，纽约已成为美国服装生产中心和各类纺织品的最大市场。1840—1860年，纽约工业投资增长550%；1855—1860年，纽约工业产值增长60%；到1860年，纽约已成为美国最大的糖加工工业和机器制造业中心，美国10%的机器生产于纽约，纽约的工业产值在全国城市中居第一位。

在以上因素的共同作用下，纽约进入发展的黄金时期：1840—1870年，它的人口增长速度远远超过了英国伦敦及美国中部的一批著名工业城市；1850年，纽约成为仅次于伦敦和巴黎的世界第三大城市；1860年，它的人口超过了利物浦、曼彻斯特和伯明翰的总和。占尽天时、地利、人和的纽约，必然成为北美经济发展的中心，美国的首位性城市（王旭，2000）。

（二）纽约城市现代化的第二次浪潮（1870—1945年）

纽约城市现代化的第二次浪潮主要指第二次产业革命和两次世界大战期间城市的前沿变化，典型特征是社会城市化，包括电气化、机械化、专业化、民主化、社会活动、普及初等义务教育、发展公共卫生、建立社会保险制度、建设城市基础设施、城市生活水平和生产力提高等。

纽约成为美国首位城市后直到第二次世界大战，经济都在持续发展。战争使美国社会把和平时期的劳动力、资金和技术转移到了战时经济的备战需求上（Engerman and Gallman，1996），战争为纽约城市现代化进程提供了新的发展契机。但是第二次世界大战结束后，由于美国区域经济结构调整等原因，纽约的城市现代化进程又相对放缓，经济地位也有所衰落。但是纽约并没有日益衰落下去，它只是处于一个转型的特殊时期。纽约人不懈地努力调整经济结构、发展区域经济，逐步恢复和巩固了其在整个大都市区、纽约州乃至全国的首位城市的地位，并一举迈入了全球性城市之列。

纽约经济发展的第一个迂回阶段发生在19世纪70年代早期和19世纪90年代早期两次经济危机之间。在这个时期，大多数的经济增长都发生在曼哈顿岛，并且以大量的外国移民为其强大的推动力。1920—1930年，纽约的人口构成中只有20%的人的父母双方均为美国本土人，其中35%为外国移民、33%为美国出生的外国人，还有8%的人的父母双方只有一位是美国本土人（Potter，1985）。大量的外国移民极大地推动了工业的发展，为纽约工业的发展提供了大量廉价的外来劳动力。人口的增长导致了对城市住房及城市基本设施新的需求，从而产生了对于市政功能及其标准的重新定义的必要性（Abu-Lughod，1999）。

第一次世界大战期间，参战各国都或多或少遭到了很大的损害，但是美国却进一步发展了其经济。这一时期纽约的发展体现在经济的日益成熟，工业和商业统治地位的逐渐确立与复杂的财政金融体系的完善，以及纽约在美国首位城市地位的进一步确立。这一时期最显著的变化就是曼哈顿的发展及其外围地区的进一步扩展与发展。纽约的外围地区也大大发展了，人口几乎增长了两倍；相应的市政建设也随之加强，修建了大量的桥梁，铺设了大量的地铁来补充，以至于最终取代了城市高架铁路。在第一次世界大战期间，虽然外国移民不再是人口增长的主要推动力，但是由于第一次世界大战造成的劳动力短缺，还是有大量的南部出生的非洲裔美国人取代欧洲人进入这个城市。

从第一次世界大战结束到1929年，由于美国严格的移民立法，移民人数大幅下降，但还是有源源不断的来自非洲的移民涌入。这一时期城市人口开始向郊区转移，最初是从拥挤的曼哈顿转移到附近更广阔的区域，后来又进一步外迁到更外围的区域。同时，美国的郊区化也进一步发展。总之，到20世纪早期，已经难以划分纽约的边界区域了，它的法定界线远远赶不上它向外围地区扩张的区域面积，相应地，发展也变得更难了（Abu-Lughod，1999）。

1929—1933年的经济大萧条对美国社会经济生活的影响是巨大的。美国城市也不例外，纽约首当其冲。经过1929年10月24日的“黑色星期四”，纽约股市崩盘，由此导致金融业、制造业、服务业，乃至农业在整个30年代都处于低迷状态。直到1939年第二次世界大战的爆发，才让纽约的经济焕发出了新的生机和活力。美国与英国的战略联盟使纽约成为横渡大西洋到达美国的外国船只的一个重要的港口和战略物资的输出地。战争改变了纽约制造业不景气的局面。到1943年，工厂的就业率达到历史上的最高点。纽约的生产力也超过了其他州，创造出了210.5亿美元的价值，占全国生产总值的12%，到战争结束，已达到13.3%（Klein，1985）。战争使纽约—长岛战略物资生产基地成为美国首位。纽约港挤满了劳动力，哈德逊河每天都停泊着400多艘船只。到1944年夏天，纽约海军基地拥有了75000艘船只，占美国海军船只总数的1/3（Klein，1985）。同时，纽约的郊区成为战争物资的生产地，战争加速了纽约周边地区的发展。

（三）纽约城市现代化的第三次浪潮（1945—1970年）

纽约城市现代化的第三次浪潮主要指第三次产业革命期间的城市前沿变化，典型特征是社会城市化和郊区化，包括家庭机械化和电气化、社会福利化、技术自动化、公共服务体系化、普及中等教育和发展高等教育等。同时，城市环境议题和种族问题等引发新的社会改革。

第二次世界大战结束以后，纽约本身的经济结构发生了很大的变化，主要表现在产业结构的挑战和人口构成的变化等方面。而全国性经济结构的调整，区域经济结构的转变和郊区化与大都市区化的发展也不同程度地对纽约的经济结构和地位产生了影响。20世纪50年代，美国的制造业明显处于比以前劣势的地位（Potter，1985）。从20世纪60年代开始，全球的产业结构在新科技革命的推动下发生了历史性的双重变化。纽约制造业的衰落速度在逐年加快。在这个过程中，损失最为惨重的行业是纽约的传统制造业中的服装制造业。与制造业的衰落、就业人数减少形成鲜明对比的是第三产业，尤其是其中的金融、服务业就业人口在总就业人口中的比重迅猛增加。1950—2001年，服务业的就业人数每十年分别增加9.9万人、17.9万人、10.7万人、25.6万人、30.8万人，从1950年的50.8万人增加到2001年的145.7万人，增加94.9万人，就业比重从1950年的14.6%上升到2001年的39.5%（陈志洪，2003）。

纽约的产业结构调整引起了就业地位的变化，促使原本居住在市区的中产阶级居民也像东北部、中西部其他大都市区的居民一样，连绵不断地向纽约市郊区和西部、南部“阳关带”地区大规模迁移。1945—1980年，约有200万中产阶级居民迁出纽约市，这一人口空间迅速为北上的黑人和拉美人所填补，他们占纽约人口的比例从不到10%上升到30%以上。纽约人口结构的变化不止于此，还表现在相形之下，当时的白人年龄结构明显趋于老龄化（Starr，1985）。结果，1945—1974年纽约新居民大部分聚集在市区那些为白人所遗弃的公寓里。

纽约的衰落和人口的流失使纽约陷入了进退维谷的境地，进而造成恶性循环。同时，纽约的政客们出于各种原因又推出了“赤字财政”政策。纽约市长没有向联邦政府申请新的税制，而是简单地靠出售大量的短期票据和长期债券来应付财政支出（Shefter，1987）。这主要是因为地方政府的工资开支增长过快，且别的费用也非常高。由于上述种种问题，纽约所获得的联邦政府“向贫困开战”和“伟大社会”的项目远远多于其他城市。受政治因素的影响，上述项目的开支又纳入了纽约的预算。为了赢得选民的支持，纽约市的主要行政官员比以前更加慷慨。城市服务费用也高于全国其他城市，如该市的退休金占个人收入的19%，而其他城市平均仅为6%（王旭，1998）。1969年后，全国范围的经济停滞造成工作机会减少，原有工人迅速向“阳关带”扩散，使纽约寻求提高有效收入途径的努力失败。到1975年11月终于引发了纽约历史上最为严重的财政危机。

郊区化和大都市化对纽约产生的最重要影响便是各大公司总部的外迁。城市生活费用和生活质量的差异会对金融机构能否吸引和留住高层次人才产生影响（潘英丽，2002）。大公司的外迁本身也导致了人才的外流。1969—1970年和1973—1975年发生的经济危机降低了美国市场对纽约工业制成品的需求；美国国内和国外的劳动力相对廉价的地区，比如中国沿海地区和韩国竞相与纽约竞争；并且交通和通信的改善也削弱了纽约大公司一直引以为豪的垄断地位（Shefter，1987）。长期以来，纽约一直都是美国公司或私人企业总部所在地的首选城市，这里逐渐形成了一个完善的公司总部复合体。但20世纪60年代末以来，尤其是发生在1969年的经济危机使纽约的地位受到很大的冲击。据美国联邦劳动统计局调查资料表明，在第二次世界大战后的10年间，纽约共减少了约60万个制造业劳动岗位（Starr，1985）。显而易见，一个城市在10年间损失了如此多的劳动岗位，那么它的制造业公司也会大量地减少。

因此，第二次世界大战以后一直到20世纪70年代中期，纽约市的经济地位都比战前差了许多。制造业的衰落使纽约的整体经济实力下降；人口的大量流失使纽约更加贫困；全国性区域经济结构的调整使纽约的传统地位受到一定的削弱，并日益受到西部大城市的挑战；而郊区化与大都市化的冲击使大量公司外迁，也给纽约造成了更大的损失。总之，这一时期，纽约的经济地位逐渐衰退。但是我们应该看到，纽约作为一个全国性首位城市的地位仍然没有改变，依然拥有雄厚的经济实力。应该说这段时期的纽约处于经济结构调整的时期，一个地区经济的成长与衰退都是相对的，经过纽约市政府以及人民不懈的努力，在20世纪70年代后期以后，纽约又重新焕发了生机与活力。

（四）纽约城市现代化的第四次浪潮（1970—2020年）

纽约城市现代化的第四次浪潮主要指第四次产业革命期间城市前沿的深刻变化：一是高技术和服务经济的发展，改变了城市经济结构；二是信息革命引发城市的信息化、数字化和智能化；三是生态革命引发生态城市和绿色城市的兴起；四是知识经济和知识社会的兴起，带动城市经济的知识和生态转型。受高技术、信息革命和生态革命的影响，经济发展的高技术、信息化、智能化、生态化和服务化，形成了所谓的第四次产业革命。典型特征是服务城市化，包括信息化、网络化、智能化、郊区化、国际化、绿色化、个性化、普及高等教育和终身学习等。

1. 纽约的第一次城市转型期（1970—2000年）

20世纪70年代中期到2000年，纽约进入“不做有害事情”（do no harm）的时期（Alshuler，2003）。经过20世纪70年代城市更新的低潮，在20世纪80年代之后，纽约获得了由全球化带来的新的发展机会，城市产业结构从以工业为主导转变为以新兴的高附加值产业为主导，如金融、保险、房地产、文化娱乐旅游业（王兰，2007）。当然在此期间，正如我们之前提到的纽约经历了艰难的转型期，从20世纪50年代到2000年的5个10年间，纽约制造业的就业人数分别减少了9.2万人、18万人、27万人、15.8万人和9.5万人，减少幅度最大的是20世纪60年代和20世纪70年代（陈志洪，2003）。20世纪70年代的纽约城市陷入经济衰退，1975年接近破产，美国联邦政府通过提供23亿美元的短期贷款担保，才使其能够通过向银行借款维持运转以恢复经济。

1980年，共和党人里根当选总统，新保守主义成为美国政治的主流，奉行“小政府、少干预和减福利”的保守政策。在这一阶段，联邦政府大幅削减其给予城市的支持。1977—1978年，地方财政中的16%源自华盛顿，而到了1988—1989年，地方财政仅有5%源自联邦政府。这段时间是民主党的科克（Edward I. Koch）任纽约市长（1978—1989年），城市状况逐渐好转，环境和设施都得到了改善，人口也有所回升。大都市区继续呈分散化发展，郊区化快速推进，并出现少数民族郊区化、非洲裔美国人的郊区化现象，城市外围人口呈现多样化特征。然而城市内的犯罪率仍然居高不下，直到20世纪90年代初才有所改善。

20世纪70年代中后期，美国城市出现了“绅士化”现象，并在80年代日渐明显。绅士化是指通过住房和设施的开发与再开发，吸引中等以上收入阶层迁入相对衰落和贫困的社区，使得该社区的平均收入水平提高，社区变得安全和卫生，房屋价格和财产税上涨，低收入人群逐渐难以承受而不得不搬离，从而造成该社区成为中产家庭聚居区的现象。20世纪90年代，美国城市政府都将建设中等收入住宅以吸引中产阶级到城市中心居住作为城市中心复苏的重要战略（Beauregard，2005）。在这一阶段，纽约的绅士化范围扩大：最初少数白人中产家庭选择迁入内城贫困的黑人社区（如哈莱姆区），而随着越来越多的中等收入人群迁入，低收入的少数族群开始被迫迁往皇后区、布朗克斯等地，城市的房地产价格上扬，曼哈顿区和整个城市人口都在增长，人口结构发生转变。例如1994年开始，政府出台政策扶持以哈莱姆为主的“上曼哈顿振兴区”，1991—2002年，新哈莱姆居民拥有大学学位的比例从5%上升到20%以上（Freeman，2006）。

中心区的混合使用开发日益成为受欢迎的空间重组方式之一。美国国家政策和纽约地方政治力量成为全球化的组成部分，而不是内部与外部的关系（Sites，2003）。一系列规划的编制和实施推动了纽约城市物质空间的更新改善，为纽约经济发展提供了助力。城市在这一阶段注重生活质量的改善、犯罪率的减少以及公共文化设施的建设。纽约文化空间的重构主要表现为三方面的转变：城市形象从地方性向全球性转变；文化空间从公共向私有转变；社区特性从单一向多元转变。私营机构对曼哈顿文化设施的大量投资，从根本上解决了文化机构和公共场所资金短缺的困难，使城市的公共形象和文化环境得到彻底改善。1992年，纽约地区拥有了近500家美术馆、49个博物馆、34家剧院、31个歌舞团和26个交响乐团（赵云伟，2001）。

2. 纽约的第二次城市转型期（2000—2020年）

2001年的“9·11”恐怖袭击拉开了这一阶段的序幕，使纽约城市受到重创。而2007年开始的次贷危机引发了全国性的经济衰退和高失业率，使美国进入了经济衰退期。随着众多金融机构破产或被兼并，美国金融业开始调整，涉及美国住房抵押贷款业、保险业和投资银行业等多个方面。一向强调市场作用的美国政府不得不介入来拯救陷入困境的金融机构，刺激经济复苏。纽约城市发展面临再一次的转型，其中创意产业和绿色经济成为重点。

城市规划和建设做出响应，推进新能源的使用，推行能源与环境设计先锋奖（Leadership in Energy & Environmental Design，LEED）和公共交通，以提高城市生活质量。

文化创意产业被认为是具有高附加值的新的经济引擎。发展创意产业对城市有两个主要益处：一是预示着城市拥有更高的生活质量；二是文化产业是城市和区域经济的活力点，支持其他产业，包括金融、公共关系等（弗洛里达，2010）。纽约是美国史上一些著名文化运动、文化思潮和艺术形式的发源地。文化创意产业在纽约市发展迅速，纽约市大量的外来移民造就了其文化的多样性特征。在音乐、电影、喜剧、视觉艺术等方面，纽约都是世界性中心和行业焦点，是仅次于洛杉矶好莱坞的第二大电影产业中心。截至2010年1月，全美拥有668267个与艺术相关企业，就业者达到290万人，占全美总企业数的4.05%和总就业人数的2.18%；纽约市拥有53085个与艺术相关企业，共335683名就业者（The Creative Industries in New York，2010）。其中，就业人数最多的是设计与出版产业，其次是视觉艺术与摄影、表演艺术产业。

在这一阶段，绿色经济在美国发展迅速。奥巴马在制造业中推进绿色生态节能技术，希望实现环保能源计划，减少对石油进口的依赖。作为美国重要和先锋城市的纽约，在城市规划与建设方面积极响应，如布隆伯格（Michael R.Bloomberg）市长启动编制了两个城市层面应对气候变化的规划。纽约于2008年4月宣布将在5个行政区的城市建筑物设置太阳能板，以及2007—2013 年建造约482 千米的自行车道。由此可见，2000年之后的纽约城市发展并非一帆风顺，而是面临多种多样的挑战。其中，增长、气候变化和可持续发展是这一时期的关注重点。

二、纽约城市现代化水平及挑战

（一）纽约城市现代化水平的定量分析

此部分依然按照表2-2中六个系统、六个领域12组146个指标对纽约进行分析。

1. 纽约城市现代化水平的时序分析

（1）纽约城市六个系统的时序分析

在城市功能和形态方面，纽约在各种有关城市竞争力的世界有影响力排名中基本保持前三位的水平，城市形态方面表现出从“点”向“面”的大都市区空间演进特征。在城市建筑和住房方面，纽约市房产中值从2010年的504500美元增加到2019年的680800美元，增幅34.95%；租金中位数从2010年的1129美元持续上涨到2019年的1483美元，涨幅达到31.6%。在城市基础设施方面，有电脑家庭比例从2015年的85.6%上升到2019年的91.4%，增幅6.8%；有互联网家庭比例从2015年的76.8%上升到2019年的85.3%，增幅11.1%。在城市公共服务方面，纽约市健康保险未参保率从2010年的14.8%下降到2019年的6.9%，9年时间下降7.9个百分点。在城市公共管理方面，女性就业比例从2010年的51.3%上升到2019年的56.5%，增幅10.1%。在城市国际联系方面，纽约市国际游客数从2000年的680万人增加到2019年的1330万人，近20年时间翻了近两番。

①纽约城市功能和形态的时序分析。

关于城市功能，有关城市竞争力、综合指数排名的研究不计其数。其中，全球化和世界城市研究网络通过四个高级生产服务部门（会计、广告、银行/金融、法律）之间的连通性对世界城市进行分类排名，2020年纽约排名第二，仅位于伦敦之后（GaWC，2020）。美国咨询公司A.T.Kearney联合美国《外交政策》杂志、芝加哥全球事务委员会，基于五个维度的27个指标得出全球城市指标（Global Cities Index），发布全球城市排名，2021年纽约排名第一（Kearney，2021）。

关于城市形态，纽约最初有着典型工业时期城市的特征，即单中心集中式城市空间形态，其后的城市空间演进表现出从“点”到“面”的轴向扩展和区域整合特征（张晓兰，2013）。中心城市一方面不断通过改造和提升中心城区来增加城市吸引力；另一方面向周边不断蔓延，与周边区域慢慢连接起来，在更大的范围内进行功能的整合与调整，通过区域合作，形成现今的纽约大都市区（吴唯佳等，2014）。

②纽约城市建筑和住房的时序分析。

在城市建筑方面，纽约的曼哈顿以布满摩天大楼的天际线举世闻名。截至2021年底，纽约市拥有6694座高层建筑[①]，在全球天际线排名中仅次于中国香港、首尔和深圳，位居第四[②]。纽约市最高建筑是世贸中心一号大楼（One World Trade Center，541米），也是美国第一和世界第六高建筑物[③]。中央公园大厦（Central Park Tower，472米）是纽约第二高建筑物，也是美国第二和世界

① EMPORIS. New York City［EB/OL］. https://www.emporis.com/city/101028/new-york-city-ny-usa. 2022-01-01.
② EMPORIS. Skyline Ranking［EB/OL］. https://www.emporis.com/statistics/skyline-ranking. 2022-01-01.
③ EMPORIS. The World's Tallest Buildings［EB/OL］. https://www.emporis.com/statistics/worlds-tallest-buildings.

第十三高建筑物，同时也是世界上最高的住宅楼。范德堡一号大楼（One Vanderbilt，427米）是纽约市第三高建筑物，也是市中心最高的办公楼。

在城市住房方面，2019年纽约市的房产中值（housing median value）为680800美元，是全国平均水平240500美元的2.83倍（图2-22）。2010—2019年，纽约市房产中值从504500美元增加到680800美元，增幅34.95%。

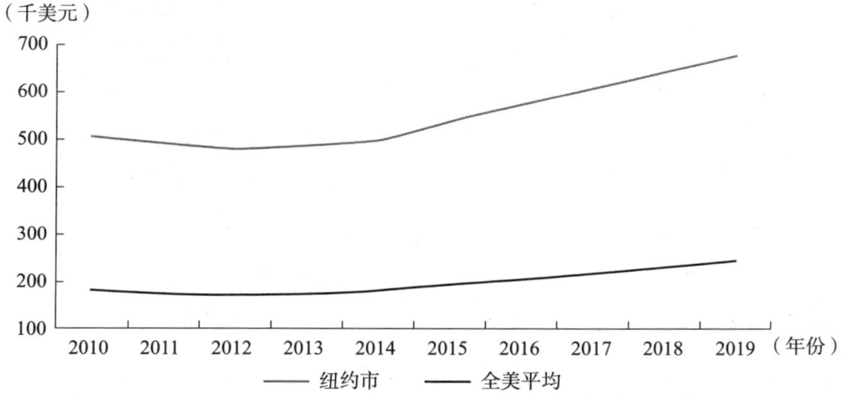

图2-22　2010—2019年纽约市、全美平均房产中值

资料来源：Census Bureau ACS 1-year Estimate［EB/OL］. http: //www.census.gov.

2019年纽约市房屋空置率（vacant housing units rate）为9.5%，低于全美12.1%的平均水平（图2-23）。2010—2019年，纽约市房屋空置率基本保持下降趋势。

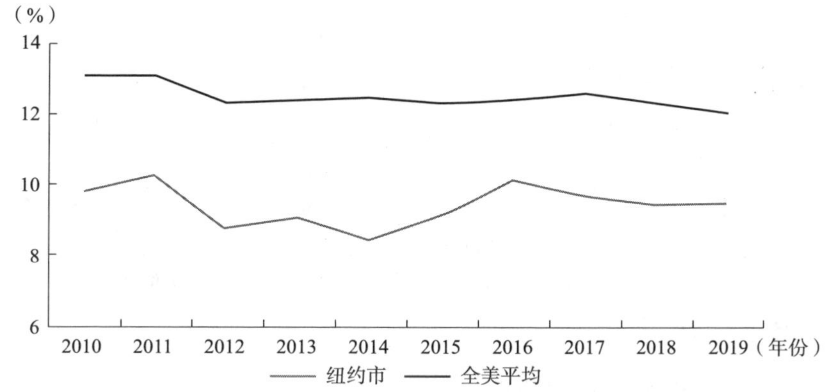

图2-23　2010—2019年纽约市、全美平均房屋空置率

资料来源：Census Bureau ACS 1-year Estimate［EB/OL］. http: //www.census.gov.

2019年，纽约市房屋自住率（owner-occupied housing unite rate）为31.9%，租住率为68.1%，房屋自住率远低于全国64.1%的平均水平（图2-24）。

2010—2019年，纽约市租住率基本保持在波动中有所上升的趋势，2010年纽约市租住率为67.9%，2014年达到一个小高峰（68.8%），之后有稍许回落。

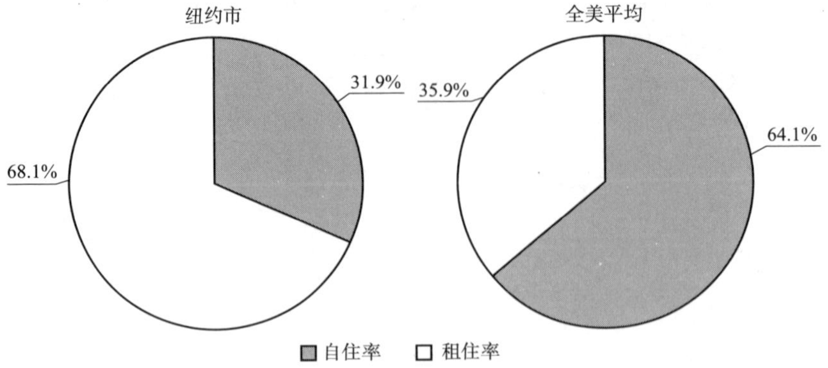

图2-24　2019年纽约市、全美平均房屋自住率、租住率

资料来源：Census Bureau ACS 1-year Estimate［EB/OL］. http: //www.census.gov.

2019年，纽约市租金中位数为1483美元，比全美平均1097美元高出386美元（图2-25）。2010—2019年，纽约市房屋租金中位数从1129美元持续上涨到1483美元，涨幅31.6%。

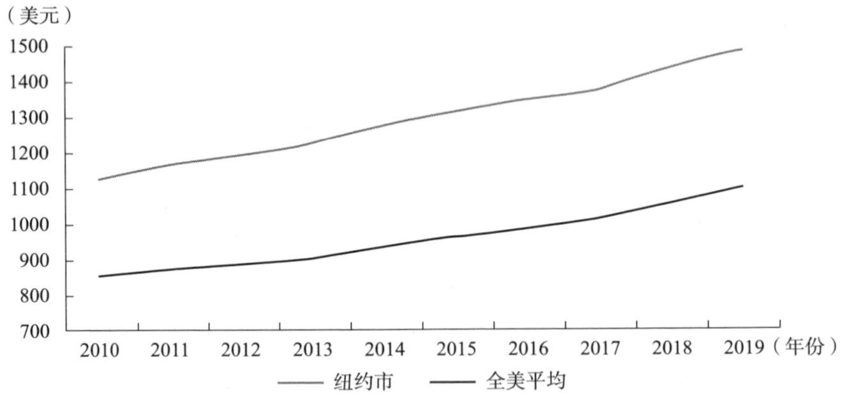

图2-25　2010—2019年纽约市、全美平均租金中位数

资料来源：Census Bureau ACS 1-year Estimate［EB/OL］. http: //www.census.gov.

③纽约城市基础设施的时序分析。

在城市基础设施方面，2019年，有电脑的家庭比例为91.4%，低于全美92.9%的平均水平；有宽带互联网的家庭占比85.3%，低于全美86.6%的平均水平。2015—2019年，家庭电脑拥有率从85.6%上升到91.4%，增幅6.8%；家庭互联网拥有率从76.8%上升到85.3%，增幅11.1%（图2-26）。

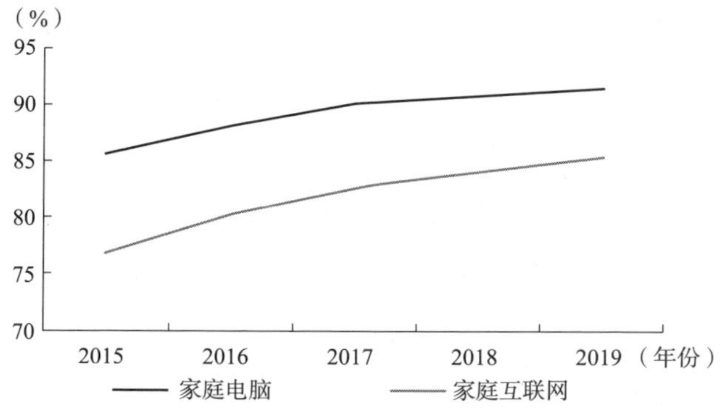

图 2-26 2015—2019 年纽约市家庭电脑和互联网拥有率

资料来源：Census Bureau ACS 1-year Estimate [EB/OL] . http: //www.census.gov.

2019年，家庭中没有可用车辆的家庭数为1780293户，占总户数的55.4%，远远高于全美8.6%的平均水平；拥有1辆汽车的家庭数占31.3%，和全美32.4%的平均水平接近；拥有2辆汽车的家庭数占10.2%，低于全美36.9%的平均水平；拥有3辆及以上汽车的家庭数占3.1%，远远低于全美平均水平22.1%（图2-27）。

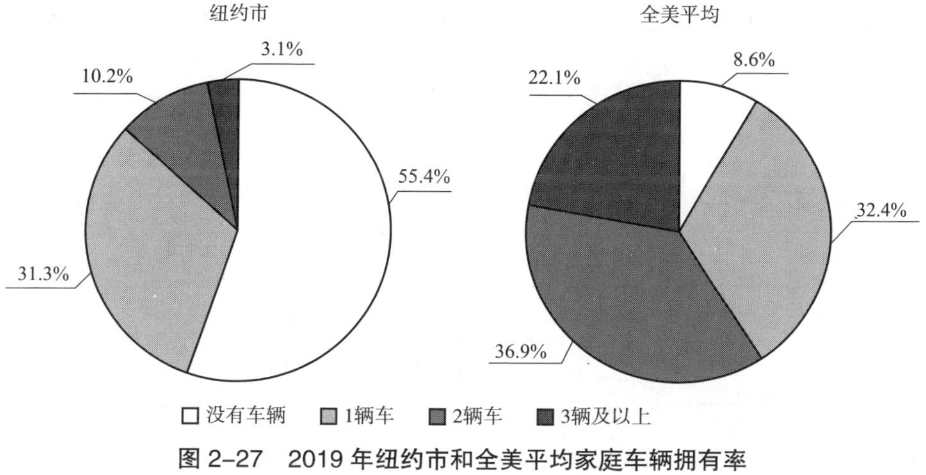

图 2-27 2019 年纽约市和全美平均家庭车辆拥有率

资料来源：Census Bureau ACS 1-year Estimate [EB/OL] . http: //www.census.gov.

④纽约城市公共服务的时序分析。

在城市公共服务方面，2019年，纽约市健康保险覆盖率93.1%，未参保公民百分比从2018年的7.19%下降到6.9%，下降4.14%（图2-28）。其中，43.9%为雇员计划、28.9%为医疗救助（medicaid）、9.21%为医疗保险（medicare）、10.8%为非团体计划（non-group）、0.3%为军事或退伍军人计划。

2010—2019年，纽约市未参保率从14.8%下降到6.9%，9年时间下降7.9个百分点。

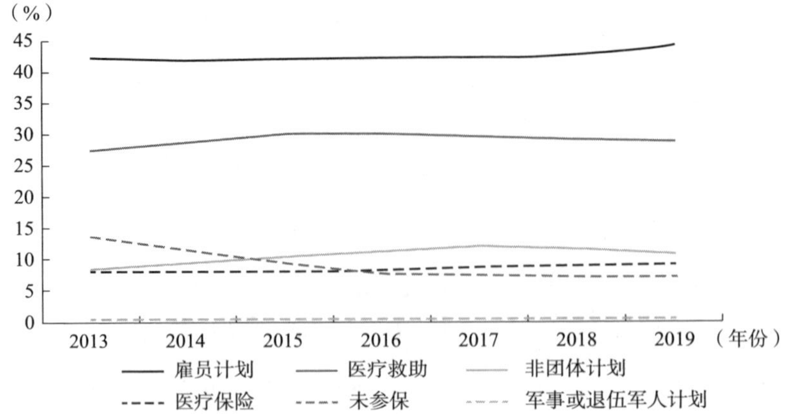

图 2-28　2013—2019 年纽约市居民健康保险覆盖情况

资料来源：Census Bureau ACS 1-year Estimate［EB/OL］. http: //www.census.gov.

2018年，纽约市纽约县1名初级保健医生平均接诊731名患者，里士满县为1024：1，皇后县为1529：1，国王县为1479：1，纽约州为1194：1，全美平均水平为1319：1，布朗克斯县1名初级保健医生平均接诊1642名患者，为纽约市最高，但也是2010—2018年降幅最大的，下降5.4%（图2-29）。

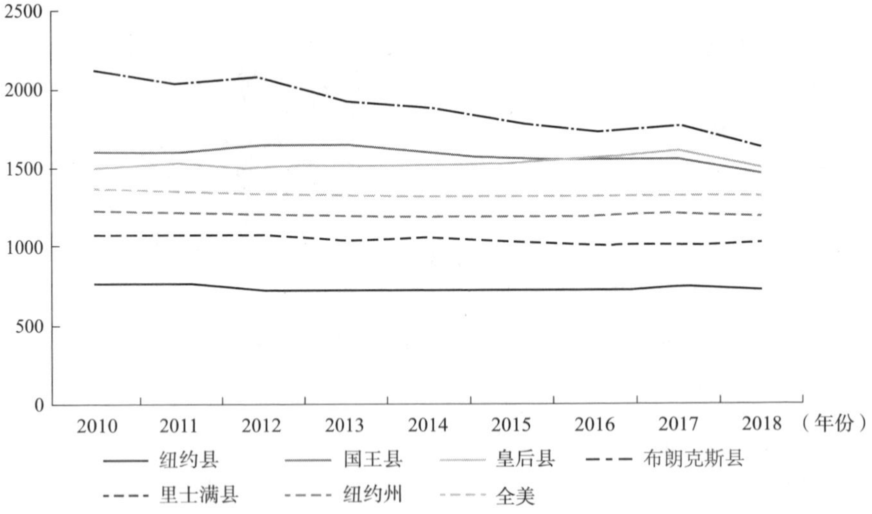

图 2-29　2010—2018 年纽约市各县患者和医生比例

资料来源：County Health Rankings & Roadmaps［EB/OL］. http: //www.countyhealthrankings.org/.

⑤纽约城市公共管理的时序分析。

在城市公共管理方面，选取了城市人口作为指标分析。截至2020年4月1日，纽约市的统计人口数为8804190人（图2-30），创历史新高。自2010年人口普查以来，这一数字增加629057人，预计到2050年将超过900万人，因为纽约仍然吸引着寻找机会的来自世界各地的人们。整个大区也是如此，到2050年，目前区域人口2300万人预计增加到2600万人以上。

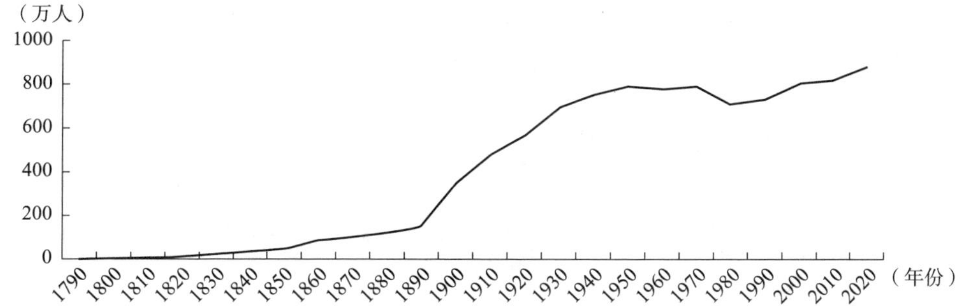

图2-30　1790—2020年纽约市人口

资料来源：United States Census Bureau［EB/OL］. https: //www.census.gov.

从图2-31中可以看出，2019年纽约市16岁以上工人上班的交通为公共交通的占55.6%，远远高于全美5.0%的平均水平；开车上班的占26.2%，其中独自开车比例为22.1%、平均每辆车人数为1.1人，低于全美84.8%的平均水平；步行占10.3%，自行车占1.3%，出租车、摩托车或其他占1.9%，分别高于全美2.6%、0.5%、1.4%的平均水平；有4.6%的工人在家工作，低于全美5.7%的平均水平。平均上班通勤时间为41.7分钟，约为全美平均水平27.6分钟的1.5倍。2010—2019年，平时上班通勤时间从38.7分钟增加到41.7分钟，增加3分钟。

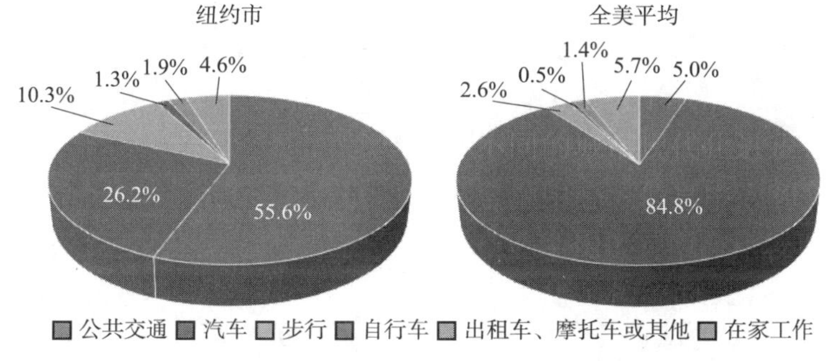

图2-31　2019年纽约市、全美平均出行方式占比

资料来源：County Health Rankings & Roadmaps［EB/OL］. http: //www.countyhealthrankings.org/.

2019年，纽约市女性就业人口在总就业人数中占比49.5%，高于全美

47.7%的平均水平［图2-32（a）］；2010—2019年，女性就业占总就业比例基本在49%左右波动。2019年，纽约市女性就业比例为56.5%，高于全美56.0%的平均水平；2010—2019年，女性就业比例从51.3%上升到56.5%，增幅10.1%［图2-32（b）］。

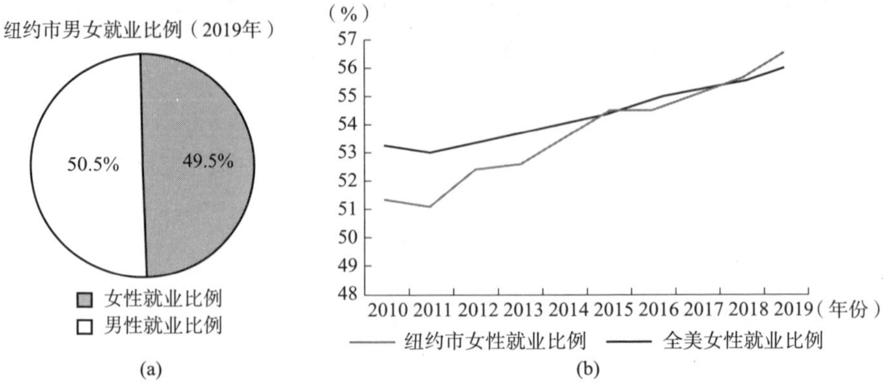

图2-32　2010—2019年纽约市女性就业情况

资料来源：Census Bureau ACS 1-year Estimate［EB/OL］. http: //www.census.gov.

⑥纽约城市国际联系的时序分析。

在城市国际联系方面，2019年，约36.2%的纽约市居民（超过3000万人）在美国境外出生，高于全国13.7%的平均水平；外籍人口比例15.1%，也高于全国6.6%的平均水平。纽约市居民会说200多种语言，5岁以上只说英语人口占比51.7%，远远低于全美78%的平均水平。2010—2019年，纽约市境外出生居民比例从开始的37.2%波动下降到36.2%，下降1个百分点，外籍人口比例也从18.1%下降到15.1%，下降3个百分点（图2-33）。

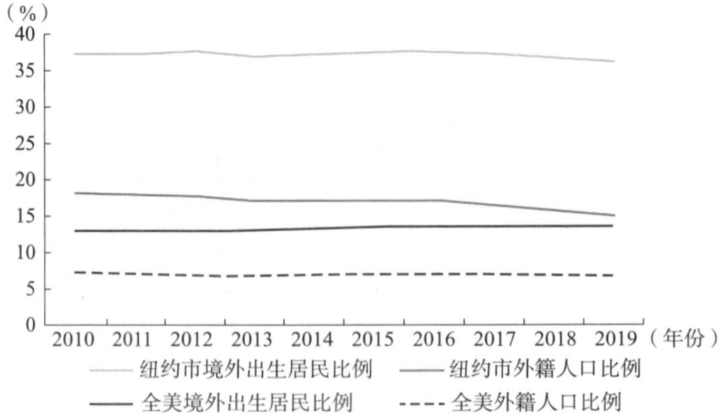

图2-33　2010—2019年纽约市、全美境外出生居民比例、外籍人口比例

资料来源：Census Bureau ACS 1-year Estimate［EB/OL］. http: //www.census.gov.

2019年，纽约市接待6660万名游客，创下第十高的年度纪录，其中国际游客约1330万人。2020年，受疫情影响导致总游客数下降至2230万人，减少67%（图2-34）。自1991年以来，纽约市的游客人数几乎翻了三番，其中将近50%的增长发生在过去10年（2009—2019年）中。2009—2019年，纽约市一直名列全球前10名目的地城市（Mastercard，2019）。几十年来，纽约的国际旅游业稳步增长，2009—2019年国际游客数增长率显著，成为纽约旅游增长的主要驱动力，且国际游客增速显著。虽然纽约市大多数游客都是美国国内游客，但国际游客对纽约市经济的影响更大。一般来说，一个国际游客的经济价值（即旅游支出）相当于4名国内游客。2019年国际游客的平均支出为1709美元，而每位国内游客的平均支出为458美元。

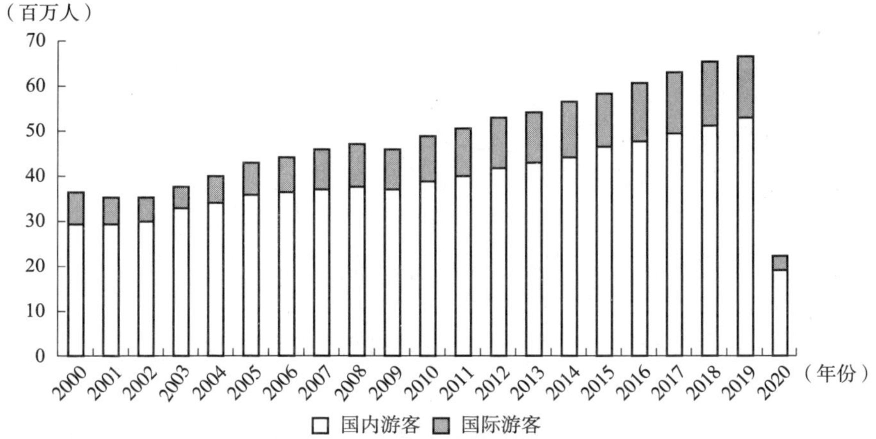

图2-34　2000—2020年纽约市游客数量

资料来源：NYC & Company; OSC analysis.

2019年，包括摩根大通在内的入选《财富》“世界500强”企业总部设在纽约的共有44家（Fortune，2019），包括花旗集团在内的跨国公司总部设在纽约的有31家，包括联合国在内的国际组织的总部设在纽约的有10个。纽约市大约10%的私营部门的工作是和国外公司的工作，纽约市在吸引资本、商业和游客方面在全球城市排名前列。

（2）纽约城市六个领域的时序分析

在城市经济方面，纽约市在过去20年间增加50多万个工作岗位，创造有史以来最低的失业率。在城市社会方面，老年抚养比从2010年的17.5%上升到2019年的22.9%，增长30.9%，贫困人口比例也持续下降。在城市政治方面，纽约市有4个县支持民主党，1个支持共和党。在城市文化方面，纽约市高中以上学历占25岁以上人口比例和本科以上学历比例持续增长，教育支出占政府财政支出的比例自1980年以来上升至近1/3。在城市环境方面，纽约市温室气体排放量自2005年以来持续下降。在城市居民方面，纽约市居民平均预期寿命自2000年以来增加3.6岁。

①纽约城市经济的时序分析。

在城市经济方面，2019年，纽约市人均收入（per capita income）为43046美元，是全美人均收入35672美元的1.2倍。2010—2019年，纽约市人均收入从29326美元增加至43046美元（图2-35）。

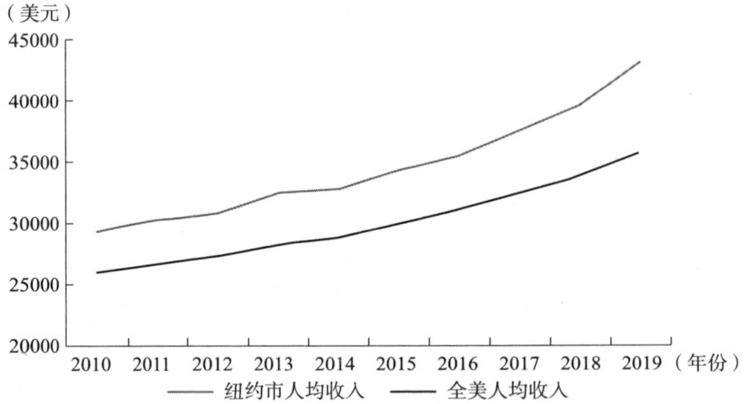

图2-35　2010—2019年纽约市、全美人均收入

资料来源：Census Bureau ACS 1-year Estimate［EB/OL］. http: //www.census.gov.

2019年，纽约市的家庭收入中位数为69407美元，家庭平均收入为110101美元（图2-36），高于全美家庭收入中位数65712美元和平均收入92324美元。相比之下，2018年家庭收入中位数为63799美元，增长率8.79%。2019年，纽约市男性平均收入（85908美元）是女性平均收入（67637美元）的1.27倍，纽约的收入不平等基尼系数为0.5437，高于全国0.4811的平均水平。

2010—2019年，纽约创造的工作岗位几乎比第二次世界大战后的任何时期都多，自大萧条以来，纽约市已经增加70多万个工作岗位，创造有史以来最低的失业率（图2-37）。

2019年，纽约市三大产业的就业比例大约为0.11∶8.44∶91.45，而美国全国三产就业比例为1.72∶16.89∶81.39，第三产业就业比例高出全国约10个百分点。2010—2019年，纽约市第三产业就业比例从90.76%增长到91.45%，略有上扬。

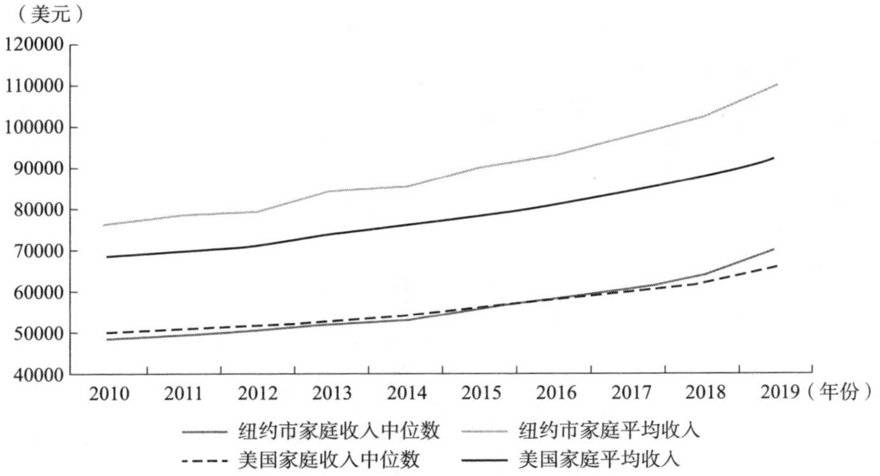

图 2–36　2010—2019 年纽约市、全美家庭收入中位数和家庭平均收入

资料来源：Census Bureau ACS 1–year Estimate［EB/OL］. http: //www.census.gov.

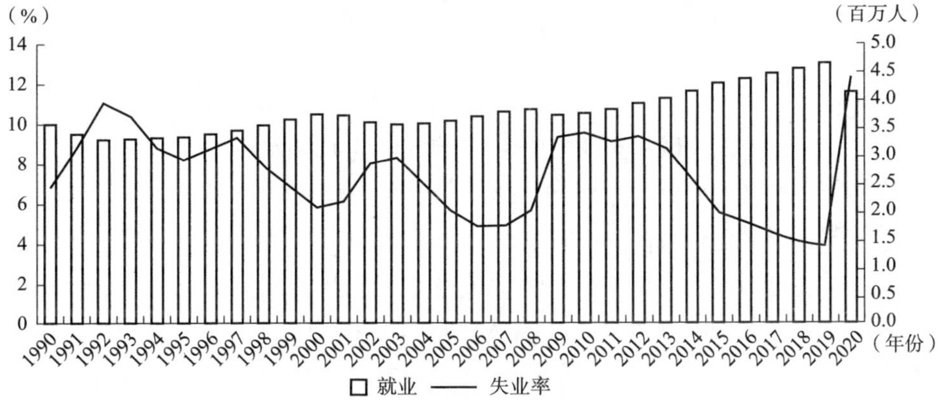

图 2–37　1990—2020 年纽约市就业和失业情况

资料来源：美国劳工部官方网站，https: //dol.ny.gov/.

2019年，纽约市拥有历史最多的465万个工作岗位，2020年因为疫情的原因有所下降（413万个），但总体的趋势依旧是持续上扬。第三产业就业比例高达91.45%，就业机会越来越多样化，从金融、保险和媒体等传统行业，到技术、时尚和数字行业。其中，最大的行业是医疗保险和社会救助（750409人），专业、科学和行政管理服务（407539人）和教育、医疗和社会援助（391823人）；收入最高的行业是金融保险和房地产租赁（102478美元）。2010—2019年，就业比例增幅最大的产业是专业、科学和行政管理服务，从12.44%上升到13.98%，增幅12.4%；降幅最大的产业是制造业，其就业人员比例从4.09%下降到2.99%，下降26.8%。运输、仓储业和公共事业，建筑业，信息产业，艺术、娱乐、休闲、住宿和餐饮服务，教育、医疗和社会援助的就业比例都有所增加，分别增长10.8%、8.4%、6.5%、6.4%、5.8%；除公共行政外的其他服务、批发贸易、零售业、公共行政、农林渔和采矿业、金融保险和房地产租赁的就业比例均有所下降，降幅分别为18.9%、16.2%、11.9%、11.0%、10.0%、7.8%（图2-38）。

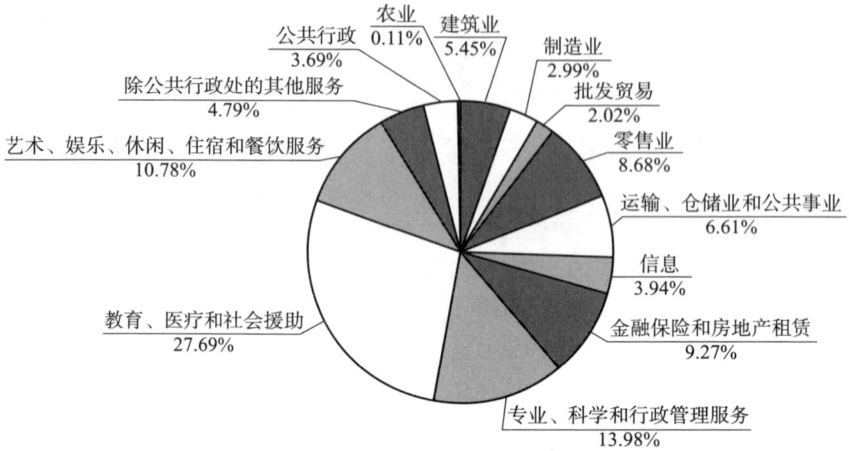

图 2-38　2019 年纽约市分部门就业比例

资料来源：Census Bureau ACS 1-year Estimate［EB/OL］. http: //www.census.gov.

②纽约城市社会的时序分析。

在城市社会方面，2019年，纽约市少年儿童抚养比为25.9%，老年人口抚养比为22.9%，均低于全美28.3%和25.3%的平均水平（图2-39）。2010—2019年，少年儿童抚养比基本保持在25%左右波动，略有上升；老年人口抚养比从17.5%上升到22.9%，增长30.9%。

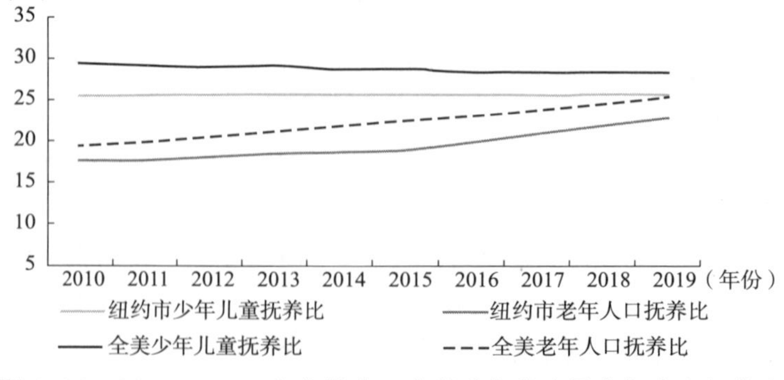

图 2-39　2010—2019 年纽约市、全美少年儿童及老年人口抚养比

资料来源：Census Bureau ACS 1-year Estimate［EB/OL］. http: //www.census.gov/programs-surveys/acs/.

2018年，纽约市仍有19.1%的人生活在贫困线以下，但该数据自2013年以来已有大幅下降（图2-40）。

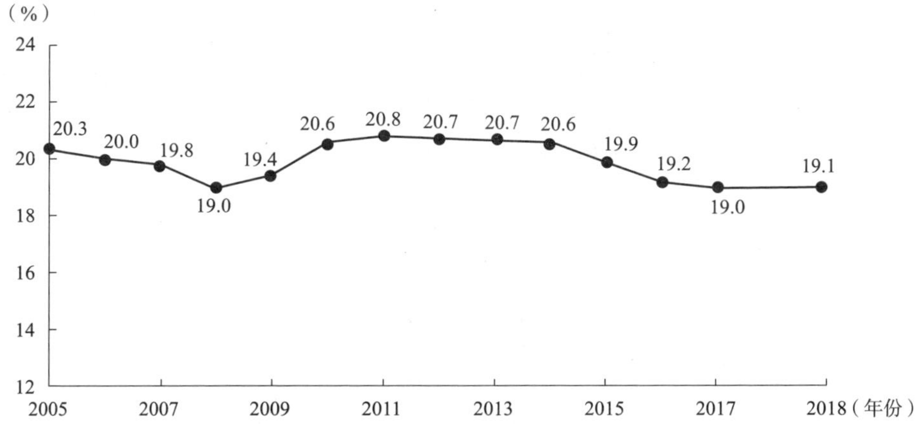

图2-40　2005—2018年纽约市贫困率

资料来源：NYC Opportunity Data tool［EB/OL］. https: //www1.nyc.gov.

自20世纪90年代以来，纽约的重大犯罪率显著下降，从1993年的430460起下降到2019年的95593起，降幅将近80%。每日平均监狱人数也从1993年的18623人下降到2019年的不足8000人（图2-41）。

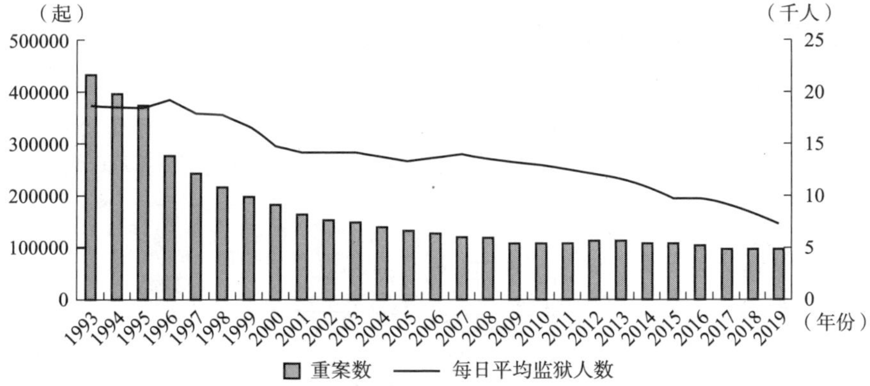

图2-41　1993—2019年纽约市重案数和每日平均监狱人数

资料来源：Major's Office of Criminal Justice［EB/OL］. https: //criminaljustice.cityofnewyork.us/.

③纽约城市政治的时序分析。

在城市政治方面，纵观历史，受到其多元化和热情参与人口的推动，纽约一直是公民行动的领导者。许多来自不同国家和背景的纽约人都参与政治和民权运动，希望为所有人创造一个更公平的未来。在这个移民人口占40%、有色人种占68%的城市，纽约继续欢迎新移民，支持他们努力寻求建立新生活的机会。但是，不管在全球层面、国家层面还是城市层面，新的排斥力量比以往更强烈。在纽约市，联邦难民限制、旅行禁令、过于激进的移民执法以及围绕联邦移民政策的激烈言辞加剧了人们的恐惧程度，并有可能抑制人们对公共生活的参与。只有20%的人在非总统选举中投票，超过7万名符合条件的纽约人没有登记投票。2001—2020年，城市选举的选民投票率先有所下降，2013年后有所回升（图2-42）。

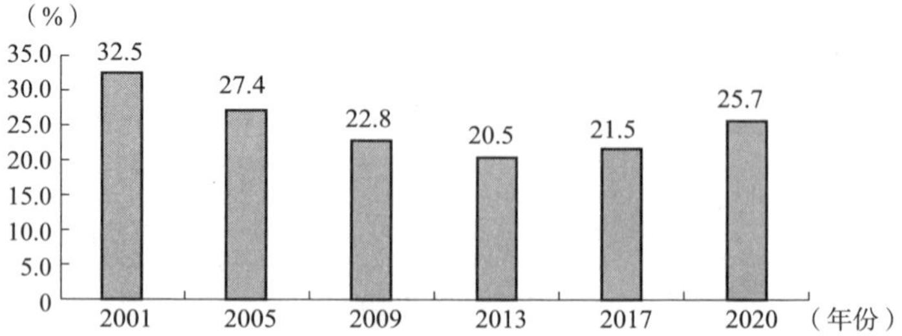

图 2-42　2001—2020 年纽约市选民投票率

资料来源：New York City Campaign Finance Board.

在2020年大选中，纽约市下辖5个行政区，其中纽约县86.7%的选票、布朗克斯县83.4%的选票、国王县77.0%的选票、皇后县72.2%的选票都投给民主党竞选人拜登，里士满县57%的选票投给共和党竞选人特朗普。

④纽约城市文化的时序分析。

在城市文化方面，2019年，纽约市高中以上学历占25岁以上人口比例为83.2%，低于全美88.6%的平均水平，本科及以上学历占25岁以上人口比例为39.2%，高于全美33.1%的平均水平。2010—2019年，这两个指标呈持续增长趋势（图2-43）。

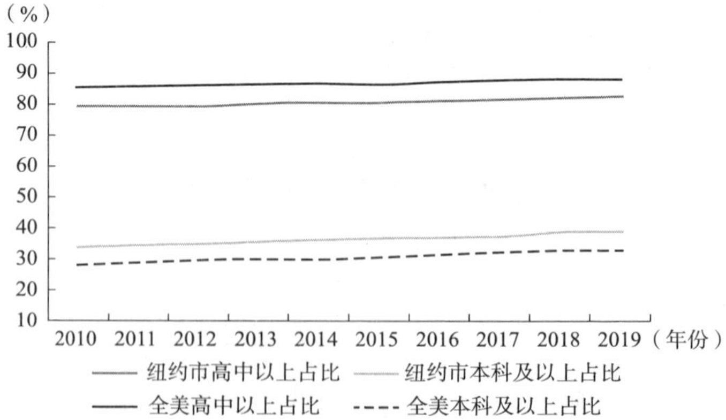

图 2-43　2010—2019 年纽约市、全美高中以上和本科及以上人口比例

资料来源：Census Bureau ACS 1-year Estimate［EB/OL］. http://www.census.gov.

2020年，纽约市教育部门/市立大学共支出290亿美元，占政府总支出的30.7%（图2-44）。自1980年起，有关教育的支出就持续增长，占政府财政支出比例也从1980年的22.9%上升至近1/3。

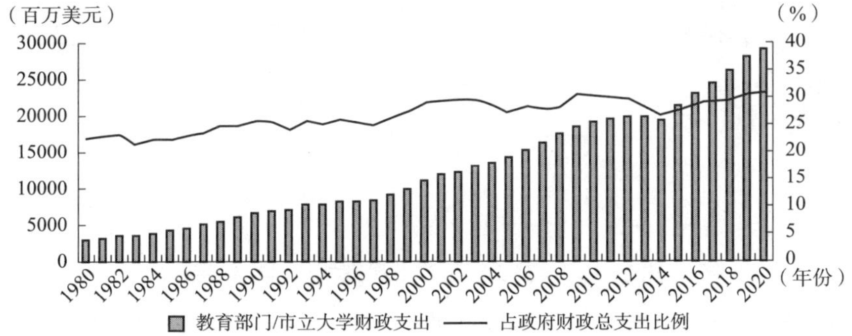

图2-44 1980—2020年纽约市教育部门/市立大学财政支出及其占比

资料来源：Independent Budget Office of the City of New York［EB/OL］. https: //ibo.nyc.ny.us/.

位于纽约市的哥伦比亚大学（Columbia University）QS2021年世界大学排名排第19位，纽约大学（New York University）排第35位。2019年纽约市共授予151808个学位，毕业学生人数最多的机构是纽约大学，授予17946个（11.8%）学位，其次是哥伦比亚大学（12920个，5.81%）和纽约市立亨特学院（5832个，3.84%）。从专业角度看，纽约最受欢迎的专业是工商管理（8850个，5.83%）、文科与科学（7364个，4.85%）以及普通心理学（5261个，3.47%）。纽约市私立四年制大学的学费中位数为14250美元，州内学生和州外学生的公立四年制大学学费分别为6930美元和14880美元。

⑤纽约城市环境的时序分析。

在城市环境方面，纽约市的能源系统每小时、每天、每年为数百万人提供重要和关键的服务。这种规模、范围和复杂性的系统为脱碳带来了独特的机遇和挑战。2019年，纽约市最大的排放量（67.7%）来自固定能源（stationary energy），交通是第二大排放源（28.4%），废物占排放量的比例最小（3.9%）（图2-45）。

2005—2019年，纽约市温室气体排放从6.5千万吨二氧化碳当量下降到5.5千万吨二氧化碳当量，下降15%（图2-46）。

纽约市树木覆盖率估计为21%（O'Neil-Dunne，2012），其中斯塔滕岛的树木覆盖率最高，大约为30%，其次是布朗克斯县（23%）、曼哈顿区（20%）、皇后县（18%）和布鲁克林县（16%）。

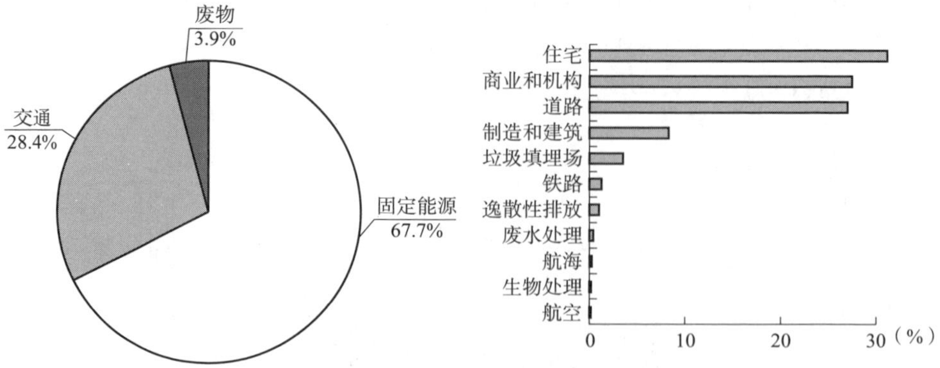

图 2-45　2019 年纽约市温室气体排放情况

资料来源：NYC Mayor's office of sustainability［EB/OL］. https: //nyc-ghg-inventory.cusp.nyu.edu/#data.

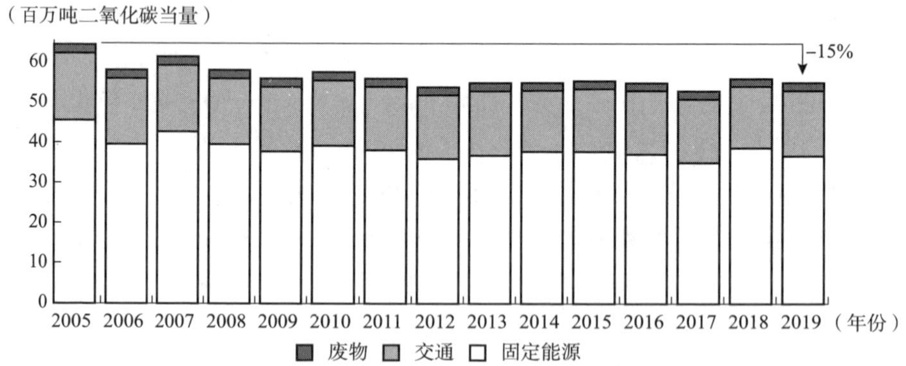

图 2-46　2005—2019 年纽约市分部门温室气体排放

资料来源：NYC Mayor's office of sustainability［EB/OL］. https: //nyc-ghg-inventory.cusp.nyu.edu/#data.

⑥纽约城市居民的时序分析。

在城市居民方面，2019年，纽约市男女比例为48∶52，女性比例高于全美51%的平均水平；老年人口（65岁及以上）比例为15.4%，低于全美16.5%的平均水平；年龄中位数37.2岁，低于全国的38.5岁。2010—2019年，老年人口比例持续增长，从12.2%增长到15.4%，增长26.2%（图2-47）；年龄中位数从35.5岁增加到37.2岁，增长4.8%。

2019年，纽约市平均预期寿命为81.3岁（图2-48），自2017年以来增加0.1岁，自2000年以来增加3.6岁。其中，男性平均预期寿命为78.6岁，低于女性的平均预期寿命83.6岁；非西班牙裔黑人的预期寿命在各种族人口中最低，为77.2岁，而西班牙裔纽约人的预期寿命最高，为82.4岁。

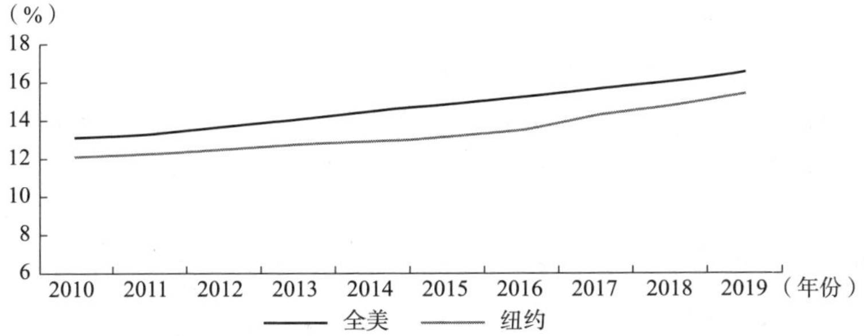

图 2-47　2010—2019 年纽约市老年人口比例

资料来源：Census Bureau ACS 1-year Estimate［EB/OL］. http: //www.census.gov.

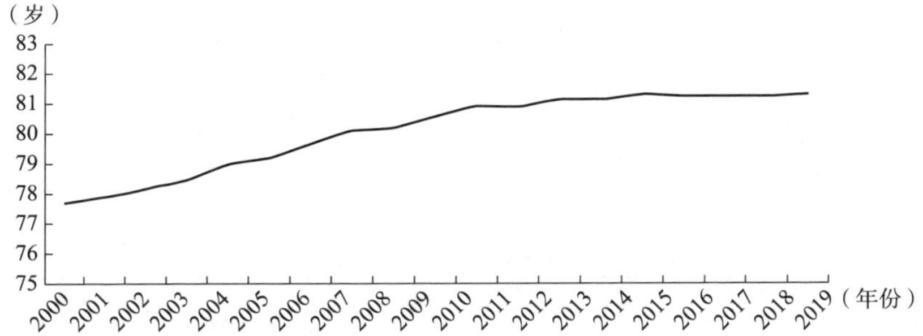

图 2-48　2000—2019 年纽约市平均预期寿命

资料来源：纽约健康和精神卫生署（Department of Health and Mental Hygiene）。

随着纽约的发展，其国际联系和多样性也日渐增长。纽约是一个白人、非裔、西班牙裔和亚裔人口各占总人口至少10%且没有任何群体占多数的美国主要城市（图2-49）。

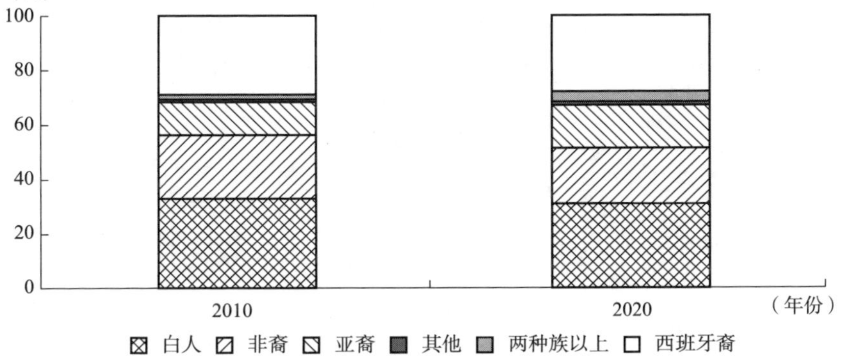

图 2-49　2010 年、2020 年纽约市人种比例

资料来源：United States Census Bureau. 2010 Census & 2020 Census.

2. 纽约城市现代化水平的截面分析

纽约市六个系统和六个领域的截面用2020年截面为代表，采用的是

2010—2019年可获得的数据。

（1）纽约城市六个系统的截面分析

纽约城市六个系统的截面分析如表2-10所示。在城市功能和形态方面，纽约在各种有关城市竞争力的世界有影响力排名中基本都保持前二位的水平，城市形态方面表现出从“多中心”向“点线面”的大都市区空间演进特征；在城市建筑和住房方面，2019年纽约的房产中值从上年的645100美元增加至680800美元，最大比例的家庭拥有的房产价值在50万~75万美元；在城市基础设施方面，2019年纽约有电脑的家庭比例为91.4%，有宽带互联网的家庭比例为85.3%；在城市公共服务方面，2019年，93.1%的纽约人拥有健康保险；在公共管理方面，2019年纽约有55.6%的工人使用公共交通工具上班，其次是独自开车上班（22.1%）和步行（10.3%），平均通勤时间为41.7分钟；在国际联系方面，2020年《财富》公布的“世界500强”企业总部设在纽约市的有44家，2019年纽约市外籍人口比例为15.1%。

表2-10　纽约城市六个系统截面数据

指标维度		代表性指标	数值
六个系统	功能和形态	全球城市竞争力排名	全球前二名
		城市形态	多中心—点线面
	建筑和住房	房产中值	680800美元
		房屋租住率	68.1%
		租金中位数	1483美元
	基础设施	家庭有电脑比例	91.4%
		家庭有宽带比例	85.3%
		没有车辆家庭比例	55.4%
	公共服务	健康保险比例	93.1%
		患者与临床医生比例[1]	1194∶1
	公共管理	城市人口	880.4万人
		公共交通上班比例	55.6%
		平均通勤时间	41.7分钟
		女性就业比例	56.5%
	国际联系	外籍人口比例	15.1%
		国际游客数	1330万人
		《财富》“世界500强”企业总部	44家
		跨国公司总部	31家

注：1. 2018年纽约州数据。

（2）纽约城市六个领域的截面分析

纽约城市六个领域的截面分析如表2-11所示。在城市经济方面，2019年纽约市人均收入43046美元，家庭平均收入110101美元，收入基尼系数0.5437，共提供465万个就业岗位，三产就业比例为0.11∶8.44∶91.45；在城市社会方面，少年儿童和老年人口抚养比分别为25.9%和22.9%，贫困人口比例19.1%，重案率为每十万人1147起重案犯罪；在城市政治方面，城市选民投票率25.7%，在2020年总统大选中投给民主党拜登；在城市文化方面，高中以上学历占25岁人口比例为83.2%，教育投入占财政支出的30.7%；在城市环境方面，树木覆盖率约21.0%，温室气体排放量为5.5千万吨二氧化碳当量；在城市居民方面，老年人口比例为15.4%，平均预期寿命为81.3岁。

表2-11　纽约城市六个领域截面数据

指标维度		代表性指标	数值
六个领域	城市经济	人均收入	43046美元
		家庭收入中位数	69407美元
		家庭平均收入	110101美元
		收入基尼系数	0.5437
		就业岗位	465万个
		三产就业比例	0.11∶8.44∶91.45
	城市社会	少年儿童抚养比	25.9%
		老年人口抚养比	22.9%
		贫困人口比例	19.1%
		重案率[1]	1147起
	城市政治	城市选民投票率	25.7%
		2020年总统大选	民主党，拜登
	城市文化（科技）	高中以上学历比例	83.2%
		本科及以上学历比例	39.2%
		教育经费比例	30.7%
		私立大学学费中位数	14250美元
	城市环境	温室气体排放量下降比例	15.0%
		树木覆盖率	21.0%
	城市居民（人口）	男女比例	48∶52
		老年人口比例	15.4%
		年龄中位数	37.2岁
		平均预期寿命	81.3岁
		白人比例	30.9%

注：1.重案率即每十万人重大案件数。

（二）纽约城市现代化应对的挑战

在未来城市进一步的现代化过程中，纽约面临一系列的挑战，其中必须应对的6项核心挑战包括：

1.“无力的负担”的加剧

纽约吸引着来自世界各地的人们，而且纽约每年的出生率远远大于死亡率。这种人口的增长不仅增强了城市的多样性、刺激了经济发展，同时也为城市的空间和服务制造了更大的挑战，提出了更多的住房需求，并改变了社区。其中，提供更多的住房是负担能力的关键。尽管自2014年以来，保障性住房的建设创下了历史新高，但仍面临着严重的住房短缺和许多社区租金上涨的问题。住房的总体发展未能跟上不断增长的人口和有住房需求人数的增长步伐。当下，纽约市有超过50%的人负担着房租，将其收入的30%以上用于住房。超过25%的人承受着沉重的房租负担，其收入的50%以上用于住房，而这些数字还在增长。

2. 经济风险

纽约市的经济发展与全球趋势同步，为新业务和就业创造了无与伦比的机会。然而这种繁荣也引发了以下的问题：获得繁荣和社会流动的不平等性，以及如何确保每个人都能从经济增长中获益。总体而言，贫困和失业率下降，收入增加，经济蓬勃发展的指标（经济产出和生产率）在上升。但是，许多纽约人被排除在经济繁荣之外，面临经济不安全。中低收入者的工资增长速度与整个经济的增长速度不一致，纽约收入最高的占0.1%的富人总收入是收入最低的占50%的人的4倍，而超过40%的纽约人生活在贫困中或接近贫困。同时，缓慢增长的工资和不断上涨的生活成本可能会颠覆纽约的中产阶级。

3. 财富与健康极度不对等

种族隔离和种族主义的遗留问题继续给纽约市蒙上阴影。财富、收入以及健康和教育方面的持续不平等现象不可避免地联系在一起，凸显了纽约人在过去和现在从这座城市的繁荣中获益不均等的现实，在这里最富有的1%的人拿了整个城市40%以上的收入。而这需要纽约市采取更强有力的行动来促进公平。其中，种族和性别的差距最为明显。2016年，在纽约全职工作的黑人女性赚57美分，白人男子可以赚1美元。截至2017年底，纽约市的黑人工人失业的可能性是受过同样教育的白人的两倍。白人和非白人家庭之间的贫富差距更大，加剧了各代人之间的不平等。

4. 气候危机

地球的气候正发生着变化，更大的风暴、运动更强烈的海洋、更高的热浪，这些影响威胁着纽约市的经济、生态系统、公共健康和生活方式。极端高温是致死的第一大天气原因，极端风暴可能是毁灭性的。当2012年“桑迪”飓风降临时，仅纽约市就造成了44人死亡、190亿美元的损失。每年夏天会有很多纽约人死于高温，对空调的依赖将对城市的电网提出更高的要求。一些沿海的社区，涨潮会引发每天两次的洪灾，并在其他社区造成永久性的洪水泛滥。而燃烧化石燃料是造成人为气候变化的最大因素。气候危机已经迫在眉睫，必须立即行动起来以期避免灾难性突发事件的影响。

5. 基础设施构架失败和需求转移

纽约市的优越性和宜居性得益于它的基础物理设施，从世界上最庞大的地铁和公交系统到从数百千米外输送饮用水的复杂网络。但是这些基础设施中的大多数都建于一个多世纪以前，如今由于数十年的投资减少，有很大一部分急需修复。在纽约出行越来越令人沮丧。地铁长期资金不足，导致可靠性下降和频繁中断，公共汽车经常卡在交通拥挤的街道上。这迫使纽约市民寻找替代性的且往往是更昂贵的交通方式，如出租车。再加上在线零售交付车辆的激增降低了地面运输（如公共交通）效率，同时也加剧了交通拥堵和空气污染。由于缺乏联邦政府的支持，大型维修和扩建项目的资金仍然不足，其中包括连接纽约和新州的“门户隧道项目”（Gateway）。纽约市的下水管道平均有85年的历史，自来水管道有70年的历史，电网可以追溯到20世纪20年代。这些不断老化的系统造成了代价高昂的危险泄漏和断电，影响了居民和企业。1/3的纽约人无法在家中使用高速宽带互联网，从而造成了影响经济机会和生活质量的数字鸿沟。鉴于纽约市的人口密度、拥挤的公共交通系统以及作为国际旅行枢纽的地位，纽约市的公共卫生基础设施也面临重大压力——传染病紧急情况的独特风险。

6. 有关民主的威胁

在美国乃至全球，民族主义和不宽容风气的兴起滋生了对公共机构的不信任，在城市社区中造成了分裂，并破坏了民主原则，纽约市民对公共机构也产生了信任危机。自2016年以来，未经刑事定罪从城市驱逐出境的移民人数增长265%，为美国最高增幅水平。许多纽约人也受到了旅行禁令和其他反移民政策的影响。根据2018年皮尤（Pew）研究中心的一份报告，当今只有18%的美国人相信政府会做正确的事情。在纽约，低投票率限制了市政府的代表权威。数以百万计的纽约人因为他们的移民身份或犯罪背景而根本无法投票。市民普遍表示，政府没有听取他们的声音或需求，尤其是在历史上被排除在城市决策之外的社区。

三、纽约城市现代化规划的战略及举措

2000年以来，为了引导城市更加健康地发展，纽约陆续推出了两轮、四个版本的全市层面综合战略规划，包括2007年颁布的《纽约2030规划：更绿色、更美好的纽约》（*PlaNYC 2030：A Greener，Greater New York*）、2013年更新的《更强壮、更韧性的纽约》（*A Stronger，More Resilient New York*）、2015年颁布的《一个纽约：建设强大公正的城市规划》（*One New York：The Plan for a Strong and Just City*）、2019年公布的最新的《一个纽约2050：建立一个强大公正的城市》（*One NYC 2050：Building a Strong and Fair City*）。

（一）纽约城市现代化规划的历史演变

1. 2007年《纽约2030规划：更绿色、更美好的纽约》

2007年，时任纽约市长布隆伯格（Michael Bloomberg）发布了第一版规划——《纽约2030规划：更绿色、更美好的纽约》，旨在为纽约增加100万居民的需求，增强经济实力、应对气候变化，并提高所有纽约市民的生活质量。规划设立的发展目标是将纽约建设成为"21世纪第一个可持续发展的城市"，主要集中于解决城市人口增长问题和基础设施需求，规划分析了未来纽约人口增长、基础设施老化、环境质量和气候变化对城市发展的影响，并从土地（包括住宅、开敞空间和棕地）、水资源、交通网络、能源、气候变化等方面提出规划对策。

该规划汇集了25个市级机构，以实现绿色、伟大的纽约为愿景，设立10个有针对性的领域，包括住房和社区、公园和公共场所、棕地、水路航道、供水、交通、能源、空气质量、固体垃圾和气候变化，以及127项具体的举措，其中，超过97%的举措在计划发布后一年内启动，近2/3的举措在2009年已全部实现或基本实现。该规划于2011年进行了更新，并在2013年进行了进一步的扩展。

2. 2013年《更强壮、更韧性的纽约》

《更强壮、更韧性的纽约》是在2012年纽约遭受"桑迪"飓风灾害之后编制的，目的是重建在飓风中受损的社区，并提高纽约市的建筑和基础设施在抵御气象灾害时的韧性。规划分析了纽约市在飓风中的受损情况以及未来

可能面临的气象灾害威胁，并在岸线和滨水空间、城市基础设施、建筑以及邻里社区等方面规划了城市抵御气象灾害、增强韧性方面的对策，扩展到132项具体的举措、400多项行动。前期这两个规划特别注重气候变化和灾害影响，直接涉及城市经济发展的内容不多，导向是提升城市的可持续性和安全性，让市民安居乐业。

自2007年规划以来，城市在目标完成上已取得了相当可观的进步。2005年后的10年中，温室气体排放量减少10%，投资数十亿美元以保证城市的供水，种植了近1000万棵的树木，铺设482.8千米的自行车道，通过规定和项目来减少污染性燃料油的使用。此外，纽约还加强了海岸线的防御，巩固了关键性的基础设施如废水净化设施，并使建筑和社区更具韧性。

3. 2015年《一个纽约：建设强大公正的城市规划》

为了全力保持纽约在商业、文化、贸易、创新、可持续发展、气候适应等方面的领先地位，使纽约始终是一个让人们能够实现自己梦想的世界舞台，2015年4月，纽约市长德布拉西奥（Bill de Blasio）发布了《一个纽约：建设强大公正的城市规划》。该战略规划在之前规划的基础上，提出了四个方面的发展目标——繁荣发展的城市、公平公正的城市、可持续发展的城市、韧性的城市，即增长、平等、可持续、弹性四个原则，形成了“目标—举措—行动”的框架体系，并通过相应的指标进行落实。

该规划在建设强大公正的城市计划的基础上，加大对威胁纽约市长远发展的问题的战略考虑，并阐明公平原则。规划定义了纽约的未来，并规划了实现这些目标的路线，从全球角度看待城市长期需求，以及如何负责地可持续发展，同时支持所有纽约市民的发展。纽约希望在城市未来的长期发展中，在保持经济繁荣的同时，建构更加公正公平的社会，对全体市民健康和幸福更加负责，提升可持续发展能力，以及增强抵抗各种灾害和风险的弹性。

（二）2019年纽约城市现代化最新战略规划：《一个纽约2050：建立一个强大公正的城市》

2019年4月，纽约出台了最新修订版的《一个纽约2050：建立一个强大公正的城市》（以下简称《一个纽约2050》），提出了“Building a Strong and Fair City”的口号，该规划具体由8个目标、30个措施及10个一级指标构成，囊括了城市现代化不同元素、不同领域、不同系统的方方面面。

1.《一个纽约 2050》的特点与核心价值

《一个纽约2050》的特点包括："种族"问题贯穿始终，强调公平；对现状肯定，给予人们希望；适当的说明和图表解释；拥有大量纽约市民生活、工作、学习的图片；充分结合案例学习；目标指标分明。《一个纽约2050》的核心价值在于：公平、增长、可持续性、韧性以及多样性与包容性等。

2.《一个纽约 2050》的目标和举措

《一个纽约2050》由8个目标和30个举措共同组成，以确保城市的未来（表2-12）。

表 2-12 《一个纽约 2050》规划的目标和举措

目标一：充满活力的民主
（1）使所有的纽约市民都能参与到民主中
（2）欢迎来自世界各地的新纽约人，使他们充分融入城市生活
（3）促进正义与平等的权利，并建立纽约市民与政府之间的信任
（4）在全球舞台上促进民主和城市创新
目标二：包容性的经济
（5）通过高薪工作促进经济增长，并让纽约市民做好准备参与其中
（6）通过公平的工资和扩大的福利为所有人提供经济保障
（7）扩大工人和社区的发言权、所有权和决策权
（8）加强纽约市的财政状况，以满足当前和未来的需求
目标三：繁荣的社区
（9）确保所有纽约市民都能获得安全、有保障和负担得起的住房
（10）确保所有纽约市民都可以使用社区开放空间和文化资源
（11）推进对社区安全的共同责任并促进社区治安
（12）促进基于场所的社区规划和策略
目标四：健康的生活
（13）确保所有纽约市民都有高质量、负担得起和可获得的医疗保障
（14）通过为所有社区解决健康和心理健康需求来促进平等
（15）使所有社区的健康生活方式更加轻松
（16）设计一个为健康和福祉创造条件的物理环境
目标五：公平卓越的教育
（17）使纽约市成为幼儿教育的全美典范
（18）推进 K-12 机会和成就的公平性
（19）提高纽约市学校的融合、多样性和包容性

续表

目标六：宜居的气候
（20）实现碳中和和 100%清洁电力
（21）加强社区、建筑物、基础设施和滨水区的复原力
（22）通过气候行动为所有纽约市民创造经济机会
（23）争取气候责任和正义
目标七：高效的交通
（24）对纽约市的大众运输网络进行现代化改造
（25）确保纽约市的街道安全和可达到
（26）减少交通拥堵和尾气排放
（27）加强与地区和国际的联系
目标八：现代化的基础设施
（28）在核心物理基础设施和危害的减除方面进行前瞻性投资
（29）提高数字化的基础设施建设以满足 21 世纪的需求
（30）实施资产维护和资本项目交付的最佳实践

3.《一个纽约 2050》的指标体系

为了追踪纽约市的整体进展，《一个纽约2050》规划建立了包含10个一级指标、84个辅助二级指标的指标体系，以期来代表一个强大而公平的城市。这些指标有意跨越挑战、目标和任何一个机构的工作，以反映实现《一个纽约2050》愿景所需行动之间的相互联系。纽约市每年跟踪和发布这些指标的最新结果，以评估规划的进度及根据需要及时纠正路线，并邀请纽约市民来共同监督执行。

（1）一级指标

《一个纽约2050》规划的10个一级指标见表2-13。

表 2-13 《一个纽约 2050》规划的 10 个一级指标

一级指标	最新数据	目标
地方选举投票率	21.5%（2017 年）	上升
总工作岗位	450 万个（2018 年）	上升
脱贫人数（自 2014 年）	236500 人（2017 年）	800000 人（2050 年）
严重负担租金的低收入租客家庭的比例	49.9%（2017 年）	下降
不同种族的收入差距 [1]	2.0 倍（2017 年）	下降
早产儿死亡率	189.4/10 万人（2016 年）	下降 25%（2040 年）
空气质量 [2]	7.85 μg/m³（2017 年）	下降

续表

一级指标	最新数据	目标
按时从高中毕业人数占比	76%（2018年）	84%（2026年）
温室气体排放（与2005年水平相比）	17%（2017年）	100%（2050年）
绿色出行交通占比	68%（2017年）	80%（2050年）

注：1. 白人家庭的平均家庭收入除以黑人、西班牙裔、亚洲或其他种族家庭的平均家庭收入；
2. 以3年平均细颗粒PM2.5衡量。

（2）二级指标

除10个一级指标外，规划中的30个举措下还包含了80个辅助二级指标，如表2-14所示。

表2-14 《一个纽约2050》规划80个辅助二级指标

	二级指标	最新数据	目标
目标一：民主			
1	注册的选民数	无	150万人（2022年）
2	城市级选举的选民投票率	21.5%（2017年）	增加
3	年度城市调查中的志愿者数	100万（2017年）	150万（2025年）
4	未入籍的在国外合法出生的纽约人	66万人（2018年）	减少
5	移民家庭与美籍家庭的贫困率差距	5.4 pts（2018年）	减少50%（2030年）
6	重罪犯	95883人（2018年）	减少
7	日均监狱人口	8896人（FY2018年）	减少
8	向联合国提交一份自愿的当地审查	完成（2018年）	年度
目标二：经济			
9	劳动参与率	60.8%（2019年）	增加
10	通过纽约市劳动力发展计划项目联系到工作的个人	66390人（2018年）	增加
11	总就业	450万人（2018年）	增加
12	按种族划分的收入差距	2.0倍（2017年）	减少
13	生活在贫困中或接近贫困的纽约人的百分比	43.6%（2016年）	减少
14	脱离贫困或接近贫困的纽约人数量（2014年以来）	23.65万人（2017年）	80万人（2025年）
15	食品不安全率	14.4%	减少
16	通过“工人合作社商业发展倡议”建立的工人合作社总数	48个（2018年）	增加
17	授予城市认证少数族裔和妇女企业项目（M/WBE）企业的金额	1069万美元（2018年）	增加
18	经认证的少数族裔和妇女企业项目（M/WBE）总数	6829个（2018年财年）	增加
19	纽约市的一般义务债券信用等级	Aa1级	保持
20	证券业占工资总收入的份额	19.1%	减少

续表

	二级指标	最新数据	目标
目标三：社区			
21	租金负担严重的低收入租房家庭所占份额	49.9%（2017 年）	减少
22	新建或保留的保障性住房单元（自 2014 年推出纽约住房项目以来）	121919 个（2018 年）	300000 个（2026 年）
23	城市法警的住宅驱逐	18152 个（2018 年）	减少
24	距离公园步行距离的纽约市民比例	81.7%（2019 年）	85%（2030 年）
25	规划委员会向公众提出的经济发展，住房和社区改善建议	73 条（2018 年）	中立
目标四：健康			
26	有健康保险的纽约人	88.2%（2017 年）	增加
27	注册 NYC CARE 的市民	无	10 万人（2021 年）
28	认为在过去的 12 个月得到了需要的医疗护理的纽约市民比例	90%（2017 年）	增加
29	血压升高的成年纽约市民比例	14.7%（2010 年）	到 2030 年减少 30%
30	全城阿片类药物过量死亡	17.4/10 万人（2017 年）	到 2030 年减少 60%
31	可预防的孕产妇重疾发病率	277.8 / 万人（2014 年）	到 2030 年减少 50%
32	婴儿死亡率	4.1‰（2016 年）	到 2025 年减少 4%
33	黑人和白人妇女所生婴儿之间的婴儿死亡率的不平等	3.07 倍（2016 年）	到 2023 年减少 8%
34	没有得到治疗的有心理困扰的成年人比例	23%（2015 年）	到 2025 年减少 5%
35	食用建议量的水果和蔬菜的纽约市民比例	13.3%（2017 年）	到 2035 年增加 25%
36	在过去 30 天内锻炼过的成年纽约人	74.5%（2017 年）	到 2035 年达到 80%
37	达到推荐运动量的纽约高中生比例	20.8%（2017 年）	到 2035 年达到 30%
38	过去 12 个月内经常性确认下水道备份的街道路段	0.3%	0.6%
39	全市二氧化氮水平	十亿分之 17.8（2017 年）	到 2030 年减少 25%（相对于 2018 年）
40	城市间社区的黑碳差异	3（2017 年）	到 2030 年减少 25%（相对于 2017 年）
41	内部和外部来源的全市 3 年平均 PM2.5 水平	7.85 微克 / 立方米（2017 年）	减少
42	综合下水道溢流率	79%（2017 年）	增加
目标五：教育			
43	可以使用 3-K 的儿童数量	约 5,000（2018 年）	100%
44	二年级识字率（以三年级 ELA 为代表）	50.6%（2018 年）	到 2026 年达到 100%
45	四岁儿童参加全日制 Pre-K	6.8 万人（2018 年）	增加
46	准时毕业的纽约人	75.9%（2018 年）	到 2026 年增长到 84%
47	种族和族裔毕业率差距	15.6%（2018 年）	到 2026 年减少 50%

续表

	二级指标	最新数据	目标
48	准备上大学的人	66.6%（2018 年）	到 2026 年增长到 75%
49	六年内获得副学士或学士学位的公立学校学生	21756 人（2016 年）	增加
50	接受内隐偏见训练的老师	1 万人（2018 年）	所有
51	有平等计划的地区	3 个（2018 年）	9 个
52	平均处罚（暂停活动）时间	13.4 天（2018 年）	减少
	目标六：气候		
53	清洁能源的电力份额	27%（2019 年）	到 2040 年达到 100%
54	消除，减少或抵消温室气体排放	17%（2017 年）	到 2050 年达到 100%
55	路边导流率	18%（2018 财年）	增加
56	以 2019 年 1 月生效的 NFIP 政策为基准，进行洪水保险注册	35494 个（2019 年）	增加
57	每 1000 位客户的系统平均中断频率指数（SAIFI）	84.5 位 / 千位（2017 年）	减少
58	客户平均中断持续时间指数（CAIDI），以小时为单位	3.22 小时（2017 年）	减少
59	城市养老基金对可再生能源等和其他气候变化解决方案的投资	20 亿美元（2019 年）	2021 增加到 40 亿美元
60	城市养老基金对化石燃料储备所有者的投资	50 亿美元（2019 年）	到 2022 年消除
	目标七：交通		
61	全市平均公交速度（纽约市公交和 MTA 公交公司）	8.0 英里 / 时（2018 年）	10.0 英里 / 时（2020 年底）
62	每年巴士载客量（NYCT 及 MTA 巴士公司）	7.24 亿人次（2018 年）	增加
63	每年纽约轮渡乘客	490 万人次（2018 年）	1100 万人次（2023 年）
64	交通死亡和重伤	202 人（2018 年）	零死亡
65	居住在自行车网络 1/4 英里范围内的纽约人的比例	80%（2016 年）	90%（2022 年）
66	交通运输部门的温室气体排放	比 2005 年基线减少 6%（2017 年）	到 2050 年减少 70%
67	以可持续模式（步行、骑单车和公共交通）分享旅程	68%（2017 年）	80%（2050 年）
68	铁路货运量的份额	2%（2018 年）	7%（2040 年）
69	水运货物的体积份额	8% (2018 年)	11%（2040 年）
	目标八：基础设施		
70	电动汽车占新机动车销售份额	1.4%（2018 年）	20%（2025 年）
71	来自清洁能源的电力分享	27%（2018 年）	100%（2040 年）
72	纽约市的家庭与住宅宽带订阅	71%（2017 年）	增加
73	纽约市的家庭有三个或更多的住宅宽带提供商选择	36%（2017 年）	增加
74	纽约市公共计算机中心的使用	无	增加

续表

	二级指标	最新数据	目标
75	附近有免费公共 Wi-Fi 的商业走廊	42%（2019 年）	增加
76	有三个或更多的商业光纤服务选择的街区	72%（2017 年）	增加
77	网络安全工作	无	10000 个（2030 年）
78	纽约安全应用下载	57000 次（2019 年）	300000 次（2021 年）
79	DDC 建设项目提前或按时完成	88%（2018 财年）	增加
80	基本按期完成桥梁工程（结构工程）	100%（2018 财年）	100%

4.《一个纽约 2050》的愿景

到2050年，纽约将是一个截然不同的地方，具体包括：①2050年，纽约市的居民超过900万人；②2050年，纽约市将为不断变化的气候做准备，并且不再依赖化石燃料；③2050年，纽约不再依赖汽车；④2050年，纽约人将在他们的房屋和邻里中得到安全保护；⑤2050年，纽约市的经济实力将为所有人提供安全和机会；⑥2050年，健康是每个纽约人的权利；⑦2050年，纽约市的每个孩子都可以平等地接受优质的教育；⑧2050年，纽约的基础设施将变得现代化且可靠；⑨2050年，纽约人积极参与充满活力的民主运动。

四、纽约城市现代化的特点

纽约从一个小港口发展至今日，除了与它借助全国、适应全球经济大环境的发展有关，还与其自身的地理位置、社会环境、行政管理制度、人文环境等密不可分。概括而言，纽约成为今日世界之灯塔城市，走的是一条主要依靠自身城市经济发展、顺应世界经济发展大环境，并不失其文化特色的城市现代化道路。它的现代化历程不是一蹴而就的，这中间有时代提供的机遇，也有纽约人自己的不懈努力。其城市现代化过程中总结的经验教训，对我国城市的发展具有重要的理论和现实指导意义。纽约城市现代化的历程有和其他国际大城市共有的规律性、典型性，也具有其自身的独特性。

（一）得天独厚的自然地理区位优势

从地理位置上看，纽约市位于美国东部、大西洋西岸，哈德逊河自北向南流经纽约市，并注入大西洋，市区内还有东河流过。纽约市拥有世界最大良港之一的纽约港，这使得它在发展初期与欧洲的联系上处于“桥头堡”的位置，紧邻的哈德逊河也让纽约市享有运河之便。得天独厚的地理条件便利了外贸往来，到1860年全国进口贸易的2/3、出口贸易的1/3均经由纽约完成

（王旭，2000）。先天的优良港口提供了向外的通道，加之后来伊利运河和铁路的开通使其拥有更纵深广阔的内陆腹地，这种有利的地理区位格局给纽约市的发展提供了一个极高的起点。

（二）强调城市整体发展实力的提升

纽约是美国重要的经济金融中心，对美国东北部地区具有很强的辐射和带动作用。从城市功能看，纽约市是纽约的经济中心，也是全国的经济金融中心，是保险、金融房地产和商务服务业最集中的地方。从城市能级看，纽约市是全球级世界城市的典范，国际化、区域化、专业化特征极为明显。在国际化方面，纽约市是世界经济、贸易和金融中心之一，在世界经济中具有较强的竞争力和影响力。同时，它集中了较多的跨国公司、国际金融机构和国际经济与政治组织，是国际资本集散中心，对世界经济具有较强的控制力。此外，还具有很高的开放度，通行国际惯例和国际法规，是国际性商品、资本、信息和劳动力集散中心，国际新思想、新技术、新体制的创新基地等。在区域化方面，纽约市也是美国以及纽约州的经济中心，与周边数量众多的中小城市形成大都市蔓延区，拥有现代化的城市基础设施，包括通信、科技、咨询、商业、市政公用等在内的商务服务业十分发达，具有方便快捷的区际和区内快速交通系统。在专业化方面，纽约市具有不可替代的优越地理位置和人文资源，在政治、经济和文化活动中具有十分鲜明的特征，同时在国际上和区域范围内都发挥极其重要的作用，产生重要的影响。

（三）雄厚的产业基础和不断优化的产业结构

从产业规模和结构上看，纽约市雄厚的产业基础和不断优化的产业结构是其成为世界灯塔城市必要且重要的条件之一。世界经济的变化最直接的反映就在于它重组了城市的经济和改变了城市形态（Hariis，1997）。在过去300多年不同的城市现代化进程中，纽约市先后成为美国的贸易中心、制造业中心、金融中心、信息中心和文化艺术中心。对比我们两次的城市现代化，纽约市产业结构也有两次比较重要的转型：第一次是第二次世界大战结束之后，服务业替代了传统的制造业成为纽约市的支柱产业；第二次是2000年之后，向高端知识型服务业，包括信息、文化创意、绿色产业等方面的转型。两次顺应世界和美国经济发展规律的产业转型在纽约市城市现代化历程中起到至关重要的作用。

（四）精准的城市定位、富有远见的城市规划和及时有效的响应监督

首先，信奉自由市场的美国纽约，就总体理念来说，其城市宏观综合规划着重战略性的政策导向，通常从战略的角度对公共物品（土地公共使用、公共交通及其他设施）等制定一系列的政策，反映城市发展的整体策略，在具体实施过程中通过区划法令和土地细分法来控制（国际城市管理协会，2006）。尽管历届纽约市长注重城市经济增长且颇具“经营城市”的理念，但是其领导的城市政府所强调的是为经济发展提供可持续的资源供给、多样性的社会环境和生态环境保障。其次，就具体实施行动而言，在纽约城市规划经过公示与专家论证后，规划实施按照经济、社会、设施、交通、防灾等各领域共同推进。在规划的前期准备、编制、公示到最后的实施阶段，公众都参与其中，不仅扮演了倡议者的角色，也起到了监督的作用。

第三节　东京：向多元包容的智慧城市迈进

日本的首都东京距今有400多年历史，它是闻名世界的商业、文化和时尚之都，在“全球可持续竞争力”排名、“全球城市500强”排名中都名列前茅。东京经历了明治时代（1868—1912年）对西方文化狂热模仿期，经历了大正时代（1912—1926年）将市中心夷为平地、死伤惨重的关东大地震，也经历了1964年举办奥运会的繁荣发展时期。进入1970年以来，由于受到空气、河流以及高噪声污染等环境问题的困扰，东京经济快速增长的压力变得明显（Tokyo Metropolitan Gov，2021）。

在全球新冠肺炎疫情蔓延的背景下，东京于2021年举办了奥运会。为了奥运会的成功举办，政府积极推进了各种优化举措，包括基础设施升级、环境改善和文化推广等。

一、东京现代化演变

东京的历史可以追溯到大约400年前。东京原名江户，在1603年德川家康建立德川幕府后开始繁荣兴盛，于18世纪中叶发展成为人口超百万人的大城市，当时日本的首都是京都。江户时代持续了约260年，直到1868年明治维新时期，天皇从京都迁往江户，江户改名为东京，成为日本的首都和政治经济中心，东京由此开启了现代化发展的进程。

1868—1912年（明治时代），日本开始了对西方文明的狂热模仿。1869年日本第一条电信线路在东京和横滨之间开通，第一辆蒸汽机车于1872年开通（新桥—横滨）。西式发型取代了男性的传统发髻，圆顶礼帽、高领、裙摆成为时尚。1882年，上野开设了日本第一座动物园。1885年，政府内阁制被采用，伊藤博文成为日本第一任首相。随着1889年《帝国宪法》（也称《明治宪法》的颁布，日本建立了现代国家的政治制度。

1912—1926年（大正时代），在城市工作的人数增加，教育水平提高，进入高等学校学习的女孩人数增加，戏剧和歌剧等表演艺术蓬勃发展。1923年9月，东京遭受关东大地震的破坏。1926—1989年的昭和时代，日本第一条地铁线路开通（浅草—上野），1931年东京机场在羽田建成，1941年东京港开通。1935年，东京的常住人口已增至636万人，与纽约和伦敦的人口相当。

1945年第二次世界大战结束，东京的大部分地区因轰炸被夷为平地，人口降至349万人，是1940年的50%。20世纪50年代是日本逐步复苏的时期，日本确立了以四大工业地带为主（日本京滨、中京、阪神、北九州），大力发展钢铁生产、汽车制造、石油化工等国家支柱产业，实施工业立国的政策，同时开展加工贸易。1953年开始电视广播，1956年日本加入联合国。

20世纪60年代，日本的产业结构开始从以第二产业为主向第三产业转型。1959年制定的《首都圈市中心区域工业限制法》使很多工厂搬离了东京市中心。20世纪60年代，由于技术创新和新产业、新技术的引进，开始了合成纤维和电视机、冰箱、洗衣机等家用电器的大规模生产。1962年东京人口突破1000万人。1964年东京举办奥运会，新干线开通，首都高速公路开通，东京城市交通能力大幅提高。日本第一栋超高层大厦——霞关大厦（156米）于1968年竣工，打破了日本民众认为由于地震频发所以在日本很难建设超过100米的超高层建筑的思维（同济大学建筑与城市空间研究所等，2018）。1965年东京推出新宿都副都心规划方案，1991年东京都政府迁入副都心。

进入20世纪70年代，由于日本受到空气和河流污染以及高噪声等环境问题的困扰，经济快速增长的压力变得明显。1973年的石油危机使其多年的快速经济增长停滞。20世纪80年代，由于日益全球化的经济活动和信息社会的出现，东京在经济增长方面迈出了一大步，成为世界上最活跃的主要城市之一，拥有尖端技术、信息、文化和时尚等吸引力，以及高水平的公共安全。从1986年开始，日本土地和股票价格呈螺旋式上升，这种现象被称为“泡沫经济”。

日本在泡沫经济下取得了巨大的增长，但随着20世纪90年代初泡沫的破裂，长期经济低迷导致税收收入下降，大都市财政处于危急状态。然而，东京通过两个连续的财政重建计划克服了这场金融危机，人口也开始返回，1997年，迁入人口12年来首次超过迁出人口。2001年，东京人口达到1200万人；2010年，超过1300万人。

东京的人口预计在2025年达到1398万人的峰值后将开始下降。人口老龄化也将快速加剧，预计老年人口比例（2015年为22.7%）将在2045年上升至31.3%。人口减少将产生一系列以经济为中心的影响，这使得东京都政府必须坚决应对人口减少的问题。

二、东京现代化现状及挑战

2019年，东京土地面积2190.9平方千米，拥有1390多万人口（Statistics of Tokyo，2021），男女比例为49∶51。

（一）现代化现状

东京在2015年的全球城市指数中排名第四；在2015—2016年英国《金融时报》的全球城市增长潜力排名中排名第二；在2015年欧洲杂志*Monocle*评选的最宜居城市中排名第一，排名中列举的优势包括准时运行的火车、优质食物的供应以及街上可观的餐馆数量。

作为推动日本经济发展的城市，东京汇集了众多城市功能。政府利用这种集中优势，努力通过促进建筑物之间的能源共享和可再生能源的使用，将东京转变为智慧能源城市。写字楼、商业设施、酒店、医院等具有不同能源使用高峰时间的设施之间正在构建智能能源网络，以共享能源并利用太阳能等新能源，如图2-50所示。

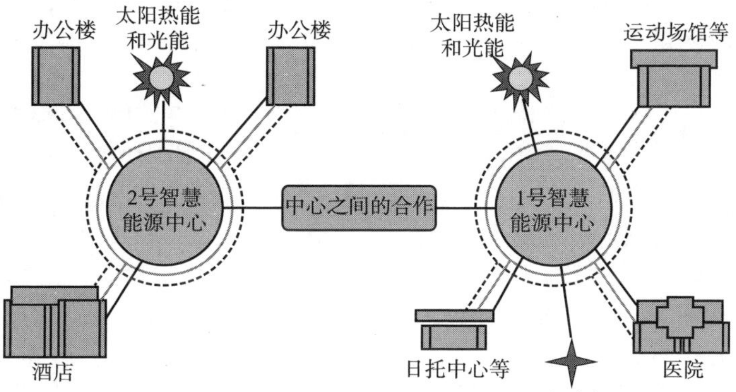

图2-50 东京“智慧能源城市”示意图

资料来源：东京政府网站，https: //www.metro.tokyo.lg.jp/english/about/city_view/documents/21_cityviewtokyo.pdf.

很多欧洲的城市结构和城市景观在中世纪形成，并被完整保留，而亚洲城市的结构、天际线和城市景观却在不断变化，尤其是东京。在城市规划方面，东京通过多轮次和多层面的空间规划来引导城市的整体发展，强调结构性的调整和整体的协调。五次首都圈规划改变东京都“一圈集中”的结构，形成以商务核心城市为中心的自利型都市圈，构筑“多核多层圈”的区域结构。“21世纪的新首都”蓝图和“世界大都市东京”的发展目标使东京成为领先的全球城市（同济大学建筑与城市空间研究所，2018）。

由于城市轨道交通的先行发展及公共交通网络的发达，日本经济高速增长期（20世纪50年代中期）的前期就奠定了大众以公共交通为主的出行方式，而私家车的普及则到20世纪60年代才开始，这对东京城市的未来发展也有深远的影响。东京现代化现状分析指标见表2-15。

表2-15　东京现代化现状分析指标

分析维度		代表性指标	指标值	备注
城市领域	城市经济	服务业劳动力比例	79.7%	2017年数据。服务业包括：信息通信、交通运输、批发和零售、金融和保险、房地产和租赁、科技研究和服务、住宿和餐饮服务、个人服务和娱乐服务、教育和学习支持、医疗健康和福利、复合服务、政府部门
		人均可支配收入	23860现价美元	2018年，OECD，南关东地区
	城市政治	选民投票率	48.8%	2019年，OECD，南关东地区
		政府雇员比例	0.28%	2019年数据
	城市环境	颗粒物，PM2.5	$10.4\mu g/m^3$	2019年数据，东京都平均
		工业废物的处理和处置——回收率	33.1%	2018年数据
		森林总面积	76285公顷①	2015年数据
	城市居民（人口）	年轻人口比例	11.5%	2015年14岁以下人口占总人口比例
		老年人口比例	22.7%	2015年65岁以上人口占总人口比例
		婴儿死亡率	1.8‰	2018年，OECD，南关东地区
		平均预期寿命	84.1岁	2015年，OECD，南关东地区
城市系统	功能和形态	全球城市竞争力排名	3	Global Power City Index
	基础设施	私家车比例	33.6辆/百人	2013年，OECD，南关东地区
		宽带普及率	77.9%	2018年，OECD，南关东地区
	公共服务	医生比例	2.38人/千人	2018年，OECD，南关东地区
	公共管理	城市人口增长率	0.72%	2019年数据，人口为13942856人。2018年数据为0.73%
	国际联系	国际会议数量	123场	2018年，ICCA

资料来源：Statistics of Tokyo, 2021.Tokyo Statistical Yearbook 2019［EB/OL］.［2021-10-5］. https://www.toukei.metro.tokyo.lg.jp/tnenkan/2019/tn19q3e001.htm.

① 公倾：面积公制单位，1公倾=10000平方米。

（二）面临的挑战

1. 城市人口下降和老龄化问题

2015年，东京老年人口占总人口的22.7%，从2025年开始，东京的人口将开始下降，2040年东京人口老龄化率将超过30%，预计到2045年，东京老年人口将比2015年增加约110万人，达到411万人，老龄化率达到31.3%，这意味着未来东京将有1/3的人为老年人。如何应对人口下降及人口老龄化，是东京面临的挑战之一。

2. 地震的威胁

日本将面临国内外形势的重大变化和全球化进程的推进、大地震的威胁、能源问题恶化等种种困难，为了能在这样的形势下持续发展，并且保持世界领先城市和一个充满活力与希望的城市状态，东京必须基于社会情况变化，进行技术创新和基础设施的发展。

三、东京现代化的战略和举措

东京市政府主导的城市规划主要有两个，一是长期规划《创造未来：东京都长期展望》，二是短期城市规划《新东京新明天——东京2020行动计划》。这两个规划各有其特点、相辅相成，并将成功举办东京奥运会作为其目标。东京都城市发展局（Bureau of Urban Development Tokyo Metropolitan Gov.）于2017年发布了东京《城市发展的宏伟设计》（*Grand Design for Urban Development*），该设计以2040年的城市为核心，阐述了东京城市发展的基本政策，以及到2040年城市发展的目标和愿景。

（一）2014年《创造未来：东京都长期展望》

东京都政府于2014年12月制定了长远愿景，旨在“使东京成为世界上最好的城市”，这也是此报告的口号。该规划设想了2020年及以后的东京，明确了实现城市未来愿景的基本目标和政策目标，并概述了具体的政策推出、三年执行计划和其他实现这些目标的手段。整本报告的结构非常清晰，由2个目标、8个策略、25个方法组成。两个目标分别是：举办世界上最好的奥运会和残奥会；解决目前的挑战并确保未来的可持续发展。

1. 目标1：举办世界上最好的奥运会和残奥会

计划提到，要为所有奥运会的运动员和观众营造最好的环境，并借助这次机会，将东京变成全民享受运动的城市。

目标1包含的策略、方法和具体举措如表2-16所示。

表 2-16 《创造未来：东京都长期展望》中关于举办奥运会和残奥会的方法和举措

方法	举措	具体计划和目标
策略一：成功的东京 2020 奥运会		
1. 全面准备，创造传奇	运动员优先	—
	环保奥运	—
	充满活力的氛围	城市装饰的使用
	加强风险管理	—
	文化和教育	在学校推广奥林匹克的价值观
	对 2011 年大地震的支持与康复	—
2. 创建无障碍城市	场馆附近无障碍设计	在 JR 和私营铁路运营的所有 78 个车站安装站台闸门，每天使用人数超过 10 万人次
	移除城市障碍	社区无障碍地图的推广
	建立与首都匹配的城市景观	奥运场地周边的公共线路都被转移到地下
3. 为国际游客确保安全舒适的城市	便于理解的提示牌	2019 年为行人安装 100 个数字标牌
	多语言支持	2020 年所有 14 家市属医院采用多语言医疗系统
4. 培养顶尖运动员、建立运动型城市	健康关怀的环境、随处可见的运动项目	东京人参与运动的比例从 2012 年的 53.9% 提高到 2020 年的 70%；2024 年河边的步行带增加到 43 千米；2024 年海洋公园的骑行路线增加至 10 千米
	促进残疾人运动发展	2017 年 30 所市属促进残疾人运动而进行特殊教育的院校；2020 年 59 个地区的社区运动负责人有资格指导残疾人运动
策略二：发展设施		
5. 发展全面的陆海空网络	三环高速路	2020 年从关越高速路到东名高速路由 60 分钟减少至 12 分钟
	支持奥运会的便利交通	场馆周边的机场、港口等的网络化发展
	海港和机场	2025 年东京港的集装箱容量达到 610 万 TEU
6. 建立无缝、便捷的换乘网络	国际化城市的换乘系统	八重洲地区到东京站；虎之门、滨松町地区
	安全和舒适的公共区域	更多的无障碍通道
	自行车的扩大使用	2020 年自行车道 264 千米；区域自行车共享系统
	水运交通系统	—
策略三：盛情款待		
7. 热情欢迎国际旅客	志愿服务的传播	2020 年城市志愿者 1 万人、旅游志愿者 3000 人、语言志愿者 3.5 万人；2024 年志愿活动参与度 40%
	赋予街道和河岸新的活力	在滨水区域设置休闲设施，营造“水城”氛围
	吸引世界各地游客	2024 年每年外国游客 1800 万人；2024 年国际会议 330 个；2028 年游轮旅客 50.2 万人
	营造好客的环境	2020 年国际旅客对于免费 Wi-Fi 的满意度 90%
8. 世界知名的文化艺术之都	更多文艺休闲的享受	文化艺术场馆多语言、Wi-Fi 等服务全覆盖
	奥运会上有史以来最好的文化项目	—

2. 目标2：解决目前的挑战并确保未来的可持续发展

计划的第二个目标是解决目前的挑战并确保未来的可持续发展，包括安保、对老人和儿童的关爱、金融的发展等。

目标2包含的策略、方法和具体举措如表2–17所示。

表2–17 《创造未来：东京都长期展望》中关于未来可持续发展的方法和举措

方法	举措	具体计划和目标
策略四：安全和保卫		
9. 确保高水平的抗灾措施	建筑物的地震防御	储备粮食、灾难演习等
	建筑物的防火	
	建筑物的抗洪	
	平日的努力	
	空中救援	
	防震防洪设施	
10. 保护居民免受犯罪危害	社区范围内保护儿童	所有公立小学上学路途配有安全摄像头；2024年注册的预防犯罪志愿组织达到900个
	100%杜绝Kiken（精神活性物质）药物	—
策略五：有支持力的环境		
11. 为养育孩子提供强有力的支持	提高日托机构承载力	—
	多种日托服务	—
	儿童放学后的安全玩耍场所	2019年注册课后俱乐部的儿童达到10.2万人；2019年所有公立小学配有课后项目
	为养育孩子提供更好的环境	为养育孩子建立更加值得信赖的房屋和环境
12. 让老人在社区生活舒心	有支持力的社区环境	—
	为老人提供更多设施	2025年养老院容量6万家；2025年痴呆症护理机构容量2万个；服务式高级公寓2.8套
	老年痴呆诊断	早发现、早诊断
13. 提供高质量的健康关爱并促进长寿	超级老龄化社会的健康关爱	多方参与的地区支持系统
	鼓励健康生活	—
	加强对抗传染病的措施	健康关爱系统/储备药物和设备；相关代理紧密合作
14. 确保对残疾人的社区支持	提供安宁的社区	—
	保障残疾人就业	2024年残疾人就业岗位4万个
策略六：世界领先的全球化城市		
15. 作为全球化城市，刺激国内增长	国际化的商业环境	使用“国家战略特需体系”规划10个国际商业中心
	全球金融中心	—
	全球生命科学商业枢纽	—
	世界级的企业家城市	2024年创业率10%
	中小型企业（SMEs）发展	涉及新兴产业；进入国际市场

续表

方法	举措	具体计划和目标
16. 提升中心、增强实力	城市发展	主要车站的发展；城市复兴；滨水区的发展
17. 为所有参与者建立和谐社会	为年轻人提供就业帮助	2022 年 20~34 岁年轻人就业率 81%
	促进就业正规化	2022 年无意中被雇用为非正式员工的求职者降至 8.3 万人
	加强妇女对经济的贡献	2022 年 25~44 岁妇女就业率 75%
	为年长人士提供就业帮助	—
	加强生活和工作的平衡	为养育儿童和赡养老人提供支持
18. 为东京和日本培养人才	培养全球人才	英语培训；对高中生进行全球化意识的塑造；加强儿童身体素质训练
	支持儿童发展	2024 年公立高中 80% 学生有未来目标
19. 促进城市外交	建立互惠共赢的关系	与其他友好城市交往
策略七：持续发展的城市		
20. 建设智慧能源城市	在能源高效性方面世界领先	2030 年能源消费减少 30%
	可再生能源的利用	2024 年可再生电能利用率 20%
	使用氢能源	汽车、车站、公交车、住宅
21. 与自然和谐共处	绿色城市	—
	清洁的海滨环境	—
	干净的空气、舒适的空间	2024 年 100% 达到 PM2.5 空气质量标准
22. 确保城市基础设施的安全性和可靠性	使用前沿技术进行维护	—
	系统更新及功能升级	2029 年为较早发展的城区更新所有下水道
23. 为老龄化社区重新打造城市结构	为不同人群打造舒适社区	—
	大范围重新打造居住环境	—
	提高房屋质量	—
策略八：多摩地区和岛屿		
24. 建立可持续发展的环境	多摩地区的发展	道路发展和灾难防御；产业发展和促进就业
25. 使用丰富的自然资源赋予社区生命	利用自然资源	促进当地农副产品的交易；促进旅游；高速电缆的应用

（二）2016 年《新东京新明天——东京 2020 行动计划》

《新东京新明天——东京2020行动计划》发布于2016年，它的口号和主题是安全（safe）、多样化（diverse）、智慧（smart），并以三只卡通企鹅作为代表，贯穿整个规划内容，使其具有亲民性和趣味性。在这三个主题下，有相应的目标和举措，并辅以数据指标和对未来的展望。作为短期规划，每一部分都十分清晰和具体。

1. 挑战和目标

东京作为推动日本经济增长的引擎，将充分发挥其人、物、钱、信息的高度集中以及中小企业的高科技优势，继续支持日本的可持续发展。计划的制定者为东京设立了四大目标，同时也是东京面临的挑战：一是东京GMP从2014年的94.9万亿日元增加到2020年的120万亿日元；二是东京的国内游客人数从2015年的11.89百万人增加到2020年的25百万人；三是东京市民的生活满意度从2016年的54%提高到2020年的70%；四是东京的全球城市排名从2016年的第三名上升到2020年的第一名。

2. 整体策略

为了实现四个挑战，即四个目标，该计划制定了“FIRST”策略。这个策略由五个子策略组成，每个子策略的第一个字母拼在一起成为单词“FIRST”。该计划要使东京成为2个“第一”：“世界第一”和“日本第一个接受挑战为国家创造增长的城市”。“F”代表“Finance”（金融）——成为全球金融中心。通过咨询小组为东京这座全球金融城市出谋划策；以更快的速度吸引外资金融公司。“I”代表“Innovation”（创新）——用创新的科技和思想发明创造。在物联网等领域实施吸引外资企业的措施；为东京的外国公司和中小企业之间的商业对接创造机会；推进使用国家战略特区系统的国际商务项目；通过特区制度等方式改善外国人的营商生活环境；支持企业进入成长型行业，培育全球风险企业。“R”代表“Rise”（增长）——用更强的活力强化优势。旅游业成为主导产业；加强陆海空交通基础设施建设；推进城市更新，助力东京提升国际竞争力；捕捉海外需求，提升东京产业吸引力。“S”代表“Success”（成功）——这是一座每个人都扮演积极角色的城市。推进作风改革；促进女性参与到社会中去；促进长者和残障人士积极投入社会；培养具有全球竞争力的人才；推进培养新价值和创造能力的教育。“T”代表“Technology”（技术）——用领先的技术加速增长。采取措施应对第四次工业革命；成为领先的生态友好城市；将2020年东京奥运会打造为尖端技术的展示场。

3. 具体举措

针对三大主题——安全、多样化和智慧，该计划有更详细的举措。

（1）安全城市

所有的城市道路移除电线杆且不再新建（目前东京7%的道路无电线杆，伦敦、巴黎、中国香港则达到100%）；建设地震防御房屋；加强社区备灾管理（主要针对地震）。推进暴雨对策管理：防止河水泛滥、建立污水处理设施、更新洪水风险地图；维护和更新城市基础设施（20%的桥梁和30%的隧道建于50多年前）。加强反恐措施：建立应急摄像头传输系统、防火系统等，保证2020东京奥运会顺利举行。社区发展：多摩地区和东京群岛实行多摩新区振兴准则、安装海底光缆—超高速宽带服务。

（2）多样化城市

人们可以安心生养孩子：补贴日托机构、政府支持新建日托机构、为日托工作人员提供事业支持、确保儿童放学后的人身安全（日托儿童已增加至261705人，在等待名单中的儿童有8466人）。老年人可以安心生活：扩大养老院及老年痴呆症之家的规模（2015—2025年，东京65岁以上老人的数量将从3.01百万人增加至3.26百万人）。加强医疗保障并鼓励健康生活：在所有城市建立家庭护理患者的当地支持系统（2025年）、在所有中小型医院促进患者转移至家庭护理（加强对家庭护理的支持）（2025年）。残疾人过上充满活力的生活：残疾人就业人数到2024年增加40000人（2016年东京公司的残疾人就业率1.84%，未能达到残疾人的法定就业率2.0%）。增强生活与工作的平衡：促进男性参与做家务和照看孩子，力促公司参与《东京工作风格改革宣言》。促进女性在社会中的积极作用：25~44岁参加工作的女性占比78%（2022年），11500名女性通过东京都政府找到工作（2020年）。促进老年人就业：56%的60~69岁老人有工作（2022年），16500名老人通过东京都政府找到工作（2020年）。加强城市融合的设计：东京奥运会场地的无障碍设计。为所有儿童提供扩大可能性的教育：听不懂课的高中生从2011年的21%减少至15%（2021年），提高学生英语水平。

（3）智慧城市

智慧能源城市：城市设施LED照明利用率接近100%（2020年），能源消耗比2000年减少38%（2030年）（目前58%的家用照明为LED灯，如何提高LED灯利用率：市民可在电器商店用2个白炽灯换1个LED灯）。牢固树立环保主义精神：2030年将粮食损失减少一半，不再免费发放塑料袋（2020年）（日本每年处理掉600万吨可安全食用的食物）。建设使人们感觉到亲近自然的舒适城市：围绕比赛场地建立“纳凉区域”，绿地和公园的开发，保留和保护私人绿化带。成为全球金融城市：东京都政府将40个跨国金融公司吸引到东京(2020年),东京都政府将40个物联网及相关领域的跨国公司吸引到东京(2020年)。创造创新并支持中小企业:700家中小企业向增长型行业扩展(2020年),1500家中小企业向跨国市场扩展(2020年)。世界首要旅游目的地:促进外国游客、多次旅游游客以及旅游花费的增长(2015年东京外国游客数量11.89百万人)。促进艺术和文化:为奥运会设立文化项目,将五个区设为艺术文化区。建立陆海空交通网络:促进三环高速公路(如东京外环线)的建设以开放约90%的交通(2020年),为大型游轮建立泊位服务,增强羽田机场的功能,增加约39000个年国际航班位(2020年)。研究新铁路网络的引入,以国家政府运输政策委员会提议的研究为中心,开展有关新线路和线路扩展的研究。城市功能发展多样化:各区功能定位等。

(三)2017年《城市发展的宏伟设计》

《城市发展的宏伟设计》以东京城市规划委员会2016年9月的报告《21世纪40年代东京的城市形象以及实现的途径》为基础,阐明了东京城市发展的基本政策和2040年东京的城市目标以及详细计划。该计划以“充满活力、空间充足的高成熟度城市”为城市发展目标,从区域交叉的角度提出7个战略和30个政策以实现城市规划的目标。

预期的社会情况变化将包括:世界各地的人流量将更加活跃;老年人和育儿一代的社会参与度提高;价值观多元化,实现生活与工作的平衡;创造性的艺术和文化活动的增加;需应对自然灾害和新的危机;加强连接国内外的广域基础设施。规划给出了在自动驾驶、能源/环保、人工智能(AI)、情报和通信等方面技术创新的前景。

1. 职责与角色

规划描述了作为世界一流城市和日本的首都,东京在世界和日本担任的职责及扮演的角色。

首先,东京在世界扮演的是要在不同人群和文化之间展示包容性、促进交流的角色。东京将在政治、经济、文化等多元服务的基础上,建立一个对于世界各地人们都具有稳定感和信任感的巨大市场,并面向全球高灵敏度的消费者。同时,通过在经济、环境、产业、旅游、文化等各个领域不断发展,东京将创造出丰富多彩的景点和创新体验,成为不同人群进行自如的文化交流的世界性大都市。

建立和推广解决城市挑战的创新模式。在东京,出生率急剧下降、人口老龄化、地震的威胁等,都在动摇着这座城市的根基。东京将积极推动先进举措，找到这些问题的解决方案并将其付诸实施，为世界树立榜样。此外，东京拥有应对人口快速增长的情况下促进系统化、高效率的城市基础设施和城市发展的经验，以及解决空气污染和热岛问题的经验，东京人将利用这些经验知识解决今后的类似问题。

融合传统和创新并创造新价值。东京将把从江户时代开始400多年的历史传统与尖端技术和艺术相融合，以新的商业模式和理想城市的生活方式展示东京的独特个性，创造文化价值并向世界传播。

其次，东京在日本扮演的角色是要展示其作为日本首都促进经济活力的能力。东京计划利用人、物、信息的先进积累，打造顺应时代变化的高附加值产业和服务，拓展生命科学、ICT等先进功能。作为向世界开放的国际金融和经济城市，东京将把经济活力扩散到全国，并支持日本经济的振兴和可持续增长。

最后，与各个领域合作创造和促进更具吸引力的日本。作为日本的首都，东京必须与日本各地区增强吸引力、相互合作、共同成长，引领日本整体可持续发展。东京将最大限度地利用广域交通和信息网络，深化与日本其他地区在产业、旅游、文化等方面的交流与合作，向世界传播日本整体的吸引力。

2. 目标和举措

东京以“充满活力、空间充足的高成熟度城市”为城市发展总目标，并且旨在成为被全世界人民所认可的不断创造新价值的城市，所有的居民可以选择自己喜欢的生活和工作方式，并轻松地生活在多样化的社区中。重点利用环境（Environmental）、社会（Social）和治理（Governance）三方联动（ESG），使用前沿技术将东京发展成为“零排放”城市（见图2-51）。保护绿色资源、保护社区、保护居民，确保东京独特的吸引力并使其成为可持续发展的城市。

面对快速的社会变化，东京将在广域层面和区域层面进行未来城市结构的布局，并通过展现城市层次结构来保持和提升城市活力，同时实现舒适惬意的城市生活。

在广域层面的城市结构上，东京倡导利用环形特大城市结构推动城市中心的发展。东京最先进的城市功能将集中在首都高速公路中央环线内的中心核心区及其周边。由于城市三环路的发展和羽田机场功能的增强，基础设施建设将稳步提升，人与物的移动范围将变得更加广泛。随着少子化、老龄化、人口减少的挑战的到来，为了提高东京地区的活力和国际竞争力，东京将最大限度地利用大都市圈的总体结构，促进人、物和信息之间的交流。

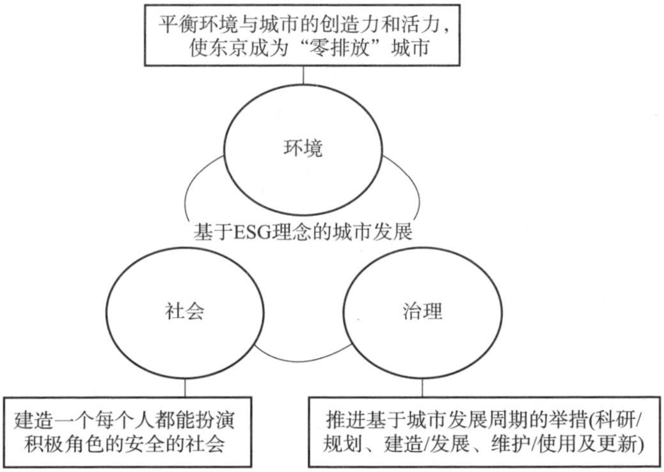

图 2–51　基于 ESG 理念的城市发展概念

资料来源：https: //honyaku.j–server.com/LUCTOSHISE/ns/tl.cgi/https%3a//www.toshiseibi.metro.tokyo.lg.jp/keikaku_chousa_singikai/grand_design.html?SLANG=ja&TLANG=en&XMODE=0&XCHARSET=utf–8&XJSID=0.

在区域层面的城市结构上，东京计划在利用铁路网络等现有基础设施的同时整合城市功能，并构建一个任何人都可以舒适生活的紧凑型都市区域。《城市发展的宏伟设计》提出，将根据人口结构的重大变化，重新整合建立“集约型区域结构”。东京人口预计在2025年（多摩地区2020年）达到高峰后进入下降阶段，在提高城市管理效率的同时，东京将继续为市民营造舒适的城市生活环境、建设充满活力的城市，而实现这些目标最重要的是建立一个多功能和高效的区域结构。

在传统的环形特大城市结构中，城市中心、副中心、城市核心等被区分开来，商业、文化等先进的城市功能围绕这些核心区域来进行区分。然而，一方面，虽然许多核心区域的城市功能集中度有所提升，但各区域的集中度却不平衡；另一方面，即使不被定位为核心区域，也有一些区域因私人开发等原因取得了先进的城市功能。此外，组建核心区域时不应只看重城市功能，而应根据地理位置特征和历史情况来评估区域特征，打破将城市中心和副中心进行商业功能划分的传统思维。

有鉴于此，未来东京要想实现更高质量的增长，就应该从“培育强调商业功能的区域”的角度出发，尊重各区域的特点和市场的选择。区域重组和“在竞争的同时通过最大限度地发挥该地区的个性和潜力来创造新价值”都很重要。

（1）在广域层面的城市结构上，东京力图实现“交流、合作和具有挑战性”的城市结构

东京拥有庞大而敏感的市场，政治、经济、文化等多种功能在这里高度融合，它将在未来继续应对多样化的生活方式，进一步增强地区活力，确保国内外人员、货物和信息之间的自由流动和交流，并进行持续创新。规划者认为，创造一个“挑战之地”是创新的源泉，因此，通常形成于广阔区域的环形特大城市结构在东京将发生变化，以实现“交流、合作、挑战的城市结构”。

在这个城市结构中，城市规划者将进一步加强和利用以环形特大城市结构为重点的道路网络，同时加强和利用作为东京主要优势之一的网状铁路网络，为“自由流动和交流”提供支持。此外，通过进一步强化机场和港口功能，不仅在东京地区，而且在日本其他地区和海外，将推行“交流、合作和挑战”的概念。在利用这些道路和交通网络缩短时间距离的基础上，还将加强工业、旅游等各领域的交流与合作，着眼于比传统的环形特大城市结构更广阔的领域。

广域城市的组成部分包括城市的骨架基础设施和广域基地。“骨架基础设施”包括高速公路、骨架干道、动车、城市铁路、机场和港口等基础设施，以及山脉、丘陵、悬崖线等自然地形、河流海岸和大型公园和绿地。“广域基地”定位为高层次城市功能集中的广域交流区域。作为首都，东京地区共建设6个广域基地。此外，在中央广域基地和多摩广域基地内，将建设“国际商务交流区”，进一步提升国际经济活动中心的集聚性和吸引力，促进新的城市集聚和各种产业创新。东京将设立“多摩创新交流区”，并赋予它引领日本和东京地区经济增长的引擎作用。

从广域角度，东京将城市先进功能集中的基地新定位为道路交通网络节点度高的“核心基地”。在中央广域基地内和羽田机场周边，除了具有高级别的中央管理功能，还根据地区特点集中了国际商务、商务/商业、艺术/文化、旅游、居住等各种功能，规划者将它定位为通过合作推动日本经济增长的核心基地。通过发达的道路和交通网络，这些基地将在东京地区和日本发挥核心作用，例如首都功能，同时还将具有共享和协调功能以及适合国际商业和城市文化的社会功能。在多摩广域基地内，东京正在开发道路和交通网络，通过与大学、企业、研究机构等合作，将商业和工业功能赋予核心基地，为提高经济活力作出贡献。此外，利用多摩的独特魅力，如丰富的自然环境和工作地点与住宅的邻近性，东京将向世界传播其价值，并将其定义为核心基

地。这些基地将利用交通网络促进各种功能的汇聚，支持整个广域基地活力的提升和多样化生活方式的实现。

核心基地还应积极发挥“人”的力量，推动开发和土地利用转换，提升国际活力，从产业、经济、艺术、文化等多方面进行创新，促进城市功能集聚，增强东京的吸引力。此外，这些核心基地将根据交通枢纽等区域发展的未来长期趋势和城市功能的集聚度，酌情增加或变更。

（2）在区域层面的城市结构上，东京将打造密集的区域结构

未来，即使在生育率下降、老龄化和人口减少的情况下，东京仍将通过技术创新和人们的努力，提高人均劳动生产率，保持和提供高效的公共基础设施，并使每个人都可以在熟悉的区域轻松工作，营造舒适生活的环境。因此，住在主要车站附近和中心地区对于居民来说是十分必要的。可通过集聚功能，引导市民从功能区步行可达居民区，在远离车站和中心区的地区打造绿化丰富的优质环境来重组“密集的区域结构”。可利用各地区多样化的特征和城市功能，发挥东京的高密度铁路网以及城市的水和绿地的作用，将充满活力和魅力的可持续发展城市呈现给世界。此外，在重组密集型区域结构的同时，政府将引导增加育龄妇女、老年人、残疾人等就业机会，保障基础设施、公共设施、行政管理等。

区域结构由“区域基地”“生活中心”“支持区域的城市基础设施”，以及“可有效利用且增值的空间”四个部分组成。区域基地以商业、医疗、老年福利、育儿配套等基本生活所需的城市功能集聚为基础，包括主要车站周边区域。除了区域基地，车站周边、商店街、大型住宅小区、餐厅以及诊所等日常生活所需的城市功能区被定位为人们可以互动的“生活中心”。支持生活区域中的移动和交流的各种公共交通、辅助高速公路和地区道路（例如连接区域基地和生活中心的支线交通），被称作“支持区域的城市基础设施”。在城市中，存在空置房屋、空地等利用率低的空间，部分地区存在人口密度和土地利用密度下降的问题，如果这样的空间得到有效利用，它将成为该地区的财产，创造出空间和活力等新价值，其被称为“可有效利用且增值的空间”。

（3）以“个性”为核心的区域发展与新用地开发

为使东京在未来实现更高质量的成熟城市的发展，规划者将充分利用艺术/文化、产业、商业集聚等各区域的特色，在各个领域建立其独特的区域基地。此外，为进一步提升基地和区域的吸引力，东京将根据区域特点整合特色功能，用环境友好的公共交通和绿水网络连接基地和区域，创造持续的活力和协同效应，以“个性”打造多元基地，与“区域轴心”相连。

展望未来人们的生活方式，东京将结合灵活、复杂的土地利用和建筑形式，最大限度地为人们提供便利，如不受场所限制的工作方式、住宅和办公室的融合、住宅区咖啡馆和餐厅的位置设计等，以促进灵活复杂的土地利用。

为了让东京不断创造新的价值，成为人们可以自由选择多种生活方式的城市，需要根据传统的住房、商业和工业划分以及区域划分来规划城市布局。考虑到城市的实际情况，尖端研究/学术/制造、文化/艺术、体育和农业等视角的考量也很重要。未来，东京将通过叠加新的视角，引导独特的土地利用，充分利用该地区的个性和潜力。

（4）新区域的划分

东京不仅有规模庞大的基地，还有绿意盎然的住宅区、迷人的商业街、有品位的闹市区，以及拥有高水平制造技术的城镇工厂。为了充分利用这些特点，需要描绘出反映各地区优势和特点的未来形象，从而挖掘可能性。因此，东京根据共同的区域特征等设置新的区域划分，并为每个广域区域展示未来的愿景。

“四个新区”的划分着眼于东京中部和沿海地区的融合发展，考虑到广域城市结构的定位，东京将以“中央广域基地”“多摩广域基地”“城市新生活创造区”“自然环境共生区”作为四个新区。在新的区域划分中，中央广域基地、多摩广域基地对应以实现“交流、合作、挑战的城市结构”为目标的广域基地。这两个基地位于连接日本国内和国际的广域交通的重要节点，基于城市功能多样化和高层次集中的特点，在每个基地的相互协同配合下，东京将设立国际交流商务区和多摩创新交流区，作为推动日本和东京活力的引擎区。

中央广域基地：利用密集的道路交通网络，形成具有国际商务和交流功能等复杂功能的核心基地。区域内将形成艺术、文化、体育等各具特色的基地，保护利用历史资源和古色古香的城市景观，协同提升东京的吸引力。区域内，老旧建筑更新改造、木屋密集区淘汰、绿化和滨水空间保护积极推进，形成中心高密度、中密度绿化浸润的高密度复合城区。基地边缘地区的综合体分布广泛，有发达的铁路网络支持并提供有吸引力的生活。沿海地区因公共交通的改善与中央广域基地中部紧密相连，被认为是综合区。中央广域基地中部的大型公园与沿海地区的绿地和水域相连。此外，市民可以享受各种运动和步行空间，有助于实现平静而迷人的生活。

国际交流商务区：在中央广域基地中，国际金融与生命科学等全球人力资源、资本、信息汇聚的全球商业基地以及亚洲总部等国际功能区高度集中，形成了一批核心基地。东京还将利用密集的道路和交通网络，加强国际业务和交流功能。此外，规划者还开发了支持全球业务发展的外国人住房、服务式公寓、医疗和教育机构等具有国际高标准的城市功能区，以欢迎来自世界各地的多样化人力资源和家庭成员们聚集在一起。

多摩广域基地：多摩地区道路和交通网络的节点处形成了商业功能集中的基地，并集合了新干线等交通网络。为了吸引世界年青一代的尖端研究人才，将在以车站等为中心的基地，增加商品销售、饮食等日常生活服务，并集中医疗、福利、长期护理、社区等各种功能，支持多摩地区创新活动及生活方面的交流。另外，东京还将打造步行与公共交通相结合的广场空间，完善东西向、南北向的道路交通网络，进一步加强基地间的合作。在基地周边的市区，有老人、残疾人、育儿一代等所有人都能安心、舒适生活的环境。此外，山丘和农田绿树成荫，将成为许多人在日常生活中与大自然接触、互动的地方。

2017年东京规划包括七大策略和30项政策，是其城市现代化建设的具体举措（表2-18）。

表 2-18 《城市发展的宏伟设计》中涉及的七大策略和 30 项政策措施

策略	政策措施
一、打造充满活力的中心区，促进可持续增长	1. 在国际商务和贸易上继续保持世界领先
	2. 在多摩地区打造创新技术中心
	3. 创建多样化社区，其鲜明的特征将成为它们的吸引力所在
二、实现灵活不受限制的人员、货物、信息交换	4. 加强机场功能，支持境内外人员和货物的积极交流
	5. 消除交通堵塞，保障人员和货物的顺利通行
	6. 改造道路空间，创造更舒适和活力的环境
	7. 减轻火车拥堵，提高人们出行的舒适度
	8. 利用现有铁路，保障人们轻松出行
	9. 建立起高效、高度关联的物流网络
	10. 使用前沿信息技术创造城市空间
三、创建能应对自然灾害风险和环境问题的城市	11. 创建能应对各种突发状况的灾难抵御型城市
	12. 为了安全和城市外观，移除电线杆
	13. 确保在灾难发生时城市活动和居民生活能正常维持、基础设施能尽快恢复
	14. 维持健全的城市基础设施以保障未来的使用
	15. 通过城市范围的努力减少能源对环境的影响
	16. 建成可持续的、以循环利用为基础的社会

续表

策略	政策措施
四、为所有人打造有支持力的和舒适的环境	17. 发展 / 提供支持多样化生活方式的社区
	18. 提供令老人和残疾人满意、令儿童健康成长的环境
	19. 谨慎使用东京的优质房屋库存，并确保能长期使用
	20. 将多摩新城恢复为多样化社区，人们可享受丰富生活
五、实现高度便捷的生活方式，创建多样化社区	21. 建造平衡的城市区域
	22. 产生新的活力并支持各种生活方式
	23. 在城市区域创造多样化的空间，鼓励形成社区纽带
六、建造拥有季节性绿地和水域的城市	24. 建造一个人们在任何地方都能享受绿地的城市
	25. 培育在产业中发挥重要作用、振兴社区的城市农业
	26. 建造人们可以享受水资源的城市空间
七、通过艺术、文化和运动创造新的吸引力	27. 驾驭历史悠久的文化，产生新的吸引力
	28. 将东京打造为世界顶尖的旅游胜地
	29. 打造一个运动融入每个人生活的城市
	30. 确保东京 2020 奥运会以后，奥运场地被以各种方式利用

3. 城市愿景

基于社会形势和技术创新，在进行东京2040年城市愿景的描绘时，规划者将“安全城市”“多样化城市”“智慧城市”作为城市愿景的主题，并以此为目标进行规划的有序推进。

东京的总体城市愿景：一是积极活跃在世界舞台。未来，东京市民在世界的金融、科研、文化、食品及其他各项领域将更加轻松地占据一席之地，并享受他们的丰富人生。二是人与人精力充沛地互动并在社会中扮演积极角色，包括年轻人、妇女、老人、残障人士、外国人在内的所有人都能自如地与他人互动，并生活在充满支持力的社区，积极参与社会活动。三是可选择多样化的生活方式，东京市民可以根据他们的个人价值观和生活方式选择他们的生活和工作模式，工作日/假期的模式将会慢慢淡出人们的生活。四是享受大自然，东京市民可以轻松地坐拥丰富和宁静的绿水青山，并且享受他们轻松的生活。五是继续生活在安全的社会环境中，东京市民生活在安全的社会环境中，并能感受到东京拥有生机勃勃的多元文化的独特吸引力。

除了整体愿景，规划还勾勒出东京人2040年的城市生活愿景，包括各类功能的建筑和城市设计，引人期待。

第一，全球商业活动在中央区域举行，涉及元素包括：金融公司最先进的办公室；来自不同国家的投资者和商业人士顺畅交流；无二氧化碳排放的燃料电池巴士；保存完好的具有历史价值的建筑；办公区内的托儿设施。

第二，年轻的外国学生和研究人员在多摩地区聚集，涉及元素包括：创造创新的孵化设施；本地商业活动能分享和高效率使用的卡车装卸空间；通过翻新公共房屋改造的学生宿舍；包含自动驾驶汽车的支线交通；提供商业配对机会的公共空间。

第三，在具有吸引力的城市住宅区，近景木屋已被淘汰，涉及元素包括：修建城市规划道路时形成的防火带；电线杆已被移除的安全便捷的社区道路；人行道上有绿化带网络（如树和树篱）使人们漫步其中、亲近自然；使用太阳能等先进技术的环保房屋；配备灶台和应急水井的空置口袋公园，可在灾难发生时使用。

第四，在东京岛，人们可享受当地被精炼过的"财富"，涉及元素包括：人们可享受大自然和地貌特点带来的多项运动；海边小屋也可作为度假小屋；贩卖特产和岛上"财富"的市场；利用现有设施（如空置库房）的卫星办公室；使用远程通信技术的远程医疗。

第五，中央区域及多摩地区都有优质房屋库存，涉及元素包括：装修有抱石墙的建筑；可远程办公的SOHO（小型/家庭办公室）；通过将单元合而为一来创建宽敞住宅；基于需求的、乘客可在任何时间使用的交通；通过改造空房而建的福利设施。

第六，在城市农业区种植具有强大品牌力的蔬菜水果，涉及元素包括：消费者可以与农民互动的农场摊位；结合太阳能发电，能源自给自足的蔬菜工厂；利用先进技术产生高质量产品的"智能农业"；提供体验种植和收获机会的稻田；毗邻农场的饭店。

第七，能享受东京独特吸引力的海滨夜生活，涉及元素包括：外国人作为社区的一员参与到节日中去；鼓励更多照明设备以展现独特风景；通过室外咖啡厅等将滨水区和社区连贯起来；东京江户时期的"财富"——烟火和屋形船；东京标志性建筑的主题照明。

四、东京现代化的特点

（一）东京的城市交通发展与城市开发相辅相成

东京城市整体结构由轨道交通塑造并且能持续完善（同济大学建筑与城市空间研究所，2018）。始建于19世纪80年代、全程约34千米的山手线（也称JR山手线）奠定了东京中心城区最基本的城市结构，对东京的城市规划和发展影响深远。日本国有铁道（简称日本国铁）客运网络以山手线为核心，随之发展起来。同时期，由七家民营铁路公司建设的轨道线路以山手线沿线枢纽站点为始发站，向东京的郊区延伸，促成了郊区的快速城镇化。而山手线环绕的中心城区则被地面有轨电车网络覆盖。可见，东京交通建设与城市开发相互依赖。另外，东京的主要交通网络在不断地完善，网络化与层级化并重，城市开发设计与城市的运行体系最大限度地融合。

（二）东京是一座既具有多元性和包容性，又极度统一的城市

在东京的副都心地区，呈现出独特的城市氛围，不同于简单地呈现一些国际大牌来彰显时尚和繁华，这些地区被用心和独到设计，既能凸显当地特点，又有现代化国际发达城市元素相融合。此外，在一些城市再开发项目的周边，仍保存着一定数量的具有日本传统特征的低矮房屋，这种传统和现代的碰撞，被设计者巧妙结合，相互映衬。尽管在城市设计上具有包容性和多元性，东京在城市管理细节上却追求高度统一。例如，尽管各个建筑物的入口形式不同、高低不同，但是却规定所有建筑物入口与人行道和人行道交接部分的高度完全齐平、高度一致。这些细节也显示出了东京城市管理的高效率和高标准。

（三）东京现代化建设秉承“多核城市结构”的理念

不管是20世纪30年代“山手副中心”的发展，还是20世纪60年代“卫星城市”的发展，东京通过发展多个中心区域来减少市中心基础设施等面临的压力，并且在23个中心城区之外发展了就业中心，来减少市民的通勤距离。

（四）在第三产业迅速发展的同时，东京形成了特色工业产业集聚区

与很多国际发达城市不同，东京并没有在发展第三产业的同时脱离第二产业，而是在东京圈郊区及副中心城市形成了新兴产业集聚区和技术创新核心区。例如，东京圈南面的造船业及钢铁工业、东京圈东面的机械工业等。

第四节　巴黎：古典浪漫与现代化的极致交融

世界五个国际大都市之一的巴黎是法国的首都，同时也是法国的政治、经济、文化和商业中心，迄今已有1400多年的历史。它拥有令世界各地旅客

向往的埃菲尔铁塔、凯旋门、凡尔赛宫等著名景点，也有令艺术爱好者流连忘返的世界博物馆之首——卢浮宫。大巴黎都会区，也就是法兰西岛（île-de-France），是法国22个大区之一，包括巴黎以及其周围的邻近三省。

法兰西岛因其通过保留历史和地理环境来适应各种多样性而成为西欧的主要十字枢纽。法兰西岛地区的潜力来自巴黎市政治、经济和文化之都的影响，也来自塞纳河谷绿色的群岛空间以及平原、高原的地理特点影响。法兰西岛有森林和非凡的遗产，包括历史悠久的皇家城市或城镇村庄，其城市、郊区和乡村提供了截然不同的生活环境，它们是这个大都市高吸引力的组成部分，因此组成了命运共同体。

一、巴黎现代化进程

巴黎的城市现代设计和改造从1830年的奥尔良王朝便开始了，史称“奥斯曼巴黎改造”（夏银平等，2021）。此项改造的最初目的是拆除可用来起义的房屋，同时也改进了巴黎的卫生、公用事业和运输设施（科林·琼斯，2008），此次改造对原本混乱而无序的巴黎城区进行了系统的规划，开辟了环形路和放射性道路，在城区区域形成多极中心且相互连接，使空间具有秩序性。

第二次世界大战后，巴黎的城市发展和法国的经济恢复同步进行。1946年，法国制定了国民经济发展规划。1947年，欧洲复兴计划（European Recovery Program）优先发展重工业和基础工业设施，同时建立欧洲一体化经济。1948年，欧洲经济合作组织成立，法国的汽车制造业开始发展。另外，在这一时期，法国涌现出了大批的时装和文学先锋。1947年，克里斯汀·迪奥设计的服装出口量占当年法国时装出口总数的3/4；同年，巴黎作家安德烈·纪德获得诺贝尔文学奖。

1960年，法国制定了巴黎地区“总体组织治理计划”（PADOG）。其后几年，巴黎地区被重新进行划分。1976年，巴黎地区被指定为法兰西地区，同时，巴黎交通网络得到发展，并建立了8个新城镇来分担巴黎市区不断增长的压力。大量以巴黎为中心向四面八方延伸的高速公路被建立起来，到20世纪末，巴黎地区已有4条干线，覆盖了大约400千米的行程。巴黎的现代建筑也在此期间得到发展，高楼逐渐建立起来，包括200米高的迈内·蒙帕纳斯大厦。

20世纪60—80年代，巴黎处于持续的“去工业化”的进程中，城市规划者把更多的发展空间留给了服务业，自由职业者数量持续上涨，工人数量减少45%，到20世纪90年代，巴黎的工业产品只占法国总产量的5%。出版印刷业、服装和纺织业等独立小规模生产的制造业被保留下来。巴黎城区的绿色空间也在此期间得到相当程度的扩展。1977—1995年，巴黎建成至少134个公园，为巴黎增加了大量的绿色空间。同时，政府确保每位巴黎人周围500米之内有娱乐场所，可见管理者对环境和文化休闲的重视。

进入21世纪以后，巴黎的文化声誉使其成为世界第一旅游名城，市民的生活质量也名列世界城市前茅，良好的城市服务系统、便利的城市交通，使得巴黎作为国际一线城市的地位越来越稳固。与此同时，巴黎也存在城市暴力和安全问题。一些环保主义者与现代化主义者的抗衡持续进行着，环保主义者希望能保留老城区的一切，把那里变成博物馆或展厅，虽然他们此前取得了多次胜利，但是巴黎的现代化进程还是在不可阻挡地前进。各种标志性建筑拔地而起，塞纳河河岸成为发展的中心。1993年，由著名华裔设计师贝聿铭打造的卢浮宫入口处的玻璃金字塔成为同时期最重要的建筑作品（科林·琼斯，2008）。

巴黎城区与郊区的关系也变得复杂，因郊区低房价和适宜的环境，巴黎人更愿意在郊区养老。但是与城区相比，郊区的文化和基础设施都较为落后。未来如何协调城区和郊区的关系，是城市管理者需要思考的问题。

二、巴黎现代化现状及挑战

巴黎大区位于欧洲和全球贸易的十字路口，是法国领先的经济区，也是欧洲最重要的商业中心之一。2020年，巴黎大区拥有1300万人口，而巴黎市区的人口仅有215万人（Paris Region，2021）。

（一）现代化现状

巴黎大区，尤其是巴黎城市本身，是一座艺术、历史和文化之城，是世界领先的旅游城市，对国际游客极具吸引力。此外，巴黎拥有700000平方米的展览空间，在欢迎游客和世界级商务会议方面位居世界第一，在贸易展览的可用面积上也领先欧洲其他城市。

在交通方面，巴黎航空枢纽是欧洲大陆的领先者，从巴黎飞往所有欧洲其他主要城市的航班都是2小时内可达。巴黎大区拥有70个港口，分布在500千米的通航水道上，是欧洲排名第二的内河航道平台。巴黎港是世界领先的旅游业内陆港口，2014年拥有超过110艘船和800万乘客的船队。

表2-19为巴黎大区现代化现状分析指标。

表 2–19　巴黎大区现代化现状分析指标

分析维度		代表性指标	指标值	备注
城市领域	城市经济	人均可支配收入	24600 欧元	2018 年数据
		人均国民收入	59384 欧元	2018 年数据
		GDP	752 亿欧元	2019 年数据
		农业增加值比例	0.1%	2019 年数据
		工业增加值比例	8.4%	2019 年数据
		服务业增加值比例	87.3%	2019 年数据
		制造业增加值比例	4.2%	2019 年数据
	城市社会	失业率	7.7%	2021 年第一季度
		人口出生率	1.93%（2018 年）	国家生育率为 1.84%
	城市政治	选民投票率	79.9%	2017 年，OECD 数据库，https：//data.oecd.org，巴黎大区
	城市文化（科技）	科研人员比例	40.6%	2018 年数据
	城市环境	垃圾处理率	68%	2018 年数据
		绿化率	24%	2019 年数据
		PM2.5 水平	13.4μg/m³	2018 年，OECD 数据库，https：//data.oecd.org，巴黎大区
		森林总面积占比	28%	2014—2015 年数据
	城市居民（人口）	年轻人口比例	55%	0~39 岁人口比例，2012 年数据
		老年人口比例	13.2%	65 岁以上人口比例，2012 年数据
		婴儿死亡率	4.1‰	2018 年，OECD 数据库，https：//data.oecd.org，巴黎大区
		平均寿命	男：80.2 岁 女：85.5 岁	2013 年数据
城市系统	功能和形态	全球城市竞争力排名	4	Global Power City Index 2021
	基础设施	私家车比例	28 辆 / 百人	2010 年，OECD 数据库，https：//data.oecd.org，巴黎大区
		宽带普及率	87%	2018 年，OECD 数据库，https：//data.oecd.org，巴黎大区
	公共服务	医生比例	3.95 人 / 千人	2018 年，OECD 数据库，https：//data.oecd.org，巴黎大区
		科研投入比例	39.9%	2018 年数据
		公共交通——公交车数量	10500 辆	2020 年数据
		公共交通——地铁乘次	15 亿人次	2020 年数据
		妇女就业比例	47.4%	2019 年数据

续表

分析维度		代表性指标	指标值	备注
城市系统	国际联系	外籍人口比例	12.9%	2012 年数据
		国际会议数量	212 场	2018 年数据，ICCA
		人均国际贸易	1.7 万欧元	2020 年数据
		国际贸易比例	63%	2020 年数据

资料来源：1. CCI Paris，2021. [2021-11-10] .https: //www.cci-paris-idf.fr/fr.

2.CCI Paris，2021. [2021-11-10] .https: //www.cci-paris-idf.fr/fr/prospective/crocis/chiffres-cles-region-ile-de-france.

3.OECD，https：//data.oecd.org.

（二）面临的挑战

巴黎城市现代化面临诸多挑战：

首先，比较突出的领土、社会和环境的不平等现象。巴黎东西部的贫富不均使得一些社会矛盾和冲突仍然存在。西部属富裕地区，生活在那里的居民多为受过高等教育的高级职员等，而东部地区则集中着工人、失业人口和外来移民等，他们的受教育程度相对较低，由此爆发了多次暴乱和冲突。虽然政府加大了对东部地区的投资力度，但是巨大的差异不是一朝一夕可以解决的。

其次，住房问题。住房是社会平等的基础之一，也是提高城市吸引力的重要因素。由于可用住房数量不足以及与居民收入不成正比的高房价等因素，使得巴黎大区的住房问题从20世纪90年代末开始日益严重。巴黎政府要求大巴黎地区大规模提高住房质量，以允许每个人都有选择居住环境的权利。面对住房危机，大巴黎地区的目标是每年平均创造7万套房屋，或到2030年新建150万套房屋。

最后，公民出行的质量问题。虽然巴黎大区的交通系统较为完善，但是交通拥堵的问题仍然存在，随着汽油车的增加，环境污染的问题也凸显出来。目前城市管理者希望通过提高公共交通的质量和效率来促进城市交通的发展。另外，随着郊区人口流动性的增加，其交通系统的效率仍需继续提高。巴黎的相关城市规划显示，政府应对交通问题的主要措施是改善区域快递网络（RER）和地铁网络，如建设大巴黎快线（Grand Paris Express）自动化地铁，以及大力发展本地出行，大力发展电车、高级公交车、站点内公交车，并大力部署软链接以促进主动出行，如步行、自行车骑行等。

三、巴黎现代化战略

（一）城市总体现代化战略——《法兰西岛 2030》

2013年发布的《法兰西岛2030》（*île-de-France* 2030），是由法国政府主导的面向2030年的巴黎大区中长期战略规划，涉及巴黎大区城市布局、核心政策等战略性问题。众多规划团队参与其编制工作，并在编制过程中进行了深度的公众调查。《法兰西岛2030》的核心口号是“明天在这里创造”。

在总体框架方面，规划围绕三个支柱型区域空间项目进行展开：链接和结构——建立一个更连通、更可持续的区域；两极分化和平衡——建立一个更加多样化、充满活力和吸引力的地区；保护和增强——发展一个更加充满活力和绿色的地区。

规划优先考虑每个居住区的功能与城市设施的结合，以便在住房、就业和公共交通之间取得更好的平衡。期待通过活跃的交通方式和林荫大道缓解市民日常出行的压力；通过大自然在城市的回归以及对医疗空间的重新利用重现都市文化活力，增强城市服务和公共服务在城市规划中的比重。此外，教学和研究、健康、文化、体育和娱乐、可再生能源生产的发展、短途运输和物流的发展以及当地农业生产的增值都是规划制定者考虑的因素，旨在加强法兰西岛体系的稳健性和韧性，以更好地抵御各种危机。

无论是公共交通网络的更新，还是数字基础设施的部署，抑或是在创新知识技术领域振兴法兰西经济，都必须寻求网格化和网络化的发展。规划还包括新一代综合城市区域的设计，以及通过在城镇和村庄中合理扩展、保护区域绿化带和控制城市扩展来实现城市中心的密集化和集约化。

加强和保护自然资源和生物多样性、保护建筑和景观遗产是规划的重要原则。包括土壤防水和城市环境中的水资源整合、绿色链接和生物走廊的部署和联网、靠近废物源的废物回收、对遗产的认可等方面。

《法兰西岛2030》建立了紧凑、密集的城市模型，该模型具有团结、网格化和多极化的特点。此规划通过领土和法兰西岛的多样性来解决法兰西岛规模的问题，法兰西岛坚定地致力于可持续发展的共同未来，每个人都可以平等地贡献和受益于可持续发展吸引力和巴黎人的影响力。

1. 核心价值

规划的核心价值体现在四个方面：移动和交流、团结、吸引力与创新、可持续性和强健性。

移动和交流是巴黎大区未来转型的核心组成部分，不管人来自哪里、前往何处，在这里都需要便捷的交通体系。机场是通向法兰西岛的主要国际门户，同时法兰西岛还是法国高铁网络的心脏地带，从流量、人员流动性、交通枢纽的角度来看，它影响着整个地区货物分配以及景观改造等。未来几年，巴黎大区的公共交通网络将经历重大变革和改善，旨在提供一个使整个领土受益的网络。规划提到，无论是高速线网络、机场组织的更新、内河运输、大巴黎快车自动化地铁，还是城市网络的完善，在构建道路时，一切都必须为促进人员和货物的流动性作出贡献。为了应对旅行的增长并确保所有人的出行便利，还必须完善巴黎地区的道路网络，并以共享道路和开发主动模式为目标。法兰西岛的可持续发展还基于城市服务部门之间更好的整合，这些服务构成了一个结构合理的网络：水的管理和供应、废物的管理、能源和物流的供应等。所有这些空间一体化系统都在承受着土地和社会的压力，也带来了安全威胁，因此，规划提到，需要进行新的具有吸引力和卓越性的环境与城市设计。

社会和领土平等是对城市吸引力的全面改革，也是巴黎大区国际影响力的主要基础之一。此外，多年来已经停止发展的房屋生产需要得到支持，并要伴随设备和运输的协调，这样做的目的是在令人满意的经济条件下，使现有的城市结构和新的城市发展得以共生，从而为法兰西岛所有居民提供城市服务。法国人口老龄化的挑战仍然严峻，因此，在健康领域应向所有居民提供平等的健康和社会服务。最后，社会、经济和环境的不平等现象在很多地区持续积累，应受到政府部门的特别关注。

加强法兰西岛的经济地位和国际吸引力至关重要：一方面，这可以发展其经济多样性、稳健性和财富的积累；另一方面，区域规模将得以保证。当前法兰西岛在就业和创新领域的挑战在于如何应对经济危机，特别是重启工业化以及实现经济生态转型。不过，只有对经济结构的支持是不够的，还需要对年轻人才的培训，以及以世界范围内的可持续发展为目标。同样，大学和机构等社会网络的学术机构重组也是高等教育问题的核心。规划提到，法兰西岛必须成为一个全面互联的大都市，以便所有巴黎人都能更好地沟通和交流。此外，文化的发展是一个亟待重视的问题，创新是附加值的源泉，应通过将更多的创意产品与工业生产相结合来实现。

城市的可持续性和强健性需要持续关注。城市与自然之间的互补是必要的，并且必须成为重要的一部分，应消除人口稠密的城市与城市周边以及农村地区之间的对立。《法兰西岛2030》规划的制定者认为，就像经济发展应使整个地区受益一样，城市发展不能忽略大型农业区、森林、区域自然公园以及村庄，这些都是构成城市景观的多样化资源，也是整个法兰西岛生活质量得到保障的必要条件。应将自然视为发展的“伙伴”而不是调整的“变量”，并将与自然相关的人类活动纳入所有问题中。可持续的大都市区的发展是一项不可避免的挑战。

2. 目标和举措

第一，巴黎大区迫切需要解决的便是住房危机。总体规划关于解决住房问题的目标是：每年建造70000套住房以满足法兰西岛家庭当前的住房需求。事实上，近20年来法兰西岛的住房建设在逐年下降。建设疲软、土地投机、住房成本上升和需求持续增长导致许多法兰西岛居民的生活条件恶化，削弱了该地区的发展和社会凝聚力。住房危机不再只是涉及法兰西岛最贫困的居民，它还影响到同样遇到困难并被迫转向更远的城市和农村住房的中产阶级，这便加剧了城市扩张和新的领土划分。因此，政府每年建造70000套住房的目标成为提高区域吸引力和发展新动力的基础。此外，在可获得的住房减少和整个住房供应链紧张的背景下，某些特定群体尤其会因住房短缺而面临困境，因此，政府必须开发供特殊群体或特殊作用的住房，包括：社会福利性质的学生宿舍、适合老年人或残疾人的住房、青年工人和雇员的住宿地点、紧急住所和临时住所、旅客接待区。

第二，新的工作岗位和工作环境的改善尤为重要。减少社会不平等需要与人口规模相一致的就业机会。2008年，法兰西岛有600万个工作岗位，就业处于周期性趋势，并对经济形势高度敏感。1990—2010年，法兰西岛年均增长约 25000个工作岗位，这不足以减少失业人数同时让尽可能多的人获得稳定和可持续的就业机会。在接下来的20年里，由于人口老龄化，法兰西岛工作人口的增长将比人口增长更加缓慢。结合目前的形势，《法兰西岛2030》的规划者制定了相应的目标：到2030年，平均每年创造28000个工作岗位。

法兰西岛就业区覆盖了整个区域领土，因此在地方层面实现住房和就业之间的完美平衡是十分困难的。规划的目标是促进办公地点和家庭地点的协同发展，以改善法兰西岛居民的就业条件，并减少在家庭和工作之间通勤所花费的平均时间，并且通过使每个就业区的住房供应多样化，帮助当地企业招聘居住区的居民。

第三，市民优质的公共设施和服务需要得到保障。政府保障公共设施的行动具体包括：在居民区加强设施和服务，特别是公共设施；教育培训机构的发展；推广所有人都可以使用的护理服务；加强市民对当地绿地和休闲场所的使用。

第四，在交通方面，以减少对汽车的依赖为目标设计和改善交通方式。需要作出的努力包括运输模式的更新、使密集的公共交通系统适应新的出行需求、缓解并更好地共享完整的道路网络、增强都市网络的流动性和可靠性。

关于运输模式的更新，既可以通过对现有网络进行现代化的优化来实现，也可以通过完善远郊公共交通或者推广新的移动系统来实现。而道路交通网络的完善则需要通过发展公共交通网络以及其他私家车替代模式、困难人口优先获得高效的公共交通网络、改善拥堵点并完善道路网络的设计等方法来改进。在都市网络流动性和可靠性的增强方面，政府计划对RER（区域快铁）和现有铁路网络进行优化、建设大巴黎快线地铁和延长某些现有线路、开发有轨电车和TCSP（地方建设轨道交通）线路、发展多式联运高速公路网络等。

第五，在城市生态、城市空间设计方面，秉承“将自然带入城市”的原则。城市的历史古迹及周围环境的保护系统应被视为宝贵资产并在开发项目中予以重视。规划提出，必须努力提升普通景观，将建筑遗产融入城市构成。法兰西岛地区包含大量未受保护的遗产，应赋予这片土地以独特的文化氛围，通过对老城区中心和大型农场、住宅空间、工业遗产和现代性遗产的保护，确保城市的文化和生态不被破坏。

3. 关键指标和数据

基于巴黎大区的现状和发展方向，《法兰西岛2030》罗列了一些评估和测评的关键因素。每位居民的温室气体排放量见表2–20，与城镇居民相关的指标见表2–21。

表 2–20　每位居民的温室气体排放量

单位：二氧化碳排放当量 / 年 · 居民

指标	2008 年	2030 年趋势	2030 年基于规划的值
与私家车旅行相关的排放	0.723	0.536	0.447
与住房有关的排放	1.412	1.505	1.459
SDRIF 无法预测的部分	2.144	2.144	2.144
总计	4.279	4.185	4.050

表 2-21　与城镇居民相关的指标

指标	最新数据
按主要地理实体划分的高度防水表面的比例	6.1%（2008 年）
城市化地区的增长和自然环境的消耗面积	—
未被主要交通基础设施分割的农业、林地和自然区域的数量	16276 个（2008 年）
森林边缘城市化的比例	21.3%（2008 年）
与风暴洪水相关的自然灾害在所有自然灾害订单中的比例	39%（1983—2010 年）
有利于广义城镇化的人工农业区（包括基础设施和重大装备）	1680 公顷 / 年（1990—2008 年）
消费和进口的总量份额	30.02MT（2009 年）
面临洪水风险地区的人口	833000 人（2011 年）
主要风险工业企业的数量	92 个（2012 年）
机场附近噪声水平高于监管阈值的居民人口	350800 人（2011 年）
大都市中心每个居民公共绿地平均表面积	12.2 m^2/hab（2008 年）

4. 愿景

对未来的愿景，巴黎人倾向于谈论旅行、工作、休闲、生活方式、住房和自然空间等主题。同时，他们也表达了对未来的不确定性：如何在大城市的活力和乡村生活的平静之间找到平衡？如何协调居民的日常需求和幸福感？在个人愿景的满足和对城市的总体规划之间，巴黎人试图勾勒出一个共同协调发展的未来，体现在以下六个方面。

（1）更多的空间和可及性

由于巴黎市民感到在公共交通和公共场所的人口密度较高，因此他们渴望拥有更多的“空间”。城市公共空间拥有绿色的视野，更加贴近自然。同时，巴黎人希望各个场所间的距离缩短：购物、公共和卫生服务、上下班通勤、娱乐等。在2030年，所有这些影响巴黎人民生活的地点将更容易到达。

（2）移动性的增加

上班、看电影、去健身房、去看医生、去购物、去散步、探望亲戚、休假等，这些短途或长途旅行伴随着巴黎人的每一天。为了满足这些出行需求，巴黎人希望获得更多的公共交通，减少饱和度、增加舒适度，并扩大出行范围。他们还希望结合多种交通工具，增加便利性：可以步行、骑行或乘电车去到目的地。巴黎人还向往在河上或运河上的休闲娱乐活动。法兰西岛上的居民还希望能够使用数字连接，以更多地把家庭作为办公地点。总而言之，改善交通条件和保障住房是巴黎人民改善生活质量的根本愿望。

（3）吸引力的提高

关于居住地的吸引力，巴黎人列举了他们所在地区的就业机会、经济活力、文化财富、娱乐场所等，为了利用这些优势，他们想要一个高性能的交通网络并向周围社区进行扩散。在当前的挑战下，巴黎大区的经济发展和就业机会是其日常最重要的工作之一。同时，巴黎人渴望生活更加平静、居民之间的交流越来越多、地区经济活动的分配更加均衡。居民在享受向世界开放活力的同时，希望到2030年生活在一个更加便利的地区。他们希望更多地参与和他们自身息息相关的发展项目，并从提高区域吸引力中受益。另外，到2030年，大巴黎地区的公司创新力和居民的创造力将持续增强。

（4）更多的平衡和多元化

法兰西岛上的巴黎人以不同的生活方式共存：单身或组成家庭、年轻人或年长者、扎根或临时居住该地区、郊区的城镇居民或农村地区的居民、在巴黎出生或来自其他地区以及其他国家等。对他们而言，这种多样性是一种真正的财富，并且不会导致社会和经济差距。他们梦想中的平衡是将住房、服务、交通、工作、绿色空间、娱乐结合在一起，这使每个人都可以使用相同的区域资源、享受共同的服务。他们希望在2030年继续保持这些多元化，同时每个人享受相同的机会。每个人和每片土地都将为使法兰西岛更加多元、更加丰富而作出贡献。

（5）保持良好的环境

从繁花似锦的阳台到充满绿色植物的街道、从广场到社区公园、从风景优美的河岸到森林，大自然以多种方式存在于居民的日常生活中。2030年，法兰西岛的人们将更加了解整个地区的土地及其承载生物多样性的广阔空间。为了轻松地为法兰西岛的居民提供食物，农业必须保留，农民们也对正在发展的共享花园充满热情。巴黎人认为，这将使人们更加认识到环境的丰富性。2030年，巴黎人民希望生活在大自然与城市互动的环境中，大自然将充分参与到改善居民生活质量的行动中。

（6）更加熟悉的邻居

巴黎人有自己的生活习惯和社交网络，对于那些慢慢退化和被孤立的社区，居民希望到2030年能拥有新的活力、和谐的氛围、与自然和社会更多的联系纽带，同时，这种发展应该保留这些地方的独特之处，从而延续居民的烙印。他们希望每位邻居都能得到应有的服务：商店、学校、工作场所和交通工具，可以通过可负担得起的方式到达其他地方。他们还希望有专用于娱乐、园艺、步行的空间，以重建互相交流的生活。

（二）《大巴黎都市区气候、空气及能源计划》

巴黎大都会于2016年启动了《大巴黎都市区气候、空气及能源计划》（PCAEM）的制定，希望用能源转型战略改善空气质量并适应气候变化。这计划敦促巴黎人进行集体反思，共同分担将要应对的挑战，建设一个极具吸引力、创新性和复原力的大都市。

对于现阶段的巴黎大区来说，制定一个改善空气质量的计划是十分必要的。法兰西岛的气候变化主要反映在温度升高（自1960年以来每10年增加0.3℃）、高温天数增加、霜冻天数减少。大巴黎都市区的气候以城市热岛效应为标志，反映了在巴黎城市群的中心和法兰西岛郊区的农村地区之间观察到的温差。据法国气象局称，大巴黎都市区的年平均气温比法兰西岛高1℃～3℃，在炎夏时期甚至可达到10℃。塞纳河河水状况、农业系统、植被覆盖等都将受到环境变化的影响，饮用水供应、废水处理、能源供应和电力运输等也在影响范围内。同时，由平均温度、极端温度的变化引起公路和铁路基础设施的损坏及过早老化，需要增加维护和修复工作的频率和范围。不断变化的气候条件可能会影响运营，包括降低运营速度，甚至完全中断服务。气候变化也将影响建筑的耐久性，特别是降雨和干旱交替导致土地缓慢移动，引起黏土收缩和膨胀的风险。

巴黎市区建议与整个巴黎大区合作开展这项规划工作，以确保大都市和地区层面行动的连贯性。PCAEM的长期目标设定为2050年，短期目标为2024年。规划设定了到2050年的宏伟目标：实现碳中和、遵循世界卫生组织有关空气质量的建议、使领土适应气候变化。

为了目标的顺利实现，该计划将行动分为七个方面：过渡时期的行动、空气质量及可持续交通、居住环境、产业活动、能源、消费、适应气候变化。

在过渡时期的行动方面，将成立地方能源和气候机构的大都市联合会、在大都市范围内部署三级枢纽，建立“气候—空气—能源协调人”网络，建设气候空气和能源观测站；组织跨地域和国际合作；发展金融工程以服务大都市转型；打造城市碳抵消平台。

在空气质量及可持续交通的措施方面，将加入巴黎空气监测局（AIRPARIF）及AIRLAB的行动之中，支持创建大都市低排放区，支持行政部门旅行计划及商务旅行计划的实施，资助城市层面的“出行”情况监测，制定“积极出行”（步行、骑行）的都市计划，继续促进开发“Métropole Roule Propre”（清洁能源汽车都市），制定减少航空部门排放的行动计划；成立都市空气—木材基金（减少燃烧木材取暖的行为），设置低排放站点。

在居住环境方面，将在大都市范围内部署区域能源改造平台，为能源创新创建大都会基金，组织关于能源贫困的大都市会议，提高对环保行动和节能的认识，将气候、空气、能源问题纳入大都市规划。

在产业活动方面，将实现旧公共建筑热力修复计划，建立公共建筑能源监管体系，支持大都市区循环经济发展，发展环境友好的城市和城郊农业。

在能源方面，将组织一场关于大都会能源和气候转型的大型讨论，实现都市能源总体规划，设立开发及回收可再生能源的基金。

在消费方面，将加强发展大都市公共市场的可持续采购，支持社区收集和回收生物废物，制定和执行大都会可持续食品计划。

在适应气候变化方面，将组织关于气候复原力的“项目征集”，在大都会内创建“凉岛”网络（即与“热岛”对立），重建城市水文和自然环境，促进水资源合理利用，实施大都市复原力战略，制定生物多样性计划，组织都市“大跳跃”活动（即保护河流的活动）。

四、巴黎现代化特点

（一）巴黎的现代化之路充满浓重的历史、文化和政治氛围

今天的巴黎城市布局始于拿破仑时期的奥斯曼改造。以奥斯曼命名的“奥斯曼大道”穿过巴黎市区的八区和九区，坐落着闻名世界的巴黎两大百货公司：春天百货和老佛爷百货（陈岸瑛，2014），吸引着来自巴黎、欧洲和全世界的购物者前来消费。街道两旁鳞次栉比的咖啡厅和其他娱乐场所，极大地充实了市民和旅游者的娱乐空间，这种休闲林荫大道氛围的营造为人们提供了无限畅想，也诠释着巴黎独特的浪漫氛围。然而奥斯曼拆除破旧街区、扩建林荫大道的初衷，是使士兵更便于在宽阔的街道上抓住暴动者，试图解决法国大革命时期以来接二连三的暴动和骚乱问题，如今却成就了巴黎的另一番浪漫情怀。

如今法国和巴黎政府之所以十分重视大巴黎地区的整体规划和发展，其中一个重要原因便是巴黎市区和周边郊区的发展长期以来处于两极分化的状态。市区繁荣发展，郊区和周边区县却呈现出经济和文化衰败、社区疏于管理的状态，甚至在2005年引发了为期三周的巴黎骚乱，波及巴黎周边200余个城镇，导致多人受伤和上千人被捕。爆发此次骚乱的原因是两位移民少年被当地警察追捕而触电身亡，此次事件一方面反映了法国移民政策的种种问题，另一方面也揭示了法国社会长期存在的城市空间分离和社会阶层危机（洪

亮平等，2010）。政府希望能统筹管理大巴黎地区，带动巴黎周边地区的经济、文化、社会管理水平提升，减少各类移民、贫富差距和阶级问题的发生。

（二）巴黎的经济现代化建设离不开法国政府的宏观调控

20世纪80年代以后，法国政府开始在法国实行国有银行私有化改革，银行业进行重组，金融业也被赋予自由度，自此一改法国高度垄断的金融业，国民经济脱离了资本集团的操控，恢复了市场规则。此外，法国的金融监管机构对金融业的规范和发展起到了举足轻重的作用。法国政府将经济、财政、就业部门的监管机构合并，使其隶属法国中央银行。在法国爆发金融危机之后，监管机构配合法国政府实施经济复苏计划，对法国经济的恢复起到了强有力的正面作用（胡博峰，2012）。

近几年，金融科技的发展越来越受重视，法国不仅有良好的监管制度，还有中立和相对自由的发展理念，这使得法国近几年的经济发展，尤其是金融行业增长强劲，在金融科技市场已建立起上千家公司，逐渐领先于欧洲其他国家（郭伟等，2021）。作为法国金融中心的巴黎，逐渐成为欧洲最重要的金融中心之一。

（三）巴黎的城市日常交通发展是当前巴黎发展的重中之重

据巴黎大区官网报道，法兰西岛的1200万居民平均每天需出行3~4次，每天的累计行程为80分钟，原因主要是较长的通勤距离和较高的人口密度。交通问题成为巴黎大区每位市民都关心的问题。政府已开始建设大巴黎地区地铁项目，此项目将缩短法兰西岛居民的通勤时间，90%的法兰西岛居民的住所离车站将不到2千米的距离，大巴黎快线（Grand Paris Express）的开通可平均为他们节省7分钟的车程。巴黎大区的政府希望通过地铁项目促进东西部之间、巴黎城市和郊区之间的地区平等；通过首都巴黎地区的均衡发展来提升国家吸引力和全球影响力；通过大巴黎地区地铁项目每年创造1.5万~2万个工作岗位，以刺激就业；进行大都市可持续发展的创新节能实验。由于交通部门的温室气体排放量占总排放量的1/3，所有大巴黎地铁都将配备热调节和制动能量回收系统，政府希望通过此项目进行减排实验（Pairs Region Gov，2021）。

此外，政府还在各个方面作出努力，如通过多式联运来改善各个站点的可达性、与交通部门积极合作构建出行平台以及和谐的区域自行车网络等。为了进一步减少交通对环境的影响，巴黎还开展了无车日活动、鼓励市民绿色出行，有效降低了法兰西岛的二氧化氮和噪声水平（孙婷，2021）。

第五节 莫斯科：古老和现代交融的大国首都

莫斯科建城历史超过800年，是俄罗斯的首都和最大的城市，面积1091平方千米，无论是在苏联时期还是在当下的俄罗斯，莫斯科在俄罗斯的中心地位都是毋庸置疑的。莫斯科早期的城市建设活动基本上是在自发的状态下进行的。1596—1597年完成的莫斯科最早的规划为其后的一系列规划发展奠定了基础，1767年莫斯科开始编制城市总体规划，直至1917年，莫斯科一直按照古典主义的精神和理想来进行城市结构调整和城市建设。

一、莫斯科现代化进程

1917年的十月革命为莫斯科开创了一个崭新的阶段，1918年莫斯科重新成为国家首都。在苏联时期，城市总体规划常常与远景规划、五年计划和年度计划相结合，首先会考虑莫斯科作为政治和工业中心的职能，其次才考虑它的科学文化地位。100年来，莫斯科通过编制多部城市总体规划，包括1935年、1965年、1971年、1999年总体规划，不断推动城市现代化进程，大体可以分为三个阶段。

（一）第一阶段

以1935年的莫斯科总体规划为起点。通过该规划，莫斯科探索在生产资料公有制和计划经济的条件下，大城市如何合理地发展和建设，目标是建设社会主义和建造世界上第一个无产阶级国家的首都。在城市功能和形态方面，根据均衡分布生产力的战略思想，莫斯科禁止新建工业企业，形成放射线加环线的城市结构，把人口规模控制在500万人，用地从285平方千米扩大到600平方千米。在建筑和住房方面，保留历史形成的城市格局，通过整顿、改善街道和广场，合理安排建筑布局。在基础设施方面，疏通莫斯科—伏尔加运河，确保水源充足，发展包括地铁在内的公共交通，实现市郊铁路电气化，疏散稠密区人口，从根本上改造城市发展格局，提高居民生活质量。在公共服务方面，在市区周围建立10千米宽的森林公园带，引进天然气，改善城市燃料结构，发展以热电联合生产为主的集中供热。

（二）第二阶段

以1965年、1971年的莫斯科总体规划为关键节点。在工业化基础上，大规模建设住宅和文化生活服务设施，目标是把莫斯科变成共产主义样板城市。在城市功能和形态方面，先是创建专门的工业化生产基地，随后在中央单位参与下，根据全国生产力均衡发展的要求，确定莫斯科国民经济发展的性质和方向，限制工业集中在市区及离市中心50～60千米的地区，主要的工业发展地区距市中心100～200千米，控制城市规模。改造旧莫斯科，市区布局从单一中心演变成多中心，形成八大规划片、66个生产区。把城市边界扩大到莫斯科环形公路以及相应扩大森林保护带，在首都地区形成一个城镇分布体系。在建筑和住房方面，居住水平大大提高，1984年人均居住建筑面积16.8平方米，提高居民的居住水平和生活质量。在基础设施方面，建设环绕市中心的“井”字形高速道路和穿越市中心的地下道路系统，扩充地铁网络，公共交通比较方便，1984年地下铁道总长度达203.5千米，极大缩短居民的通勤时间。市政设施比较完善，1984年全市住宅中99.5%有集中供热、74.0%有煤气、25.6%有电灶、97.3%有浴室、88.2%有热水供应。各个规划片区都安排与市郊森林公园相连的大块楔形绿地，保证各规划片居民就近休憩。在公共服务方面，城市每个综合规划区有人口60万人乃至100多万人，均配备高级服务设施和各种公共机构。

（三）第三阶段

以1999年批准的《2020年莫斯科城市发展总体规划》和2005年更新的总体规划为核心，顺应莫斯科城市社会经济和地域发展趋势的变化，目标是把莫斯科建设成为一个舒适的城市，保持城市的可持续发展，保证生态安全和保护自然与文化遗产，建立良好的生活环境，释放城市的内在潜力，吸引资本发展投资。在城市功能和形态方面，统筹作为俄罗斯联邦首都的职能，以及莫斯科市与莫斯科州之间的相互联系，进一步巩固人民生活各个领域的社会保障，在经济上保障商业建设，扩大城市边界。在基础设施方面，莫斯科市大力发展综合交通换乘枢纽，建设更多的地铁、铁路和公路等交通基础设施，大力发展换乘枢纽，减少市民出行时间，推动枢纽附近房地产开发。2010年莫斯科仅有63个地铁换乘站，2019年建成并投入使用的综合换乘枢纽已达123个，可实现地铁、电气火车、公共汽车等交通工具的对接。

二、莫斯科现代化现状及挑战

2020年，莫斯科市共有人口1267.8万人，其中城市人口1248万人、农村人口19.8万人，城市化率达到98.4%。在城市经济方面，2019年莫斯科三次产业的就业比例为0.2∶22.0∶77.8，就业主要集中在第三产业，人均GDP超过5万美元。在城市社会方面，城市人口比例接近100%，城市化程度非常高，城市贫困人口超过6%。在城市政治方面，政府支出超过10%。在城市文化上，莫斯科对文化遗产的保护比较好，全市文化遗产数量超过6000处。在城市环境方面，绿色覆盖率达到18%，生态保护较好。城市居民预期寿命超过78岁，但老年人口比例较大，婴儿死亡率较低（Росстат，2019）。

莫斯科市的基础设施和公共服务比较发达，宽带普及率达到82%，千人医生数也较高。但在城市功能和形态方面，莫斯科市的城市竞争力有所欠缺，在48个全球城市综合实力排名中位列32名（Institute for Urban Strategies，2021），如表2-22所示。

表 2-22　莫斯科现代化现状分析指标

分析维度		代表性指标	指标值	备注
城市领域	城市经济	工业劳动力比例	22.10%	2019 年，来源：俄联邦统计局莫斯科分局
		农业劳动力比例	0.196%	2019 年，来源：俄联邦统计局莫斯科分局
		人均 GDP	52383 现价美元	2017 年，来源：OECD 数据库
	城市社会	城市人口比例	98.4%	2020 年，来源：俄联邦统计局莫斯科分局
		城市贫困人口比例	6.6%	2019 年，来源：俄联邦统计局莫斯科分局
	城市政治	政府支出比例	10.4%	2020 年，来源：俄联邦统计局莫斯科分局
	城市文化（科技）	城市文化遗产保护	6121 座	文化遗产数量，2019 年，来源：俄联邦统计局莫斯科分局
		离婚率	50.72%	当年离婚夫妻数 / 当年在民事登记处注册登记的夫妻数，2017 年，来源：俄罗斯联邦统计局
	城市环境	绿色覆盖率	18%	2017 年，来源：OECD 数据库
	城市居民（人口）	平均预期寿命	78.36 岁	2019 年，来源：俄联邦统计局莫斯科分局
		老年人口比例	27.7%	2019 年，来源：俄联邦统计局莫斯科分局
		婴儿死亡率	4.8‰	2019 年，来源：OECD 数据库
城市系统	功能和形态	全球城市综合实力排名	32	2021 年，来源：日本森纪念财团都市战略研究所
	基础设施	宽带普及率	82%	2018 年，来源：OECD 数据库
	公共服务	千人医生数	5.85 人	2018 年，来源：OECD 数据库

资料来源：俄联邦统计局莫斯科分局（Росстат，2019），日本森纪念财团都市战略研究所（Institute for Urban Strategies，2021）。

莫斯科现代化面临诸多挑战，主要有：

第一，履行首都职能面临的挑战。作为俄联邦首都，在国家层级的发展中，重点是要将莫斯科塑造成一个全球性的城市，在全球范围内增强莫斯科的吸引力，提高莫斯科的国际声誉，在知识经济和高科技服务领域吸引投资。莫斯科在履行首都职能方面面临的挑战主要包括：如何实施好《关于俄罗斯联邦首都地位法》规定的首都职能；如何合理安排联邦国家权力机构、联邦行政机构、各国外交代表机构等机构的用地，为在莫斯科进行国家和国际活动创造条件；如何履行俄罗斯商务、文化、国际科学中心的职能。

第二，协调区域发展面临的挑战。作为莫斯科地区的区域中心，莫斯科市具有广阔领土与发展空间。在区域层级的发展中，莫斯科有必要创造一个舒适的城市环境，建设现代化的首都与区域中心，成为一个能够为市民提供便利、安全、工作机会和娱乐的现代化城市，确保基础设施（运输、工程、娱乐等）的可靠性，保留绿地，管理人口流动，并且减少社会分化。莫斯科在协调区域发展方面面临的挑战主要包括：如何保持历史形成的地区经济综合体、人口分布和居住系统、交通和基础设施系统、自然综合体的统一性，如何保持莫斯科作为莫斯科州中心的作用，保证为服务、教育、文化类产业发展提供适宜的人才；如何保证莫斯科市和莫斯科州自然资源再生及休闲、旅游、住宅、人口分布和居住系统的发展。具体来说，一是如何完善莫斯科地区的经济综合体。莫斯科州是俄罗斯最大的地区性商业、服务业及高度专业化和不动产市场，要不断推动莫斯科地区实行一体化管理，重组城市内、外生产用地，统一调整经济和法律机制，对跨部门经济综合体进行重组，发挥科学、教育、文化和高新技术的作用，积极发展生产、商务、基础设施、服务业和旅游业，取缔或重组高消耗产业。积极发展地区旅游文化产业，建立现代化跨部门的旅游服务业，发展旅游相关产业企业，完善各种类型旅游区和旅游配套设施，包括历史文化保护区、自然公园、森林公园等，丰富和完善地区旅游项目。二是如何实现莫斯科地区人口分布和居住系统的统一性。包括如何稳定总体规划确定的莫斯科市及莫斯科州居民点的城市用地规模；增加各种用地的服务性项目，建设农业型、别墅、园艺型居民点；完善和发展农村居民点系统；为莫斯科地区居民建立良好的生活环境和稳定的发展条件。三是如何完善莫斯科地区的交通和基础设施系统。包括如何改造和发展联邦公路、航空枢纽和铁路枢纽，发展中央核心区的公路系统，改造和建设城市环形路，建立现代化地方公路系统，改造近郊铁路交通系统；如何发展莫斯科地区的联网给水系统，建立后备水源，发展莫斯科市及近郊污水处理系统，发展地区供电系统，保证近郊区的需要。四是如何完善莫斯科地区的自然综合体。包括形成统一的莫斯科市和莫斯科州自然、绿化和农业用地；提高市、州居民点给水系统的质量；减少工业、交通、电力和农业对环境的不良影响，保证农产品的洁净；消灭无组织的垃圾场、污泥堆放场，建立有效的地区生活和工业垃圾收集和处理系统；保护和恢复地区河谷和森林等自然景观，发展自然保护用地系统，建立城市森林公园及近郊绿化系统，保护自然开放空间和乡村景观。

第三，推动城市经济发展和生活质量提升面临的挑战。20世纪90年代，莫斯科实施了大规模的社会经济计划，建立市场经济制度，改善了经济结构，吸引了大量私人投资。但反映居民生活质量和经济效益的基本指标及其增长速度，与大多数中欧国家的首都相比仍有较大差距。一是从20世纪90年代到21世纪初莫斯科市主要依赖资源来获得增长，包括快速扩张的（国内）消费品和服务需求，以及对房地产的需求。尽管这种发展模式获得了经济上的成功，但带来一系列问题，包括运输系统崩溃、公共产品和社会服务质量下降、城市环境质量变差、新经济部门发展受限制、创新领域投资不足、城市缺乏发展活力、初创公司成功概率低等。莫斯科需要寻求新的经济发展模式，包括：如何更多利用劳动密集型生产储备，在城市战略发展中发挥土地和人力资源潜力，管理经济活动，改善城市治理；如何通过改善商业环境和降低成本大力发展高科技领域生产部门和提供知识服务；如何在提供具有竞争力服务的前提下布局工业集群，促进可持续发展，稳定经济增长，驱动瞄准国外市场的工业集群发展；如何发挥莫斯科作为全球性金融中心的作用，扩大城市的财政资源等。二是到2010年莫斯科的财政收入仅占国民总产值的4.9%，零售、消费服务和其他服务不能满足城市发展需要。如何防止土地政策和财政政策的碎片化，控制居住区的完整性和质量，避免森林公园保护地带的丧失，不断增加对投资者、定居者、游客的吸引力等。

第四，人口发展面临的挑战。主要包括：人口潜力不足、人口结构不合理、劳动力市场结构不合理、人口流动和迁移政策不完善、人力资源管理政策薄弱。因此莫斯科急需缓解人口数量减少的趋势，妥善处理退休人员更替、劳动力人口迁移和技术培训等问题。包括如何建立有效机制，协助移民适应文化和社会，融入城市生活；如何营造一个能充分激发人才潜能的环境，创造平等的机会；如何建立一个系统的社会适应机制和阶层流动机制，允许各类具有能力和意愿的居民各得其所。

第五，保护莫斯科地区文化遗产面临的挑战。主要包括：如何保护和重建历史形成的人口分布、历史城市、镇和村落系统，保护和重建历史形成的文化景观，发展具有历史文化意义的特别保护用地系统，保护、修复和恢复具有文物价值的历史建筑等。

三、莫斯科现代化战略和举措

（一）城市总体现代化战略

1999年，莫斯科市杜马批准《2020年莫斯科城市发展总体规划》，提出了2020年莫斯科城市发展的目标：释放城市的内在潜力，吸引资本发展投资，方便市民生活。莫斯科城市建设发展的主要目的是保持城市的可持续发展，建立良好的生活环境。主要包括：生活、生态环境安全和自然综合体稳定；城市建筑文脉得以延续，空间统一、多样化；交通和工程基础设施安全、可靠；住房问题得到解决，形成良好的居住环境；生产用地有效利用等。根据形势发展变化，2010年莫斯科市杜马通过《到2025年的莫斯科市总体规划》，进一步巩固人民生活各个领域的社会保障，同时保障经济商业建设（Правительство Москвы，2010）。

在城市结构上，莫斯科市坚持推进渐进式多中心发展，加大对现有建筑的改造和提升。扩大具有历史、自然和文化特征的地区，保护克里姆林宫建筑群、阿尔巴特街等历史街区，保护莫斯科河及其支流谷地等城市特有地形。

积极发展城市内部交通系统，形成新的地铁网络，增加街道网络密度，遏制机动车增长规模，同时保障市民交通服务。提高城市多功能、高密度的建筑用地，在城市外围地区形成居民服务中心，承载城市中心区域的部分功能。在以南北纵线和三环四环为界的区域里，形成新型的城市环境组织——城市规划综合体。以道路交通、住宅和多功能建筑为重点，提供社会和娱乐基础设施，形成首都新的高空轮廓。集约化利用莫斯科中部地区土地，最大限度地保留环路附近地区的绿地数量。

在城市功能实现上，为首都职能的实现提供完善的条件，同时大力发展政务服务和文化产业。维护联邦当局和外交使团在莫斯科市的可持续运作，为国家和国际层面的活动提供条件，包括俄罗斯联邦司法最高立法、行政人员的安置，联邦行政当局的安置，各外交使团的安置。规划确保国家中央、各联邦代表处和外国使团居所及其他机构运作的设施。为俄罗斯联邦代表机构和外国代表处的运作提供基础设施（住房、服务、医疗、安全），包括第一期大规模住房建设地区的综合重建、在环城公路外新发展地区的房屋建造工程、在绿色缓冲区低层住宅楼宇建设、历史中心现有住宅的质量改善、总面积约25万平方米联邦住房的优先发展安置，为联邦当局和其他组织提供广泛的住房选择。

确保莫斯科作为国家文化中心和国际文化合作与交流中心的地位。建设多功能和专门的公共中心和综合体，包括文化、体育、娱乐、酒店中心以及公共空间，促进国际层面的大会活动、展览空间的增长。把莫斯科建设成为跨国企业大都市和世界文化空间，增强莫斯科作为具有国际水平的专业教育中心的影响力，参照国际标准发展文化机构网络，增加国际音乐会和娱乐活动，加强戏剧区域间和国际交流，发展国际级图书馆馆藏，加强文化领域基础设施建设，发展具有国际水平的文化艺术专业高等教育，组建国际A类和B类办公中心，创建国际级展览综合体。确保莫斯科作为区域间和国际科学中心的地位，建立新的教育制度，确保充分调动和有效利用公共资金，提供高质量教育，为发展高等教育领域的国际交流提供条件，增加科学会议和研讨会的数量，向高等教育机构提供资讯、科技、资金与设备帮助。发展奥林匹克儿童学校和青年学校，发展高级运动员训练的体育设施，建造举办全俄及国际水平比赛的设施，进一步提高基础设施发展的指标。为医疗中心的发展提供条件，提高现代医疗设备水平，开发基础医疗卫生中心技术研究基地，在现有医疗机构基础上发展医学教育中心。

在城市发展模式上，莫斯科将转变依赖资源和快速扩张的发展模式，积极发展知识密集型行业、高科技产业、商业和服务业，推动创新发展。具体详见第二部分城市生产现代化。

（二）城市生产现代化战略

根据《2020年莫斯科城市发展总体规划》，到2020年莫斯科市地区生产总值要提高4倍（较1999年，按可比价格），基本建设投资规模提高2.5倍，居民人均收入提高2倍以上（Правительство Москвы，2010）。为此，莫斯科市采取各种积极措施。

一是促进工业结构调整和完善。制定有针对性的固定资产重建和现代化综合计划，吸引外国投资。通过发展新项目，扩大私人融资规模，通过公私合作伙伴关系吸引投资进入城市经济。通过增加需求开拓国内市场，创新工业产品，提高产品竞争力，促进传统产业形成新的技术结构。积极发展满足居民需求的都市工业（如食品生产、造型和时装设计、出版和印刷活动、家具生产、制药和香水生产）。改善传统制造业，推动机械工程和金属加工业发展，推动传统制造业如汽车、市政设备、仪器仪表、家用电器和工业技术设备等产值占比达到20%~22%。增加机械设备的生产，保持电力、煤气和水以及采矿的生产总值不超过莫斯科市工业总产值的15%。促进莫斯科食品生产商与区域一体化合作，优先确保城市人口对烘焙食品、面粉谷物、乳品、肉类的需求，向国内外市场推广莫斯科商品品牌。实施轻工业稳定发展措施，保护俄罗斯市场免受来自东南亚国家及土耳其进口的影响，通过制定引入配套的相关法律防止假冒伪劣产品进入市场，建立灵活的进口技术设备关税制度，改善技术发展的条件，生产有竞争力的独家商品，分销面向俄罗斯国内市场的技术和轻工业产品。改革国防工业，制定和实施长期目标计划，创造符合国防工业和高科技发展潜力的工业组织和技术结构，包括与高科技民用部门的广泛整合。建设运输综合体，增加车辆数量，促进交通运输的现代化发展，提高机动车车辆的质量，提高运输服务专业人员的素质，引入新的交通产品和技术，提高交通行业劳动生产率。

二是加强创新经济发展。实施一揽子体制改革，将重点转移到高科技产业，增加对应用研究及开发的拨款，促进特定行业的发展。改善科研经费来源结构，减少市政预算资金，扩大商业融资，增加科学支出。执行世界产品质量和环境保护标准，为先进技术的大规模开发和高科技生产创造条件，改善税务法例及其应用机制，为地区高新技术的发展创造有利条件。创建综合服务和集群系统研究生产复合体。确保年轻专家进入研究领域，发展领先的技术学校。保持专业人员的全职培训，提供最高水平的技术教育。使用新的信息技术（互联网和卫星频道进行远程学习）、现代教学方法，增加函授及校外学生。发展和改进技术基础，包括教育材料和实验室，提供实验方法，发展与科学紧密联系的教育项目，支持相关研究。形成和发展科技园，更全面地整合科学教育与生产。促进大学综合体建设，使其成为教育、科学及文化的中心，促进教育和学生娱乐基础设施的建设。对大学实施持续、及时、有针对性的融资，合理分配政府预算内和预算外融资。

强化工业部门创新，增加分配给创新行业和项目的政府预算资金，改变创新产品的产量比例。在创新工业部门发展稳定的出口导向产品，确保莫斯科商品生产融入国际分工。整合有前景的科学资源，在技术领域扩大公私合作伙伴关系机制，促进科技领域小型企业的发展，协助它们融入科技合作体系，发展具有竞争力的科学组织、高水平的基础和应用研究教育机构。

改革俄罗斯科学院、俄罗斯教育学院、俄罗斯医学科学院、俄罗斯农业科学院、俄罗斯建筑科学院、俄罗斯艺术学院等科学部门结构，实现职能和融资机制的现代化。在大学和大型研究所的基础上建立创新和技术中心，确保研究环境。使用独特装置以及科学基础设施进行研究，如植物园、科学博物馆、天文台等。在科学组织和高等专业教育机构建立展示新成果和转化最佳成果的制度，常设展览及大会活动，提供莫斯科新科技产品的展示，发展高科技、创新的科学分支。

三是促进经济可持续发展。提高人力资源利用效率，制定和实施“劳动力资源开发和促进人口就业”计划，包括青少年的劳动活动、青年就业、残疾人就业、就业者养老金领取等。提高能源综合效率，重建、发展现有的电力供应系统，引入分布式能源供应，确保城市中心、工业中心设施负荷，引进新技术，对现有供暖进行网络重建和技术改造。重建主要天然气管道和地下储气设施系统，引入现代气体计量系统和计量装置，改进气体计量系统，创造和广泛使用环保和高效的有机燃料技术，实施电力需求调节计划。提高水资源效率，禁止放置可能对土壤、地下水和供水系统构成威胁的化学品，重建水基金，继续开展水资源重建和现代化工作，改善及发展污水处理设施，进一步规范污水径流管理，建造及重建污水处理设施，逐步达到水质量指标标准。

（三）城市生活现代化战略

根据《2020年莫斯科城市发展总体规划》，与1997年相比，2020年莫斯科居民实际收入要提高两倍以上，彻底解决住房问题，保证城市所有地区的生活环境质量符合生态安全标准，保证居民的日常生活达到标准水平，保证失业人口不超过5%。城市生活环境生态安全和自然综合体稳定；汽车碳氧化物排放减少20%，碳氢化物减少15%；居住区空气粉尘、一氧化碳、一氧化氮的浓度降低到标准值；居住在噪声地区的城市人口减少5%；保证饮用水质量符合世界卫生组织标准；人均自然综合体面积从34平方米增加到40平方米，人均公共绿地从17.3平方米增加到24平方米（Правительство Москвы, 2010）。

为达到上述目标，莫斯科实施多项措施：

一是提高人口再生产水平。改善健康和延长预期寿命，制定长期有针对性的综合健康计划，包括人口生殖健康，儿童和青年健康，预防公共卫生问题，预防青少年和青年吸毒、酗酒和吸烟，老年人的健康等领域。促进人口自然繁殖增长，制定长期有针对性的人口增长综合计划，包括提高出生率、婚姻和家庭、儿童和青少年等领域问题。完善人口流动，制定长期有针对性的人口流动综合计划，包括城市内定居、劳动和迁移、土地和流动性、打击非法移民等方面的问题，给流动人员提供住宿和生活区，费用由雇主承担。提高人口教育水平，制定长期有针对性的莫斯科教育发展综合计划，涉及儿童和青少年教育、社会心理服务教育机构、青少年无障碍教育、残疾人教育、农民工无障碍教育、中学特殊教育、培训及专业技术等。提高人口文化水平，制定长期有针对性的文化发展综合计划，包括儿童和青少年的休闲、青年文化、老年人的娱乐休闲、家庭娱乐休闲等内容。

二是保障城市居民基本生活。增加人口福利，制定长期有针对性的确保社会可适应性和保护人口综合计划，将人口的最低收入水平提高到超过最低生活水平，将每月养恤金补偿（失业和某些类别的工作养恤金领取者）提高到养恤金领取者的最低生活水平。改善人口生活条件，制定住房建设发展计划，同时利用现有土地发展，提高效率，发展新区域。改善住房建设，制定和实施改善住宅楼宇（主要是维修、重建、拆除房屋、仓储）技术条件的方案，制定社会住房存量方案，减少非必要排队，提供更好的住房条件。实施额外的社会支持措施，例如增加住房和公共服务，让居民以接近建设成本的价格购买住房。按人口划分发展按揭及简化购买房屋的信贷计划，为残疾人和低流动性公民创造无障碍环境。

三是改进土地功能，改善建筑和空间。改进莫斯科市土地功能结构和规划，形成统一的住宅、商业、工业、娱乐、社会活动融合的体系。根据莫斯科市城市规划，建立各种类型的功能分区，确保区域功能平衡、规划系统的完整性。形成各类住宅功能区和生产功能区规划。保存和修复街道小网状结构，发展开放式公共行人空间系统，恢复建筑物和城市景观的特点。在莫斯科河和城市自然休闲区保留城市景观，保存和发展开放空间，包括花园、公园、休闲场地的绿化空间，体育及公共区域，拥有独特历史和现代设施的公共区域。在莫斯科环线沿线地区建设公共交通，形成公共中心和为居民提供服务的城市发展综合体。形成多层建筑物构成的城市轮廓，发展城市建筑和空间多样性。保存和恢复莫斯科及各区域的独特性，保持历史既定的建筑物形态，增加综合景观，从实用出发，形成莫斯科市的夜间装饰照明景观。有效利用地下空间，包括保存及发展休憩用地系统和园景，综合开发地面和地下空间，形成广场、花园、林荫大道、公园、多功能公共园区，用于商业、购物和娱乐的大型商业区，以及其他不需要自然采光的区域。确保服务设施、就业地点的无障碍性。形成完善的行人公共空间系统及城市公共中心的运输、通信多功能公共区域。提高城市工程和交通的可靠性。

四是保护城市环境，维护城市公共安全。保护居民和城市免受有害的自然和人工环境的影响。保护具有潜在地质危险的土地。在受危险地质过程影响的地区设立卫生防护区、饮用水源保护区。优化和提高运输管理效率，管理交通流量，减少道路运输系统对大气的有害影响，发展电动交通工具，包括城市铁路运输，创建高速电车系统作为莫斯科地铁的替代交通工具。重组生产领域，增加知识密集型和环保工业设施，引入生态型产业，减少空气污染。监测辐射状况，减少电磁辐射，减少工业企业、变电站、航空、铁路和公路运输噪声和震动。保护饮用水源，禁止放置化学危险物体，严防土壤、地下水和地表的微生物污染水源，提高供水站的可靠性，确保意外污染情况下饮用水的规范性、质量和供水来源，限制废水的排放和处理。建立水保护区和海岸保护带，加强对排放物进入水体的管制，收集、分流城市径流和雨水，调节莫斯科河和希姆基水库流量，修复城市水库。防止土壤退化，恢复和改善被污染土壤的卫生，管制用于美化环境的进口土壤，建立差异化的土壤质量标准。增加公共绿地面积、花园、公园、广场、林荫大道，建立区级大面积景观美化设施，通过环保高效的植物群落增加绿色空间。管理处置生产及消费废物系统，发展收集、运输的工业基础设施，处理和中和城市中产生的废物，发展和完善废物分类收集系统。

五是重建运输基建系统。兴建高速交通设施，发展道路网络和城市地面客运，限制大型交通枢纽的客流。地铁的技术改造和现代化发展，通过铁路为城市人口提供服务，发展轻轨运输，在市区外围及中部地区使用轻铁，增加现有电车网络的长度，新建和修复封闭的电车线路。重建现有公路及兴建新公路，确保联邦公路接入莫斯科环路。发展和改善运输基础设施系统，考虑低流动性居民的需求，为伤残人士提供专用泊车位，改善出租车运输，组织使用内河航道进行城市客运（水上出租车等），改善货运。

六是保护与恢复文化，传承与修复历史环境。保护国家统一的文化遗产名录，保存、修复文化遗产以适应现代化使用和研究。建立古迹遗址的利用制度，在文化遗产地点设立常设保护委员会、临时安全委员会。在与重要历史事件有关的城市地点安装纪念标志。修复位于莫斯科中央行政区内的主要历史街道，对皇宫文物进行修复，组织处理考古发现和材料的收藏，支援考古工作，在莫斯科建立中环外历史村落文化区，在古老的修道院、居民点、地下墓地等竖立纪念标志。保存、恢复区内历史环境，建立文化遗产保护区的土地使用模式及规划条例，为历史环境的恢复和再生提供条件。识别有价值的城市景观，在城市发展旅游休闲区，如“莫斯科金环”。

七是保护和恢复自然保护区。保存和维护现有的自然保护区，创建2个自然和历史公园、53个自然保护区、约150处自然古迹、3个植物园、2个生态公园、50多个保护区。在保护区内配备适当的教育用地和远足路线，设立资讯委员会，保证生态及教育用途。建立开发利用保护区的文化和娱乐设施系统，如健康步道、滑雪道、团体体育课场地、步行道路等。保护特别的景观和生物多样性，全面评估现有和计划中的自然保护区，保存和保护已建立的生态系统和景观，绘制珍稀动植物地图，关注莫斯科稀有动植物的生长环境，实施一系列生物技术措施以改善绿化空间，进行植物病预防护理，实施生物技术措施，改善动物的栖息地，维持稀有动物种群。

八是提高财政利用效率。提高财务规划的质量，减少赤字，改善城市财产的使用管理，实施稳健的贷款政策，为执行医疗、教育、房屋建造的国家项目提供财政支持。实施提高预算支出效率的措施，将银行系统重新定位为向实体经济部门贷款。

四、莫斯科现代化特点

在现代化建设上，莫斯科拥有较为长久的历史，在现代化建设方面做了长期的探索。不同时期的城市规划为莫斯科的现代化建设指明方向。一方面，莫斯科已经具有较好的城市现代化基础，包括基础设施、人文基础、自然生态环境等。另一方面，城市也面临发展“瓶颈”，包括基础设施的更新和重建、城市中心的保护和再利用、城市经济的转型升级等。

一是莫斯科作为大国的首都，在国际交往和国家政治功能中扮演着重要的角色。在城市功能方面，一方面，莫斯科努力满足居民的生产生活需求，努力提供更好的宜居生活环境；另一方面，莫斯科承担着重要的国家职能，包括要完善服务国家职能的政务中心、文化中心、国际交往中心、科创中心等。从这个层面看，莫斯科和北京、东京等大国首都的城市功能非常相似。

二是莫斯科作为地区发展的核心城市，在协调区域一体化发展中有重要的使命。莫斯科市作为莫斯科地区的核心城市，在城市规划、土地开发、基础设施建设、自然生态保护等方面与周边地区紧密相连，整个莫斯科地区可以作为疏解莫斯科市中心人口和城市职能的主要承接地。在整个城市规划和城市发展战略中，莫斯科已经注意和区域发展的协调一致，包括各种一体化发展规划，特别值得特大城市在现代化建设中学习和借鉴。

第六节　首尔：汉江奇迹的东亚新兴城市现代化

首尔是韩国的首都和最大的城市，位于韩国的西北部，与周围的仁川和京畿道构成首尔首都区的中心。首尔的历史可以追溯到2000多年前，有600年时间作为朝鲜半岛的首都，是韩国历代国家的首都，包括百济、朝鲜、大韩帝国、高丽（作为次要首都）和现在的韩国。

目前，首尔分为25个行政区和424个行政洞，总面积605平方千米，每个区的面积从10~47平方千米、人口从14万~63万人不等，差异非常大。其中，松坡区人口最多、瑞草区面积最大。

2020年，首尔人口达到9911088人[①]，人口密度为16376人/平方千米。首尔以人口密度大著称，是典型的东亚高密度发展城市。2019年，首尔创造GDP 3740.72亿美元，人均GDP为38690.6美元。首尔与邻近的仁川市、京畿道共同组成了首尔大都市圈（首都圈），以12%的国土面积集中了韩国50%左右的人口和35.6%的高等学府，基础设施发达，人力资源丰富（见表2-23）。

表 2-23　首尔的基本情况

城市	人口（人）	GDP（亿美元）	人均 GDP（美元 / 人）	土地面积（平方千米）	人口密度（人 / 平方千米）
首尔	9911088	3740.72	38690.6	605.23	16376

一、首尔城市现代化历程

（一）首尔城市的起源

首尔的历史可以追溯到公元前18年，百济王国建立了首都居拔城，据说位于现代的首尔。百济随后从马汉邦联的一个成员国发展成为朝鲜三国之一。由于三国争夺朝鲜半岛的这一战略区域，控制权于475年从百济转移到高句丽，并于553年从高句丽转移到新罗。新罗很快就完全控制了这座城市，然后是半岛，在统一新罗时期，汉阳首先指的是城市中的一个地区，后来指的是城市本身。

1104年，高丽王朝的肃宗国王在今景福宫附近建造了一座宫殿，当时被称为“南京”或“南都”。首尔在此期间成长为具有政治意义的全面城市。

① 2020 年人口普查数据。

1394年朝鲜王朝初期，都城迁至汉城，也称汉阳，一直保持到王朝的覆灭。

（二）首尔城市现代化的第一次浪潮（1897—1945年）

19世纪后期，经过数百年的孤立，首尔向外国人敞开大门，开启现代化进程。首尔成为东亚第一个同时拥有电力、无轨电车、水、电话和电报系统的城市。这其中大部分是由于与法国和美国等外国的贸易。例如，首尔电力公司、首尔电力电车公司、首尔淡水公司都是韩美合资企业。1904年，一位名叫安格斯·汉密尔顿的美国人访问了这座城市，他说："首尔的街道宏伟、宽敞、干净、制作精良、排水良好。狭窄肮脏的小巷被加宽，排水沟被覆盖，道路被拓宽。首尔距离成为东方最高、最有趣、最干净的城市近在咫尺。"

日本帝国吞并大韩帝国时，将首尔作为殖民首都。在日本殖民统治时期，这座城市被称为京城（Keijo），是一个城市（府），有两个区：京城本身和龙山区。京城是京畿道的一部分，而不是像朝鲜和今天那样是一个独立的城市或县。1914年，县外若干区并入邻近的高阳郡（今高阳市），缩小县的行政规模。1936年，庆城扩大规模，从始兴县（现始兴市）兼并永登浦，并重新合并部分地区，高阳郡原庆城区（崇仁、永熙等）的总府大楼曾是朝鲜殖民政府的所在地，但于1995年被拆除。

（三）首尔城市现代化的第二次浪潮（1945年至20世纪60年代初期）

第二次世界大战后，这座城市改名为首尔。大韩民国（韩国）成立后，新国家将这座城市定为首都。1949年，首尔行政区北扩义洞，南扩九老洞、大林洞。1950年，朝鲜战争爆发，首尔四次在朝鲜军队和韩国军队之间易手，这座城市在战争结束时基本被摧毁。对大规模破坏的一项估计表明，至少有191000座建筑物、55000座房屋和1000家工厂成为废墟。此外，来自北方的大量难民涌入，使该市的人口估计增加到250万人，其中50%以上无家可归。战后，首尔成为大规模重建和现代化工作的重点。20世纪60年代和20世纪70年代工业化期间，首尔取得的快速经济增长大大提高了首尔居民的生活水平。

（四）首尔城市现代化的第三次浪潮（20世纪60年代至今）

20世纪60年代是韩国城市发展史上的一个分水岭。1962年第一个经济开发一年计划，以蔚山为中心，重点在于区域产业的开发，而从第二个计划开始，领域扩大到整个国家，首尔也在这个时期以产业发展为中心成长起来。

1963年，首尔通过吞并京畿道周边几个县的一些城镇和村庄，如富川、始兴、光州、杨州和金浦，大大扩大了规模。然而，在江南地区从20世纪70年代后期开始发展成城市社区之前，许多新吞并的地区仍然是农村地区。同时，始兴郡果川乡（今果川市）、西乡北部（今光明市）、富川郡梧亭乡部分地区、高阳郡新岛乡也被并入首尔都市圈。规划区将这些地区作为未来进一步正式市政并入首尔的临时地区。1973年，高阳郡新岛乡（今恩平区景湾洞）的部分地区正式并入首尔。高阳新都乡的剩余部分和始兴市西乡北部（今光明市）临时计划并入首尔，但最终市合并计划失败，其标志性事件是1981年建立光明市（除并入九老区外），但首尔市的快速发展引起了政府官员的极大关注。

在20世纪80年代的建筑热潮期间，高层办公楼和公寓开始在整个城市蓬勃发展。随着韩国城市化进程的加速以及越来越多的人开始迁往首尔及其周边地区，污染和交通拥堵成为主要问题。尽管在城市周围建立了绿化带以防止城市扩张，但首尔都会区很快成为世界第三大人口城市和最拥挤的地区之一。如今，首尔地区的人口占韩国总人口的20%。首尔是1988年夏季奥运会的主办城市，也是2002年国际足联世界杯的举办地之一。

20世纪90年代，这座城市开始吸引许多来自其他国家的工人，改变了人口结构。此前，几乎所有首尔居民都是韩国人。今天，有20多万外国人居住在首尔。其中包括来自美国、加拿大、英国、澳大利亚、新西兰等英语国家的数万名英语教师，以及来自孟加拉国、中国、印度、印度尼西亚、蒙古国、尼日利亚、巴基斯坦、菲律宾、乌兹别克斯坦和越南的移民。1995年，首尔和光明之间的边界重新排列，合并了首尔金川区光明铁山3洞的部分地区。就总部设在首尔的《财富》“世界500强”跨国公司数量而言，首尔在全球排名第七。①首尔也是世界上土地第二昂贵的城市，领先于东京和中国香港（分别排名第三位和第四位）②。

2004年8月11日，韩国政府宣布自2007年起将首都从首尔迁至公州地区（位于首尔以南约120千米处），以缓解首尔的人口压力，并使政府与朝鲜保持更安全的距离，以防军事入侵。政府估计，搬迁很可能不会在2012年之前完成。虽然是选举宣言的一部分，但该计划引发了全国性的争议。2004年10月21日，韩国宪法法院裁定，主要基于习惯法的首都搬迁特别法违宪，因为搬迁是需要全民公投或修宪的重大国家事务，从而有效结束了争议。然

① Richard Child Hill and June Woo Kim. GLOBAL CITIES & DEVELOPMENTAL STATES [EB/OL]. Retrieved 27 June 2006. http://www.msu.edu/user/hillrr/urbstudtxt.htm.

② Jeanne Sahadi. World's most expensive cities. 2006 [EB/OL]. Retrieved 27 June 2006. https://money.cnn.com/2006/06/23/pf/expensive_cities/index.htm.

而，2004年底，韩国政府宣布计划将除行政部门外的大部分国家政府部门迁至公州，从而避免违反宪法法院的裁决，并仍允许首尔成为国家首都。由于这一计划得到了已故总统卢武铉的支持，并遭到时任执政党和前总统（前首尔市长）李明博的强烈反对，当李明博上任后，计划的行动被大幅缩减。截至2011年底，公州地区新政府大楼的建设工作已经开始。没有哪个政府机构想离开首尔的权力中心，因此哪些机构将被迫迁移是幕后激烈辩论的主题。

世宗市成立于2007年。作为首都搬迁工作的一部分，它是在忠清南省和忠清北省的领土上创建的，以缓解首尔的拥堵，并鼓励对其投资。自2012年以来，韩国政府已将许多部委和机构迁至世宗市，但许多部委和机构——国会、青瓦台和许多重要政府机构仍在首尔。

二、首尔城市现代化水平及挑战

（一）首尔城市现代化水平的定量分析

1. 首尔城市六个系统的水平分析

首尔六个系统的指标水平如表2-24所示，采用的是2010—2020年可获得的数据。

表2-24　首尔六个系统指标数据

<table>
<tr><th colspan="2">指标维度</th><th>代表性指标</th><th>数值</th><th>数据年份</th></tr>
<tr><td rowspan="12">六个系统</td><td rowspan="2">功能和形态</td><td>全球城市竞争力排名</td><td>前十位</td><td>—</td></tr>
<tr><td>城市形态</td><td>单核级别空间结构：1个主城区、5个副城区、11个地区中心</td><td>—</td></tr>
<tr><td rowspan="2">建筑和住房</td><td>最高建筑</td><td>乐天世界塔（555米）</td><td>2020</td></tr>
<tr><td>私人拥有房屋率</td><td>87.60%</td><td>2020</td></tr>
<tr><td rowspan="2">基础设施</td><td>登记汽车数量</td><td>315.7万辆</td><td>2020</td></tr>
<tr><td>互联网使用率</td><td>92.3%</td><td>2020</td></tr>
<tr><td rowspan="2">公共服务</td><td>全职医生人数</td><td>30934人</td><td>2020</td></tr>
<tr><td>全职医生占总医务工作者比例</td><td>17.80%</td><td>2020</td></tr>
<tr><td rowspan="2">公共管理</td><td>城市人口</td><td>9911088人</td><td>2020</td></tr>
<tr><td>绿色（公共）交通出行比例</td><td>65.60%</td><td>2019</td></tr>
<tr><td rowspan="2">国际联系</td><td>国际游客数</td><td>17502756人</td><td>2019</td></tr>
<tr><td>外籍人口比例</td><td>2.45%</td><td>2020</td></tr>
</table>

（1）首尔城市功能和形态的水平分析

在城市功能方面，GaWC2020把首尔归为Alpha-城市，属于第四类城市，同年我国的广州和深圳也入选Alpha-城市，但排名在首尔之后（GaWC，2020）。2021GPCI的排名中，首尔排名全球第八，位于柏林之后，其在六个领域的发展相对较为均衡，最好的“研究开发”排名世界第六。

在城市形态方面，由于其地理位置和经济发展政策，首尔是一个非常多中心的城市。作为朝鲜王朝的旧都，主要由钟路区和中区组成的地区构成了该市的历史和政治中心。然而，该市的金融核心被广泛认为在汝矣岛，而其经济中心是江南区。

（2）首尔城市建筑和住房的水平分析

在城市建筑方面，截至2021年底，首尔拥有19157座高层建筑①，在全球天际线排名中仅次于中国香港，排名第二②。首尔最高的建筑物是乐天世界塔（Lotte World Tower，555米），它也是韩国第一高、世界第五高建筑物③。Parc1住宅大厦A座（Parc1 Tower A，333米）是首尔第二高、韩国第五高建筑物。首尔国际金融中心（Three IFC Office Tower，284米）是首尔第三高、韩国第六高建筑物。

在城市住房方面，由图2-52可以看出，2020年，首尔房屋总数为3015371套，私人拥有的房屋数为2640316套。私人拥有房屋的比例为87.6%，2016—2010年，私人拥有房屋的比例从89.6%下降到87.6%，下降2个百分点。2020年，首尔房屋销售价格指数为111.1，从2004年的61.9持续上涨，17年时间增长约80%。

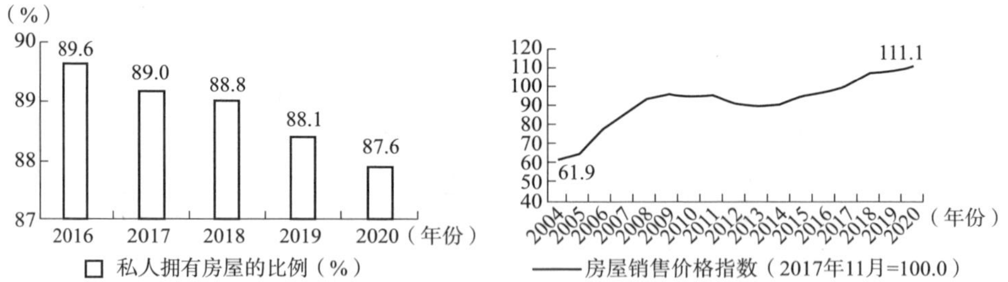

图2-52 首尔私人拥有房屋比例及房屋销售价格指数

资料来源：首尔统计局，https: //data.seoul.go.kr/.

① Emporis. Seoul［EB/OL］. https://www.emporis.com/city/100429/seoul-south-korea.

② Emporis. Skyline Ranking［EB/OL］. https://www.emporis.com/statistics/skyline-ranking.

③ Emporis. The World's Tallest Buildings［EB/OL］. https://www.emporis.com/statistics/worlds-tallest-buildings.

2020年，首尔家庭平均规模为2.19人/户，1991—2020年，首尔的家庭平均规模从1991年的3.27人/户持续下降，30年时间下降了1.08人/户。首尔人口密度在这30年间，在1992年达到峰值18121人/平方千米，后呈下降趋势，到2003年的16975人/平方千米，2003—2010年又有所上升到17473人/平方千米，2010—2020年持续下降到16376人/平方千米（图2–53）。

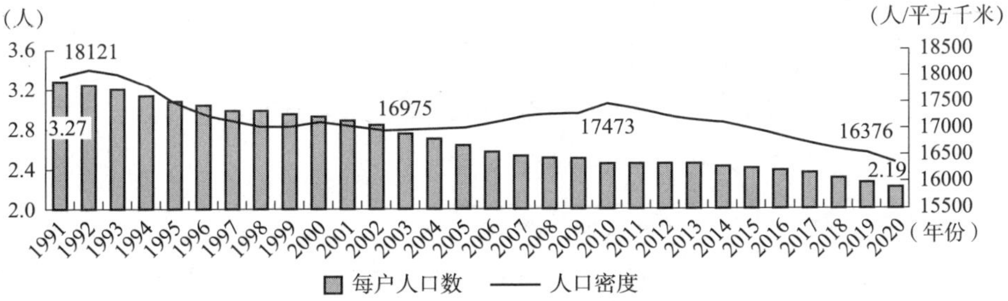

图 2–53　首尔家庭平均规模及城市人口密度

资料来源：首尔统计局，https: //data.seoul.go.kr/.

（3）首尔城市基础设施的水平分析

在城市基础设施方面，2020年首尔登记机动车数量为315.7万辆，比2007年的293.3万辆增加22.4万辆，增长约8%（图2–54）。

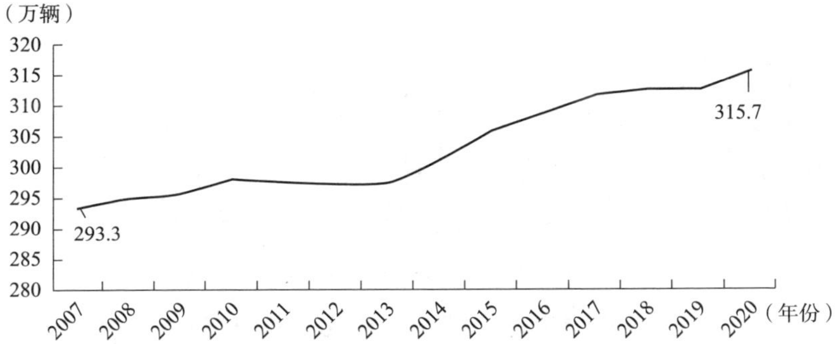

图 2–54　首尔登记机动车数量

资料来源：首尔统计局，https: //data.seoul.go.kr/.

由图2–55可以看出，2011—2020年，首尔互联网使用率从81.1%持续上升到92.3%，增加11.2个百分点。2020年，10~50岁年龄段人口的互联网使用率基本都是100%，60岁以上年龄人口互联网使用率也超过90%，70岁及以上人口互联网使用率分别为男性45.5%、女性37.3%。

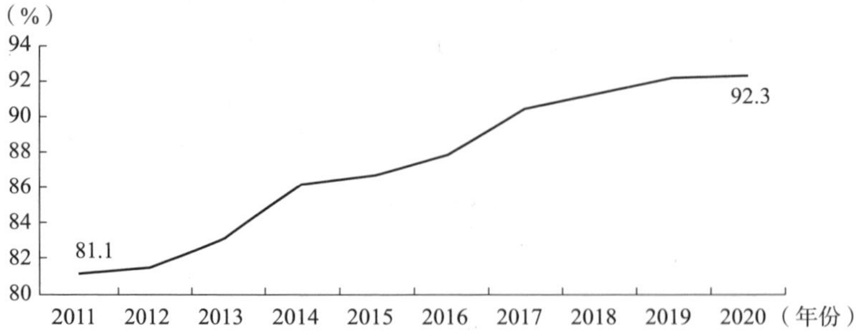

图 2-55　2011—2020 年首尔市互联网使用率

资料来源：首尔统计局，https: //data.seoul.go.kr/.

(4)首尔城市公共服务的水平分析

在城市公共服务方面，2020年首尔医生数为30934人，占总医务工作者的比例为17.80%。1984—2020年，全职医生数不断增加，从8398人增加到30934人，不到40年的时间增长近3倍，但全职医生占总医务工作者人数的比例却呈下降的趋势，由23.13%缓慢下降到17.80%(图2-56)。

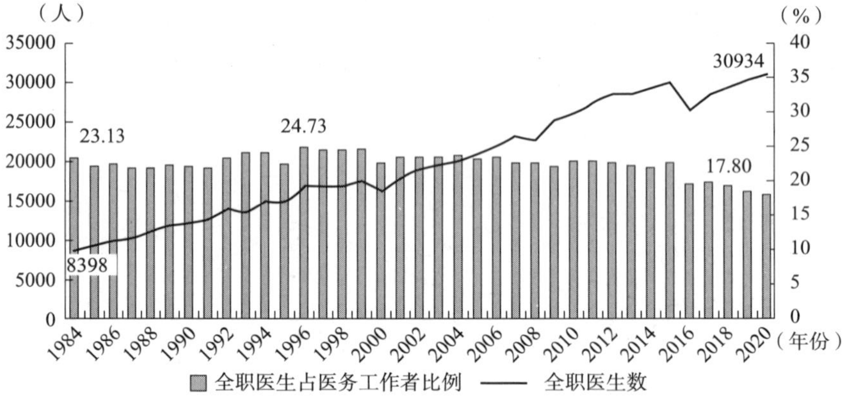

图 2-56　1984—2020 年首尔全职医生情况

资料来源：首尔统计局，https: //data.seoul.go.kr/.

(5)首尔城市公共管理的水平分析

在城市公共管理方面，由图2-57可以看出，截至2020年底首尔人口为991.1万人，1960—2020年，首尔人口从245.54万人持续增加到1992年的1096.99万人，之后开始呈下降趋势，在过去的60年时间里人口增长约3倍。

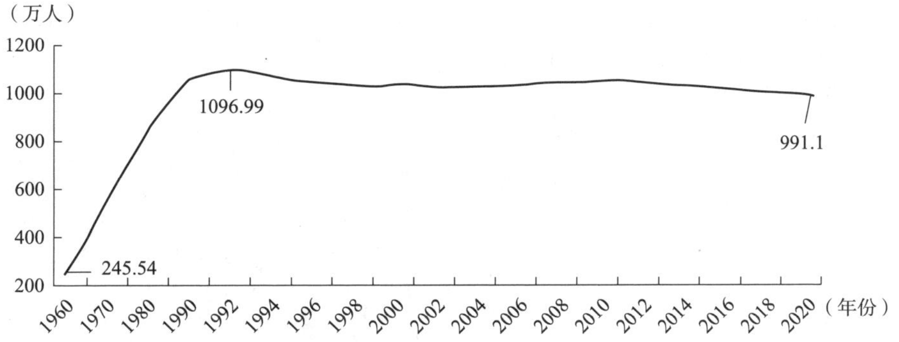

图 2-57　1960—2020 年首尔人口趋势

资料来源：首尔统计局，https: //data.seoul.go.kr/.

2019年，首尔市汽车出行比例为24.5%，绿色出行比例为65.6%，其中公共汽车出行比例为24%、地铁出行比例为41.6%、出租车出行比例为5.7%、其余为4.2%。绿色出行比例自1996年的59.5%略有上升，2014年达到相对峰值66.0%，其中地铁出行的比例从1996年的29.4%上升到2019年的41.6%，20余年时间里增加约12个百分点（图2-58）。

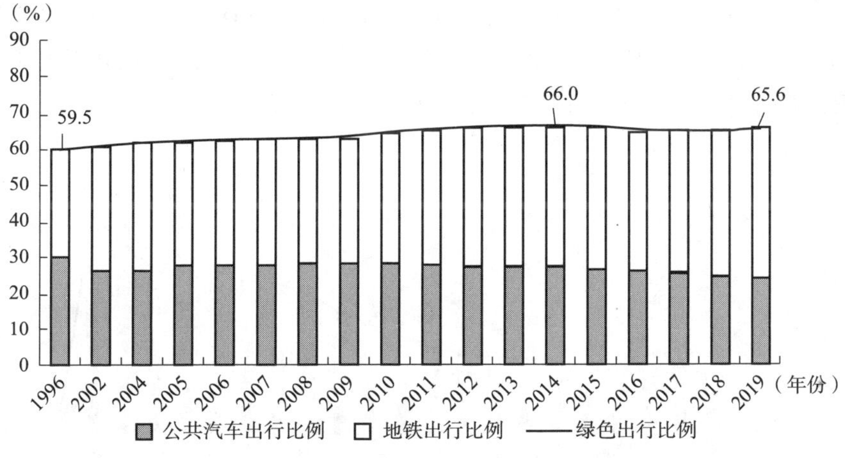

图 2-58　1996—2019 年首尔交通出行比例

资料来源：首尔统计局，https: //data.seoul.go.kr/.

（6）首尔城市国际联系的水平分析

在城市国际联系方面，2020年人口普查数据显示，首尔外籍人口数为242623人，占首尔总人口的2.45%。外籍人口的年龄主要集中在20~59岁，占了整个外籍人口的82.2%，主要分布在九老区（11.57%）、永登浦区（11.49%）、衿川区（6.64%）和冠岳区（6.08%）。由图2-59可以看出，

1992—2010年，外籍人口无论从人数上还是占首尔总人口比例上都是增加的，2010—2018年呈现波动的上升，直到2018年达到峰值28.40万人（2.83%），后受到疫情的影响，外籍人口比例下降到2020年的2.45%。

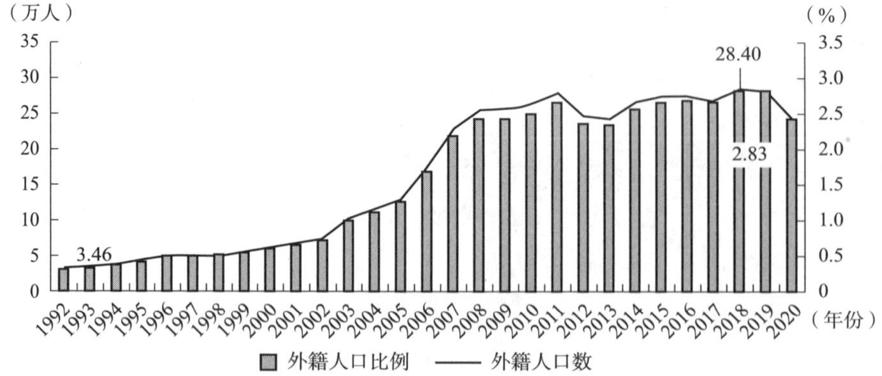

图 2-59　1992—2020 年首尔外籍人口情况

资料来源：首尔统计局，https: //data.seoul.go.kr/.

由图2-60可以看出，2019年，首尔接待的国际游客达到17502756人，其中中国游客占34.4%，日本和美国游客分别占18.7%和6.0%。1996—2019年，国际游客人数基本保持稳定的增长趋势，20多年翻了两番。2020年由于受到疫情的影响，国际游客数降幅较大，下降至2519118人。

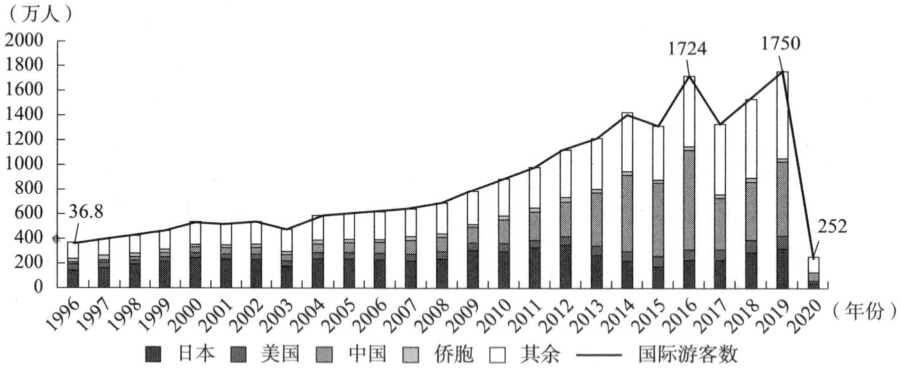

图 2-60　1996—2020 年首尔国际游客情况

资料来源：首尔统计局，https: //data.seoul.go.kr/.

2. 首尔城市六个领域的水平分析

首尔六个领域的指标水平如表2-25所示，采用的是2010—2020年可获得的数据。

表 2-25　首尔六个领域水平数据

指标维度		代表性指标	数值	数据年份
六个领域	城市经济	GDP	3740.72 亿美元	2019
		人均 GDP	38690.6 美元	2019
		家庭平均收入	55708 美元	2020
	城市社会	少年儿童抚养比	13.8%	2020
		老年人口抚养比	21.4%	2020
		失业率	4.8%	2021
		每十万人罪犯人数	298.83 人	2020
	城市政治	投票率	59.9%	2018
		2018 年首尔地方选举	共同民主党（52.79%）	2018
	城市文化（科技）	高等院校数量	38 所	2020
		高等院校在校人数	499754 人	2020
		博物馆总数（国立 + 大学 + 私人）	132（34+28+70）家	2020
	城市环境	细颗粒物（PM2.5）平均浓度	35μg/m³	2020
		不透水面率	49.31%	2015
	城市居民（人口）	男女比例	100∶105.8	2020
		老年人口比例	15.82%	2020
		出生时预期寿命	84.8 岁	2020

（1）首尔城市经济的水平分析

2019年，首尔地区生产总值为3740.72亿美元（4359272亿韩元），占整个韩国GDP的22.6%；人均GDP 38690.6美元（4511.75万韩元）。1961年首尔人均GDP为84美元，在过去的60年间人均GDP增长约460倍。2003年首尔地区生产总值1706.4亿美元（2033368亿韩元），17年间增长1倍多（图2-61）。

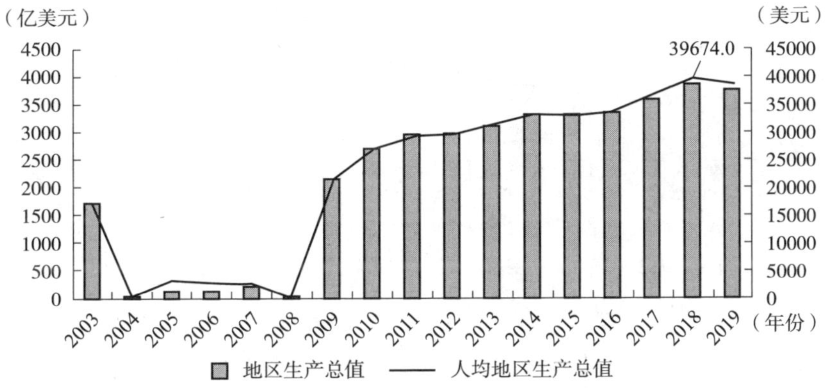

图 2-61　2003—2019 年首尔 GDP 和人均 GDP

资料来源：首尔统计局，https: //data.seoul.go.kr/.

由图2-62可以看出，2020年首尔家庭平均收入为55708美元，高出韩国平均的50192美元约10%，2012—2020年，首尔家庭平均收入表现为先上升后下降的趋势，2018年达到峰值59037美元。

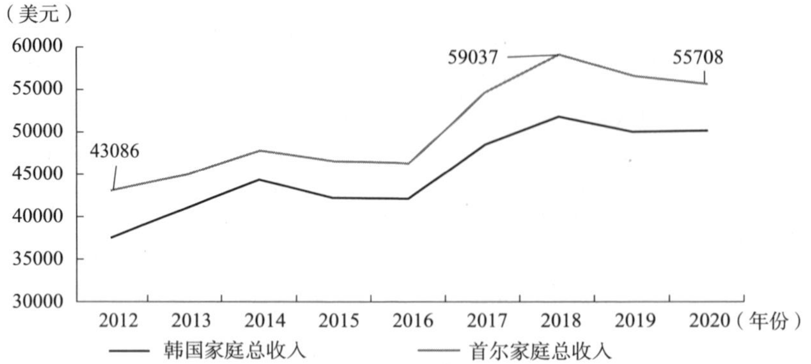

图2-62　2012—2020年首尔家庭平均收入

资料来源：首尔统计局，https: //data.seoul.go.kr/.

（2）首尔城市社会的水平分析

在城市社会方面，由图2-63可以看出，2020年，少年儿童抚养比为13.8%，老年人口抚养比为21.4%。1996—2020年，少年儿童抚养比从27.7%持续下降到13.8%，下降50%；老年人口抚养比从6.0%上升到21.4%，增加15.4个百分点。

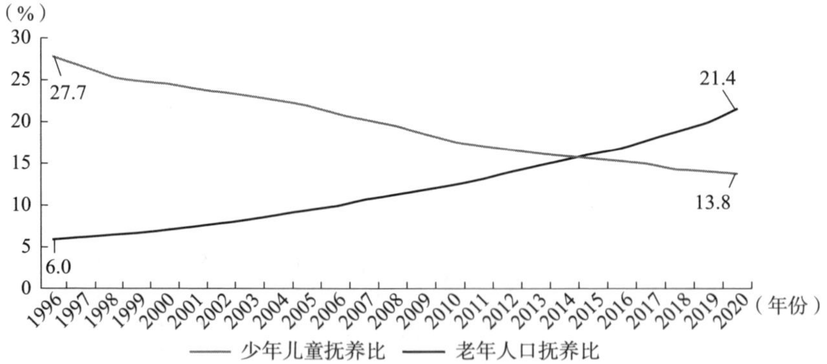

图2-63　1996—2020年首尔少年儿童、老年人口抚养比

资料来源：首尔统计局，https: //data.seoul.go.kr/.

2000—2021年，失业率从2000年的5.1%先呈现下降的趋势，2008年和2013年都降到3.9%，后又有所上升，到2021年为4.8%（图2-64）。

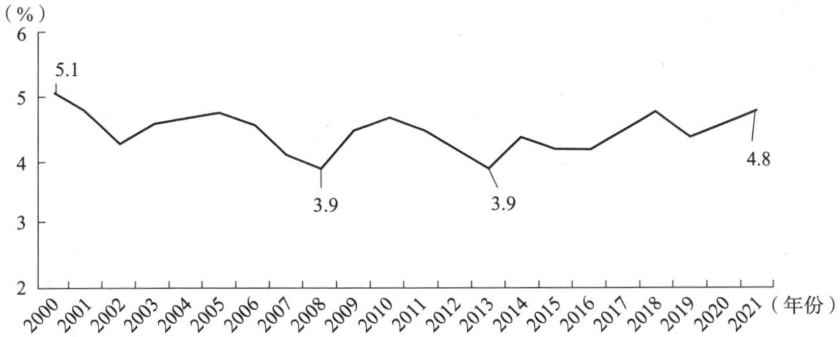

图 2-64　2000—2021 年首尔失业率

资料来源：首尔统计局，https: //data.seoul.go.kr/.

2020年，首尔每十万人犯罪人数为298.83人，1991—2020年，犯罪人数呈先上升后下降的趋势，在2001年达到峰值396.91人每十万人，后波动下降到2020年的每十万人犯罪人数298.83人（图2-65）。

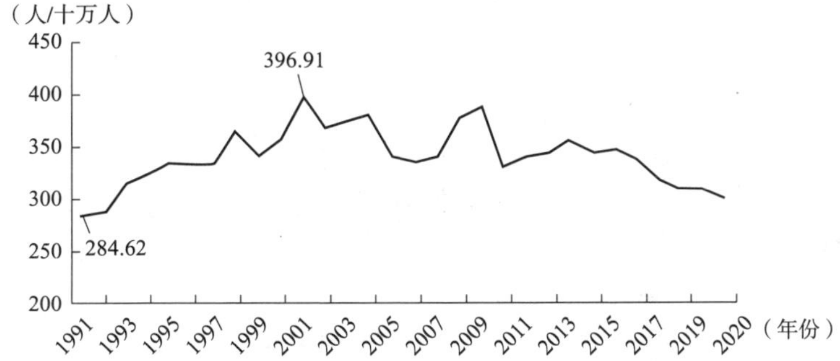

图 2-65　1991—2020 年首尔每十万人犯罪人数

资料来源：首尔统计局，https: //data.seoul.go.kr/.

（3）首尔城市政治的水平分析

首尔地方选举包括首尔市长的选举及地方议会的选举，由表2-26可以看出1995—2018年首尔地方选举的一些情况。

表 2-26　1995—2018 年首尔地方选举情况

年份	投票率（%）	候选人	政党	得票数	得票率（%）
1995	66.2	赵淳	民主党	2051441	42.35
1998	46.9	高建	新政治国民会议	1838348	53.46
2002	45.7	李明博	大国家党	1819057	52.28
2006	49.8	吴世勋	大国家党	2409760	61.05
2010	53.8	吴世勋	大国家党	2086127	47.43
2014	58.6	朴元淳	新政治民主联合	2726763	56.10
2018	59.9	朴元淳	共同民主党	2619497	52.79

资料来源：维基百科搜集整理。

（4）首尔城市文化的水平分析

在城市文化方面，2020年，首尔共有高等院校38所，院系2315个，在校学生数499754人，教授18436人（4564名女性），毕业生人数81378人，新入学申请1066515人，录取83875人。

由图2-66可以看出，截至2020年底，首尔共有博物馆132家，其中包括国立博物馆34家、大学博物馆28家、私立博物馆70家。2000—2020年，首尔博物馆数量从64家持续增加到132家。其中，国立博物馆数量增幅最大，从8家增加到34家，增长3倍多；其次是私立博物馆，从31家增加到70家，增长1倍多；大学博物馆在这20年间增加3家。

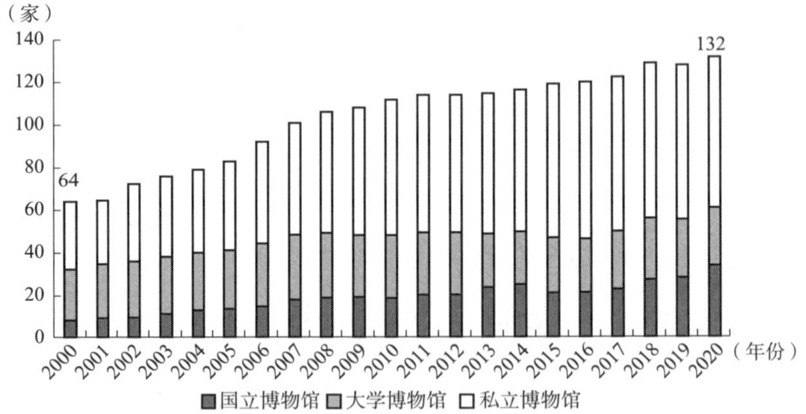

图 2-66　2000—2020 年首尔博物馆数量情况

资料来源：首尔统计局，https: //data.seoul.go.kr/.

（5）首尔城市环境的水平分析

在城市环境方面，空气污染是首尔的一个主要问题。2020年，首尔PM2.5平均浓度为35μg/m³。1992—2020年，首尔PM2.5浓度从97μg/m³持续下降到35μg/m³，下降近2/3（图2-67）。除空气质量外，温室气体排放也是韩国的热点问题，因为韩国是世界十大排放国之一。首尔是韩国温室气体排放最强的热点地区，根据卫星数据，首尔持续的二氧化碳异常是世界上最严重的地区之一（Labzovskii，2019）。

2015年，首尔不透水面（impervious surface）面积为30013公顷，占整个首尔面积的49.31%，绿色和开放空间面积占50.69%，2000年、2005年和2010年相关数据如表2-27所示。

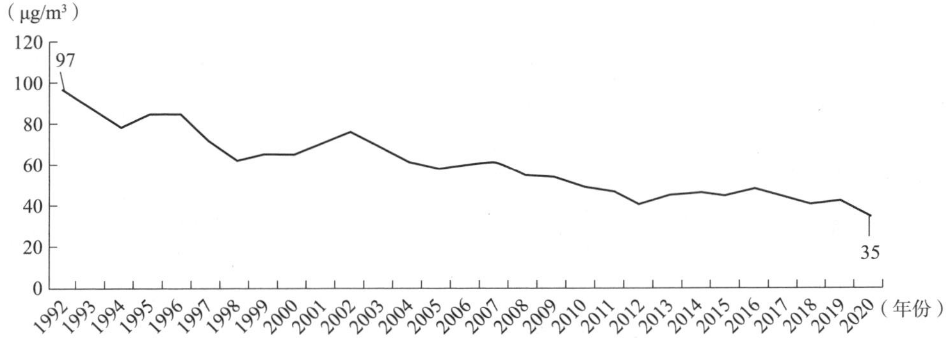

图 2-67　1992—2020 年首尔细颗粒物（PM2.5）情况

资料来源：首尔统计局，https: //data.seoul.go.kr/.

表 2-27　2000—2015 年首尔不透水面情况

年份	绿色和开放空间面积（公顷）	绿色和开放空间面积占比（%）	不透水面面积（公顷）	不透水面面积占比（%）
2000	31715.2	52.15	29098.9	47.85
2005	31508.2	51.80	29323.6	48.20
2010	31458.8	51.71	29373	48.29
2015	30853.2	50.69	30013	49.31

资料来源：首尔统计局，https: //data.seoul.go.kr/.

（6）首尔城市居民的水平分析

在城市居民方面，2020年首尔男女比例为100∶105.8。2020年人口普查数据显示，65岁以上人口数为1568331人，占总人口数的15.82%。由图2-68可以看出，1992—2020年，老年人口比例从3.96%快速增长到15.82%，增加11.86个百分点。

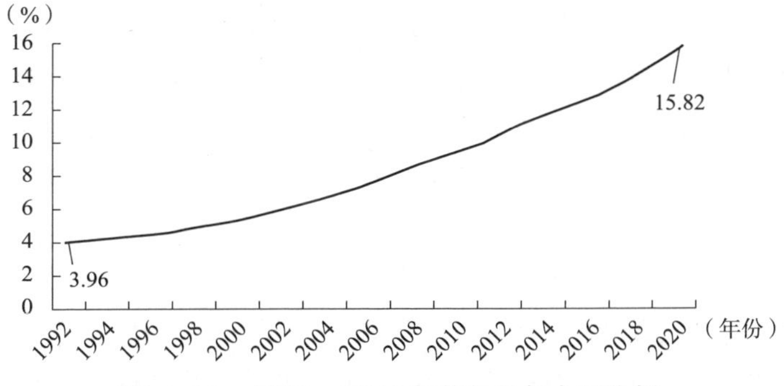

图 2-68　1992—2020 年首尔老年人口比例

资料来源：首尔统计局，https: //data.seoul.go.kr/.

首尔出生时预期寿命如图2-69所示，2020年首尔出生时平均预期寿命为84.8岁，其中，男性出生时预期寿命为82岁、女性为87.6岁。2005—2020年，出生时预期寿命从79.8岁增加到84.8岁，增加5岁。

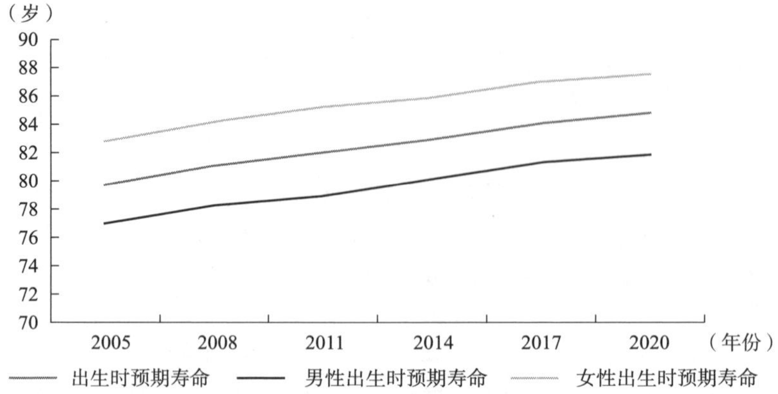

图2-69　2005—2020年首尔出生时预期寿命

资料来源：首尔统计局，https: //data.seoul.go.kr/.

（二）首尔城市现代化的挑战

1. 老年人口及1~2人家庭数量增加

1951—1992年，首尔人口数量从65万人飙升至1097万人。人口的急剧膨胀带来了城市的飞速扩张，首尔实际通勤活动范围已远远突破市域范围。20世纪90年代后，随着区域交通基础设施的完善，以及“首都圈调整规划”等一系列限制人口集中的政策颁布，首尔人口趋于稳定甚至略有下降。目前首尔各个区的人口增长率基本都为负数。

进入21世纪之后，首尔人口老龄化速度不断加快，老龄少子化现象令政府担忧。首尔老年人口占比不断上升，14岁以下青少年以及劳动力人口比率呈持续下降趋势。2010年后，首尔老龄化程度加速，预计到2030年，首尔老年人口将占人口总数的22.9%，步入超老龄社会。同时，家庭小型化日趋明显，1~2人家庭比例预计将从2010年的46.7%急剧上升至2030年的61.1%。人口结构的变化将导致住房市场、交通环境、福利需求、消费市场等都发生变化。

2. 经济增长速度放缓及两极分化加深

韩国经济曾在20世纪下半叶经历了数十年的辉煌，并依靠自身强大的产业基础与创新能力抵御了1997年亚洲金融危机。但受美国次贷危机引发的国际金融危机影响，韩国在2008年第三季度后经历了严重的经济衰退，2010年经济虽有回升，但2011年、2012年GDP同比增长回落至3.6%、2.0%。而首尔GDP占韩国比重由1994年的28.9%下滑至2011年的22.3%，经济增长速度也落后于韩国其他地区。更为严重的是，由于韩国经济与政治资源向大企业、大财阀集中，中小企业在危机中纷纷倒闭，中产阶级数量显著减少，贫困阶层数量呈逐渐递增趋势，首尔地区收入两极分化不断加剧。

3. 大都市圈竞争加剧

伦敦、巴黎、东京等国际大都市为了增强国际竞争力，将城市空间范围扩大到大都市圈层面，持续进行城市空间结构改造、中心地区培育、区域交通网络维护、机场功能扩充等。首尔也需要从大都市圈层面出发，制定区域统筹规划，提高国际化都市地位。

4. 气候变化导致自然灾害的增加

由于全球变暖现象越发明显，近年来首尔水灾、山体滑坡等自然灾害频发，增加了城市安全隐患。规划需要提出应对气候变化的相应政策，从注重发展为主转变为强调低碳节能与环境价值，同时增强对自然灾害的应对措施。

5. 用地面积不足，城区趋于老化

20世纪60—80年代，处于“汉江奇迹”时期的首尔保持高速发展的势头，大量基础设施在此阶段集中建设。大发展时期，速度是首要考虑的因素，城市无序扩张，工程保“量”不保“质”的现象突出。1990年以后，首尔市未来城市发展所需的大规模可开发用地基本枯竭，城市横向开发已达到极限。高速发展时期集中建设的大批公寓及基础设施在1990年后集中老化。1994年，首尔圣水大桥坍塌。次年，首尔三丰百货大楼倒塌，造成502人死亡、937人受伤，给首尔市民带来巨大的心理冲击。为此，首尔加强了城市基础设施保养维修的力度，并借助2002年世界杯的举办加快城市更新的步伐。包括清溪川、首尔林等一系列改造工程代替高楼大厦成为城市新名片，首尔对于城市品质的执着也逐步代替对发展速度的追求。

三、首尔城市现代化规划的战略及举措

（一）首尔城市现代化规划概览

1. 首尔城市现代化规划历史

从1945年第二次世界大战结束以后，首尔进行了历次的城市规划，使得首尔成为现在的首尔，大致的规划历史及对应内容如图2-70所示。

图 2–70　首尔城市规划历史①

首尔城市总体规划（Seoul Urban Master Plan）自立法以来已经形成了4个重要的版本，第一个城市总体规划于1990年制定（目标年份2000年），后分别于1997年、2006年和2014年进行了大修（图2–71）。

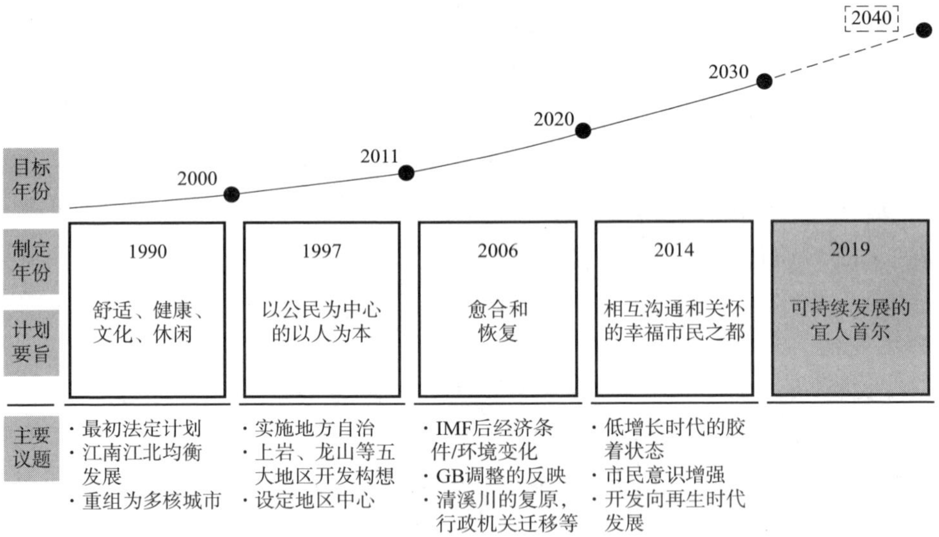

图 2–71　首尔历次城市总体规划②

2. 首尔城市现代化规划体系

当前运行的首尔城市规划系统包括三个阶段（部分）：城市总体规划（urban master plan）、生活区规划（living area plan）和城市管理规划（urban management plan）。在将生活区规划作为第二阶段引入之前，城市规划已分为城市总体规划和城市管理规划两个阶段（图2–72）。根据韩国《国家土地规划

① https://www.metropolis.org/sites/default/files/seoul_urban_planningenglish.pdf.

② https://www.clc.gov.sg/docs/default-source/lecture-slides/2030_2040_seoulplan.pdf.

和利用法》，制定了20年的长期城市总体规划，以及未来10年的城市管理规划。然而，由于首尔发展极快，两级规划体制的1000万人口和25个自治区的规划和管理受到了限制。城市总体规划从长远和抽象的角度提出了首尔的发展方向，而城市管理规划则着眼于个别地块。因此，城市总体规划不能作为城市管理规划的指导方针，因为这两个规划缺乏连通性。实际上，两个规划在目标年限、规划内容、规模、法律约束力等方面存在较大差异。

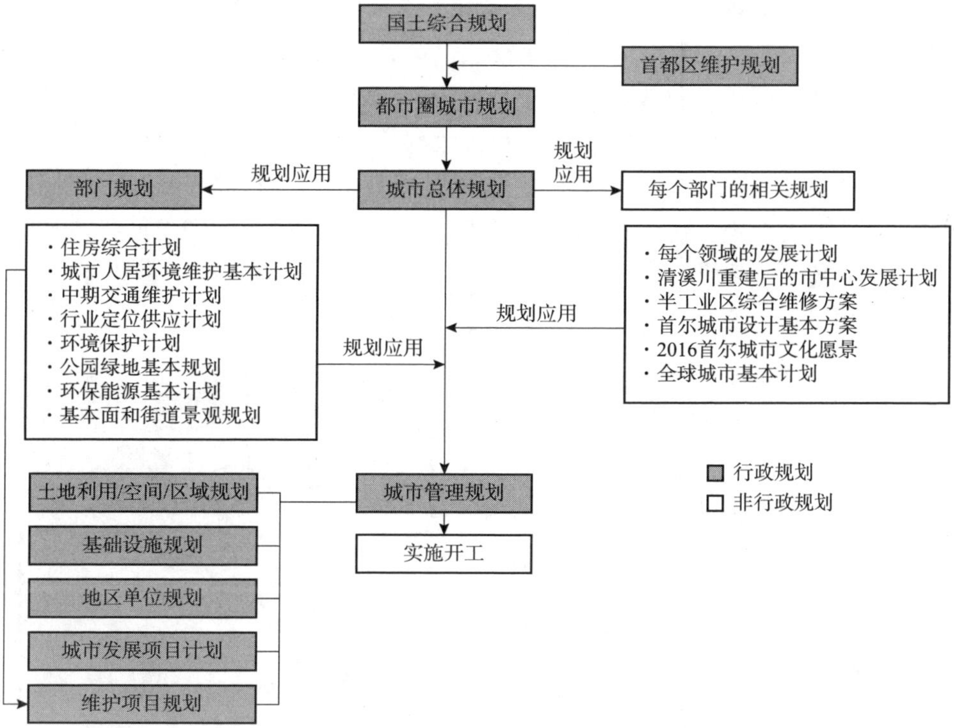

图 2–72 首尔城市规划体系[①]

（二）《2030 首尔规划》

2014年，首尔政府启动了《2030首尔规划》，与早期的首尔城市总体规划一样，该规划为未来几年的城市设定了空间和战略方向，并致力于实现工业增长、可持续性、遗产和连通性等目标；阐明了将首尔重组为多中心城市的举措。2015 年定稿的《2030首尔规划》也以让市民参与规划过程的所有阶段而著称。2019 年，首尔政府启动了更新首尔计划的努力。2040 年首尔计划进

① https://seoulsolution.kr/sites/default/files/policy/1%EA%B6%8C_Urban%20Planning_Urban%20Planning%20System%20of%20Seoul.pdf.

程旨在以2030年计划为基础，解决城市问题和交通系统、空气质量等问题，并遏制草率粗心的发展。

1.《2030首尔规划》的特点及构架

（1）《2030首尔规划》的特点

《2030首尔规划》之前的城市总体规划存在以下问题：

第一，作为最高级别规划的作用没有体现出来，重点不突出；面向专家的规划，没有听取基层意见；每个城市基本采用相同的框架，没有针对性；制定规划需要5年以上时间，周期较长。因此，《2030首尔规划》相应地作出了战略性的调整。首先，在规划程序上，《2030首尔规划》是由不同利益相关者合作打造，包括市民、专家和行政部门在内的不同利益阶层联合制定的（图2–73）。在制定首尔规划时，有意识地引导市民直接参与到规划制定中来，通过问卷调查、协作讨论会等形式，与普通市民探讨首尔的主要变化与对未来的展望。采用随机选择方式招募100名普通市民组建市民参与团，共同确定2030年首尔愿景与规划课题。

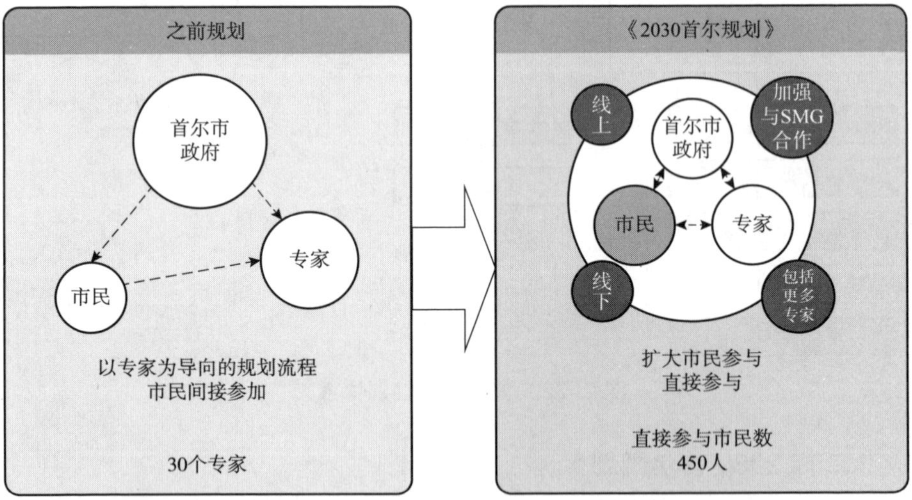

图2–73 《2030首尔规划》与之前规划的对比之市民参与

第二，在内容和形式上，《2030首尔规划》的演变是以与市民生活直接相关的关键性问题为中心的战略规划。以往的规划内容广泛但重点不突出，没有起到最高级别规划的作用，而《2030首尔规划》聚焦于五大关键主题，仅设立1个愿景、17个目标，比起之前700多页的综合规划，精简为200多页的成品（图2–74）。

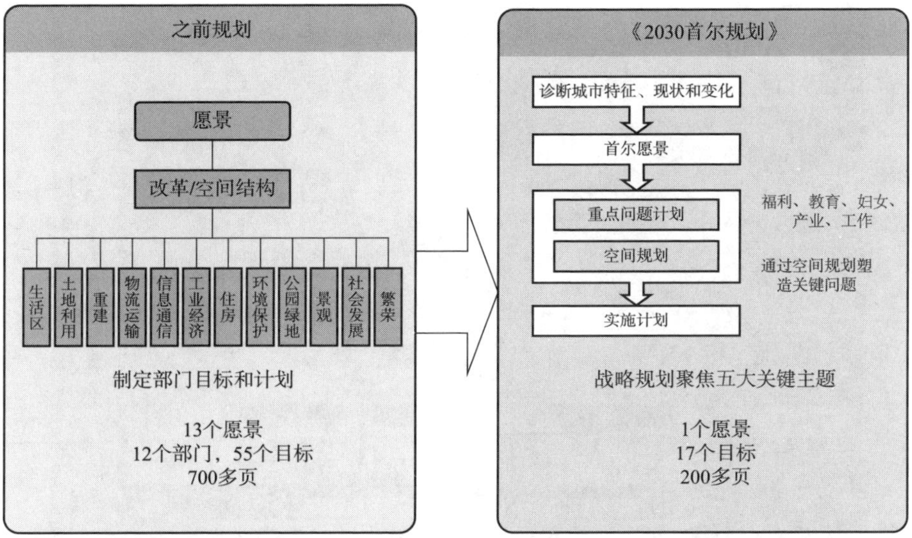

图 2-74　《2030 首尔规划》与之前规划的对比之关键主题

第三，不像以往的城市综合规划由城市规划部门独立设计制定，《2030首尔规划》是由规划与协调部门和城市规划部门联合设计制定、各部门协同合作的结果，体现了最高级别优先规划的状态（图2-75）。

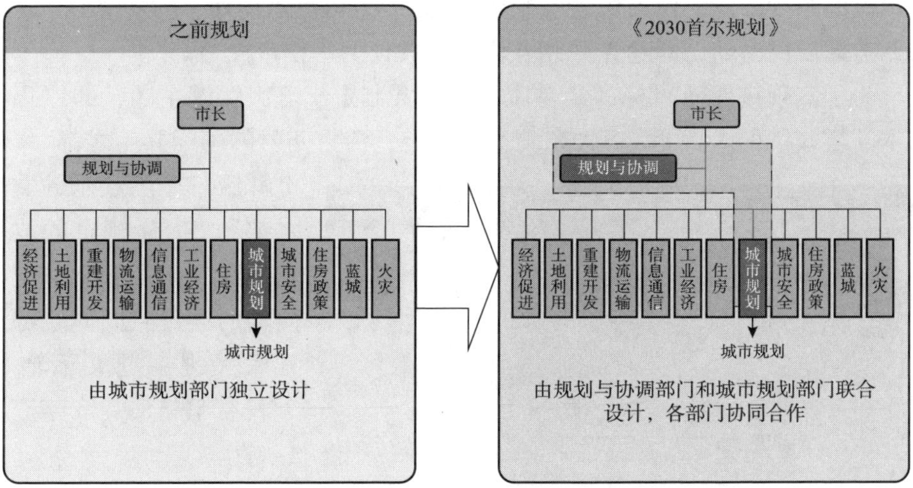

图 2-75　《2030 首尔规划》与之前规划的对比之部门合作

（2）《2030首尔规划》的构架

《2030首尔规划》可以分为愿景、主题规划和空间规划三大部分（图2-76），其中包括一个远期愿景，五大主题下的17个目标和58项策略，空间规划包括空间结构、行动计划和区域规划三个部分。

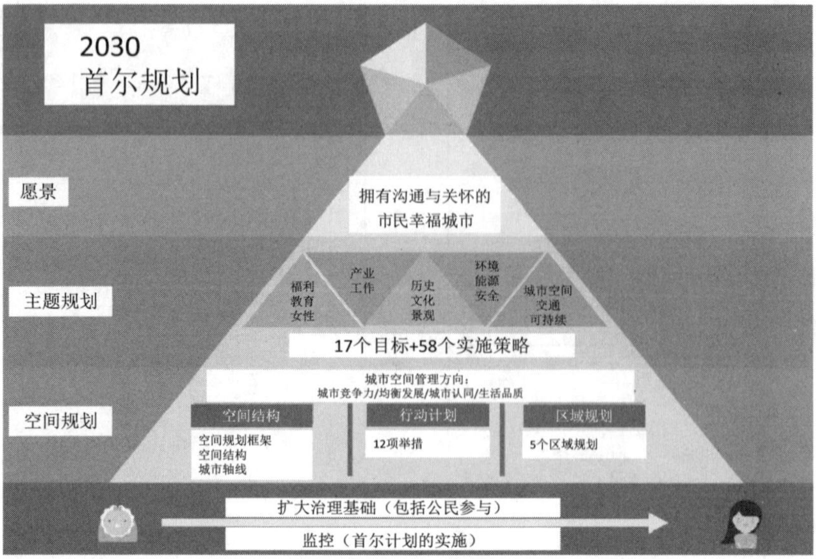

图 2–76　《2030 首尔规划》的构架

2.《2030 首尔规划》的愿景和五大关键主题

《2030首尔规划》让每一个社会成员按各阶段计划参与规划的制定过程，从市民的角度出发，由市民参与制定计划。《2030首尔规划》的发展愿景是市民们考虑后提出的，即建立“相互沟通和关怀的幸福市民之都”。

为了实现该愿景目标，经专家讨论，共制定出五大关键主题，即“以人为本、零歧视的人民之都”“充满就业机会、活力四射的国际共生之都”“历史鲜活、充满欢乐的文化之都”“生命栖息的放心之都”“安居乐业、交通便利的居民共同体之都”，五大关键主题又下辖17个目标和58项策略（图 2–77）。

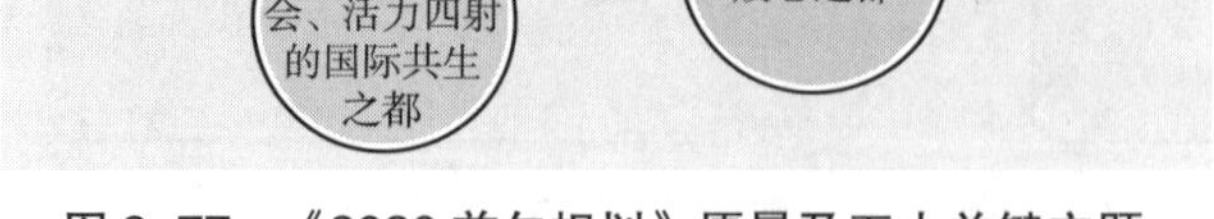

图 2–77　《2030 首尔规划》愿景及五大关键主题

（1）以人为本、零歧视的人民之都

“平等和谐、以人为本的城市”具有“平等无差别、无垄断性、非物质主义、以人为本的城市”的含义，指在人人平等的社会，无论老人、儿童、女性、残疾人还是外国人，都可以和谐共处。为了营造“平等和谐的城市氛围”，需要加强人与人之间的关爱、合作与分享精神。为每个人提供使个人能力得到充分认可尊重、才能得以施展的机会，同时，也应为每个人提供培养个人能力的机会。为此设定5个目标与17个策略（表2-28）。

表 2-28 《2030 首尔规划》主题一的 5 个目标与 17 个策略

主题一：以人为本、零歧视的人民之都		
5 个目标		17 个策略
目标 1	建立超老龄社会福利体系	加强社会性援助，保障稳定的养老生活
		增加老年人参加社会活动机会，营造世代和谐的文化氛围
目标 2	建立人人健康生活的幸福家园	建立高效公共保健医疗体系，消除健康盲区
		加强各生命周期健康预防管理
		加强环境疾病预防管理，保障市民食品安全
目标 3	建立消除两极分化及不平等的社会体系	保障社会弱势群体应有的权利，真正消除不公平待遇
		建立地区量身定制福利服务体系
		通过分享和参与，形成自发性福利协作体
		营造扶持文化多样性与注重社会价值的氛围
目标 4	建立保障终身学习的教育体系	提供评定无差别的教育机会
		建立学习型社会化，提高市民个人能力
		恢复学校的全民教育职能
		利用地区资源，建立教育协作体
目标 5	建立男女平等与社会性赡养	健全男女平等的家庭与社会文化
		为扩大女性经济活动范围营造相应的社会环境
		消除社会上的危险、暴力现象，营造安全的社会环境
		建立地区社会关怀协作体

为衡量目标与策略的实现程度，设定最低收入标准保障率、社区卫生服务机构数量、老年人休闲福利机构数量、终身教育普及率、公立幼儿园保育分担率等作为主要指标进行管理（表2-29）。

表 2-29 《2030 首尔规划》主题一的主要指标

主要指标	2013 年	2020 年	2030 年
最低收入标准保障率[1]（%）	48	80	100
社区卫生服务机构数量[2]（家 /10 万人）	0.5	0.8	1.2
老年人休闲福利机构数量[3]（家 / 千名老人）	2.3	6	10
终身教育普及率（%）	35	50	70
公立幼儿园保育分担率（%）	11	25	35

注：1.最低收入标准保障率=（国民基础生活保障制度受益者人数+首尔基础保障制度受益者人数）÷首尔贫困人口数×100；

2. 社区卫生服务机构数量 = 首尔保健站及保健分站总数 ÷ 首尔总人口数 ×100000；

3. 老年人休闲福利机构数量 = 首尔老年人休闲福利机构数 ÷ 首尔老年人口（60 岁以上）总数 ×1000。

资料来源：首尔统计局（2012）。

（2）充满就业机会、活力四射的国际共生之都

首尔市期望成为全球人都渴望工作的城市，为所有市民敞开就业机会，享受成就感的共同繁荣的创新城市。通过创造与革新，培育发展动力产业，实现现有产业的高附加值化，在向国际经济城市飞跃的同时，谋求经济体之间携手发展以及地区的共同繁荣，实现以人为本、以就业为本、充满活力的经济体。为此设定3个目标与10个策略（表2-30）。

表 2-30 《2030 首尔规划》主题二的 3 个目标与 10 个策略

主题二：充满就业机会、活力四射的国际共生之都		
3 个目标		10 个策略
目标 1	以基于创新与革新的国际化经济城市为目标不断发展	通过强化创造经济基础，提升发展动力、产业竞争力
		培育创新型中小创业企业
		建立首尔特色型可持续发展产业生态系统
		培育创意阶层，搞活现有产业集聚区
目标 2	谋求经济主体之间协调发展与地区共同繁荣	促进共存与合作的社会经济
		通过扶持小型企业，提高自力更生能力
		促进弱势群体的自立就业
目标 3	通过培养创新人才，扩充创新阶层	通过培养创新人才，扩充创新阶层
		营造人人向往的国际化工作环境
		通过建立生活—就业整合区，营造 21 世纪新型城市经济环境

为衡量目标与策略的实现程度，设定创意阶层比例、社会经济就业率、雇佣率等作为主要指标进行管理（表2-31）。

表 2-31 《2030 首尔规划》主题二的主要指标

主要指标	2013 年	2020 年	2030 年
创意阶层比例[1]（%）	25	30	33
社会经济就业率[2]（%）	1.6	8	15
雇佣率[3]（%）	65	72	75

注：1. 创意阶层比例 = 创造型从业人员数 ÷ 所有职业从业人员数 ×100；
2. 社会经济就业率 =（社会性企业、合作组织、村办企业、私营企业岗位数）÷ 总就业岗位数 ×100；
3. 雇佣率 =15 岁以上 65 岁以下就业人口数 ÷15 岁以上 65 岁以下总人口数 ×100。

（3）历史鲜活、充满欢乐的文化之都

保护首尔不可或缺的组成部分的山光水色，建设历史性文化城市。通过历史资源与城市间的整合管理，形成传统、历史与现代生活之间的和谐统一。

建设文化活动设施，使首尔成为在文化内容和接触性层面上可以保证市民参与、交流并崇尚地区紧密型文化环境的快乐文化城市。为此设定3个目标与11个策略（表2-32）。

表2-32　《2030首尔规划》主题三的3个目标与11个策略

主题三：历史鲜活、充满欢乐的文化之都		
3个目标		11个策略
目标1	在生活中玩味首尔悠久的历史	建设可充分展现历史特色的城市空间结构
		提高市民利用历史资源的便利性
		从实践空间层面保护充实历史资源
		加强执行力度，倡导历史保护
目标2	用心感悟的城市景观管理	自然景观的恢复
		历史景观的保护与管理
		横向景观与市区景观管理
		与市民协作进行景观管理
目标3	共创共享丰富的城市文化	营造所有市民共享的文化氛围
		促进文化特色地区的发展
		形成文化生态网络

为衡量目标与策略的实现程度，设定文化环境满意度、文化基础设施数量与外国游客数等作为主要指标进行管理（表2-33）。

表2-33　《2030首尔规划》主题三的主要指标

主要指标	2013年	2020年	2030年
文化环境满意度[1]（分）	65	75	90
文化基础设施数量[2]（所/10万人）	2.8	3.5	4.5
外国游客数[3]（万人）	800	1300	2000

注：1. 文化环境满意度=15岁以上首尔市民对文化设施、文化娱乐、费用等项目的满意度，数据来源：2012年首尔调查（将满分10分调整到100分）；

2. 文化基础设施数量=首尔公共图书馆、注册博物馆、注册美术馆、文艺会馆、地方文化院总数 ÷ 首尔总人口 ×100000，数据来源：全国文化基础设施总览（2012年，文化体育观光部）；

3. 外国游客数=旅游入境外国人数 × 外国人参观首尔比例（2012年外国人参观首尔比例为82.5%），数据来源：2012年外来游客实际调查（文化体育观光部）。

（4）生命栖息的放心之都

通过恢复分隔孤立的城市生态环境，促进可以实现以低碳消费为基础的可持续性城市发展的结构，同时通过加强安全基础设施、管理各种危险与不稳定因素，使市民自己作为城市主体，恢复地区社会的自愈能力，保证首尔成为整体、健全的大城市。为此设定3个目标与11个策略（表2–34）。

表2–34 《2030首尔规划》主题四的3个目标与11个策略

主题四：生命栖息的放心之都		
3个目标		11个策略
目标1	建设公园先导型生态城市	建设公园基础设施先导型城市
		加强城市气候调节能力
		加强城区自然生态系统保护与恢复公益功能
		改善和优化城市生活环境质量
目标2	实现高能效资源循环利用城市	强化应对能源危机的管理体系
		定位低碳能源生产与消费体系
		提高资源再生利用率
目标3	建设协作维护的安全城市	强化报警信息收集与使用体系
		优化组织结构，确保早期应对的及时性
		加强城市生活安全管理
		加强气象灾难预防与环保治理力度

为衡量目标与策略的实现程度，设定公园服务缺乏地区比例、新再生能源利用率与灾难受害者人数增减率等作为主要指标进行管理（表2–35）。

表2–35 《2030首尔规划》主题四的主要指标

主要指标	2013年	2020年	2030年
公园服务缺乏地区比例[1]（%）	4.6	2	0
新再生能源利用率[2]（%）	2	15	30
灾难受害者人数增减率[3]（%）	—	–10	–20

注：1. 公园服务缺乏地区比例＝位于自公园及河川边界起250~500米半径以外地区的面积 ÷ 首尔总面积 ×100；

2. 新再生能源利用率＝首尔新再生能源产量 ÷ 首尔能源总产量 ×100；

3. 灾难受害者人数增减率＝（目标年度受害者人数－基准年度受害者人数）÷ 基准年度受害者人数 ×100。

（5）安居乐业、交通便利的居民共同体之都

居住稳定、交通便利等均为首尔市全体市民为提高生活质量而享有的基本内容。“居住”表示在日常生活中作为基本条件的私人空间，以及在这个空间进行的个人活动。“交通”代表私人空间与完成社会活动的大众空间之间的联系。为此设定3个目标与9项策略（表2–36）。

表 2-36　《2030 首尔规划》主题五的 3 个目标与 9 个策略

主题五：安居乐业、交通便利的居民共同体之都		
3 个目标		9 个策略
目标 1	推动职住融合型城市改造	临站地角导向型职住近接复合型土地利用
		通过地区特色开发，谋求区域间均衡发展
		通过居民参与新城市改造，搞活地区经济
目标 2	打造无须依靠轿车的生活便利型绿色交通环境	大众交通导向型城市改造与复合联网交通体系建设
		优化步行道与自行车道公路空间设计，打造方便的生活环境
		对轿车使用进行合理管理
目标 3	进一步选择自由居住的舒适空间	加大供应市民可以接受的住宅
		推广量身定制福利房项目
		创建宜居住宅社区

为衡量目标与策略的实现程度，将职住平衡指数、绿色交通工具分摊率、公共租赁房比例等设定为主要指标进行管理（表2-37）。

表 2-37　《2030 首尔规划》主题五的主要指标

主要指标	2013 年	2020 年	2030 年
职住平衡指数[1]（各圈域间最小值）	71	77	90
绿色交通工具分摊率[2]（%）	70	75	80
公共租赁房比例[3]（%）	5	10	12

注：1. 职住平衡指数 = 各圈域雇员数 ÷ 各圈域家庭数 ×100（各圈域中最小值，东北圈 71，首尔平均值为 126），数据来源：可持续性新城市规划标准（2010，国土海洋部）；

2. 绿色交通工具分摊率 = 利用大众交通（包括换乘）、步行、自行车的交通量 ÷ 交通工具总交通量 ×100，数据来源：2030 首尔交通愿景；

3. 公共租赁房比例 = 公共部门供应的全部租赁房数 ÷ 首尔总住宅数 ×100，数据来源：首尔市民福利基准（2012）。

3.《2030 首尔规划》的空间规划

除此以外，为了在各种空间里实现这些课题，还设定了包括多核中心区体系、4个空间计划政策方向和五大区域发展规划在内的空间规划。

（1）空间结构：改造中心区体系

空间规划以“空间结构的交流与思考”为核心价值，尊重城市的自然、历史、文化资产，重构空间结构以增强竞争力和平衡发展，连接城市轴线，更好地进行空间交流和相互交流发展。

首尔市于1990年最初的法定城市基本规划后，一直以来维持“1个主城区—5个副城区—11个地区中心”的发展模式。然而在《2030首尔规划》中，决定从原来的单核结构转向多核结构，全面改革为“3个市中心—7个广域中心—12个地区中心”的多核功能性体系。

在3个市中心中，计划将原有的主城区（汉阳都城）打造成历史文化中心，将江南区设定为国际商务中心以及将永登浦区汝矣岛一带设定为国际金融中心。其中，7个广域中心为龙山、清凉里和往十里、仓洞和上溪、上岩和水色、麻谷、加山和大林以及蚕室。通过各中心区特色培育，以及各中心区之间功能连接，实现协调发展与共同繁荣。

（2）行动计划

为了实现空间规划，4个方面包括恢复与提高首尔形象、增强大城市圈的国际竞争力、保证各区域的特殊均衡发展以及重点改善市民生活环境，共12项举措紧随其后。

（3）区域概念规划

首尔的空间规划大致分为5个生活圈规划和140个地区生活圈计划。本次规划将设定5个生活圈。城中圈应提高可持续性发展的动力和竞争力，进一步强化历史文化特色，将“强化历史文化中心地位与国际竞争力”确定为城中圈发展的重中之重，从而提升市中心的价值。东北圈将“强化自足功能，创造就业机会，为地区注入活力”确定为今后的发展方向，通过强化薄弱的中心功能和就业基础，谋求首尔地区的均衡发展。西北圈将以新村·弘益大学区为中心，兼顾优良的自然环境与本地社区特点，系统地进行居住区管理，将“创新文化产业特色化，促进地区共同体的良性发展”确定为西北圈发展方向，从而实行有关创新文化产业的特色化。西南圈应引领首尔新兴产业，创造新的就业机会，创造出未来首尔发展动力。同时将“通过准工业区创新，培育新兴产业，强化居民生活基础”定为今后发展方向，从而将其发展成为具备舒适生活环境的地区。东南圈将制定“强化国际商务与商业功能，进行现有居住区规划管理”的圈域发展方向，维护和强化商务与商业中心区应有的持续性发展和舒适的城市生活环境。

四、首尔城市现代化的特点

首尔作为韩国首都的历史超过600年，但今天作为现代化大都市的首尔则得益于20世纪60—80年代30年间的飞速成长。

（一）飞速量化发展达到顶峰

20世纪60—90年代是首尔发展的“量化成长时代”，也可以说是城市的“硬件成长时代”。三年的朝鲜战争（1950—1953年）导致韩国物资匮乏和经济荒废，为了摆脱困境，韩国政府在以首尔为中心地区实施出口产业策略。开发和加工产业为主的量化成长给国家和国民带来了财富，这在经济方面无疑是成功的。

政府主导的飞速量化成长激发了国家和国民的自豪感，为了向世界市场营销韩国及首都首尔，首尔进入在世界舞台上进行大型活动“招商”的量化成长的鼎盛时期，最具代表性的是1988年奥运会和2002年世界杯。首尔在筹备这两项重大赛事的过程中，在城市建设发展思路上有了“质”的提升，从以前将城市看作承载国家经济“量化发展”的物质性基地，重要作用是为国家经济产业发展提供完备的基础设施和大量住宅，转向助推国家走向国际舞台和提升国力的重要手段。这种思路上的转变成为首尔转型，新的文化、新的城市形象不断演进的强大推力。

（二）首尔城市现代化进程中的政府作用

众所周知，韩国是“政府主导型”较为成功的国家，政府主导型经济发展战略在其经济发展中是卓有成效的，这在首尔城市发展过程中同样有所体现。在首尔的发展中，中央政府和地方政府采取多种措施，充分发挥宏观指导、约束和保障、协调、引导作用，形成首都圈内分工与合作的局面。一是制定完善、系统的规划，发挥政府对城市发展的宏观指导作用，首尔的发展有着完整的规划作为指导。二是颁布各种法律、法规，约束企业和人们的行为，保障规划的实施。三是建立由中央和地方共同组成的协调机构，解决城市发展中的有关问题。四是采取控制和鼓励相结合的方法，引导产业向既定的方向发展。

第三章 全球大型城市现代化的案例分析

在这一章，我们将具体分析具有代表性的国家和全球大城市的现代化历程，包括新加坡、洛杉矶、多伦多、柏林和悉尼，从它们的城市发展历程、水平、挑战及未来愿景等角度来解析其城市现代化的图景。

第一节 新加坡：世界花园城市的现代化蜕变

新加坡，全名为新加坡共和国，是东南亚海上的一个城邦岛国、城市国家。新加坡在历史上曾沦为英国殖民地，1959年摆脱了英国的殖民统治，1965年脱离了马来西亚联邦，成为一个独立的主权国家。自建国以来不到60年的时间，新加坡从一个孱弱的殖民海岛发展成为当今世界璀璨的未来之都及占有举足轻重地位的金融贸易中心，且飞速的城市建设并没有使新加坡产生交通瘫痪、空气污染等常见大城市病，相反，便捷的交通、自然的城市绿地和多元化的种族背景给这座城市带来了充实的生活工作空间和丰富的文化娱乐趣味。

新加坡目前有5个发展委员会社区（Community Development Council Districts，CDSs）（简称行政区），由相应的社区发展理事会（简称社理会）管理。5个社理会是按照地区划分的，定名为东北、东南、西北、西南和中区社理会，这5个社理会进一步分为27个选区，包括12个单选区和15个集选区。

2021年，新加坡国土面积728.6平方千米、人口5453600人，人口密度7485人/平方千米（表3-1）。2020年，新加坡GDP为4691亿美元，人均GDP为82503美元/人。

表 3–1　2021 年新加坡基本情况

国家	人口（人）	GDP（亿美元）	人均 GDP（美元 / 人）	土地面积（平方千米）	人口密度（人 / 平方千米）
新加坡	5453600	3400	59796	728.6	7485

资料来源：新加坡统计局官网，http：//www.singstat.gov.

一、新加坡城市现代化历程

新加坡地狭人稠，资源贫乏，但是新加坡基于本国特殊的地理条件，扬长避短，引进并运用外国资金、技术和管理经验，使生产力水平迅速提高，走出了一条独特的城市国家现代化道路。

（一）新加坡城市现代化起源（3—18 世纪）

新加坡在3世纪已有马来人居住，其最早的文献记载源于3世纪东吴将领康泰所著的《吴时外国传》“拘利正东行，极崎头海边有居人……名蒲罗中国”。据新加坡学者许云樵考证，蒲罗中对应马来语“Pulau Ujong”，指半岛南端的岛国。蒲罗中是新加坡最古老的名称，比淡马锡早1000多年（许云樵，1961）。“Singapore”的名称源自马来本土名称Singapura，而Singapura又源自梵文中的“狮子城”。研究证明，狮子从未在新加坡漫游。但是，最初的传说是，大概在14世纪，苏门答腊王子在一场雷雨过后登陆到岛上时发现了一只吉祥兽，有人告诉他这是一只“狮子”。因此，新加坡的名字来自马来语，“singa”代表狮子，“pura”代表城市。在欧洲人定居之前，新加坡是一个马来渔村，居住着数百名原住民“Orang Laut”。

14世纪，明代把新加坡称作“淡马锡”（爪哇语Temasek）、莫干岛，是受满者伯夷帝国和暹罗王国影响的贸易港口，并且是印度圈的一部分。这些印度化王国的特点是有惊人的韧性、政治完整性和行政稳定性。历史资料表明，大约在14世纪末，其统治者帕拉梅斯瓦拉遭到满者伯夷或暹罗人的袭击，迫使他搬到马六甲，并在那里建立了马六甲苏丹国。考古证据表明，福康宁的主要定居点大概在这个时候被废弃了，尽管此后一段时间，新加坡仍有少量贸易定居点。1613年，葡萄牙入侵者烧毁了该定居点，该岛在接下来的两个世纪中逐渐消失。那时，新加坡名义上是柔佛苏丹国的一部分。在荷兰征服马六甲后，更广阔的海域和许多贸易接下来在荷兰的控制之下。18—19世纪，新加坡是马来柔佛王国的一部分。

（二）新加坡城市现代化的第一次浪潮（19世纪初至1914年）

新加坡的城市现代化起步于19世纪初，在英国殖民统治开始后。第一次浪潮主要指第一次产业革命期间的城市前沿变化，典型特征是工业城市化、商业城市化，包括工业化、机械化、理性化、民主化、社会流动、发展初等教育、建立公共卫生、建立社会救济和社会保障制度、建设城市基础设施等。

（三）新加坡城市现代化的第二次浪潮（1914—1945年）

新加坡城市现代化的第二次浪潮主要指第二次产业革命和两次世界大战期间城市的前沿变化，典型特征是社会城市化，包括电气化、机械化、专业化、民主化、社会活动、普及初等义务教育、发展公共卫生、建立社会保险制度、建设城市基础设施、城市生活水平和生产力提高等。

（四）新加坡城市现代化的第三次浪潮（1945—1960年）

新加坡城市现代化的第三次浪潮主要指第三次产业革命期间的城市前沿变化，典型特征是社会城市化和郊区化，包括家庭机械化和电气化、社会福利化、技术自动化、公共服务体系化、普及中等教育和发展高等教育等。同时，城市环境议题和种族问题等引发新的社会改革。

（五）新加坡城市现代化的第四次浪潮（1960—2020年）

新加坡城市现代化的第四次浪潮主要指第四次产业革命期间城市前沿的深刻变化。首先，高技术和服务经济的发展改变了城市经济结构。其次，信息革命引发城市的信息化、数字化和智能化。再次，生态革命引发生态城市和绿色城市的兴起。最后，知识经济和知识社会的兴起带动城市经济的知识和生态转型。受高技术、信息革命和生态革命的影响，经济发展的高技术、信息化、智能化、生态化和服务化形成了所谓的第四次产业革命。典型特征是服务城市化，包括信息化、网络化、智能化、郊区化、国际化、绿色化、个性化、普及高等教育和终身学习等。

新加坡政府通过吸引国外投资的激励计划，积极推动以出口为导向、劳动力密集型的工业化道路。1967年，与印度尼西亚、马来西亚、菲律宾和泰国组成东南亚国家联盟（Association of Southeast Asian Nations，ASEAN），其为发起国之一。到1972年，新加坡1/4的制造公司是外资或合资公司，美国和日本是当时的主要投资者。由于新加坡稳定的政治气候、有利的投资条件及

1965—1973年世界经济的快速增长，新加坡的国内生产总值每年都以两位数的速度增长。

1965年的新加坡是一个以转口贸易为主导的国家，工业基础落后，仅占GDP的15%，服务业比重为73.2%，是典型的“小型的工业和农业，大型的服务业”。此后，新加坡致力于发展工业经济，提升综合国力，实现了经济较快增长。随着20世纪60年代末和20世纪70年代的经济繁荣，私营部门创造了新的就业机会。政府提供的补贴住房、教育、卫生服务和公共交通为公共部门创造了新的就业机会。中央公积金是国家由雇主和雇员强制缴费维持的综合社会保障计划，为政府项目提供了必要的资金，并为国家老年工人提供了财务保障。到20世纪70年代后期，政府将战略重点从劳动密集型制造业转向技能和技术密集型、高附加值的产业。尤其是信息技术被优先发展，新加坡于1989年成为世界上最大的磁盘驱动器及其部件生产国。同年，新加坡30%的GDP来自制造业。

1979年，新加坡提出“第二次工业革命”和“产业高端环节战略”，制造业产业由原来轻型制造业初步完成向20世纪90年代的炼油、电子制造和设备制造业、重型制造业转变。到20世纪80年代，其采取“服务业+制造业”并举，金融、交通、商业、酒店餐饮等服务业取得较快发展，被公认为东南亚地区的金融中心、运输中心和国际贸易中心，跨国公司落户新加坡数量超过5000家，其中许多具有地区总部功能。1992年，新加坡三次产业结构调整为0.2：35.8：64.0。1980—1992年，新加坡服务业年均拉动经济增长4.9个百分点。到1992年，电子制造业产值占制造业产值的50%以上，产业形成电子制造、成品油和化工业三大支柱产业，新加坡制造业产业高度集中且高端化结构初步形成。

新加坡第三产业结构呈现多元化、高增值、广辐射、逐步推进的格局。从开埠起，新加坡就是商业贸易城市；20世纪70年代，新加坡筹资建立金融业务中心，成为亚洲货币单位结算中心。金融服务业的拓展增加了第三产业的发展潜质，商业过往又带动了旅游业的发展，1980年，其游客数就超过了当地人口；20世纪80年代，因东南亚国家的激烈竞争，新加坡转而发展区域总部经济，成为“世界办公室”；20世纪90年代，新加坡进入发达国家行列，其社区、社会和个人服务成为经济支柱，对本地GDP的贡献率为14%~17%。新加坡第三产业呈现全面开花，并在世界经济中占有举足轻重的位置。20世纪90年代，新加坡形成了较为稳定的三产结构，1992年，新加坡第三产业中占比居前三位的为批发零售业（21.3%）、房地产租赁及商务业（19.9%）、金融业（19.3%）。

新加坡的国际和金融服务业一直以来都是经济增长速度最快的部门，20世纪80年代后期约占新加坡国内生产总值的25%。同期，新加坡与中国香港均为亚洲最重要的金融中心，仅次于日本东京。1990年，新加坡拥有650多家跨国公司、数千家金融机构和贸易公司。在政治方面，吴作栋于1990年接替李光耀，2004年，李光耀的长子李显龙成为新加坡第三任总理。李光耀强调经济快速增长、支持企业创业及对内部民主的限制，塑造了新加坡接下来半个世纪的政策。20世纪80年代，新加坡经济持续增长，失业率下降至3%，实际GDP增长率平均为8%，直到1999年。同期，新加坡开始转向高科技产业，如晶圆制造，为了保持竞争力，新加坡樟宜机场于1981年开放，新加坡航空公司成立。新加坡港成为世界上最繁忙的港口之一，其服务业和旅游业也在这一时期得到极大的发展。

新加坡经济被认为是自由、创新、充满活力和商业友好的经济，它拥有高度发达的市场经济，历史上曾以扩大的转口贸易为基础。1965—1995年，年均增长率为6%，人民的生活水平大幅提高。新加坡因其地理位置、熟练的劳动技能、低税率、先进的基础设施和对腐败的零容忍而吸引了大量外资，有来自美国、日本和欧洲的7000多家跨国公司。新加坡约44%的劳动力由非新加坡人组成。尽管市场自由，新加坡的政府运作在经济中占有重要地位，占GDP的22%。新加坡也是举办会议和活动的热门国家。

近年来，由于个人收入的低税率及外国收入和资本收益的免税，新加坡已被确定为越来越受富人欢迎的避税天堂。新加坡拥有全球最高比例的百万富翁，每6个家庭就有1个拥有至少100万美元的可支配财富。还不包括房地产、企业和奢侈品，如果包括在内，百万富翁的数量会更多，特别是新加坡的房地产是世界上最昂贵的。同时，政府通过社会和家庭发展部为无家可归者和有需要的人提供援助，因此，严重贫困很少见。其中一些计划包括每月向有需要的家庭提供400~1000新元的经济援助、在政府医院提供免费医疗服务，以及支付儿童的学费。其他福利包括为鼓励公民锻炼身体而支付的健身房费用，每位公民高达166000新元的婴儿奖金，大量补贴的医疗保健，对残障人士的经济援助，为穷人提供低成本的笔记本电脑，回扣公共交通和水电费等。

如今，新加坡是全球最富裕的国家之一，以稳定的政局、廉洁高效的政府而著称。新加坡是亚洲重要的金融、服务和航运中心之一。根据全球金融中心指数排名，新加坡是继伦敦、纽约和中国香港之后的世界第四大金融中心。新加坡现任总统哈莉玛于2017年9月14日宣誓就职，任期6年，为第八任总统。总理李显龙于2004年8月12日接替吴作栋任职，为第三任总理，分别于2006年5月、2011年5月、2015年9月连任。

二、新加坡城市现代化水平及挑战

（一）新加坡城市现代化水平的定量分析

此部分按照6个系统、6个领域12组146个指标对新加坡进行分析。

1. 新加坡城市6个系统的时序分析

在城市功能和形态方面，新加坡在各种有关城市竞争力的世界有影响力排名中基本都保持在前十名的水平；在城市形态方面依照点轴式的高密度开发模式，形成“城市—新镇—邻区—邻里”的空间组织形态。在城市建筑和住房方面，新加坡家庭平均规模从1980年的4.87人每户下降到了2020年的3.22人每户，自有住房比例也在40多年间下降了近50%。在城市基础设施方面，动车保有量在1961—2020年翻了近三番，轨道交通长度自1990年也翻了近两番。在城市公共服务方面，每万人医生数在1985—2020年提高了近两倍，公共交通日平均乘客量在2005—2019年保持持续增长，2020年受新冠肺炎疫情的影响，公共交通出行量有较大幅度的下降。在城市公共管理方面，女性就业人口数占总就业人口数的比例从1990年的38.5%增长到2020年的46.1%，上升了7.6个百分点。在城市国际联系方面，1998—2019年，外国直接投资总额从29.954亿新元增加到1924.186亿新元，增长超过63倍；1978—2019年，新加坡国际游客人数翻了近9倍，2020年由于新冠肺炎疫情影响，国际游客数出现了大幅跌落。

（1）新加坡城市功能和形态的时序分析

在城市功能方面，GaWC2020年榜单上新加坡排第四名，位于伦敦、纽约和中国香港之后。2021GPCI排名中，新加坡排名全球第五，位于伦敦、纽约、东京和巴黎之后，而且6个领域相对均衡，表现最好的是文化交流。

在城市形态方面，从20世纪60年代末开始，新加坡开展了大规模的中心区贫民窟清理运动，以疏解中心区人口，新镇建设运动向中心城东向、西向、东北向三个轴向上发展，形成点轴式的高密度开发模式，人口分布体现出跳跃的节点式，外围新城成为人口增加的主要区域，并形成了“城市—新镇—邻区—邻里”的空间组织形态。各功能组团配备一定规模和等级的中心，形成多级中心体系，每级中心具有一定的功能等级和规模等级。最基层的组织结构是邻里，邻里通常由4~8幢组屋组成，6~7组邻里组成一个邻区，5~8个邻区组成一个新镇。

（2）新加坡城市建筑和住房的时序分析

在城市建筑方面，截至2021年底，新加坡拥有9530座高层建筑①，在全球天际线排名中排第七②。当前新加坡最高的建筑物为国浩大厦（Guoco Tower，284米），于2016年落成，是集酒店、商业办公室、住宅于一体的混合用途开发的摩天大楼，它打破了莱佛士坊一号（One Raffles Place Tower 1，1986年）、大华银行大厦（United Overseas Bank Plaza One，1992年）及共和大厦（Republic Plaza，1995年）共同保持了20年的最高建筑物纪录，这三座大厦均高280米。2021年建成的凯德春大厦总高280米，这座大厦是在新冠肺炎疫情期间建的，过程中问题重重，曾出现在美剧《西部世界》第三季的背景中。

在城市住房方面，2020年，新加坡居民家庭数量③为1372600户（图3-1），其中占比最高的为2人家庭，占22.57%，其次是3人和4人家庭，分别占比20.44%和20.08%，居民家庭平均规模是3.22人每户。1980—2020年，新加坡的家庭平均规模在不断减小，从4.87人每户下降到3.22人每户，1980—1985年占比最高的是6人家庭，在25%以上。1986—2016年，占比最高的是4人家庭，比例从25.68%下降到22.65%，2017—2020年，2人家庭占比排名保持第一。

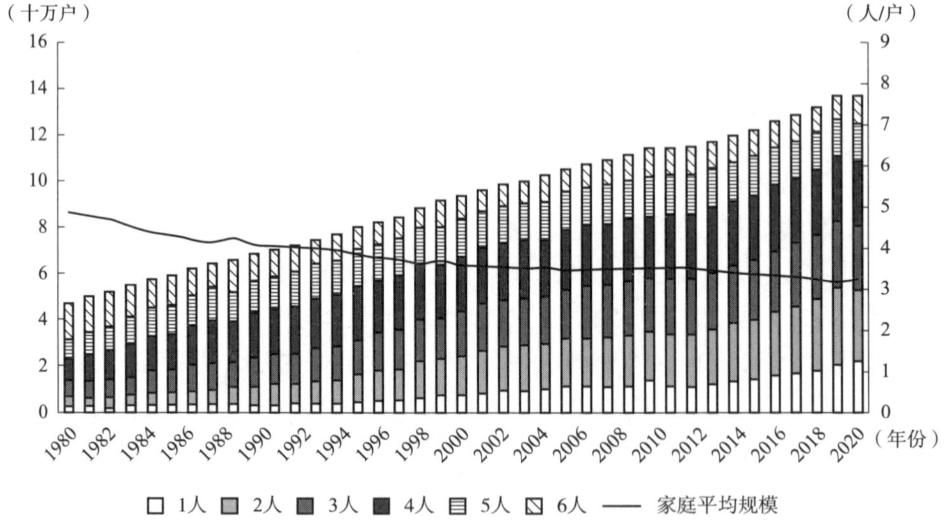

图3-1 1980—2020年新加坡家庭基本情况

资料来源：Singapore Department of Statistics. Households［EB/OL］. https: //www.singstat.gov.sg.

① Emporis. Singapore［EB/OL］.［2021-12-06］. https://www.emporis.com/city/100422/singapore-singapore.

② Emporis. Skyline Ranking［EB/OL］.［2021-12-06］. https://www.emporis.com/statistics/skyline-ranking.

③ 这里指新加坡公民或永久居民家庭。

2020年，新加坡自有住房比例为4.98%，自1980年的8.48%开始，这一指标逐年下降，2020年已降到历史最低点（图3-2），下降了近50%。

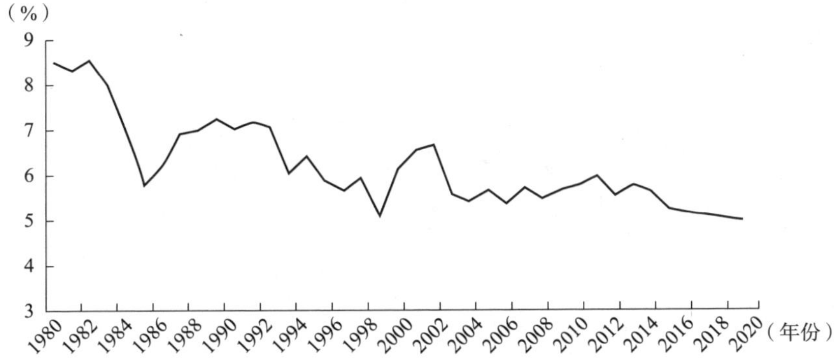

图 3-2　1980—2020 年新加坡自有住房比例

资料来源：Singapore Department of Statistics. Households［EB/OL］. https: //www.singstat.gov.sg.

2020年，新加坡房屋自住比例达到87.9%，比1980年的58.8%提高了约50%。实际上，房屋自住比例在1995年提高到了90%，2001年和2002年达到了高值93.1%，其后基本保持在88%以上（图3-3）。

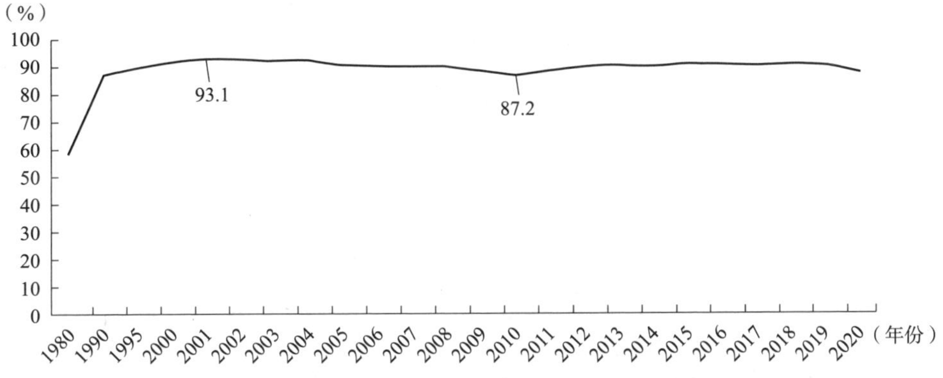

图 3-3　1980—2020 年新加坡房屋自住比例

资料来源：Singapore Department of Statistics. Households［EB/OL］. https: //www.singstat.gov.sg.

（3）新加坡城市基础设施的时序分析

2020年，新加坡机动车保有量为973990辆，每千人机动车拥有量为171.3辆（图3-4）。自20世纪60年代起，新加坡的汽车保有量有三个阶段的增长高峰期，第一个是1961—1973年，机动车数量由1961年的117936辆增加到1973年的367737辆，增长了2倍多，1974年迅速减少到276866辆，比1973年下降了24.71%；1977—1984年又有一个小的增长期，但平均增速小于第一个增长期；2004—2010年是第三个小的增长期，2010年后步入缓慢的甚至负增长期。每千人机动车拥有量的增长期也类似，到2009年达到历史最高值每千人186.3辆，之后基本稳定在170辆左右。

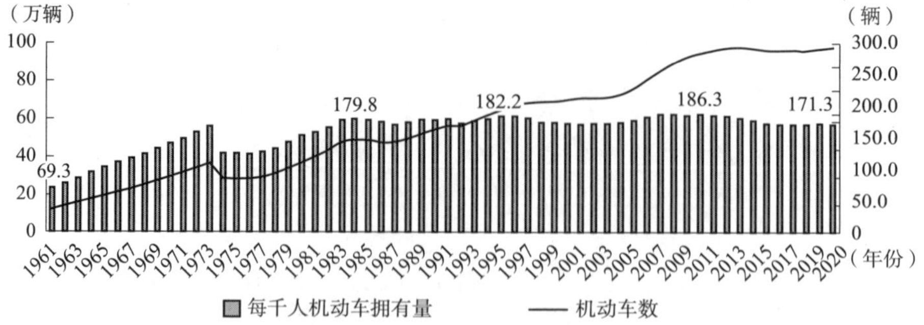

图 3-4　1961—2020 年新加坡机动车保有量和每千人机动车拥有量

资料来源：Singapore Department of Statistics. Transport［EB/OL］. https://www.singstat.gov.sg.

由图3-5可以看出，2020年新加坡陆地交通轨道长度为232.3千米，其中，大众捷运（Mass Rapid Transit，MRT）为203.5千米、轻轨（Light Rail Transit，LRT）为28.8千米，轨道长度比1990年的67千米翻了近两番。

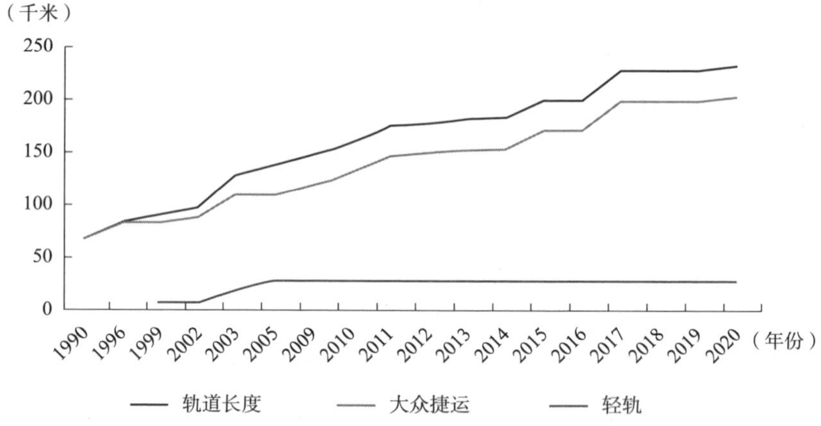

图 3-5　1990—2020 年新加坡轨道交通长度

资料来源：Singapore Department of Statistics. Transport［EB/OL］. https://www.singstat.gov.sg.

（4）新加坡城市公共服务的时序分析

新加坡公民享有良好的基本医疗服务。截至2020年底，新加坡共有19所综合性医院、9所社区医院、1所精神病医院、77所疗养院、2所收容所、20家综合诊所等，有3.2万张病床、9.1万名医护人员。2020年，新加坡每万人医师数为26.07人（图3-6），这一指标从1985年的每万人医师数9.62人持续上涨，30多年来提高了近2倍。

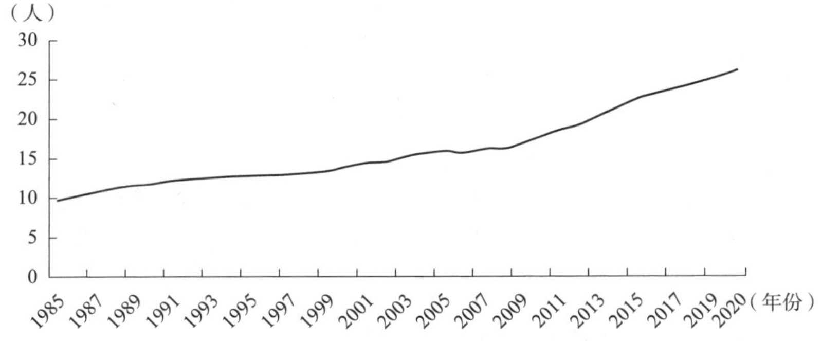

图 3-6　1985—2020 年新加坡每万人医师数

资料来源：Singapore Department of Statistics. Health［EB/OL］. https: //www.singstat.gov.sg.

据世界卫生组织统计，2015年新加坡全国经常性医疗卫生支出占GDP的4.3%，按照购买力平价计算，人均经常性医疗卫生支出3681.3美元。新加坡的医疗保障体制是储蓄基金型，主要通过政府补贴和强制性储蓄积累满足公民的医疗需求，其核心内容为“3M”计划，包括：①保健储蓄计划，即每个有工作的人，包括私营业主，每月必须将收入的6%~8%存入设在公积金局的个人保健储蓄账户，用于支付本人及其直系亲属的住院费用，直至其退休。每月缴费由雇主和个人各承担一半。②保健双全计划。专门帮助国民支付重病或长期慢性疾病的医药开支，由个人自愿投保，保费从个人保健储蓄中扣除，缴费标准随年龄递增。目前，该计划的覆盖率已超过76.5%。③保健基金计划，该基金约8亿新元，由政府分配给公立医院，专门协助没有保健储蓄或储蓄金额不足以支付医疗费的贫困人群。每年申请者超过10万人，其中99%以上可获批。

图3-7显示了新加坡公共交通平均每日乘客量的变化，2019年，大众捷

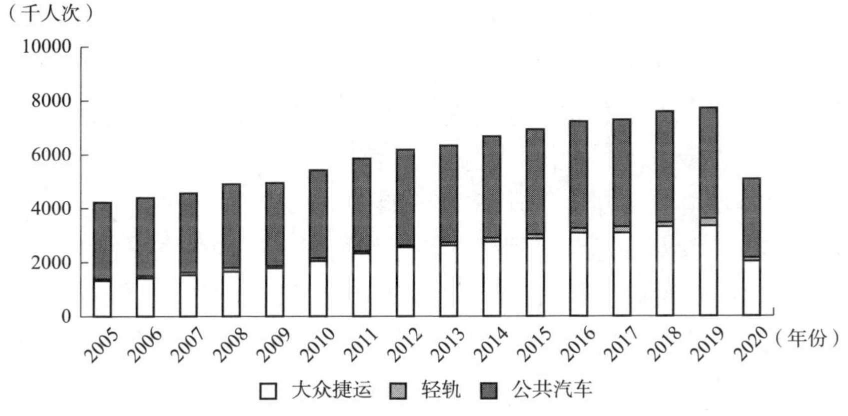

图 3-7　2005—2020 年新加坡公共交通平均每日乘客量

资料来源：Singapore Department of Statistics. Transport［EB/OL］. https: //www.singstat.gov.sg.

运日平均乘客量为202.3万人次，轻轨为13.9万人次，公共汽车为287.8万人次。2005—2019年，公共交通日平均乘客量持续增长，2020年受新冠肺炎疫情的影响，公共交通出行量有较大幅度下降。

（5）新加坡城市公共管理的时序分析

新加坡人主要是近100多年来从欧亚地区迁移而来的移民及其后裔。其移民社会的特性加上殖民统治的历史和地理位置的影响，使得新加坡呈现出多元文化的社会特色。截至2021年6月，新加坡总人口5453566人，其中居民3986842人（包括公民3498191人和永久居民488651人）、非本地居民1466724人。总人口增长率-4.1%，人口密度7485人/平方千米。从图3-8可以看出，总人口自1950年的1022100人持续增长，70年来增长了4倍。其间，形成了一些阶段性的增长高潮，包括1950—1960年、20世纪80年代前两年、20世纪90年代中后期，2019年达到峰值5703569人后开始下降，近两年总人口都为负增长，2021年更是达到了-4.1%的历史新低。

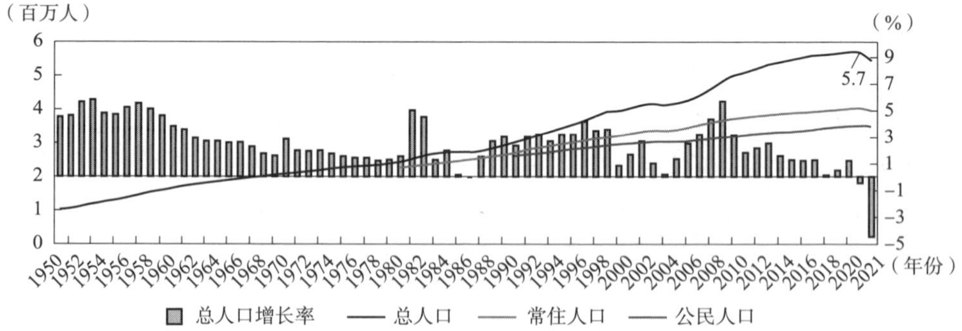

图3-8　1950—2021年新加坡人口

资料来源：Singapore Department of Statistics. Population［EB/OL］. https: //www.singstat.gov.sg.

2021年，新加坡居民女性就业比例为64.2%，比1990年的48.8%增长了31.6%（图3-9），虽然仍然低于男性就业比例（77.2%，2021年），但总体差距在缩小。女性就业人口数占总就业人口数的百分比从1990年的38.5%增长至2020年的46.1%，30年来上升了7.6个百分点。

公共汽车、大众捷运和轻轨仍然是受雇居民上班的主要交通工具。2020年，有57.7%的人乘坐公共汽车、大众捷运、轻轨上班，高于2010年的54.6%（图3-10）。这主要是因为随着大众捷运、轻轨网络的扩展，通过大众捷运、轻轨上下班并换乘公共汽车的比例有所增加。相反，在同一时期，只乘坐公共汽车上下班的人比例有所下降。2020年，20%左右的就业居民仅开车上班，低于2010年的约25%。同期仅乘坐出租车/私家车出行的比例从

1.3%增长到3.0%。

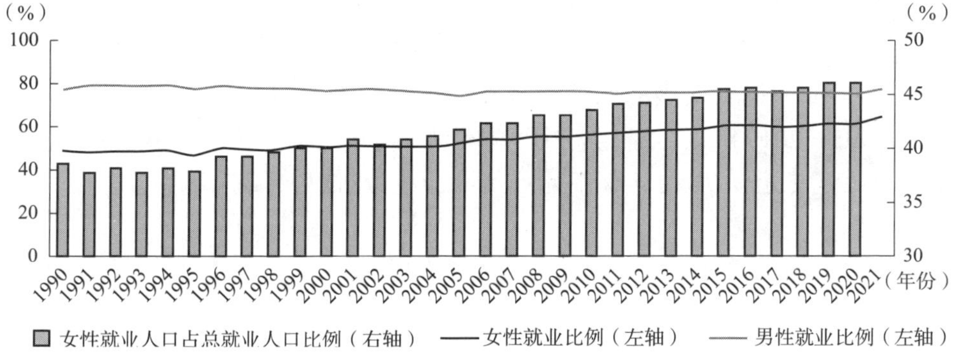

图 3–9 1990—2021 年新加坡女性、男性就业比例及女性就业人口占比

资料来源：Singapore Department of Statistics. Labour，Employment，Wages and Productivity［EB/OL］. https: //www.singstat.gov.sg.

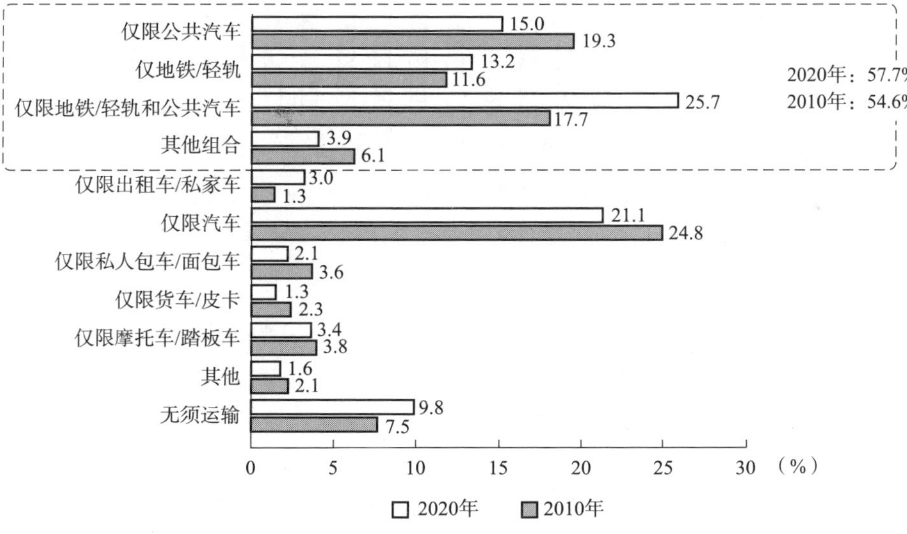

图 3–10 2010 年、2020 年新加坡 15 岁以上就业居民上班交通方式比例

资料来源：Singapore Department of Statistics. Singapore Census of Population 2020［EB/OL］. https: //www.singstat.gov.sg.

（6）新加坡城市国际联系的时序分析

新加坡是世界上最开放的国家，外贸依存度在300%左右。其三大支柱产业——电子、炼油和造船80%资本均为外国投资。由图3–11可以看出，2019年，新加坡收入外商投资总额为1411亿美元（1924.186亿新元），其中欧洲的投资占比最多，约占2019年外商投资总额的37.28%，其次是北美洲（31.8%），南美洲、中美洲及加勒比地区（15.4%），亚洲（13.9%）。欧洲投资最多的国家是荷兰，投资额为199.2亿美元（271.682亿新元）；北美洲投资最多的国家为美国，投资额为360.2亿美元（491.416亿新元）；南美洲、中美洲及加勒比地区投资最多的国家为开曼群岛，投资额为106.8亿美元（145.671亿新元）；亚洲投资最多的国家为日本，投资额为70.4亿美元（96.029亿新元）。1998—2019年，外国直接投资总额从17.898亿美元（29.954亿新元）增加到1411亿美元（1924.186亿新元），增长了近78倍。

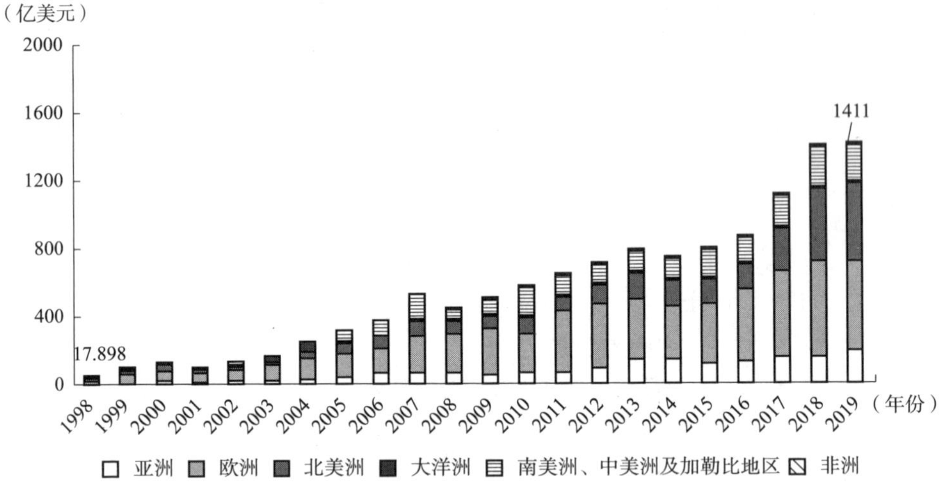

图 3–11　1998—2019 年新加坡外国直接投资

资料来源：Singapore Department of Statistics. Foreign Direct Investment [EB/OL]. https: //www.singstat.gov.sg.

2019年，旅游业收入为276.89亿新元，比2018年增长了2.8%，酒店420家，平均入住率84.7%，平均房价每间215.6新元。由图3–12可以看出，2019

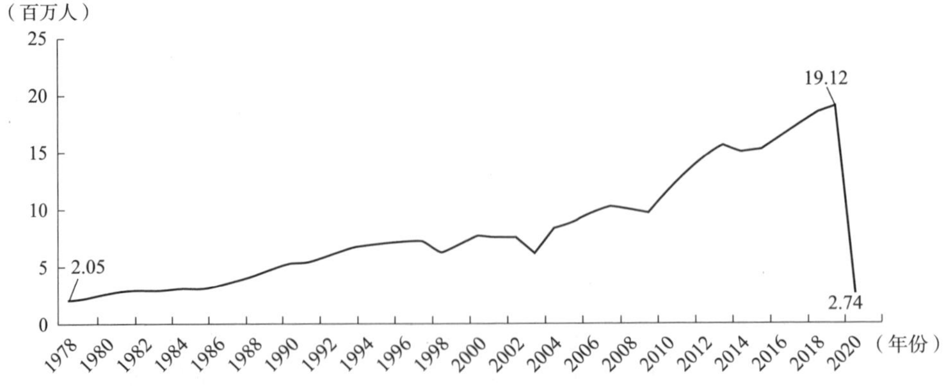

图 3–12　1978—2020 年新加坡国际游客数量

资料来源：Singapore Department of Statistics. Tourism [EB/OL]. https: //www.singstat.gov.sg.

年新加坡共接待1912.0万名国际游客，是其总人口数的3.5倍，比2018年增加60.8万人，增长3.3%，前五大客源地依次为中国、印度尼西亚、印度、马来西亚和澳大利亚。其中，中国游客363万人，增长6.1%，占外国游客总数的19%。自1978年以来，新加坡国际游客数保持稳定较快的增长，从1978年的204.7万人增加到2019年的1911.6万人，翻了近9倍。2020年受新冠肺炎疫情影响，新加坡国际游客数出现了大幅下跌，降至20世纪七八十年代的水平，为274.0万人。2021年前10个月的国际游客人数比2020年同期少250.7万人。

2. 新加坡城市6个领域的时序分析

在城市经济方面，新加坡在过去的60年间，GDP和人均GDP除个别年份有些许的波动外，基本保持增长的态势，受新冠肺炎疫情影响，两个指标都在2020年有不小的回落。在城市社会方面，新加坡总人口抚养比从1961年92.7%的最高值下降到2011年35.3%的最低值后再次爬升；1970—2021年，总失业率呈现出波动下降的趋势；近10年来总犯罪率有所上升。在城市政治方面，投票率达到了历次大选的最高值95.8%。在城市文化方面，新加坡成人识字率从1960年的52.6%增长到2020年的97.1%，提高了84.6%；1980—2020年，新加坡的平均受教育年限增长了两倍。在城市环境方面，2000—2018年，新加坡温室气体排放量上涨了40%，2019年有所下降。在城市居民方面，1950—2021年，男性比例持续下降；居民年龄中位数自20世纪50年代末开始先下降后持续上升；老年人口比例从2000年的7.19%上升至2021年的16.03%，20多年翻了一番多；出生时预期寿命1960—2020年提高了21岁。

（1）新加坡城市经济的时序分析

2020年，新加坡按当前市场价格计算的国内生产总值为3400亿美元（4691亿新元），其中制造业占20.54%、服务业占66.87%，同比实际增长率为-5.4%，被认为是“新加坡自半个多世纪前独立以来，经济表现最差的一年，并且是自2001年以来的首次年度萎缩”，充分体现了新冠肺炎疫情对新加坡经济造成的影响巨大。人均GDP为59796美元（82503新元），跌破了6万美元。自1960年以来，新加坡GDP和人均GDP除个别年份有些许波动外，基本都保持增长的态势（图3-13），GDP和人均GDP在2018年达到峰值3760亿美元和66676美元，后受新冠肺炎疫情影响，两个指标都在2019年和2020年有不小回落。

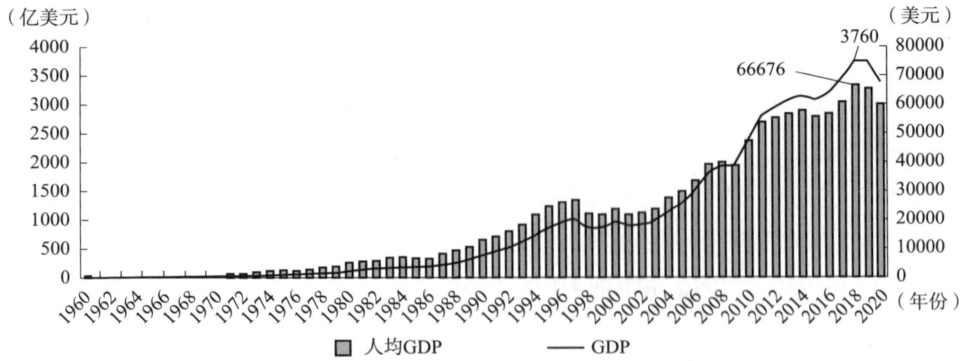

图 3-13　1960—2020 年新加坡 GDP 和人均 GDP

资料来源：Singapore Department of Statistics. National Accounts [EB/OL]. https://www.singstat.gov.sg.

2020年，新加坡就业人数为357.4万人，从1970年开始，就业人数基本保持稳定的增长态势，50年里增长了5倍多（图3-14）。

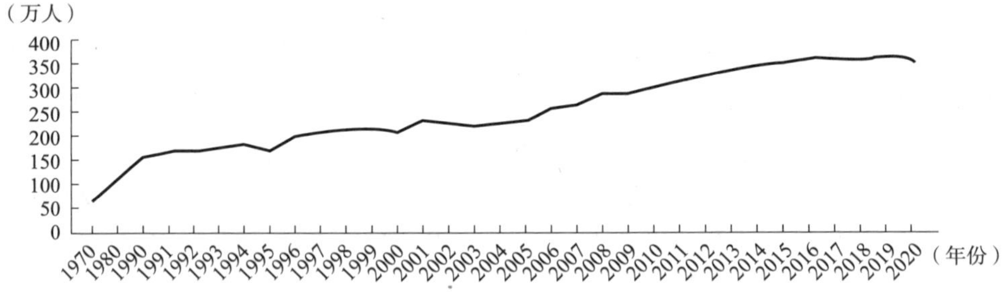

图 3-14　1970—2020 年新加坡就业人数

资料来源：Singapore Department of Statistics. Labour，Employment，Wages and Productivity [EB/OL]. https://www.singstat.gov.sg.

由图3-15可以看出，2020年新加坡服务产业就业人数占比85.1%，2001年服务产业就业人数占比为73%，上升了16.6%。

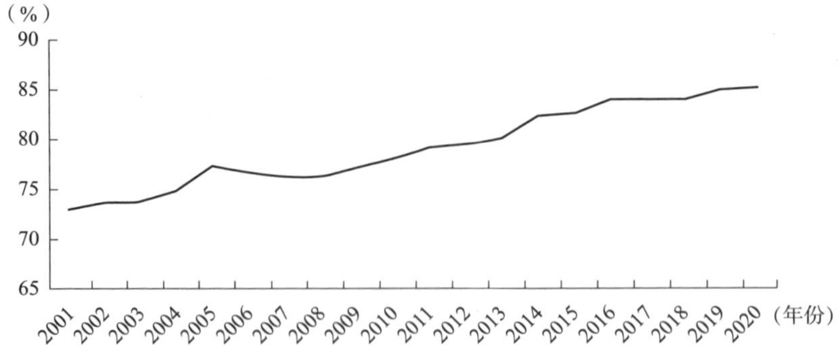

图 3-15　2001—2020 年新加坡服务产业就业比例

资料来源：Singapore Department of Statistics. Labour，Employment，Wages and Productivity [EB/OL]. https://www.singstat.gov.sg.

2020年，新加坡全职雇员每月工作总收入中位数①为3286美元，自2001年起，新加坡月收入中位数保持总体上升趋势，个别年份出现下降，降幅一般不超过2%，2015年出现了相对较大的降幅，为-3.46%；2008年比2007年增加了361美元，涨幅达到了近20年的最高值21.35%；2011年比2010年增加了383美元，涨幅达到了次高值17.4%；2020年月收入中位数比2019年下降了59美元（图3-16）。

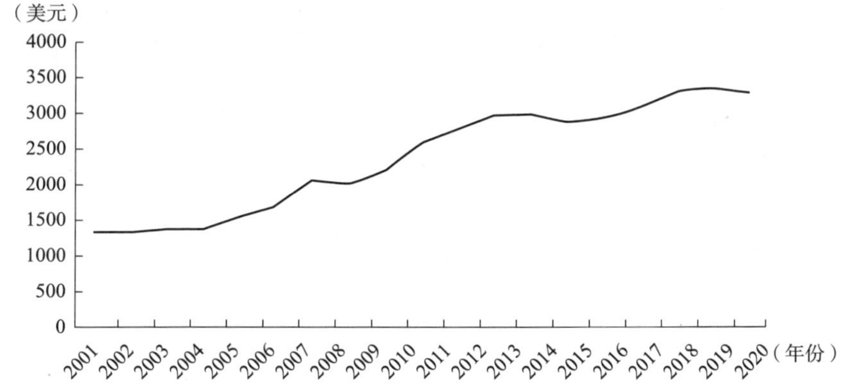

图3-16 2001—2020年新加坡全职雇员每月工作总收入中位数

资料来源：Singapore Department of Statistics. Labour，Employment，Wages and Productivity［EB/OL］. https://www.singstat.gov.sg.

（2）新加坡城市社会的时序分析

2021年，新加坡少年儿童抚养比为20.8%，老年人口抚养比为23.1%，总人口抚养比为43.9%（图3-17）。1957—2021年，少年儿童抚养比从1957年的77.8%先上升至1961年的88.3%，后逐渐下降至2018年的20.7%，近60年下降了76.6%；老年人口抚养比从1957年的3.9%持续保持上涨趋势，进入2010年，老年人口抚养比增速突然上升，基本保持在每年5%以上，2012年达到了7.14%的增长率。因此导致总人口抚养比从1961年92.7%的最高值下降到了2011年35.3%的最低值后又爬升。

截至2021年6月，新加坡整体失业率为3.5%，居民失业率为4.7%（图3-18）。1970—2021年，总失业率呈波动下降的趋势；1992—2021年，居民失业率呈波动上升的趋势。1992—2021年，总失业率和居民失业率均在1997年达到最低点，分别为1.9%和2.5%，21世纪的前3年、2009年、2020年都出现了相对的失业率高值。

---

① 英文原文为：median (50th percentile) gross monthly income from work (including employer CPF) of full-time employed residents.

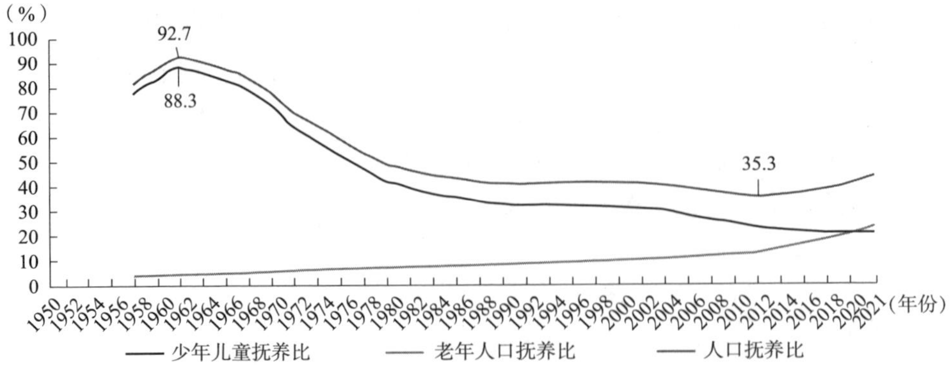

图 3-17　1950—2021 年新加坡少年儿童抚养比和老年人口抚养比

资料来源：Singapore Department of Statistics. Population［EB/OL］. https: //www.singstat.gov.sg.

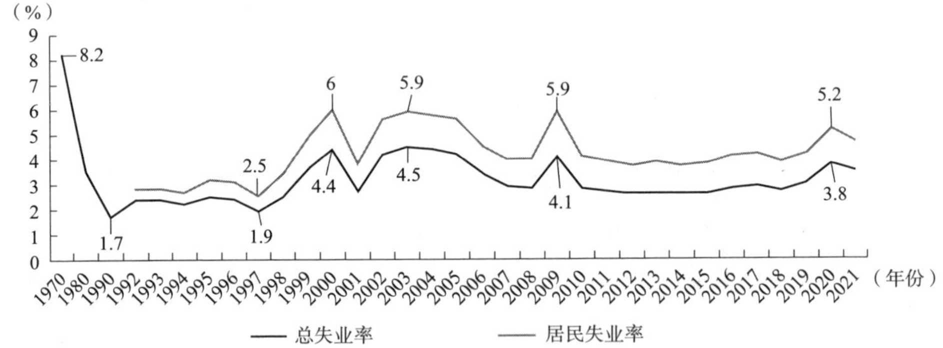

图 3-18　1970—2021 年新加坡总失业率和居民失业率

资料来源：Singapore Department of Statistics. Labour，Employment，Wages and Productivity［EB/OL］. https: //www.singstat.gov.sg.

新加坡的社会治安状况总体良好，是世界上犯罪率最低的国家之一，无反政府武装组织。2020年，新加坡的总犯罪率为656件每十万人，近10年总犯罪率有所上升，最低值为2013年的555件每十万人（图3-19）。

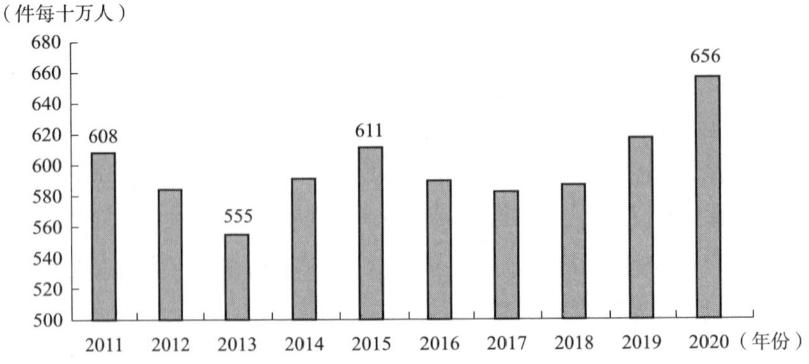

图 3-19　2011—2020 年新加坡总犯罪率

资料来源：Singapore Department of Statistics. Public Safety［EB/OL］. https: //www.singstat.gov.sg.

（3）新加坡城市政治的时序分析

新加坡实行议会共和制，总统为国家元首，原经议会产生，1992年国会颁布民选总统法案，规定从1993年起总统由全民直接选举产生，任期由4年改为6年。总统委任议会多数党领袖为总理。新加坡目前有两种选举：议会选举和总统选举。根据新加坡宪法，议会大选必须在议会解散后3个月内进行，从议会第一次开会起最长任期为5年，总统选举每6年举行一次。新加坡议会为一院制，共有 93个席位。自1965年新加坡独立到1981年，人民行动党一直以压倒性优势赢得每次选举的席位，在近20年形成了一个没有反对党当选议员的议会，并始终组成新加坡政府。

最近一次议会选举是2020年新加坡大选，于2020年7月10日举行，选出新一届新加坡国会全部93个民选议席。本次大选是新加坡自独立以来的第18次大选，也是新加坡人民行动党自1959年新加坡成为自治邦执政后的第13次选举，同时是李显龙任该党秘书长及新加坡总理后的第3次大选。此次大选登记选民数量2651435人，投票选民数量2535565人，投票率为95.81%，结果人民行动党得票率61.23%，比2015年的69.86%有所下降，工人党（Workers' Party）得票率11.22%、新加坡前进党（Progress Singapore Party）得票率10.18%、新加坡民主党（Singapore Democratic Party）为4.45%、民族团结党为3.75%、其他党派为9.15%（图3-20）。

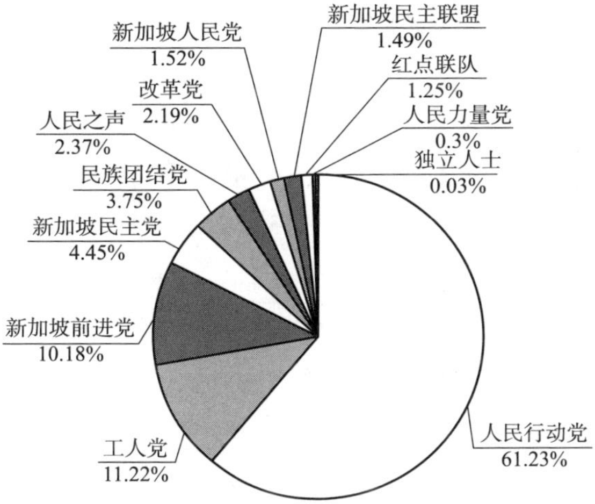

图 3-20　2020 年新加坡大选投票结果

资料来源：Singapore Elections［EB/OL］. http: //www.singapore-elections.com/general-election/2020/.

由图3-21可以看出，2020年新加坡大选选民投票率为95.81%，是历届选举中投票率最高的一次，1968年大选投票率出现过历史最低的10.3%。

1991年、1997年和2001年的大选投票率没有过半，1959年、1963年、1972年、2011年、2015年、2020年的大选投票率均超过了85%。

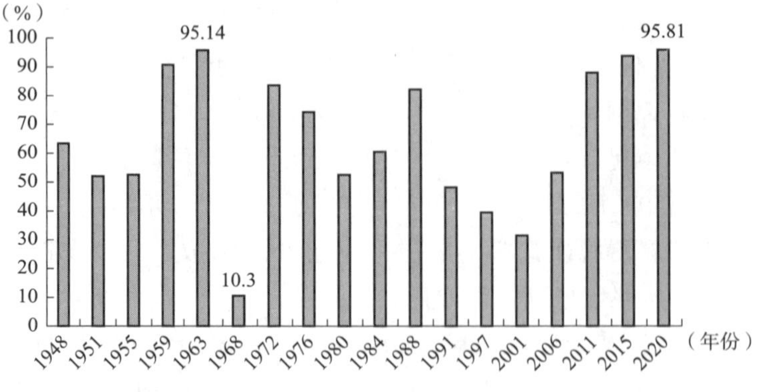

图 3-21　1948—2020 年新加坡大选投票率

资料来源：Singapore Elections［EB/OL］. http: //www.singapore-elections.com/.

（4）新加坡城市文化的时序分析

新加坡十分重视教育，每个儿童都需接受10年以上的常规教育（小学6年，中学4年）。新加坡的教育制度强调识字、识数、双语、体育、道德教育、创新和独立思考能力并重。双语政策要求学生除了学习英语，还要兼通母语。政府推行“资讯科技教育”，促使学生掌握电子计算机知识。学校绝大多数为公立，其中包括170所小学、154所中学、14所初级学院及新加坡国立大学、南洋理工大学、管理大学和科技大学4所大学。2020年，新加坡15岁及以上成人识字率为97.1%，其中，男性识字率为98.5%、女性为95.8%。1960—2020年，成人识字率从52.6%增长到97.1%，提高了84.6%；其中，男性成人识字率从70.3%提高到98.5%，提高了40.1%；女性成人识字率从32.8%提高到95.8%，提高了近2倍（图3-22）。

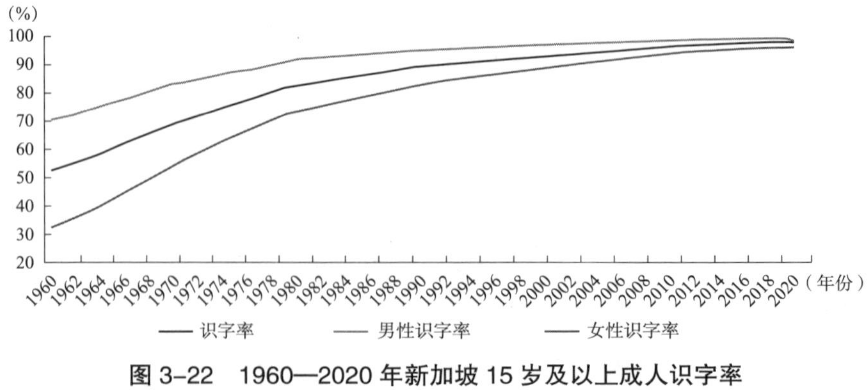

图 3-22　1960—2020 年新加坡 15 岁及以上成人识字率

资料来源：Singapore Department of Statistics. Education，Language Spoken and Literacy［EB/OL］. https: //www.singstat.gov.sg.

2020年，新加坡平均受教育年限为11.3年，其中男性平均受教育年限为11.7年，女性平均受教育年限为10.9年。1980年，新加坡的平均受教育年限仅为4.7年，增长了近两倍（图3-23）。

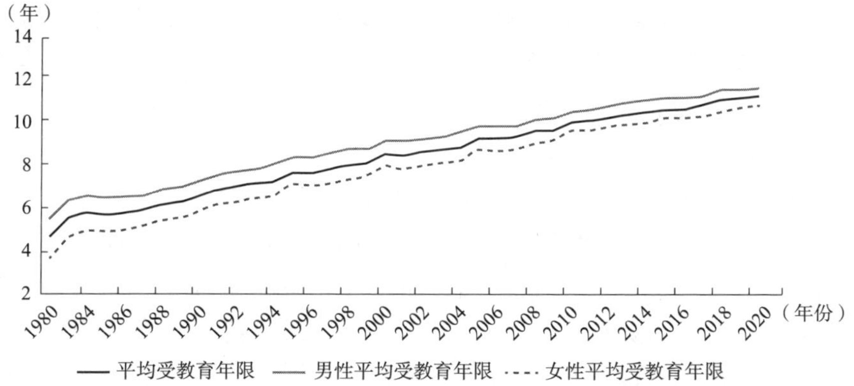

图 3-23　1980—2020 年新加坡人平均受教育年限

资料来源：Singapore Department of Statistics. Education，Language Spoken and Literacy［EB/OL］. https: //www.singstat.gov.sg.

2019年，教育预算132亿新元，占预算总支出的16.5%，占GDP的2.6%。新加坡的大学学费一般专业为7650~15300新元/年，法学专业为11000~24000新元/年，医科专业为23000~46000新元/年，生活费为500~700新元/月。

（5）新加坡城市环境的时序分析

2019年，新加坡温室气体排放量为51570.2吨二氧化碳当量（图3-24）。2000—2019年，新加坡温室气体排放量从2000年的38951.9吨二氧化碳当量持续上涨到2018年的52177.8吨二氧化碳当量，上涨40%，2019年有所下降。尽管新加坡温室气体的排放量约占全球总排放量的0.1%，但新加坡仍然在采取措施减少碳排放。

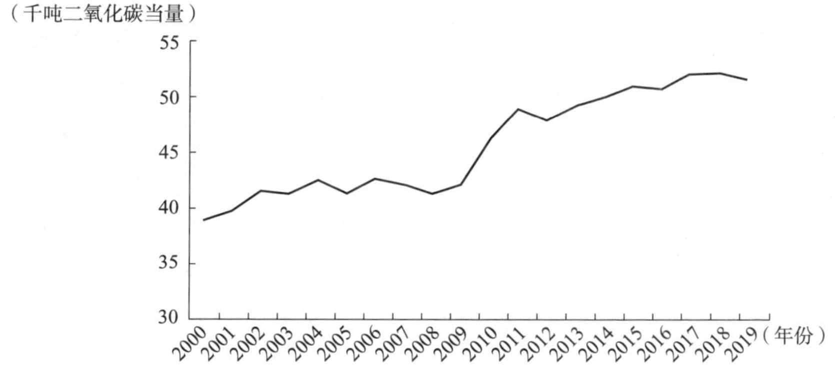

图 3-24　2000—2019 年新加坡温室气体排放情况

资料来源：Singapore Department of Statistics. Environment［EB/OL］. https: //www.tablebuilder.singstat.gov.sg.

植被覆盖了新加坡土地面积的56%，其中，27.5%是人为维护管理的植被（公园、花园、草坪等）；29%是自然植被，包括灌木丛、低地森林、淡水沼泽森林、淡水沼泽和红树林；原始森林仅占新加坡陆地总面积的0.28%（Yee，2011）。联合国2020年主要用于社会服务的森林总面积比例排名前十位的国家中，新加坡排名第一，其78%的森林面积用于社会服务（United Nations Food and Agriculture Organization，2020）。

（6）新加坡城市居民的时序分析

从图3-25可以看出，截至2021年中，新加坡男女比例为96∶100。1950—2021年，男女比例从每千名女性对1173名男性，男性比例持续下降，到2019年和2020年达到历史最低值，每千名女性对957名男性。2021年中，居民年龄中位数为41.8岁，这一指标自20世纪50年代末开始先下降后持续增长。从独立前1963年的最小值17.7岁到2021年的41.8岁，增加了24.1岁。

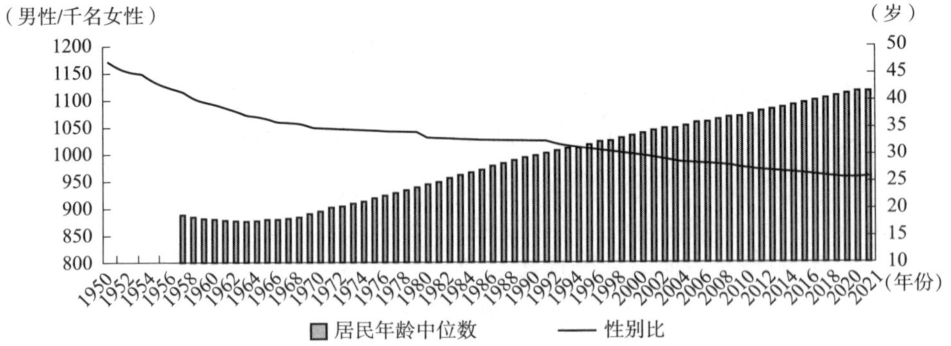

图3-25 1950—2021年新加坡男女比例和居民年龄中位数

资料来源：Singapore Department of Statistics. Population and Population Structure［EB/OL］. https://www.singstat.gov.sg.

2000—2021年，老年人口比例从7.19%上升到16.03%，20多年翻了一番多（图3-26），而养老支持率①从1957年的82名工作人口扶养1名老人增加到1961年的93名工作人口扶养1名老人，后持续下降到2011年的35名工作人口扶养1名老人，随即回升到2021年的每44名工作人口扶养1名老人。

2020年，新加坡出生时平均预期寿命为83.9岁，其中女性出生时预期寿命为86.1岁，高于男性出生时预期寿命（81.5岁）（图3-27）。1960—2020年，新加坡出生时预期寿命从1960年的62.9岁增加到2020年的83.9岁，提

① 养老支持率［old-age support ratio: residents aged 15~64 years per resident aged 65 years & over (number)］即每名65岁及以上居民对应的15~64岁工作人口数。

高了21岁，其中1960—1980年增速较快，尤其是1975—1980年增加了5.3岁。

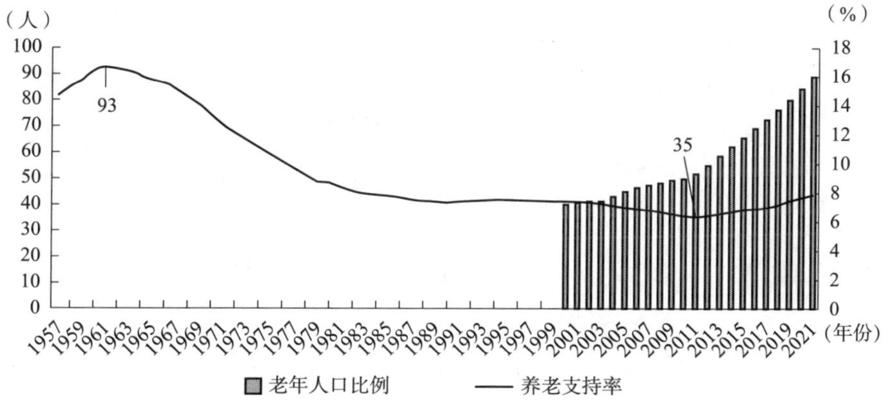

图 3-26　1957—2021 年新加坡养老支持率和老年人口比例

资料来源：Singapore Department of Statistics. Population and Population Structure［EB/OL］. https: //www.singstat.gov.sg.

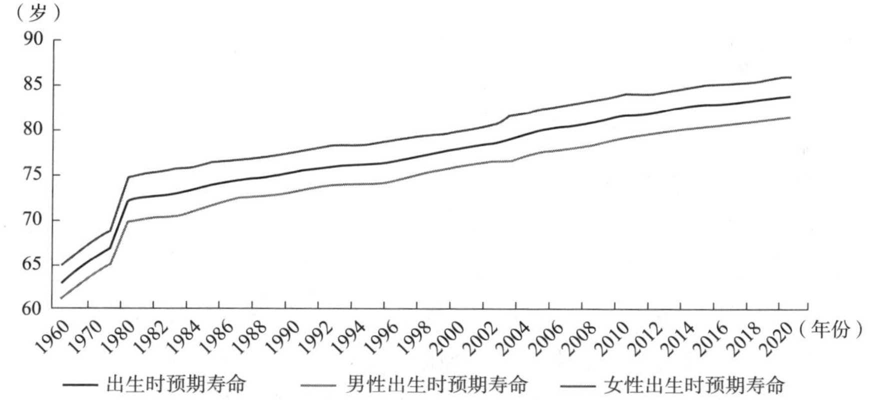

图 3-27　1960—2020 年新加坡人出生时预期寿命

资料来源：Singapore Department of Statistics. Deaths and Life Expectancy［EB/OL］. https: //www.singstat.gov.sg.

新加坡是一个移民国家，由华人、马来人和印度人构成了3个官方民族。面对如此多种族的人口，领导层设想了一种新加坡人的身份，来呼吁“强调卓越的坚固个人主义”。2021年，新加坡有华人296万人，占其总人口的74.3%，是新加坡第一大人种；其次是马来人，占13.7%；印度人仅占8.9%（图3-28）。华人在新加坡经济社会中地位较高，其经商表现突出，有“中华总商会”等规模大、影响广的商会组织。大多数新加坡华人的祖先来自中国南方，尤其是福建、广东和海南，其中40%是闽南人，其次为潮汕人、广府人、莆田人、海南人、福州人、客家人等。因此，新加坡的官方语言为马来语、汉语、泰米尔语和英语。马来语为国语，英语为行政用语。

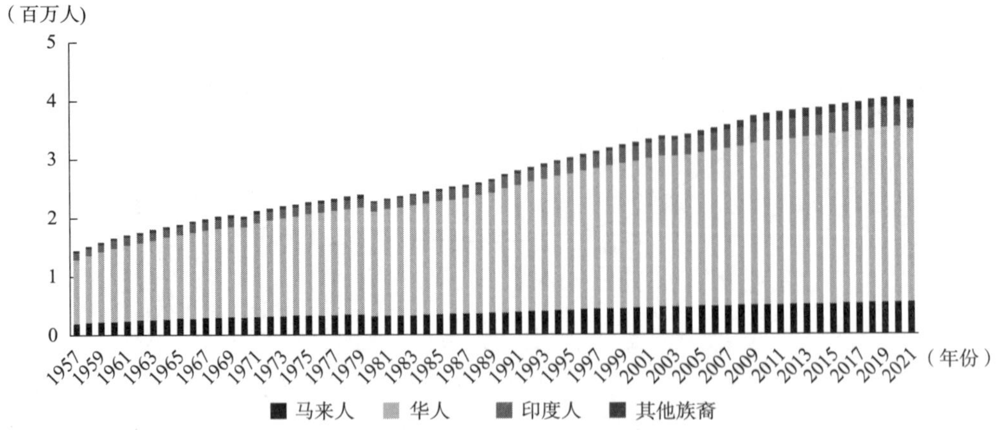

图 3-28 1957—2021 年新加坡人种情况

资料来源：Singapore Department of Statistics. Population and Population Structure [EB/OL] . https: //www.singstat.gov.sg.

（二）新加坡城市现代化水平的截面分析

新加坡的6个系统和6个领域的截面用2020年截面为代表，采用的是2010—2020年可获得的数据。

1. 新加坡城市 6 个系统的截面分析

新加坡城市6个系统的截面分析如表3-2所示，在城市功能和形态方面，新加坡在全球城市竞争力排名中基本位列前十名，在城市形态方面，主要依照点轴式高密度开发，形成“城市—新镇—邻区—邻里”的空间组织模式。在住房和建筑方面，2020年新加坡自有房产比例为4.98%，家庭平均规模为3.22人/户，房屋自住比例为87.9%，截至2021年底，其国内最高建筑为国浩大厦，高284米。在城市基础设施方面，2020年新加坡机动车保有量为973990辆，每千人机动车拥有量为171.3辆，轨道交通长度为232.2千米。在城市公共服务方面，2020年新加坡每万人医师数为26.07人，公共交通平均每日乘客量为5040千人次。在城市公共管理方面，2021年新加坡城市人口为5453566人，女性就业比例为64.2%，女性就业人口数占总就业人口数的比例为64.1%，2020年新加坡15岁以上就业人口上班乘坐公共交通出行的比例为55.7%。在城市国际联系方面，2019年新加坡国际游客数为1911.6万人，外国直接投资为1924.186亿新元。

表 3–2 新加坡 6 个系统截面数据

<table>
<tr><th colspan="2">指标维度</th><th>代表性指标</th><th>数值</th><th>年份</th></tr>
<tr><td rowspan="15">6 个系统</td><td rowspan="2">功能和形态</td><td>全球城市竞争力排名</td><td>前十</td><td>—</td></tr>
<tr><td>城市形态</td><td>点轴式高密度开发，“城市—新镇—邻区—邻里”的空间组织模式</td><td>—</td></tr>
<tr><td rowspan="4">住房和建筑</td><td>自有房产比例</td><td>4.98%</td><td>2020</td></tr>
<tr><td>家庭平均规模</td><td>3.22 人 / 户</td><td>2020</td></tr>
<tr><td>房屋自住比例</td><td>87.9%</td><td>2020</td></tr>
<tr><td>最高建筑</td><td>国浩大厦（284 米）</td><td>2021</td></tr>
<tr><td rowspan="2">基础设施</td><td>每千人汽车拥有量</td><td>171.3 辆</td><td>2020</td></tr>
<tr><td>轨道交通长度</td><td>232.3 千米</td><td>2020</td></tr>
<tr><td rowspan="2">公共服务</td><td>每万人医师数</td><td>26.07 人</td><td>2020</td></tr>
<tr><td>公共交通平均每日乘客量</td><td>5040 千人次</td><td>2020</td></tr>
<tr><td rowspan="3">公共管理</td><td>城市人口</td><td>5453566 人</td><td>2021</td></tr>
<tr><td>女性就业比例</td><td>64.2%</td><td>2021</td></tr>
<tr><td>公共交通出行比例</td><td>55.7%</td><td>2020</td></tr>
<tr><td rowspan="2">国际联系</td><td>国际游客数</td><td>1911.6 万人</td><td>2019</td></tr>
<tr><td>外国直接投资</td><td>1924.186 亿新元</td><td>2019</td></tr>
</table>

2. 新加坡城市 6 个领域的截面分析

新加坡城市6个领域的截面分析如表3–3所示，在城市经济方面，2020年GDP为4690.959亿美元，人均GDP为82503美元，提供就业岗位357.4万个，其中服务产业就业比例为85.1%，收入中位数为3286美元。在城市社会方面，2021年新加坡少年儿童抚养比为20.8%、老年人口抚养比为23.1%、养老支持率为43.9%、失业率为3.5%，2020年犯罪率为658件/十万人。在城市政治方面，最近的一次2020年的议会大选投票率为95.8%，人民行动党获得61.23%的选票。在城市文化方面，2020年成人识字率为97.1%，平均受教育年限为11.3年。在城市环境方面，2019年温室气体排放量为51570.2吨二氧化碳当量，2011年研究结果显示新加坡植被覆盖率为56%。在城市居民方面，2021年新加坡男女比例为96：100，老年人口比例为16.03%，年龄中位数为41.8岁，华人比例为74.30%，2020年人口出生时平均预期寿命为83.9岁。

表 3-3 新加坡 6 个领域截面数据

指标维度		代表性指标	数值	年份
6 个领域	城市经济	GDP	4690.959 亿美元	2020
		人均 GDP	82503 美元	2020
		收入中位数	3286 美元	2020
		就业岗位	357.4 万个	2020
		服务产业就业比例	85.1%	2020
	城市社会	少年儿童抚养比	20.8%	2021
		老年人口抚养比	23.1%	2021
		养老支持率	43.9%	2021
		失业率	3.5%	2021
		每十万人犯罪率	658 件	2020
	城市政治	2020 年投票率	95.8%	2020
		2020 年议会大选	人民行动党支持率 61.23%	2020
	城市文化	成人识字率	97.1%	2020
		平均受教育年限	11.3 年	2020
	城市环境	温室气体排放量	51570.2 吨二氧化碳当量	2019
		植被覆盖率	56%	2011
	城市居民（人口）	男女比例	96：100	2021
		老年人口比例	16.03%	2021
		年龄中位数	41.8 岁	2021
		出生时平均预期寿命	83.9 岁	2020
		华人比例	74.30%	2021

三、新加坡城市现代化规划的战略及举措

（一）新加坡城市现代化规划的历史演变

新加坡是一个资源和土地面积有限的国家，鉴于其稀缺的土地和高密度的人口，城市发展的长远规划就显得尤为重要。

1. 早期的城市规划

从1819年新加坡作为英国殖民地到成为今天的独立发达主权国家，其城市规划制定并指导了新加坡的实体发展。史丹福·莱佛士爵士于1819年建设现代新加坡本身可以说是一个规划事件，因为它涉及寻找一个适合英国在远东利益的重要海上基地的深海避风港。英国允许大量的中国劳工移民，使其成为移民占大多数的国家。当时登陆的吉宝港水域成为新殖民地繁荣发展的

纽带，紧邻的周边地区成为岛上商业和市政区的核心（Tan，1999）。

新加坡的第一个城市规划框架始于1822年，当时莱佛士返回新加坡并看到了市中心的随意发展，成立了一个镇委员会来修改定居点的布局。新加坡的第一个详细城市规划被称为杰克逊计划，以负责监督该岛发展的定居点工程师和土地测量师菲利普·杰克逊（Philip Jackson）中尉的名字命名。杰克逊计划指导这座城市的发展长达8年，但1869年苏伊士运河的开通为该岛带来了更多的船只和人员。莱佛士1819年抵达时人口约为150人，到1911年，这一数字猛增至185000人，导致人满为患，尤其是在唐人街地区。计划用于步行和马车旅行的道路系统无法应对交通量的爆炸式增长，特别是当机动车辆在20世纪初大量涌入新加坡时，私家车由1915年的842辆增加到1920年的3506辆（Tan，1999）。市中心的过度拥挤导致人口，尤其是富裕阶层，迁往郊区。比较富裕的家庭搬到东海岸，在那里他们经营种植园，并在加东海滩附近维护大型海滨住宅。不太富裕的家庭往往会搬到岛的南部，作为唐人街地区的自然延伸。但后来他们也搬到了其他地区，包括东海岸，将人口过剩的问题演变为棚户区传播到郊区。这种增长导致郊区道路变得拥挤，特别是沿着通往东海岸的芽笼路。

1927年，英国殖民政府试图通过设立新加坡改善信托基金（Singapore Improvement Trust，SIT）来遏制局势，其主要目的是缓解城市拥堵和提供升级公共基础设施，特别是拓宽道路以适应不断增长的和现代化的环境，创造开放空间并建立现代卫生设施。但是，由于没有制定全面综合的规划和控制城市发展的立法权，他们只进行了零碎的开发，努力仅在局部地区体现出来。第二次世界大战期间的日本侵略（1941—1945年）也打乱了他们的努力。

2. 第二次世界大战后的城市规划

新加坡从第二次世界大战的废墟中走出来，有大量无家可归的居民。1947年，一个住房委员会迅速成立，报告了该市面临的严重住房短缺问题，到1950年，该市的人口达到100万人，而25%的人居住在1%的土地上，一些店屋（shophouse）容纳超过100人，在试图将人口安置到新的多层公寓楼中，SIT的努力显然是不够的（Tan，1999）。到1953年，殖民政府意识到迫切需要制定一个整体规划来指导新加坡的城市发展。这促使1958年的法定总体规划通过分区、密度和容积率控制及为各种便利设施保留土地来规范土地使用。《规划条例》（*The Planning Ordinance*）（现称《规划法》）于1960年2月1日实施，旨在制定控制总体规划中规定的土地使用和开发的基本法律框架。

新加坡改善信托基金于1960年被房屋署（Housing Department Board，

HDB）取代（Deng，2013）。时至今日，它一直在监督整个公共住房系统，从征地、安置、城市规划、建筑设计到已完工单位的分配和管理（Deng，2013）。为满足后独立时代的住房需求，房屋署在20年内完成了324000个单位房屋，为68.54%的人口提供了住房。房屋署成立近50年，解决了超过80%新加坡人的住房问题（Han，2005）。

新加坡于1959年获得自治时，联合国规划小组应邀提出城市更新的长期框架，并协助解决住房问题和城市衰败问题（Tan，1999）。此次合作促成了1971年概念规划的出台和市区重建组（Urban Renewal Unit）的成立，最终成为市区重建局（Urban Renewal Authority，URA）。如今，在新加坡，城市规划是一项高度集中的政府职能，市区重建局是官方指定的国家土地利用规划机构，也是执行管理《规划法》的主要机构，该法与其附属立法一起制定了管理城市规划过程和发展控制系统的一般规则。

市区重建局与其他相关政府机构合作，指导新加坡实体发展的概念规划和总体规划。在两个规划提供的综合框架内，市建局确保公共和私人发展项目均按照规定的指导方针进行。截至2021年6月，共形成1971版、1991版、2001版、2011版4版概念规划，以及1958版、1980版、2003版、2008版、2014版和最新的2019版6版总体规划。

（二）新加坡城市现代化规划的体系构架

为了优化其有限的土地，新加坡较早引入概念规划（Concept Plan）的理念，历程悠久，脉络清晰。由于历史原因，新加坡的城市发展规划明显受英国的影响，于20世纪50年代中期在英国的帮助下建立了以总体规划（Master Plan）为核心的现代规划体系。20世纪60年代，西欧结构规划兴起，在联合国协助下，新加坡引进结构规划的思想，由此建立了概念规划、总体规划和开发指导规划相结合的三级规划体系。

1. 概念规划（Concept Plan）

概念规划是一个长期性、指导性、战略性的综合规划，它描绘了新加坡未来40~50年的发展图景，制定了长远的发展目标和原则，包括对国家发展愿景、人口规模、城市功能布局等作出了战略性安排。概念规划侧重于解决宏观层面的问题，体现在形态结构、空间布局和基础设施体系，其作用是协调和指导公共建设，主要体现在确定全局性的功能分区、各级中心设置、道路交通安排、环境绿化及干线基础设施布局等方面，这些都为实施性的总体规划制定提供了依据。概念规划图只是示意性的，并不是详细的土地利用区划，不足以指导具体的开发活动，不是法定规划。

截至2021年6月，共形成了1971版、1991版、2001版、2011版4版概念规划（表3–4）。1971年制定的第一版概念规划为新加坡的发展和城市结构奠定了基础。随后概念规划总体上每10年编制一次，但可以根据国际形势转变的需要随时进行审查修订。修订工作由国家发展部（Ministry of National Development，MND）领导下的概念规划工作委员会负责协调，各小组委员会分别对各个领域如住房、工业、商业、环境、交通、公共设施和国防等的需要提出详细的研究报告，在此基础上由市区重建局领衔，与多个政府机构合作进行统一汇总修订。目前最新的概念规划于2011—2013年编制完成。

表3–4　1971—2011年各版概念规划

概念规划	1971版	1991版	2001版	2011版
基本导向	基础型	完善型	竞争型	质量型
当前人口	207万人	305万人	403万人	531万人
计划人口	400万人	400万人	550万人	690万人
住房	解决住房短缺问题； 沿着东西走廊的高密度卫星城镇	提升住房质量，满足人们多样化需求； 更多住房形式（低中高密度住房）的选择	在现有成熟城镇建立更多的新住房； 进一步住房多样化，完善设施的高密度房屋； 在西部建立更好的住房环境	强调家和社区的理念； 在中部地区提供更多的住房，确保住宅区靠近工作地点； 在比达达利、淡滨尼北部和登珈开设新城镇； 公园与新住房同时开发
交通	全岛高速路； 计划建造轨道系统链接人口中心与城市和裕廊	全岛高速公路与半高速公路； 覆盖面更广的轨道网络	更广泛的轨道系统	拓展轨道网络（汤姆森线）； 让自行车骑行成为便利的出行方式
商业	中央商务区设在南部	商业中心分散发展； 增加3个区域中心：裕廊、淡滨尼、兀兰	集中建设中央商务区，增强国际竞争力； 提出白地概念，为商业开发带来更多灵活性和弹性	全岛分散商业中心，建设第二中央商务区； 开发北海岸创新走廊和南部滨海区域，包括新的就业节点
工业	在西部设立裕廊工业园区	在裕廊工业园外设立工业区	推动高端产业（电子、化工、制药）的发展； 增加靠近地铁站的企业	在兀兰、盛港西、实里达建造新制造区，支持制造业发展
公园绿地	可持续发展理念下的中央蓄水区	建造公园连道来连接现有的公园； 规划绿色公园网络系统	中央蓄水区的逐步对外开放； 增强公园内活动的丰富性	花园里的城市理念； 延长公园连道，形成环岛绿道； 增加公园使用的方便性
基础设施	港口搬迁到巴西班让； 机场搬迁到樟宜	扩大机场和港口	扩大机场和港口	将港口聚集在大士

（1）概念规划1971版——基础型

1967—1971年，新加坡编制了第一个概念规划，它为新加坡的发展和城市结构建设奠定了基础，以满足年轻国家的基本基础设施需求。《新加坡概念规划1971》是一个环状发展方案（Ring Plan）：发展环的核心是水源和生态保护区，这里禁止任何开发活动；城市中心在南海岸的中部，作为中央商务区，规划发展为一个国际性的经济、金融、商业和旅游中心，成为今天许多全球金融机构和地区总部的所在地；沿着快速交通走廊（大容量快速交通体系和高速公路），形成兼有居住和轻型工业的新镇（new towns），市中心的人口和产业将疏散到这些新镇；一般工业集中在西部的裕廊工业区；国际机场位于本岛的东端。

（2）概念规划1991版——完善型

《新加坡概念规划1991》是新加坡的第二个概念规划，1971版规划得到有效实施，社会与经济出现转变，许多与殖民时代相关的问题，如住房和失业问题得到了有效解决，新加坡即将成为亚洲最强大的经济体之一和人均国民生产总值最高的发达国家之一。《新加坡概念规划1991》的发展愿景从满足基本需求演变为创建一个平衡工作、娱乐，文化、商业、自然、水体和城市发展无缝结合的热带岛屿城市。关注重心向提升生活品质、完善城市发展转移，重新制定了经济和社会发展远景，提出了将新加坡打造为“一个卓越的热带城市、一个具有异国情调的岛屿和国际投资中心”，形成了2000年、2010年和X年3个阶段的形态发展框架。

《新加坡概念规划1991》在1971版的基础上，对城市中心体系进行分散设置和外围扩展。在具体策略上提出通过填海来拓展中央商务区，开始形成“滨海湾”概念雏形；提出了“绿蓝计划”（Green Blue Plan），旨在建立公园、天然绿地和水道的网络，为市民创造更多休闲娱乐的场所；提出了更多保护新加坡市中心建筑遗产及促进艺术文化发展的措施；提出了建立文化和商业走廊，以及在岛上不同地区的商业中心等级，使工作更接近家庭并缓解市中心的拥堵；规划建设由商业园区（business parks）、科技园区（science parks）和学术机构（academic institutions）组成的科技产业走廊（technological corridors）；建设遍布全岛的道路与铁路网络；商业中心分散布置，增加裕廊、淡滨尼和兀兰3个区域级中心；提供多种类型住房；建设绿色网络系统。

（3）概念规划2001版——竞争型

2001年编制的第三版概念规划审查考虑了新趋势，以确保土地利用计划在应对未来挑战方面保持稳健。该规划重新调整城市发展目标，将新加坡的东南亚中心城市地位提升至“21世纪蓬勃发展的世界级城市”，拥有丰富的遗产、特色、多样性和特性，希望进一步融入全球化经济圈。相比前一版规划，本次城市中心体系进行了缩回调整，这样有利于集中发展中央商务区。

《新加坡概念规划2001》在具体的策略上包括，在熟悉的地方建设新住房，实施新居旧址计划，进一步提高居住容积率；建设拥有良好视景的住房，通过提供更广泛的住房选择来提供高质量的生活环境；制定标识计划（Identity Plan）和公园水体规划（Waterbodies Plan），通过开放更多的公园、水库和自然区域在高楼城市生活中创造更多的休闲选择；通过在市中心预留土地（白地）为商业开发带来更多灵活性，支持金融和服务业的发展，将新加坡打造成全球商务金融中心；提供更多毗邻居家的工作岗位；建设覆盖面更广泛的道路和轨道网络；开始重视地域文化，强调各地区的特色。

（4）概念规划2011版——质量型

2009—2013年，对概念规划进行了最新的审查，随后国家发展部发布了新版概念规划，提出新加坡要成为“世界上最宜居的城市——一个适合所有年龄段居民的城市和一个我们引以为豪的国家”。该规划支持国家人口和人才司（National Population and Talent Division，NPTD）预测的2030年人口将达到650万~690万人，确保新加坡在经济和人口增长的同时，民众能够继续拥有高质量的生活环境。

中心体系再次调整，预留土地以满足2030年以后的国家需求，使子孙后代拥有未来增长的选择和空间。在具体愿景上包括：提供优质的经济适用房和齐全的设施；绿化融入生活，建设花园里的城市（a city in a garden）；增强交通网络，提供更大的流动性；以良好的就业机会维持充满活力的经济；确保未来的成长空间和良好的生活环境。其中提出的主要策略和建议都纳入2014年总体规划。

2. 总体规划（Master Plan）

新加坡的总体规划是将概念规划中确定的长期战略转化为更详细的实施性计划，指导未来10~15年的发展，是进行土地开发控制的法定依据。总体规划的编制内容主要包括制定土地使用的管制措施，包括用途区域、开发强度，以及基础设施和其他公共建设的预留用地。新加坡最早的总体规划编制于1958年，由1959年规划法令确立为法定规划，规定每5年重新编制一次，截至2021年6月，共形成了1958版、1980版、2003版、2008版、2014版和2019版6版总体规划。

（1）总体规划1958版

1951年，修订了《新加坡改善条例》（*Singapore Improvement Ordinance*），

要求新加坡改善信托基金（Singapore Improvement Trust）对新加坡进行诊断性调查，并着手准备制定指导新加坡土地利用和开发的总体规划。在接下来的几十年里，英国当局对城市规划采取了一种自由放任的方法，再加上人口爆炸式增长，导致城市地区出现贫民窟和过度拥挤问题。第一版的总体规划重新引入了规划的城市增长概念，并首次将农村地区纳入土地利用规划。《新加坡1958总体规划》的草案于1955年完成，然后于1956年公示了6周，以获取公众的反馈。最终在1958年8月获得了政府批准，发布了最终报告。

在1952—1953年的诊断性调查中，涉及对中心区、城市和农村地区的土地和建筑使用，以及交通流量和提供就业的行业研究。本版总体规划的目的是提供一个蓝图以指导新加坡的实体发展，以便有足够的土地供居民在有利的环境中生活、工作和娱乐。调查确定了需要改进的领域包括：改善中心城区人满为患、住房条件差的状况；改善中心区的拥堵情况；为预计1970年后将达到200万人的人口提供足够的住房、工作、教育和娱乐设施；为未来发展预留土地；为可以向人口提供就业的产业保留土地。同时提出了解决方案，包括通过增加周边城市地区的住房，减少市中心的过度拥挤；清理城市和市区的贫民窟，拆迁住房，安置居民现代住房；在城市周围引入“绿带”（green belt）以限制城市扩张；以卫星城为理念，在农村建立新城；为新兴产业预留土地；建造新的道路和停车场。

（2）总体规划1980版

20世纪70年代，全面的城市规划开始将新加坡塑造为现代化城市，越来越受到外国投资者、企业和专业人士的青睐。1980年发布了新版总体规划。到20世纪80年代初期，新加坡在建设公共房屋、基础设施及吸引外国投资方面的成功努力已经将新加坡转变为繁荣的现代化大都市。经济的快速增长意味着对办公场所的需求超过供应，导致1980年和1981年的房地产繁荣，影响了市场的所有领域。因此，政府重新调整了公共住房政策，以增强居民的社会意识和凝聚力。

（3）总体规划2003版

《新加坡2003总体规划》在发布前进行了两轮公众咨询：2002年7—10月就公园和水体计划和标识计划征求公众意见；随后在2003年2—8月通过在全岛5个地区举办的展览向公众展示了总体规划草案，并获得反馈。最终于2003年12月由时任国家发展部部长维维安·布拉克瑞施楠（Vivian Balakrish-nan）批准通过并在《宪报》刊登。2003版总体规划支持2001版的概念规划，重点是为企业提供更大的灵活性，提高居民生活环境的质量，并承认新加坡独特地方的身份和特征。

（4）总体规划2008版

《新加坡2008总体规划》于2006年开始筹备，2008年5月公布以征求公众意见。之后对反馈进行审查，并将公众提出的可行建议纳入最终方案。在公共审查阶段，研究了两个关键领域：维持经济增长和确保良好的生活质量。2008年12月最终报告在《宪报》公布，重点是打造一个充满活力且宜居的、经济持续增长、生活环境良好的城市，4个愿景包括：首选之家（a home of choice）、商业磁铁（a magnet for business）、令人兴奋的游乐场（an exciting playground）和值得珍惜的地方（a place to cherish）。

4个愿景的具体举措包括：首选之家——发展榜鹅和盛港新市镇的便利设施，振兴成熟城镇，不同地点提供有吸引力的住房选择，提供优质的生活环境和充足的便利设施；商业磁铁——扩建滨海湾中央商务区、美芝路/奥菲亚—梧槽走廊和丹戎巴葛，在裕廊湖区和巴耶利峇中心兴建新的商业中心，鼓励工作离住所更近，为工业分配更多土地（包括航空航天等专业工业）；令人兴奋的游乐场——建造新的公园和公园连道（包括一条环岛路线），增加水体的水上娱乐活动，开发新的体育、艺术和社区设施，在全岛开发更多生活方式热点，开发新的休闲目的地（林厝港和克兰芝）；值得珍惜的地方——通过保护保留建筑遗产，增强具有鲜明特色地区的身份标识，敏感地振兴成熟城镇（包括保留熟悉的地方和标志）。

（5）总体规划2014版

《新加坡2014总体规划》于2014年6月6日在《宪报》刊登。该规划的愿景是为所有新加坡人打造一个包容、宜居、充满活力的绿色家园。其中住房（Housing）、经济（Economy）、交通（Transport）、休闲（Recreation）、公共空间（Community）及身份认同（Identity）成为六大关键词，如何优化民众的居住环境、方便民众出行成为政府制定相应政策的重要考量。

具体的实施策略包括：在住房方面，继续在各领域提升新加坡的宜居性，并提供各种住房选择和配套设施，为各年龄段的居民提供服务。在经济方面，加强建设市区和其他就业中心，分散就业岗位并创造新的商业中心。在休闲方面，扩展绿地，改善绿色空间的使用，提供更多的娱乐空间。在身份认同方面，通过增强现有区域的独特身份并以社区为中心培育新区域来保护新加坡的建筑遗产和社会记忆。在交通方面，扩大交通网络，强调绿色和可持续的交通方式。在公共空间方面，打造精心设计的共享社区空间。

（6）总体规划2019版

2019年3月，新加坡市区重建局发布了最新的总体规划草案，努力为所有年龄段的人创造一个经济上充满活力和适宜居住的家园。新的发展愿景下，该总体规划的五大发展策略包括：营造一批包容、绿色的街区，为人们提供社区公共空间和服务设施；创造就业，打造本地枢纽和全球门户；重视历史文化，复兴人们熟悉的地方；提升公共交通水准，建立便捷高效的交通体系；创造面向未来的能力，发展可持续和韧性的未来城市等。

3. 开发指导规划（Development Guide Plan，DGP）

由于5年一次的修订远远不能适应快速发展区域的规划建设需求，1987年12月，新加坡提出编制开发指导规划，以适应社会经济快速发展和解决区域发展不平衡的问题。开发指导规划将新加坡全岛划分为5个规划大区（DGP Regions）（表3-5），再细分为55个规划分区（Planning Areas），以规划分区为空间单位编制开发指导规划。每个规划分区相对独立和完整，是新加坡政府控制城市开发时序、实施空间管控的基本空间单位。开发指导规划的制定和调整较为灵活，是总体规划进行局部调整的一种规划手段，每个开发指导规划可以单独编制、修改和审批。开发指导规划的编制、修改和审批程序与总体规划相同，大部分由市区重建局全面协调，少量地区可以由规划事务所编制，再上呈市区重建局审批。

表3-5 新加坡规划区

中区（22）	碧山、红山、武吉知马、中央商务区、芽笼、加冷、滨海东、滨海南、马林百列、博物馆、纽顿、诺维娜、乌节、欧南、女皇镇、里峇峇利、梧槽、新加坡河、南部群岛、海峡景、东陵、大巴窑
东区（6）	勿洛、樟宜、樟宜湾、巴西立、巴耶利峇、淡滨尼
北区（8）	中央集水区、林厝港、万礼、三巴旺、新邦、双溪加株、兀兰、义顺
东北区（7）	宏茂桥、后港、东北群岛、榜鹅、实里达、盛港、实龙岗
西区（12）	文礼、武吉巴督、武吉班让、蔡厝港、金文泰、裕廊东、裕廊西、先驱、登加、大士、西部群岛、西部集水区

当前，在新加坡全国共设有55个规划区。每个规划区皆制定了一份因地制宜的开发指导规划，为全国每块土地提供详细的规划指南（Chew，2021）。分区的DGP以土地使用和交通规划为核心，根据概念规划的原则和政策，针对分区的特定发展条件，制定用于区划、交通组织、环境改善、步行和开敞空间体系、历史保护和旧区改造等方面的开发指导细则。开发指导规划的应用主要是为了涵盖总体规划和其他非法定的地区规划的所有内容，且比全岛

的总体规划更为详尽、更有针对性，因而对于具体的开发活动更具指导意义。同时相对作为法定规划的总体规划，开发指导规划更便于灵活地修编调整。

其中的5个规划大区分别为中区（Central Region）、东区（East Region）、北区（North Region）、东北区（North-East Region）、西区（West Region）。其中分布在新加坡岛南部沿海地带的中心、东部与西部3个区是国家经济发展与城市建设的重点地区。这里既是城市的发源地，也是全国的政治与文化中心，同时行使着金融、商业、贸易、信息、旅游等重要城市功能，新加坡河河口地带的中央商务区已成为展示新加坡国家与城市形象的重要窗口。

（三）新加坡城市现代化规划的优势

在纵向27千米、横向43千米，仅728平方千米的国土面积上，聚集了新加坡570多万的人口。在没有腹地同时缺乏天然资源的情况下，新加坡在城市发展规划上面临的最大挑战就是如何以有限的土地资源来满足多种类型用地的需求，包括居住、商业、工业、机场、海港、军事、绿地等。根据之前新加坡城市规划发展的历史演变体系构架可以分析得出，其城市规划深深地影响了新加坡的空间发展形态和居民的生活方式，具体的优势包括：

1. 长远考虑，整体规划

新加坡的城市发展规划是在需求来临前预先规划，从远期到近期。新加坡的城市规划年限较长，“X原则”要求新加坡的城市建设有八九十年的发展空间，到后期逐步演变成不同的人口规模对应不同的概念规划的模式。这样长远的眼光使新加坡有充足的时间准确计算，包括人口预测、产业结构发展趋势、容积率的差异分布等，并充分考虑土地预留以满足城市未来发展的需要，赋予空间极大的发展弹性，在应对外部冲击时显现出极强的韧性。

新加坡的城市规划自上而下整体布局，从大到小、从地下到地上，是新加坡城市发展规划的整体性策略。在战略层面，新加坡的城市发展规划采用了富有远见的步骤：概念规划是一个宏观战略规划，在广泛的构架和长期战略的指引下，第二级更详细的开发指导规划或总体规划出台，将新加坡划分为55个更小的规划区域。新加坡城市发展规划的最大优势是将专项规划统一到总体规划之下，城市规划覆盖城市土地利用和空间形态的所有内容，各项基础设施的规划通过总体规划和开发指导规划协同、落实，保证规划的一元性，而整体性的城市建设为新加坡的后续发展提供了强劲的动力。

2. 有效执行，定期修订

新加坡目前的规划系统是由规划法令规定的一套法制系统。规划行政主管部门是市区重建局，它由规划法令授予权力，包括：规划的权力、规划管理的权力、征收发展费的权力。市区重建局在法定的总体规划指导下实施规划管理，它具有法定的灵活性，以平衡私人机构开发需求与良好城市环境的关系。

新加坡城市规划的制定方式几经变革，到1990年开始采用一种崭新的模式：在概念规划指导下，通过分批编制55个分区的发展指导规划，局部替换、滚动修订。几轮概念规划在城市发展结构、重大设施布局上彼此承接。如1971版的概念规划中新加坡城呈环状发展：环圈的核心是水源和生态保护区，禁止任何开发行为，以后的若干版概念规划基本延续该规划结构。同时，概念规划的意图得以在总体规划和开发指导规划下延续。

3. 政府主导，多部门机构协作

新加坡的城市规划从编制、审查到批准阶段都由政府主导，规划编制由市区重建局负责，这项工作涉及40多个政府部门，它们分别对各个领域如住房、工业、商业、环境、交通、公用设施、国防等的需要提出了详细的研究报告。以这些需要为基础，制定、修订发展设想和策略。也可以邀请私人机构参加，以拓宽政府的思路。

规划的修订方式采用宏观指导下局部替换。审查工作主要是在块上的协调。新加坡成立了许多协调委员会，如概念规划常务委员会、总体规划委员会等。概念规划审查委员会的主席为国家发展部，小组委员会包括：人口与住宅、交通、商业、市区中心、环境、工业、康乐等。总体规划委员会的主席为市区重建局的局长，委员包括：规划、土地、交通、工业、住宅等部门的领导和专家。国家发展部是城市规划及其修订的批准机关。在规划体系中只有总体规划是法定规划。

4. 过程公开透明，公众参与度高

为了确保规划作为一项政府职能的民主性和公正性，新加坡规划法明确了公众参与和规划上诉的法定程序。因此，新加坡的城市规划在一定程度上是政府意志的绝对主导，同时是民主决策的过程。无论是编制战略性的概念规划还是实施性的开发指导规划，都要通过公众评议，并将公众意见呈报国家发展部部长，由其作出妥善处理。如果公众对于开发指导（包括征收开发费）的审理结果不满，可以向国家发展部部长提出上诉，由其进行最终裁决。

近年来，新加坡政府在制定规划和政策方针时更加公开和透明，并建立清晰平衡的权责体系、公开权力运行的过程，鼓励更多的公众参与规划进程和提供反馈意见。房屋署每年都会进行抽样调查，向公众征求意见，进而逐步调整规划政策，以建设国民心目中的城市家园。开发指导规划会公开展示，并且鼓励公民针对这些建议提出自己的意见。部长经常召开国有开发交流会，并从公众的反馈意见中作出选择，专业组织、开发商、企业家、利益集团、社会领导及公众代表等都被邀请并发表自己的观点。通过这些公众代表，所有有用的意见都将被整合进最终的开发指导规划。

（四）2019年新加坡城市现代化最新战略规划：《新加坡2019总体规划》

《新加坡2019总体规划》草案基于5个主题，涵盖了经济、住房、交通、环保和可持续发展等方面，其目标和举措包括：

1. 建设宜居、包容的社区环境

规划强调为所有年龄段的人提供更愉快、更高质量的生活环境，构建儿童友好和老年人友好的社区。其中建屋局将在不同位置规划建设多种公共住房类型，让居民有更丰富的住区选择。

（1）新的住房概念和更多选择

未来的住宅区将为居民提供更好的生活质量。您可以期待连接紧密、提供社区中心设施、包容性和充满活力的公共空间的智能且可持续发展的城镇。

（2）适合所有年龄段的设施

随着新住宅区的开发，它们配备了广泛的便利设施，可供当前和将来的居民使用。

（3）更多绿化和游乐空间

我们正在采用创新策略来保护我们的自然遗产，并扩大我们在全岛范围内的游乐走廊、公园、体育设施和绿色空间网络。这将使居民有更多机会与大自然接触，享受各种各样的娱乐体验，并在花园中体验我们亲近自然的城市。

（4）营造宜人场所

“场所管理”是主动管理场所以使其变得更好的过程。

2. 打造城市枢纽、国际门户节点

为所有新加坡人打造更强大的经济设计规划和预留合适的土地，以支持振兴我们现有产业和发展新的增长领域的努力。本次规划中提出了支持振兴现有产业的提升区和新建重点功能区。其中包括建设4个主要门户区，分别为北部门户、东部门户、西部门户和中央地区。

（1）加强经济门户建设

我们的网关将覆盖全球关键的就业节点和基础架构，从而将我们与全球联系起来，扩大和加深我们与外部市场的联系。这将加强新加坡的枢纽地位，并确保机会继续向我们的企业和人民开放。

（2）开发业务节点

除了网关，我们还将在中央商务区之外开发业务节点和工业区，以支持我们的发展并在容易达到的范围内带来更多工作。

（3）制定促进创新与增长的政策

未来经济要求采取大胆的政策来支持新思想和创新。这些将在合适的业务节点进行尝试，以支持行业的转型，并鼓励公司合作并增强其企业和研发能力。

3. 旧区文化传承与城市复兴

为了保持新加坡的特征和家的感觉，保留新加坡人的身份和居家感，市区重建局将以各种方式保持地区特征，并建立更多熟悉地方的共享记忆。具体举措包括公共空间更新、街道景观提升、新建家园服务设施等。

（1）保持和增强本地身份

与社区紧密合作，通过为现有和新开发制定设计指南并保留关键要素来保留当地身份区域的独特品质。这些当地身份区域还通过新的公共场所、升级的街景设施而焕发生机。

（2）保护和振兴建筑遗产

市建局和国家遗产委员会在过去30~40年保护的建筑遗产展示了新加坡的历史和进步，树立了更强的民族特色，并增添了鲜明的新加坡特色。

（3）与社区共庆回忆

有很多方法可以维持对地方的记忆。市建局及其合作伙伴与我们的利益相关者合作，通过地方努力、社区故事板和古迹漫步来展示该地方的历史和回忆。

4. 强化便捷可持续的交通体系

在新加坡四处走动将变得更加方便和愉快，强化以轨道网络为支柱的公共交通体系，规划轨道交通10分钟步行圈覆盖的居民人数达到80%。公交线网继续优化，打造区域交通枢纽，增加直通线路。在道路设计方面，为公共交通和活跃的慢行交通提供更多的空间，打造过境优先通道，开辟更多的步行和自行车专用路径形成网络，改善行人行路环境和公共交通的体验。

（1）为所有人提供更好的连接

随着扩大的公共交通和主动出行网络，新加坡各地的连通性将得到进一步增强。

（2）轻松访问工作和便利设施

在离居民家更近的各个业务节点，正在计划更多的工作，在这里，工作和娱乐将变得更加容易。

(3)利用新的移动技术和业务模型

货物交付将更加高效，居民还可以期待更多的通勤选择。

5. 建成有韧性、可持续发展的城市

新加坡是一个充满活力的国家，有望带来令人兴奋的机遇，但与此同时，它也面临着新的挑战，该规划针对新加坡未来遇到的各种挑战提出应对策略。

(1)适应气候变化

人们必须准备好应对气候变化对城市生活的影响。

(2)关闭资源循环

城市正在发展，未来对基础设施的规划和投资有助于满足其不断增长的需求。正在探索新的思路以关闭资源循环并减少消耗的资源量。

(3)为不断增长的需求创造空间

新加坡的土地有限，但采用创新策略将有助于优化空间以满足人们不断增长的需求。地下空间的使用；代管；为了节省宝贵的空间，将兼容的娱乐场所和社区用途并置在一起可以提高便利性；自适应生命周期规划；填海工程。

四、新加坡城市现代化的特点

新加坡拥有多元文化并认识到尊重文化特性的必要性和重要性，因此有4种官方语言：英语、马来语、汉语和泰米尔语。英语是通用语言。多种族主义被载入宪法，并继续影响着国家教育、住房和政治政策。

（一）优越的地理位置是新加坡城市现代化的前提

新加坡港地理位置优越，气候和水文条件理想，港口货物年吞吐量在1亿吨以上，居世界前列，国际航空客运周转量仅次于美国、英国、法国、日本，居世界第五位。新加坡以此为基础，从邻国大量进口各类初级产品，汇总、分级、包装后再出口，形成了以转口贸易和航运业为主体的独特经济类型。

（二）完善的基础设施是新加坡城市现代化的基础

新加坡基础设施完善，拥有全球最繁忙的集装箱码头、服务最优质的机场、亚洲最广泛的宽频互联网体系和通信网络，以及以8条快速路为主线的公路网络、四通八达的轨道交通网络、亚太地区重要的航空运输枢纽和世界第一大燃油供应港。

（三）稳定的政治社会和健全的法律体制是新加坡城市现代化的保障

在建立高效廉洁的公务员队伍方面新加坡是世界的典范。以高薪养廉为基调的公务员体制使得违规成本巨大，而法规的高透明度使其难有寻租的空间。同时，要素市场的高度开放使每个公务员面临巨大的外部竞争压力，因此必须勤勉工作、不断学习才能保障自己不被世界各地的优秀竞争者替代。在经济运行过程中，新加坡采取一套较为合理的公务员激励制度，对有贪污行为的公务人员则施以重刑，从而建立了一个廉洁奉公的政府运行机制。为妥善解决公民住房、看病等关系社会稳定的基本问题，新加坡政府建立了一套强制性的公积金制度，即任何企业在员工的薪金中，必须按照政府规定的公积金提取比率为员工配发公积金并将其存入员工固定的公积金户头。公积金制度的建立基本保障了新加坡公民基本生活水平。对社会稳定作出了重要贡献。

（四）知识经济是新加坡城市现代化的新出路

新加坡是个自然资源贫乏的国家，知识经济的兴起让新加坡人看到了希望。谁拥有“知识”谁就能在世界经济的竞争上处于优势。知识经济既是一种新的经济形态，又是一个新的世界规则。1998年亚洲金融危机后，新加坡首次提出了向知识经济发展转型的总蓝图，确定了旨在增强竞争力的八大长期战略，历经全面启动、反思和提升阶段，通过发展知识密集型的制造业和服务业，开创“多元化经济”局面，充当连接世界主要经济体的节点。新加坡经济转型的每一步都体现了新加坡政府与时俱进、不断创新、努力提升竞争力的精神，凝聚着新加坡人的规划发展智慧，其发展方面取得的成功经验对我国有着重要的借鉴意义。

第二节　洛杉矶：向可持续城市典范迈进

洛杉矶市（City of Los Angels）是美国洛杉矶—长滩—阿纳海姆大都会区（大洛杉矶地区）的一座主要城市，是洛杉矶郡（County of Los Angeles）的县治所在，北起文图拉市，南至圣克莱门特市，东至圣贝纳迪诺市，西至太平洋，面积为1217.29平方千米，人口超过400万人，其面积占洛杉矶郡的11.5%，人口占洛杉矶郡的39%，是美国第二大城市。洛杉矶郡是全美制造业排名第一的县，主要工业包括服装、计算机和电子元件、运输设备、金属制品及食品加工，洛杉矶市的主要产业包括旅游和接待、专业和商业服务、国际贸易、娱乐（包括电影和电视制作）、批发贸易和物流，是重要的国际贸易中心和工商业中心，美国重要的石油化工基地、电子产业基地、航天工业基地和海洋产业基地，在与环太平洋国家贸易的推动下，洛杉矶港和长滩港成为美国最繁忙的集装箱港口。此外，洛杉矶市还拥有发达的娱乐产业和体育产业，是著名的奥运城市，即将第三次承办夏季奥运会，拥有加州理工学院、加利福尼亚大学洛杉矶分校、南加利福尼亚大学、佩珀代因大学等世界知名的高等教育机构，是全球主要的文化中心。2019年洛杉矶市生产总值超过7000亿美元。

一、洛杉矶现代化进程

1542年，第一批欧洲人到达洛杉矶，1781年设立洛杉矶，此地相继受西班牙、墨西哥和美国统治，最初人口仅有1600人。1850年，根据《城市宪章》的规定，洛杉矶正式设市，开启城市现代化征程。1876年实现与旧金山的铁路连接，成为加利福尼亚南部铁路终点站，人口激增。由于温和的气候和大力发展房地产业，数万人从美国东北部和中西部地区迁入洛杉矶。农业、石油产业的发展、洛杉矶深水港的建立、巴拿马运河的开通及欧文斯谷输水管道的竣工都为洛杉矶扩大城市发展奠定了经济基础，1890年洛杉矶市人口达到5万人。20世纪20年代，美国的航空工业和电影业纷纷向洛杉矶集结，促进城市的进一步发展。随着汽车成为美国主要的交通工具，洛杉矶逐渐发展成为美国汽车时代的第一个主要城市，1940年洛杉矶人口达到150万人。第二次世界大战后，洛杉矶成为新一轮移民潮的目的地，到1960年，其人口达到240万人。从19世纪末到20世纪中叶，洛杉矶用半个多世纪的时间发展成为一座具有世界影响力的特大城市，实现城市的跨越式发展。

1974年，洛杉矶市采纳“中心概念”作为城市发展的指南。20世纪80年代洛杉矶成为全球重金属音乐之都。1995年洛杉矶市城市规划委员会通过洛杉矶市总体规划，提出全市长期综合发展战略（Los Angeles City Planning Department，1995）。进入21世纪后，洛杉矶成为美国重要的经济中心之一。2015年洛杉矶市发布第一个可持续城市规划，即洛杉矶的绿色新政（L.A.’s Sustainable City Plan），进入城市现代化的新征程。这个可持续城市规划首先承诺遵守《巴黎协定》，并以科学驱动战略紧急行动，努力实现零碳电网、零碳交通、零碳建筑、零废物和零废水。其次，通过包容性经济实现环境正义和公平。再次，确保每个洛杉矶人都有能力加入绿色经济，为高薪、绿色工作创造渠道，并在不断变化的工作环境中实现公正。最后，展示可能性和引领潮流的决心，充分利用城市人才资源和资金推动变革（Mayor Eric Garcetti，2019）。

二、洛杉矶现代化状况及挑战

2019年，洛杉矶市拥有近409万人，约占洛杉矶郡人口的40%、南加州总人口的25%。在城市经济方面，包括洛杉矶市在内的洛杉矶郡以服务业为主，2019年洛杉矶郡第一、第二、第三产业的就业比例约为0.1∶12∶88，就业主要集中在贸易、运输和公用事业，教育和健康服务，专业和商业服务，政府机构，休闲和招待等第三产业。在城市社会方面，洛杉矶市人口老龄化在加速，人口结构从梨形向纺锤形演变，社会抚养负担加重。近年来，失业情况得到缓解，但城市犯罪率有所上升。在城市政治方面，政府服务的人口越来越多，治理的压力越来越大。在城市文化上，洛杉矶是包括加利福尼亚理工学院在内的许多世界领先教育机构的所在地，在世界前200所大学、著名奖项（科学和技术相关领域）获奖人数、研究人员数及研究与发展开支等方面名列世界城市前茅。在城市环境方面，空气污染得到极大改善，但城市森林覆盖率有所下降。

在城市功能和形态方面，洛杉矶市的城市竞争力较强，在全球城市综合实力排名中居第16位（Institute for Urban Strategies，The Mori Memorial Foundation，2021），较2015年有所下降（2015年排名第14位）。在城市发展中形成多中心的城市格局。在建筑和住房方面，洛杉矶市的平均容积率还很低，城市建设还有较大的发展空间。在公共管理方面，尽管城市的人口密度越来越大，但近年来人口增长率却在下降，需要警惕，与纽约等大都市圈相比还有很大的发展空间（表3-6）。

表3-6　洛杉矶市现代化现状分析指标

分析维度		代表性指标	指标值	备注
城市领域	城市经济	服务业劳动力比例	88.1%	洛杉矶郡，2020年*
		人均GDP	65368美元	洛杉矶大都会区，2018年，OECD数据库，2015年不变价，2001年为49813美元
		人均个人收入	62224美元	洛杉矶郡，2018年，2015年为55470美元*
		家庭可支配收入	38728美元	洛杉矶大都会区，2016年，OECD数据库，2010年不变价
		劳动生产率	5098美元	洛杉矶大都会区，2018年，OECD数据库，2015年不变价，2001年为4362美元
	城市社会	失业率	4.5%	2019年，2015年为7%*
		城市犯罪率	5.1%	洛杉矶大都会区，每10万居民报告的杀人案，2016年，OECD数据库，2014年为4.5%
		老年人口抚养比	20.3%	洛杉矶大都会区，65岁及以上人口和15~64岁人口的比值，2018年，OECD数据库，2001年为15%
		少年儿童抚养比	28%	洛杉矶大都会区，15岁以下人口和15~64岁人口的比值，2018年，OECD数据库，2001年为36.1%

续表

分析维度		代表性指标	指标值	备注
城市领域	城市政治	每十万人口地方政府数	1.7 个	洛杉矶大都会区，2018 年，OECD 数据库，2000 年为 2 个
	城市环境	暴露于 PM2.5 水平高于 10μg/m^3 的人群比例	44.3%	洛杉矶大都会区，2019 年，OECD 数据库，2000 年为 95.8%
		暴露于 PM2.5 水平高于 15μg/m^3 的人群比例	0	洛杉矶大都会区，2019 年，OECD 数据库，2000 年为 71.8%
		人群平均 PM2.5 暴露量	9.6μg/m^3	洛杉矶大都会区，2019 年，OECD 数据库，2000 年为 16.1μg/m^3
		保护区面积占比	36.3%	洛杉矶大都会区，2017 年，OECD 数据库
		树木覆盖率	5.6%	洛杉矶大都会区，2018 年，OECD 数据库，2004 年为 6.4%
	城市居民	年轻人口比例	18.9%	洛杉矶大都会区，15 岁以下人口占总人口比例，2018 年，OECD 数据库，2001 年为 23.9%
		老年人口比例	13.7%	洛杉矶大都会区，65 岁及以上人口占总人口比例，2018 年，OECD 数据库，2001 年为 9.95%
城市系统	功能和形态	全球城市综合实力排名	16	2021 年，日本森纪念财团都市战略研究所，48 个评估城市
		城市形态是否多中心	是	洛杉矶大都会区，2021 年，OECD 数据库
	建筑和住房	平均容积率	0.58	通常允许容积率 1.5
		工业用地平均容积率	0.27	通常允许容积率 1.5
	公共管理	城市人口增长率	0.06%	2020 年，2010 年为 0.12%*
		城区人口密度	214 人 / 平方千米	洛杉矶大都会区，2018 年，OECD 数据库，2000 年为 187 人 / 平方千米

注：* 来源于 https: //cao.lacity.org/debt/AppendixA.pdf.

洛杉矶现代化也面临诸多挑战，主要有以下几个方面：

（一）经济发展的脱节

洛杉矶在现代化进程中面临国家经济结构调整、企业迁往其他城市和州导致区域衰退的挑战。一方面，原有工业区不断恶化导致未来工业潜力有限，而支持现代服务业的规模场地有限，导致新产业发展受阻，这将对洛杉矶市的经济造成不利影响。另一方面，就业/住房比例持续下降，进入住宅开发超过商业和工业增长的发展模式，城市的经济活力可能呈螺旋式下降，居民的就业机会将变得更加有限，可能导致更高的居民失业率，同时，由于洛杉矶市的财政结构历来依赖于就业机会丰富的环境，加上住宅开发产生的财政收入低于非住宅土地使用，就业/住房比例的下降意味着洛杉矶市的收入基础和提供市政服务的相关能力将以较低的速度增长，可能导致洛杉矶市无法维持其市政服务水平。

（二）住房供应跟不上住房需求发展

一方面，20世纪80年代以来，洛杉矶市主要的人口增长区与住房增长区不匹配，用于住宅开发的土地供应受到的限制最大，一些区域房产严重空置，另一些区域住宅拥挤问题严重。根据人口普查，1980年洛杉矶有13%的人口居住过度拥挤，1990年上升至22%（每间客房超过1.01人）。高昂的土地成本和烦琐、不可预测的程序导致洛杉矶新住房成本过高，低价住房缺乏。1980—1990年，住宅中值价格上涨615%，而实际收入仅增长195%，住房支出超过收入1/3的家庭比例从29%增长到35%。另一方面，集约化开发对现有住宅区和面向社区的商业区的完整性和特征产生不利影响。在一些社区，公寓取代了独户住宅，导致居民搬迁。许多高密度公寓和共管公寓质量差，提供的设施少，不能满足居民日常生活需求。在一些地区，高密度开发直接与低密度、单户住宅区相邻，导致视觉和物理上的不兼容和冲突。集约化住房也会引起犯罪、开放空间和公园缺乏、周边学校和公园环境恶化等问题。

（三）城市交通拥堵

洛杉矶独户住宅众多，其低密度分布阻碍公共交通系统的发展，加上它们与商业服务、工作、娱乐物理分离，导致大量的单一用途车辆出行、长途旅行、交通拥堵和空气污染。1990—2010年，洛杉矶的人口、住房、就业分别增长了24%、20%和20%，导致车辆出行增长35%，区域高速公路网络的平均行驶速度下降50%，高速公路和主干道上的平均速度降至每小时32.19千米以下，空气污染排放大幅增加（Los Angeles Department of City Planning，2016）。

（四）公共基础设施陈旧

洛杉矶市的大部分基础设施已有40~100年，包括警察局设施、消防设备、城市管网系统等。洛杉矶市拥有9656.06千米的下水管道、约十万个维护孔和55个泵站，但是近50%的下水道使用年限超过70年。在正常天气条件下约有30%的主要下水道流量超过设计容量，在暴雨期间通常会翻倍。洛杉矶需要对城市拥有的基础设施系统进行不断改进，以符合联邦和州关于清洁空气、清洁水和固体废物转移的法律规定（Los Angeles Department of City Planning，the Bureau of Sanitation，1995）。

（五）生态用地减少

尽管在20世纪80年代洛杉矶郡就创建了重要生态区网络，以保护该州的自然遗产。然而，住房建设、商业项目、道路和垃圾填埋场等开发项目已经侵占许多重要生态区。随着洛杉矶市城市化、人口增长和侵占式开发活动的压力增加，可用于开放空间的土地数量继续减少。难以获得大片连续土地，导致新建公园，尤其是修建大规模公园的难度越来越大。同时，由于部分开放空间收购资金是基于当地的开发活动，且必须在收取这些费用的社区内使用，导致几乎没有新住宅开发的旧城区获得的资金水平很低，难以发展新的公园和开放空间（Los Angeles Department of City Planning，2001）。

三、洛杉矶现代化战略

城市现代化有多个内涵，其中有3个重点：一是从传统城市向现代城市和发达城市转型；二是城市生产率和生活质量的提高；三是城市公共服务和公共管理的改进（何传启，2013）。下面从3个方面分别介绍洛杉矶的现代化战略及相关举措。

（一）城市总体现代化战略

城市现代化总体战略重点是城市发展模式转型，包括城市结构和发展模式的变化等。2015年，洛杉矶市发布第一个可持续城市规划，从城市发展的总体战略上调整城市发展模式，加快城市战略转型，建设绿色可持续城市。

《洛杉矶可持续城市规划》总的战略目标是，到2050年，洛杉矶实现零碳电网、零碳交通、零碳建筑、零废物和零废水，包括13个子目标（表3–7）。

表3–7　洛杉矶可持续城市战略目标

子目标	指标	短期目标（2025年）	中期目标（2035年）	长期目标（2050年）
推行可再生能源	可再生能源比例（%）	55	80（2036年）	100（2045年）
	本地太阳能（兆瓦）	900~1500	1500~1800	1950
	储能容量（兆瓦）	1654~1750	3000	4000
优化水资源配置	来自当地的水比例（%）	—	70	—
	回收废水再利用比例（%）	—	100	—
	新建多效益雨水收集项目（个）	10	100	200
	人均饮用水使用量减少（%）	22.5	25	保持或减少2035年的人均用水量

续表

子目标	指标	短期目标（2025年）	中期目标（2035年）	长期目标（2050年）
实现清洁和健康的建筑	建筑净零碳排放	—	所有新建筑（2030年）	100%的建筑
	减少建筑能耗（%）	22	34	44
住房和开发	累计新建住房单元（套）	150000	275000	—
	新住房建在距离公交站1500英尺范围内的比例（%）	57	75	—
	经济适用房（套）	—	50000	—
	其他	—	消除街头流浪（2028年）	
改进交通设施和公共交通	步行、骑自行车、微型交通工具/配套乘车或公共交通出行占所有出行比例（%）	35	50	50
	人均车辆行驶里程减少（%）	13	39	45
	其他	—	为2028年奥运会和残奥会的自动驾驶汽车（AV）做好准备	—
推动零排放车辆	零排放汽车比例（%）	25	80	100
	地铁和公交车电气化（%）	—	100（2030年）	—
落实工业排放和空气质量监测	不健康空气质量天数（天）	0	—	—
	工业排放量减少（%）	—	38	82
	甲烷泄漏排放量减少（%）	—	54	80
促进废物和资源回收	垃圾填埋场分流率（%）	90	95	100
	人均固体废物产生量减少（%）	—	15（2030年）	—
	有效再利用/重新利用的废物和可回收物比例	25	50	—
	其他	—	淘汰一次性塑料、消除进入填埋场的有机废物（2028年）	—
食品系统	都市农业基地数量增长（%）	25	50	—
	其他	增强粮食系统基础设施的弹性	确保所有低收入的洛杉矶人都生活在距离新鲜食物1/2英里范围内	—
城市生态系统弹性	城乡温差减少（℃）	1.7	3	—
	居住在公园或开放空间0.8千米范围内的居民比例（%）	65	75	100
	其他	—	在最需要地区增加树冠50%、创建一个完全连接的河道公共访问系统（包括32英里自行车道和小径）（2028年）。完成或启动"磐仪"计划中确定的修复工作（2035年）	本地生物多样性的"无净损失"

续表

子目标	指标	短期目标（2025 年）	中期目标（2035 年）	长期目标（2050 年）
建立城市环境正义	前 10% 洛杉矶社区的 CalEnviro Screen 指标的原始分数平均提高（%）	25	50	—
	污染最严重的社区中与儿童哮喘相关的年度急诊室就诊次数	每 1000 名儿童不到 14 次	每 1000 名儿童不到 8 次	—
繁荣和绿色就业	创造绿色工作岗位（万个）	—	30	40
	私营部门绿色投资增加（亿美元）	7.5	20	—
	其他	消除洛杉矶市和洛杉矶郡之间失业率差距	—	—
政府部门以身作则	市政温室气体排放量减少率（%）	55	65	—
	市政能源使用量减少率（%）	18	35	44
	市政用水量减少率（%）	25	30	—
	其他	确保所有新的市政建筑和重大翻修实现全电动（立即生效）。外展、教育和培训计划覆盖 200 万洛杉矶人。引领零废弃物，实现零废弃物市政厅（2025 年）	在技术上可行的情况下，将所有城市车队车辆转换为零排放（2028 年）	实现碳中和（2045 年）

《洛杉矶可持续城市规划》提出的主要举措包括13个大类：建立城市环境正义、推行可再生能源、优化水资源配置、实现清洁和健康的建筑、住房和开发、改进交通设施和公共交通、推动零排放车辆、落实工业排放和空气质量监测、促进废物和资源回收、食品系统、城市生态系统弹性、繁荣和绿色就业、政府部门以身作则。

以推行可再生能源为例，洛杉矶发布100%可再生能源计划，让顾问小组参与研究投入，让合作伙伴参与公共推广；投资80亿美元升级电力系统基础设施，确保电力系统的可靠性，对输电和配电系统、变电站和其他设备进行升级，将可再生能源纳入电网，在未来15年内利用超过1亿瓦特的可再生能源；为2028年奥运会和残奥会提供100%清洁能源；提供社区太阳能计划，包括太阳能屋顶、共享太阳能等，扩大低收入和租赁家庭获得太阳能的机会；确定关键城市设施的太阳能和微电网备用电力项目并确定其优先级；简化能源存储项目的许可和互联流程；启动住宅恒温器需求响应计划；研究双向智能电网技术，为大规模采用电动汽车做好准备；实施通信网络以使用智能电表；等等。通过实施一揽子工程，为洛杉矶零碳未来奠定基础。

为了改进交通设施和公共交通，洛杉矶市鼓励共享、可持续的出行选择，更新公共工程项目的城市标准计划，将以社区为中心的设计整合到所有适用项目中。实施安全改进，缩短公交出行时间；继续地铁和轻轨网络扩张，启动地铁微交通试点项目。扩展自行车道网络，支持实施地铁蓝线、紫线和后续线路的“第一/最后一英里”计划。扩展电动汽车共享项目，确保所有城市居民都能在离家步行10分钟范围内获得高质量的出行选择。采取交通优先的政策，更新城市交通影响研究指南和相关工具，实施运输需求管理策略和其他缓解交通拥堵的措施。启动用户友好、可搜索的应用程序，反映整个城市的所有路边标志。扩大地铁自行车比例，提供多模式集成运输枢纽，以及汽车共享、自行车共享等基础设施。确保用于共享服务的所有自动车辆均为电动车辆，以优化自动驾驶车辆的性能和安全性，制定一套激励措施鼓励电动汽车和骑乘设施，等等。

为了实现城市繁荣和绿色就业，洛杉矶市通过各种途径开辟绿色职业道路，如开发绿色建筑专业服务就业通道，提供绿色就业课程，建立电动汽车劳动力渠道，为工人提供自动化工作的再培训，在工作来源开发中心的培训中设立可持续性课程，为符合条件的高中毕业生提供两年免费社区学院学习，开设数百门可持续发展课程，在洛杉矶清洁技术孵化器启动高级原型中心奖学金。创造10万个绿色就业机会，创建就业内阁，召集市政府部门确定就业增长机会，与私营部门合作，在公司内部增加绿色就业机会，建立企业学徒制度，与利益相关者合作，实现工人向未来绿色工作的快速过渡。扩大绿色企业认证计划，开发、试验和选择洛杉矶制造的清洁技术。提供商业激励，通过税收优惠、低成本贷款和赠款计划及洛杉矶产业倡议吸引绿色产业。

此外，政府部门以身作则，始终保持政府在可持续发展中的领先地位和中心地位。具体包括：带头安装太阳能设施，所有公用建筑完成LED改造，扩大市政和专有建筑节水改造，扩大低用水景观，向无纸化人事档案过渡，在所有城市部门采用并实施可持续技术政策，更新城市采购合同要求，包括剩余食品回收、聚苯乙烯泡沫塑料和一次性塑料的规范使用。部署更多充电站，制定电动汽车基础设施总体规划，促进市政电气化，修改政府员工通勤福利，鼓励模式转换和拼车。所有车辆采购遵循城市汽车“零排放优先”政策。执行政府部门采购材料的温室气体绩效标准，通过部门参与碳披露项目供应链报告计划，进一步确定政府供应链中嵌入的碳排放。建立一个气候紧急委员会，授权受影响社区实施计划。通过各部门提供的城市科学、艺术和文化规划，增加可持续发展教育和培训。为政府新员工制定并实施可持续发展培训。

（二）城市生产现代化战略

城市生产现代化重点是提高城市生产率，包括城市劳动生产率、资本生产率和城市贡献比。根据城市总体规划，洛杉矶力求建设一个充满活力的经济振兴城市、一个拥有适当和充分土地以维持强大的商业和工业基础的城市、一个商业蓬勃发展的城市、一个能够吸引和维持新的土地用途和企业的城市、一个拥有高素质劳动力的城市、一个财政稳定的城市，以达到提高城市劳动生产率和城市贡献比，建设创新型知识城市的目标。

战略重点主要包括：①将可用资源集中在协调和全面促进洛杉矶的经济活动，包括宣传城市内可用资源和资产的积极营销计划。②建立满足当地居民需求、维持经济增长并确保最大可行环境质量的商业和工业发展的土地利用平衡。③维护和加强城市现有产业。④改善政府服务，加快开发申请的行政处理，并最大限度地降低公共和私人开发申请成本。⑤提高“目标”或新兴产业在区域增长中的份额。⑥在洛杉矶市维持一个可行的零售基地，以满足不断变化的居民和商业购物需求。⑦实现本地劳动力素质与本市现有和新兴产业预期人才需求的有效“匹配”。⑧维持和提高整个城市的市政服务水平，以支持居民的生活质量，并使洛杉矶在吸引理想的新开发项目时具有竞争力。⑨确保在位置、集中度、类型、大小、价格/租金范围、获得当地服务和交通便利等方面都适当的住房供给充足，以适应未来的人口增长，并成为可能在城市生活和工作的劳动力。⑩合理分配城市计划资源，鼓励城市内所有地区的适当发展，有公平的住房供给机会、交通服务和创造就业机会，特别强调向城市中从来没有获得足够平等发展机会的地区倾斜。

具体的措施：制定和实施经济发展战略。制定基础设施投资战略，以支持人口和就业增长。根据需要调整地方政府职能，协调经济发展和商业支持服务职能。在预期的市场需求范围内分配可用的公共资源。确定对洛杉矶市未来经济发展构成不合理障碍的联邦和州授权，并通过适当的游说努力来解决这些授权。鼓励社区服务和发展实体，努力在地方层面扩大小企业。利用土地减记和密度奖金促进融资。扩大职业培训计划，以更充分地满足现有和新兴行业的技能要求。

维护市中心区域作为卓越的写字楼开发中心。确保洛杉矶市向以服务为导向的经济转型。支持港口和机场扩建和现代化，提高未来就业水平。提供财政激励和许可援助，积极向新兴产业推销洛杉矶，鼓励它们在城市内落户，重点是吸引以环境为导向的“清洁”产业，与目标行业的主要公司代表保持持续对话，以确定设施/选址、基础设施和劳动力需求，努力提供满足目标行业需求的工业、商业环境。

保留当前的制造业和工业用地，确保该市的工业基地具有区域竞争力，以维持和加强核心制造基地。保留本市现有的就业基础。协助位于洛杉矶市的现有工业进行扩张计划或搬迁工作，以在该市寻找合适的工业用地。把与洛杉矶港相邻的区域、圣费尔南多河谷铁路走廊、中南/东南工业区建设为工业区。

将商业开发集中在社区和区域中心、枢纽和混合交通走廊，防止商业开发侵占现有的住宅区。在规划新住宅区或主要住宅开发项目时，促进和鼓励开发适合当地居民购物需求的零售设施。当新出现的零售趋势需要更大的场地，城市无法获得更大的场地时，将不断衰落的社区或区域中心重新用于批发或直销中心。

（三）城市生活现代化战略

为了支持人口增长，洛杉矶不仅需要强大、不断发展的经济，而且需要健康的社区，维持和提高居民生活质量所需的基础设施、公共服务及支撑这些设施和服务的税收基础。

城市生活现代化战略重点是市民生活质量，涉及市民收入和公共服务等，以提高居民生活质量、建设发达宜居城市为目标。下面从住房、交通、基础设施和公共服务、生态环境保护等方面介绍洛杉矶的城市生活现代化战略。

1. 住房

按类型和成本公平分配住房机会；为不同收入水平的人提供充足的住房，包括出租房屋，以满足城市的需求；落实开发商为低收入和极低收入家庭开发住房的激励措施；保护和改善现有住房，实施节能住宅；等等。

具体的措施包括：监测住房开发和住房需求，提供足够的土地，实现将住房资源分配到城市的所有区域和城市居民的所有收入阶层，满足未来20 年的住房需求。制定足够详细且适合社区和邻里需求的开发标准，简化建筑许可、检查和建造住房所需许可的程序，增加住房开发和容量。

为全市低收入和极低收入住房开发项目制定激励措施，并优先处理许可证，最大限度地减少低收入和极低收入住房开发过度集中，尽量减少公共住房项目在城市内部过度集中，将低收入和极低收入家庭的住房纳入混合用途开发项目。

制定激励措施鼓励开发适合有孩子家庭和大家庭的住房单元，改善住房条件，减少过度拥挤。创建激励措施并减少监管障碍，促进对住房再利用和现有单元的修复。在可能的情况下，确保新住宅和污染排放行业间有足够的健康缓冲区。

2. 交通

交通是影响洛杉矶市生活质量的重要因素。《2035年交通计划》通过了一系列计划，包括修订现有计划、条例、发展标准和设计指南，资本投资项目，协调经济发展及机构间/司法管辖区间。洛杉矶市城市总体规划对交通方面的总目标是确保城市未来的流动性，全面改善交通设施和交通运营，减少出行次数和长度。包括五个分目标，具体为：

分目标1：安全。到 2035 年将与交通相关的死亡率降低到零；主动接受交通安全教育的人数每年增长10%；确保80% 的路段不出现超速；建立100个学校慢速区；女性占骑自行车出行人数的 35%以上；在街道项目设计和实施中进行行人安全改进。

分目标2：强化交通基础设施和网络。通过智能投资，实现世界一流的基础设施设计，包括完整的道路网络（步行、自行车、公交车、私家车、货车等）、桥梁、高速公路，形成一系列交通网络，包括运输增强网络、车辆增强网络、邻里增强网络等。到2035年，公交车准时到达率达到95%；非高峰期在25%的运输增强网络公交车班次达到5 分钟一班，50%的公交车班次达到10分钟一班，100%的公交车班次达到15分钟一班；铁路和多式联运服务提供的货运比例提高到50%；20% 的道路重建预算和资本改善资金用于街道改善。

分目标3：便利所有居民使用交通工具。确保到 2035 年90% 的家庭可以在一英里范围内接入交通增强网络；90% 的家庭可以在半英里范围内使用高质量的自行车相关设施；拥有汽车（轻型汽车）家庭的比例从50% 提高到75%；交通费用占家庭收入的平均份额降至10%；步行、骑自行车或公共交通出行比例提高到50%。

分目标4：落实协作、沟通和知情选择。2035 年，所有主要交通站点实施协调寻路；50% 的街边停车位安装街边停车位占用检测。

分目标5：实现清洁环境和健康社区。每5年人均车辆行驶里程降低 5%，到 2035 年降至 20%。2020 年人均温室气体减排9%；城市垃圾车和街道清扫车全部转换为替代燃料；与交通相关的能源使用量减少 95%；不健康空气质量天数减少到零。2035 年人均温室气体减排16%；城市政府车队全部转换为替代燃料或零排放车辆。

具体措施包括：①设计、规划和运营街道以优先考虑最脆弱的道路使用者的安全。使用完整街道原则在所有街道、隧道和桥梁上实施平衡的交通系统，确保所有用户的交通安全。②设计、规划和运营街道以服务于多种用途，并提供设计灵活性以适应未来需求。制定《完整街道设计指南》，指导街道和其他公共通行权的运营和设计。在所有场地规划和公共通行权修改中确保高质量的行人通道，以提供安全舒适的步行环境。③协调不同出行方式，包括步行、自行车、公共交通和汽车，统筹发展城市交通系统不同组成部分。为所有居民、商务和游客提供负担得起、高效、方便和有吸引力的过境服务。支持“第一英里、最后一英里解决方案”。④支持新技术系统和基础设施，扩大交通选择。支持全面、集成的交通数据库和数字平台，管理现有资产并使用新信息动态更新用户。鼓励更多地利用运输需求管理策略促进城市商业区的交通管理组织，规划和运营有凝聚力的区域交通系统。⑤鼓励发展促进环境和公共健康的可持续交通系统。支持减少人均车辆行驶里程的方法。继续鼓励采用低排放和零排放的燃料、新的交通技术和配套基础设施。最大限度地利用城市公共道路进行雨水收集。

3. 基础设施和公共服务

洛杉矶市通过维持和提高居民生活质量所需的基础设施和基本公共服务，支持地区经济发展和人口增长。在城市总体规划中，洛杉矶市设定了一系列基础设施和公共服务目标，涉及废水收集和处理，雨水管理计划，供水、储存设施和输送系统，综合固体废物管理系统，环境无害的固体废物管理系统，警察服务、设施、设备和人力，消防服务、紧急医疗服务和基础设施，公园和娱乐设施，电力供应，学校设施，综合电信系统，夜间照明，可持续城市森林等。

具体的措施包括：①监测废水流量、收集计划、扩容计划、水质、多用途利用，紧急清理处理等。②开发具有足够能力的雨水管理系统，以保护公民和财产免受 10 年风暴（或流域 50 年风暴）造成的洪水侵袭。③监测用水量、人口和就业情况，预测未来用水需求。采取经济有效的节水措施，开发可靠且具有成本效益的替代水源，保护现有供水免受污染，提高国家水项目和其他来源的水质和供水可靠性，确保在紧急情况发生后迅速恢复供水服务。④制定30年固体废物管理政策计划，制定源头减少、堆肥、特殊废物和公共教育目标及实施时间表。⑤酌情监测和报告警察数据和人口预测，评估警察服务。维持适当数量专职警察，扩大专职警察的数量。利用最新执法技术与地方执法机构、州执法机构和国民警卫队保持互助协议，在紧急情况下提供公共安全服务。⑥根据现有和未来条件评估消防服务需求，确定消防设施或服务不足的区域，根据既定消防标准对区域升级进行优先性排序。在洛杉矶港、洛杉矶国际机场和范奈斯市机场设有应对特殊紧急情况的特殊消防部队，消防部门参与制定紧急情况和灾难的应急计划。⑦制定图书馆标准，涉及设施的净建筑面积、单位居民永久藏书的适当数量及其服务半径，寻求额外资源维护和扩展图书馆服务。⑧监测和报告公园和娱乐数据，确定未来的娱乐和公园需求，制定购买和开发公园土地的策略，优先在基础最差地区实施休闲和公园项目，制定发展社区花园、农贸市场和公共广场等非传统公共公园空间的指导方针，分阶段开发新的项目和设施，继续利用公园和娱乐设施作为紧急情况下的避难所。⑨洛杉矶水电部提前规划供电能力，确保未来的高峰电力需求，以吸引、协助和留住洛杉矶的工业和企业，促进节约和能源效率，为更清洁、更节能的工业发展提供激励措施，鼓励更多的电能市场，如用于电动公交车和轻型车辆运输的环保替代燃料。定期检查应急响应计划，确保持续供电。⑩支持城市应急和公共安全服务特殊需求，惠及广大群众。标准化与电信相关服务的城市许可、特许经营和补偿做法，确保实施最先进的电信技术。鼓励政府部门和雇主在可行的情况下采用远程办公，缓解交通拥堵和空气污染。完善应急通信系统，更好地应对和减轻各种突发事件的影响。⑪充分维护街道照明系统，满足街道和人行道照明的最低城市标准，最大限度地减少或消除光污染、光侵入和对立面照明、安全照明和广告照明的眩光，促进娱乐/体育设施的优质照明。⑫制定协调的公共工程施工协议，同时考虑行道树放置、铺路材料选择、地下或地上公用设施等。

4. 生态环境保护

在环境保护和城市绿化方面，洛杉矶市在城市总体规划中设定全方位的目标，包括：为城市和流域提供足够的废水收集和处理能力，最大限度地减少洪水危害并保护水质，落实综合固体废物管理、环境无害固体废物管理，强调源头减少、回收、再利用和市场开发，最大限度地减少废物处置量，保护公共健康、安全和自然资源，实现可持续城市森林，提高整体生活质量。

在开放空间和生态建设方面，洛杉矶也设定了具体的目标，包括保护城市的自然环境免受城市发展的侵蚀，合理开发、使用、管理和维护城市自然资源，为地区可持续发展作出贡献，规范管理开放空间，尽量减少公众的环境风险。

具体措施包括：①监测废水的产生，包括收集系统和输送到处理厂的废水，排入洛杉矶河、圣莫尼卡湾和圣佩德罗港的废水。保持与人口和工业需求相称的废水处理能力，继续实施升级废水收集系统的计划，以适应增长和发展的需要。减少有害物质的数量和进入废水系统的总流量。将处理过的废水用于灌溉、地下水补给和其他有益目的。②考虑采取适当的方法保护重要的剩余开放空间，以保护城市内部和周边地区的资源和减轻环境危害（如洪水）。通过各种方式协调城市运营和开发政策，以保护和保存开放空间资源。重新评估洛杉矶郡指定的位于洛杉矶市的重要生态区的环境重要性，并评估其他可能表现出同等环境价值的区域后纳入的适当性。在可行的情况下，保护和管理城市流域的未开发部分，作为保护、保存和增强自然资源的开放空间。根据社区计划修正案的规定进行现场评估，以确定敏感栖息地、敏感物种和野生动植物动态分析。③建立全市绿道网络等线性开放空间系统，为主动和被动休闲用途提供额外的开放空间，连接相邻社区并连接到区域开放空间。在可行的情况下保护和扩大马术资源，并在汉森大坝、塞普尔韦达盆地、格里菲斯公园，以及圣盖博、圣莫尼卡、圣苏珊娜山脉和西米山等主要公共开放空间保持安全联系。④尽可能将洪泛区、山体滑坡区和陡峭地形区保留为开放空间，以尽量减少对公共安全的风险。力求确保城市开放空间系统的安全可靠。利用开发标准促进公共开放空间的开发，尽可能保证这些空间和设施的安全。

四、洛杉矶现代化特点

（一）全面向知识时代城市迈进

洛杉矶在20世纪60—70年代已经完成城市化、工业化，进入知识经济时代。城市从以经济增长为发展目标逐步过渡到以生活质量为发展目标。通过一系列政策，包括住房政策、交通政策、开放空间政策、基础设施和公共服务政策等，不断提升市民的生活质量，通过鼓励市民参与、社区共建提高居民的生活满意度和获得感。

洛杉矶市人口构成非常多元化，为创建独特的城市文化提供了机会，不同的多元文化社区和场所的成功组合可以提升城市的形象和生活质量，为城市转型发展提供机会，如支持多代家庭文化偏爱的住房、共享公共设施和厨房、露天市场等，在新的发展模式中体现文化的多样性。

洛杉矶市“稳定”的单户和多户住宅区是重要的城市资产，独户住宅区所展示的“强势”形象使洛杉矶与其他大都市区别开来，不断吸引国内外高端人群前来居住和发展。同时，面向大南加州地区的集中用地提供大量发展机会，包括市中心政府、市政建筑群、企业办公室、会议中心和体育设施

（如体育馆和道奇体育场）。

此外，洛杉矶市有发达的由高速公路网络、铁路网络、洛杉矶国际机场和洛杉矶港组成的现代化交通系统，不仅促进了个人流动性，而且促进了洛杉矶的经济增长，使洛杉矶成为世界经济中心之一，国内、国际贸易和旅游的主要中心，国际航空旅行的重要枢纽。同时，洛杉矶市推出完全集成的多模式未来交通系统，能够为市民和旅客提供多种旅行选择，包括多种交通方式（铁路、公共汽车、穿梭班车、小公共汽车、出租车等）、高速公路（自驾、拼车和面包车）和非车辆选择（远程办公、电子通信和骑自行车）。新的设施和服务将大大提高社区内的可达性，特别是在经济资源有限的社区。

（二）不断寻求产业腾笼换鸟和新兴产业引进的路径

经过100多年的发展，洛杉矶市已经具备雄厚的经济实力，同时，随着美国产业结构的变迁和全球经济格局的变化，一些传统产业，特别是传统制造业，已经不适合在洛杉矶市发展，通过对原有工业用地的腾退和重新利用为产业升级和经济持续发展提供足够的空间和资源。同时，洛杉矶市有良好的人才优势、交通优势、教育优势和人居环境，在文化娱乐、体育、新能源、航空等产业具有较好的发展前景，适合发展知识密集型产业。

洛杉矶市许多部门和地区的经济一直保持稳定，包括洛杉矶港、洛杉矶国际机场、娱乐业及毗邻市中心和圣费尔南多谷的集群，为维持洛杉矶市的财政活力和经济活力发挥重要作用。

洛杉矶市的商业区走廊、地区和中心有能力适应远超过21世纪经济市场需求的增长。洛杉矶现有开发平均容积率约为0.58，低于通常允许的1.5容积率，现有工业用地平均容积率为0.27，远低于允许容积率1.5，因此，洛杉矶市可以容纳大量新的工业发展和就业机会。空置的工业建筑未来也可以重复使用或更换。

（三）城市生态现代化的全球典范

洛杉矶市拥有众多大型开放空间，包括圣莫尼卡、圣盖博和圣苏珊娜山脉，鲍德温山，格里菲斯公园，塞普尔韦达大坝盆地，洛杉矶河和海岸线，是自然多样性的重要资产，不断吸引世界人民搬到这座城市。这些开放空间还适宜开展各种各样的环境和娱乐活动——从观鸟到骑马，使洛杉矶在同规模城市中独一无二。

2015年，洛杉矶市制定具有里程碑意义的可持续城市规划，成为应对气候变化行动的路标，也是应对气候危机的地方领导力的全球典范，规划包括14个类别的133个目标，涵盖从清洁空气、水到可再生能源、电动汽车、公平机会等方面。洛杉矶的这个绿色新政是在利益相关者（包括社区组织、企业、学术界、劳工团体和城市部门）的广泛投入下制定的。尽一切努力反映洛杉矶社区最新的观点、优先事项和需求。同时，洛杉矶市市长可持续性办公室还与其他7个全球特大城市，包括波士顿、德班、伦敦、墨尔本、墨西哥城、纽约和巴黎合作，开展C40的2020试点项目，以制定和实施气候行动框架，兑现对《巴黎协定》的承诺。因此，可以说当前洛杉矶市的现代化是绿色驱动的生态现代化的典范，也是人类在城市层面应对气候变化的积极探索和实践。

第三节　多伦多：在稳健的活力发展中寻求多样性的未来

多伦多位于加拿大安大略湖的西北岸，地处广阔高原，被众多河谷切割，地势独特（City of Toronto，2021a），有超过1600个命名公园，覆盖了超过8000公顷的土地，其中17%由沟壑组成，具有丰富的自然资源、动物资源和矿藏资源。多伦多市处于一个更大的都市区的中心，即大多伦多地区，又被加拿大统计局称为多伦多人口普查大都市区。

多伦多作为加拿大最大的城市，也是国际著名的宜居城市，以安全、富有和高生活水平著称，多次在世界城市排名中位列前茅。在2020科尔尼全球城市指数排名中，多伦多排名第19位（Kearney，2021）；在Nestpick发布的2018千禧城市排名中，多伦多排名第5位（Nestpick，2021）。

一、多伦多现代化进程

从1950年开始，多伦多的发展变得迅猛，特别是在经济现代化建设方面取得了令人瞩目的成绩。在政府治理方面，1954年，多伦多建立了北美第一个大都市区域管理机构，机构由地方政府及高一级别的大都市政府组成，这种管理模式在规划的实施方面取得了不俗的成绩。在大都市政府的主导下，多伦多进行了诸多高质量基础设施的建设，还引进了在当时较为先进的社会服务系统（Larry S et.al.，2005）。同样在1954年，超强飓风“黑兹尔”造成加拿大安大略省80多人丧生，其中大部分来自多伦多，为了避免此类悲剧再次发生，大都市政府将多伦多地势较低地区（容易受到洪害）的住房拆除，以绿地取代，这些绿地后来为多伦多的优美环境作出了贡献。

1960—1980年是多伦多现代化发展的黄金时期，多伦多是北美第一个着手建设地铁系统的城市。城市发展迅速，但伴随着人口增加、空气污染，为了解决环境问题，多伦多政府开始构建城市“发现之旅”环保步行生态系统（衷菲，2008）。20世纪80年代后，大多伦多地区的传统工业开始快速发展。

《加拿大宪法》规定了联邦和省政府的职责，不承认市政府具有单独的管理权限。因此，大多伦多地区一直是两级政府（省政府、市政府）管理的方式，整个区域由5个不同的两级政府来管理。直到1998年，加拿大政府将多伦多大都市政府与大多伦多地区及其周边的6个地方政府合并，组成了新的多伦多市政府，由1个城市中心和4个地级市构成（Larry S et al.，2005）。

2006年颁布的《多伦多市法案》赋予了多伦多市政府为居民提供服务、管理其财务和为多伦多设立问责官员的权力。多伦多市政府又有了新的风貌。

如今，多伦多在商业、金融、科技、娱乐和文化方面处于世界领先地位。来自世界各地的大量移民也使多伦多成为世界上具多元文化的城市之一。

二、多伦多现代化现状及挑战

多伦多市区占地630平方千米，大多伦多地区占地5903平方千米，多伦多和大多伦多地区的人口分别是295.6万人和634万人。多伦多是一个极其多元化和具有包容性的城市，有色人种占51.5%，移民比例为51.2%。

（一）现代化现状

多伦多的经济产出约占加拿大经济产出的9%，2017年的城市就业普查显示，多伦多75620家商业机构提供了150万个工作岗位。自2006年以来，专业技术、科学和技术服务公司超过了制造业和零售业，成为多伦多雇员数量最多的领域。多伦多地区的科技公司数量排名加拿大第一、北美地区第三，仅次于旧金山和纽约，有超过14600家科技公司雇用了超过20万名员工。

多伦多是北美第二大金融中心。近年来，多伦多的金融服务业继续增长，员工数量超过25万人。多伦多地区是加拿大最大的5家银行的总部及大多数国际银行在加拿大的子公司和分行的所在地。

影视制作是多伦多的主要产业，定期为多伦多经济贡献10亿美元，直接雇用多伦多3万多人（City of Toronto，2021b）。

多伦多地区现代化现状分析指标见表3-8。

表 3-8　多伦多地区现代化现状分析指标

分析维度		代表性指标	指标值（多伦多地区）	指标值（大多伦多地区）	备注
城市领域	城市经济	人均可支配收入	—	26148 美元（安大略省）	现价美元，2018 年，OECD
		人均国民收入	47617 美元	46082 美元	2018 年数据
		平均家庭收入	65829 美元	78373 美元	2015 年数据
		GDP	1859.57 亿美元	—	Real Annual Gross Domestic Product (at Basic Prices) Estimates (millions $ in chained 2012 dollars)
		农业劳动力比例	—	0.13%	2018 年数据
		服务业劳动力比例	—	83.11%	2018 年数据
		制造业劳动力比例	—	9.37%	2018 年数据
	城市社会	失业率	6.4%	6.0%	2018 年数据
	城市政治	选民投票率	—	77%（安大略省）	2019 年，OECD
		政府雇员比例	5.3%	—	公共管理雇员数，2020 年数据
	城市文化	科研技术人员比例	11.5%	—	2020 年数据
	城市环境	PM2.5 水平	—	$7.2\mu g/m^3$（安大略省）	2018 年，OECD
	城市居民	婴儿死亡率	—	4.7‰（安大略省）	2017 年，OECD
		平均寿命	—	82.4 岁（安大略省）	2017 年，OECD
城市系统	功能和形态	全球城市竞争力排名	20	—	Global Power City Index 2021
	基础设施	私家车比例	—	55.7 辆/百人（安大略省）	2009 年，OECD
		宽带普及率	—	89.3%（安大略省）	2017 年，OECD
	公共服务	医生比例	—	2.19 人/千人（安大略省）	2016 年，OECD
	国际联系	国际会议数量	75 场	—	ICCA，2018 年
		入境游客数量	—	4370 万人	2017 年数据

资料来源：City of Toronto.Toronto at a Glance［R/OL］.［2021-11-30］. https://www.toronto.ca/city-government/data-research-maps/toronto-at-a-glance/.

（二）面临的挑战

多伦多政府将城市现阶段面临的挑战称为城市弹性挑战，分为6个方面：

平等：多伦多多元化的社区和团体构成了它的多样性人口，正是这些多样性赋予了多伦多独特的城市魅力和活力。在过去的50年中，尽管多样性增加了，但多伦多因种族和收入而导致的种族隔离正在恶化。2016年，多伦多高收入人群中白人比例为73%、华人为8%、黑人为3%；低收入人群中白人比例为31%、南亚人为19%、华人为13%、黑人为13%（City of Toronto，2021c）。公平对待社区居民、确保每个人都参与到城市决策中，并承认所有人平等的价值和尊严，需要城市每个人的努力。另外，当地土著社区的独特地位与他们的文化多样性、自主表决权也要平衡。

气候与环境：随着全球温室气体排放增多，多伦多的环境面临着巨大挑战。多伦多平均每年因高温致死的人数约为120人，1976—2005年，多伦多全年高温天数（超过30℃）为12.2天，预计2021—2050年将增加至30.7天。此外，2018年的多伦多大暴雨导致1.6万个家庭失去供电。有78%的多伦多人对城市的气候变化感到担忧（City of Toronto，2021c）。为了应对这一挑战，多伦多市议会采取了相应的战略，即到2040年将多伦多社区范围内的温室气体排放量减少到净零（净零战略），这比最初提出的2050年目标提前了10年。多伦多市是北美仅有的3个计划2040年实现这一目标的大城市之一。实现这项有挑战的目标，需要城市不懈努力。目前，多伦多温室气体排放的主要来源有：①住宅和建筑物（57%），主要来自燃烧天然气以加热空间和水。②运输（36%），主要来自个人车辆使用的汽油。③废物（7%），主要来自垃圾填埋场释放的甲烷。

公民参与：据2013年的城市调查显示，多伦多市的住房所有者比租户更倾向参与到公共集会中，同样的对比结果发生于常用语言为英语的人和非英语的人、超过55岁的人和18~34岁的人（City of Toronto，2021c）。多伦多政府希望多伦多市的每位居民都参与到城市决策中，并希望政府部门能得到市民的充分信任。为了使多伦多成为北美在城市规划问题上参与度最高的城市，政府主导了“进步的对话”（Growing Conversations），该项目旨在通过更完善的社区参与过程改善多伦多市规划部门、居民和其他利益相关者之间的关系。

社区和街区：社区和街区是城市的重要组成部分，对其规划和管理决定了城市的形象和活力。随着时代的进步和人们需求的改变，对于社区、街区的规划也在不断调整和更新，有些社区存在资源不足和未公平融入城市的问题，另有某些社区和居民缺乏繁荣发展所需的支持，如何根据人们和城市的需求提高社区和街区的管理效率是多伦多政府部门面临的挑战之一。目前，多伦多市社区和街道的主要问题是安全性、宜居性、交通基础设施的便利性及运营的流畅性。

住房：满意的住房是城市留住居民的根本，如何向不同需求的人提供多样化的住房是政府部门十分关心的问题，目前多伦多约有53%的住户是自有房产，另外47%为租户。2018年，多伦多有超过1/3的本土成年人住房不稳定或无家可归，有19%的家庭生活在过度拥挤的环境中（City of Toronto，2021c）。政府部门希望通过城市规划和各方努力，在2030年前帮助超过341000户家庭获得住房保障，其中一部分将通过批准40000套新的经济适用房出租来实现，包括18000套提供支持服务的深度经济适用房。

流动性：交通网络是城市的血脉，市民希望能有多种可靠、负担得起、方便且安全的出行选择。尤其是经过新冠肺炎疫情，交通对于城市的恢复至关重要，多伦多市议会已决定优先解决因新冠肺炎疫情而导致的交通收入损失，提高交通的可负担性和可达性，并为所有多伦多人推广积极的交通选择。

三、多伦多现代化战略

多伦多制定了多种短期和长期规划以应对当前的挑战，希望能创造经济稳定、社会公平、具有环境可持续性和健康的城市。

（一）《多伦多官方规划》

多伦多面临复杂而充满挑战的未来，今天的决定将塑造明天居住的城市。2019年制定的《多伦多官方规划》（*Toronto Official Plan*）旨在为城市作出正确的选择并塑造多伦多市未来30年的愿景。创造未来并不意味着改变一切。多伦多市约75%的地理区域的现有特征将被加强且不会发生大的改变。未来30年的大部分新增长将发生在剩余25%的地理区域，这些变革可以实现最大的社会、环境和经济效益。作为加拿大最大的城市和安大略省的首府，多伦多的未来前景具有示范作用。

1. 核心价值

一个成功的城市是在本地、国内和国际上具有竞争优势的城市，居住者的生活质量将吸引和留住拥有资本、技能、知识、独创性和创造力的人。一个拥有令人羡慕的生活质量的成功城市是多元化、公平和包容的；它以人造和自然之美令人惊叹；它因建立联系而蓬勃发展，并激发了出色的领导力和管理能力。多伦多未来的成功将基于发展优势和抓住新的机会。该规划基于以下价值来塑造多伦多：

拥有多样性和充满机会的城市。与自然界一样，多样性是社会、文化和经济生活的关键，也是多伦多市的优势，它意味着活力、机会、包容性和适应性——它是成功的基石。为了取得成功，多伦多的未来必须是多元化、包容和公平的。

美丽之城。所有成功的城市都以其人造和自然之美为世人惊叹，人们希望生活在了解他们并推动他们的创造力极限的城市。

连接之城。一个互相连接的城市让人们意识到日常生活的各个方面都相互关联，必须了解其中的相互依存关系，以确保这个城市未来的成功。对居住地点、旅行方式、工作地点、购物地点和娱乐场所所做的选择都会影响他人的选择并受其影响，一切都以某种方式相连。

具有领导力和管理能力的城市。由优秀领导者和管理者组成的城市是成功的基础。成功城市的领导力和管理权的拥有者不仅局限于官员，还应包括每个人，《多伦多官方规划》的实施需要全市各部门的积极参与。出色的领导力可以更加稳妥地做出正确的选择，有些艰难的选择可以获得高生活质量的回报。《多伦多官方规划》核心价值及其具体体现见表3–9。

表 3–9　《多伦多官方规划》核心价值及其具体体现

核心价值	核心价值的具体体现
拥有多样性和充满机会的城市	社区所有人在生命的各阶段都可选择住房
	生态多样性
	多元文化并支持文化多样性
	各种工作可供具有各种教育水平和能力的人选择
	人们可以公平获得休闲和娱乐机会
	支持有特殊需要的人在他们的社区生活
	公共交通四通八达
	多样化的就业领域可适应不断变化的经济趋势
	福祉的衡量标准是为孩子和弱势群体提供服务
	所有人的住房费用在他们的承受范围之内
	为各种阶段和能力的人提供教育机会
	儿童和青少年认为他们的环境安全且吸引人
	老人安居乐业
	人们享有宗教自由
	所有人都能获得足够的安全营养和文化上可接受的食物

续表

核心价值	核心价值的具体体现
美丽之城	大自然在整个城市中近在咫尺
	城市的滨水区是多伦多重要、健康和美丽的资产
	积极推广艺术和文化
	公共艺术为街道和开放空间增光添彩
	保护遗产建筑和考古资源，纪念失去的遗产
	城市的自然景观得到保护、改善和修复
	高质量和卓越性是公共空间和建筑设计的宗旨
	人行道景观充满活力并吸引人驻足
	保留重要的公共景观和标志性景观
	城市环境得到良好维护、拥有干净美丽的绿地
连接之城	满足当今需求，同时不损害后代满足其需求的能力
	人们了解他们选择的环境、社会和经济的发展情况
	城市的自然景观和水道得到保护和再生，并成为城市景观的重要组成部分
	互相连接的绿色空间系统关联着公园和开放空间
	快速、便捷和高质量的交通系统，连接住房和就业领域，并提供商品和服务、医疗保健、教育和娱乐
	"减少移动"的最佳方式是各类交通工具的混合使用
	城市服务通过支持经济增长的基础设施得到有效传递
	每个人都放眼全球、行动在当下
具有领导力和管理能力的城市	个人和社区积极参与影响他们的决策
	社区为他们的孩子和青年分担责任
	采用创新的解决方案
	每个人都对自然环境负责
	志愿者部门蓬勃发展
	激励人们参与到积极的变革中
	各级政府承认相互依存并共同努力
	人们投身于城市生活和公民生活
	私营部门调动其资源以帮助实现公共目标
	每位市民都是可持续发展的城市区域的倡导者
	多伦多市的资本支出优先事项支持本规划的长期战略

2. 目标和举措

多伦多政府的城市规划和开发政策的总体目标是：①协调发展多伦多大区的住宅区、公园、峡谷和自然区域。②在发展经济的同时，改善空气质量、土壤质量和水质。③鼓励最高质量的城市重建。

多伦多计划以建设更宜居的城市为准则，通过整合土地使用和完善交通系统来构建城市增长，将市中心作为多伦多的经济中心，保证其可达性和流动性。同时大力发展多用途社区，重新规划城市主干道，给予就业区域足够的支持以促进经济增长。在人文和生态上，积极促进健康的邻里关系，鼓励城市绿色空间系统和海滨地带的开发。

除了对城市的整体塑造，多伦多还从建筑环境（建筑形式、建筑类型、公共艺术、遗产保护等）和人类环境（住房、社区服务及设施、公园和开放空间、自然环境、经济环境、文化环境等）角度进行统筹规划。《多伦多官方规划》目标分类及主要政策举措见表3-10。

表 3-10 《多伦多官方规划》目标分类及主要政策举措

	目标分类	主要政策举措
城市塑造	建设更宜居的城市	将城市发展集中在由区域交通系统连接的紧凑型中心、交通枢纽和走廊的格局中
		到 2031 年，市区预计容纳 319 万人和 166 万个工作岗位
	构建城市增长：整合土地使用和交通网络	吸引更多的就业机会到城市的目标增长区域，并能得到良好的交通服务和其他基础设施的支持
		重点关注城市中心地带、大道和就业区，以有效利用市政土地，并将工作和居民集中在地面交通和服务良好的快捷交通站地区
		在十字路口给予公共汽车和有轨电车优先权，并在选定的公共汽车和有轨电车路线上引入优先措施
	市中心的发展	优化市中心内高阶交通的公共投资
		各部门通力合作，寻求对市中心的投资
		提供多样化和混合的住房选择，包括经济适用房
		通过指定具有遗产意义的建筑物、地区和开放空间来保护建筑和文化遗产
		制定针对具有历史特征的地区的设计指南
		优先改善步行、自行车和公共交通在市中心可达性，不鼓励扩大汽车通勤和全天停车
		联合车站作为主要的区域交通枢纽，将扩大其客运和列车处理能力
		有轨电车将被作为市中心优先考虑的交通工具
		实施街道改善计划，以改善步行环境并扩大自行车网络
		建立充满活力的交通网络支持的混合用途中心
	重新规划城市主干道	通过战略性混合用途实现大道的再城市化
	发展就业区域	将就业区域划分为核心就业区域和一般就业区域
		允许广泛的经济活动，鼓励现有企业扩展或多元化地进入新的经济活动领域，并促进具有功能联系的公司彼此合作
		建立连接的公共街道网络，供卡车、汽车、公共交通、自行车和行人使用
		促进高质量的公共领域，为雇员创造舒适的景观街道、人行道、公园和开放空间

续表

	目标分类	主要政策举措
城市塑造	健康的邻里关系	谨慎控制邻近社区的土地集约化，以保护社区免受负面影响
		通过景观改善、植树和保护、雨水管理、能源效率的可持续技术及减少浪费和节约用水的能源计划，在社区促进环境可持续性
		在居民不方便步行获取新鲜食物来源的地区，鼓励在社区内提供新鲜食物的流动供应商
	绿色空间系统和海滨的开发	鼓励公共机构和多伦多市民支持保护、加强和恢复绿色空间系统
		不鼓励出售或处置水边的公有土地
		鼓励多伦多岛公园、胭脂国家城市公园等区域特色资源的全年开放和休闲娱乐项目的进行
	交通变革	通过在全市所有街道、社区、主要目的地、交通设施和移动枢纽的设计中整合和充分考虑步行和自行车基础设施来鼓励积极的交通方式
		地铁和地下轻轨快速公交站将被整合到多层开发项目中
		提供和维持足够的自行车和汽车路外停车位，以满足商业、机构和旅游活动的短期停车需求
城市建设	建筑环境的改善	应在道路交通网中断的地方建立行人和自行车路线
		促进行人安全的设计措施将应用于街景、车道、公园、其他公共和私人开放空间及所有新建和翻新的建筑物
		有文化遗产价值或利益的遗产财产将受到保护
	人类环境的改善	现有住房存量将得到维护、改善和补充
		鼓励对新租赁住房，特别是经济适用房的投资
		鼓励共享多种服务设施
		相邻物业的开发影响将在必要时最小化
		增加就业和投资，特别是针对关键经济集群、写字楼和工业的发展
		促进和支持全方位的艺术和文化活动
		艺术和文化社区可以使用市政府拥有的设施和财产用于非营利社区艺术表演场所、艺术教育和培训计划、工作室、排练、存储和行政空间
		应在市中心、大道和重要的步行街上提供具有精细入口或店面连接的零售店

3. 愿景

《多伦多官方规划》提出的愿景是创造一个有吸引力和安全的城市，唤起居民的自豪感、激情和归属感；一个所有年龄和任何能力的人都可以享受优质生活的城市。这个城市将拥有如下特点：

- 充满活力的社区是完整社区的一部分。
- 满足每个人一生需求的经济适用房选择。
- 绿树成荫的迷人街道，设有适合步行的商店和住宅。

• 一个全面、高质量、负担得起的交通系统，让人们快速方便地在城市中活动。

• 强大而有竞争力的经济环境，市中心拥有核心功能，为所有多伦多人创造和维持高薪、稳定、安全和足够的就业机会。

• 健康的自然环境，包括清洁的空气、土壤、能源和水。

• 能够抵御干扰和气候变化的基础设施和社会经济系统。

• 支持生物多样性和促进公民生活的自然特征和生态功能的相互关联系统。

• 将人们聚集在一起的各种规模的绿地和公共广场。

• 丰富的娱乐机会，并利于居民健康。

• 独特的峡谷系统，包含荒野、小憩、休闲、美丽风景及与历史的联系等元素。

• 健康、多样、公共和美丽的壮观海滨。

• 庆祝城市生活的最佳文化设施。

• 令人惊叹和鼓舞人心的美丽建筑和出色的城市设计。

（二）《多伦多弹性战略》

城市复原力是城市内个人、社区、机构和系统在面临长期压力和急性冲击时生存、适应和繁荣的能力。2013年，洛克菲勒基金开启“全球百强弹性城市”计划，通过资金支持帮助城市开发相应都市应变计划，提供辅助技术与资源等方式打造全球城市弹性和应变能力，提升对各类阻碍和重创的应变能力。多伦多于2016年成功加入全球百强弹性城市的行列。近年来，美国的新奥尔良和洛杉矶、希腊的雅典、新西兰的惠灵顿等城市都在弹性城市建设方面作出了自己的努力。

城市居民对适应力的体验因他们居住的社区和身份而异，包括他们的种族、收入和性别。目前，获得安全宜居的房屋和可靠的基础设施的机会在整个多伦多市分布不均。例如，1/3的低收入家庭居住的公寓大楼特别容易受到极端热量和电力短缺的影响。并且，弱势居民不太可能参与公民进程或使自己的处境被政府知道。虽然多伦多已经在建设弹性社区和基础设施方面取得了令人振奋的进展，但在实现整个城市的弹性方面还有更多工作要做。

2018年制定的《多伦多弹性战略》（*Toronto's First Resilience Strategy*）是它的首部弹性策略，它涉及建设弹性城市的愿景、目标和行动，以帮助提高多伦多的城市复原力，使其在面临任何挑战，特别是气候变化和日益严重的不平等时生存、适应和繁荣。这份策略通过与8000多人进行对话、2.6万人社交媒体的参与、900份问卷反馈，探寻多伦多人眼中的城市未来和愿景，并基于目前多伦多面临的六大挑战（平等、气候与环境、公民参与、社区和街区、住房、流动性）制定了10个目标和27个行动计划来实现这些愿景。策略突出3个重点领域：人与社区、基础设施及弹性城市的领导力。

在人与社区领域，多伦多人希望通过提高家庭抗灾能力、改造公寓大楼提高纵向弹性、制定新的《多伦多住房2020—2030》（*Housing TO* 2020—2030）行动计划来使多伦多居民拥有弹性、安全、负担得起的房屋；通过基层行动和网络建设，增强社区复原力；通过多伦多减贫战略来消除贫困、提高平等。

在基础设施领域，通过采用《多伦多防洪宪章》、将资源集中到全市洪水规划上、审查和更新现有的防洪计划、采取行动减轻极端高温的影响、推进绿色和蓝色基础设施系统、促进可持续和有弹性的粮食系统来提高应对气候变化的弹性；通过开发弹性视角并将其应用于城市基础设施投资、将复原力融入开发和土地利用规划过程、将气候适应力纳入城市的资产管理框架和计划来保证基础设施和建筑能够适应不断变化的气候并减少温室气体排放；通过制定全市范围的流动性行动计划、继续优先改善多伦多交通委员会的服务和资本改进、扩大示范项目来保证多伦多有多种可靠、实惠且安全的出行选择以减少出行所需的时间。

在弹性城市的领导力领域，计划通过扩大企业公民参与支持度、提高透明度并优先考虑沟通方式来提高公民参与度和对城市的信任度；通过将公平纳入城市的战略规划过程来保证在决策中优先考虑弱势和高风险人群；通过围绕弹性与本土社区建立关系使得本土社区在建立复原力方面发挥领导作用；通过在整个城市和合作伙伴中嵌入韧性、将气候适应力融入城市净零策略、将弹性融入应急管理、改善风险管理和与居民的沟通、支持当地合作伙伴在复原力方面发挥领导作用、把多伦多定位为国家和国际复原力的领导者来将韧性制度化到城市的决策中。

（三）《经济发展和文化部门战略》

多伦多的经济发展和文化部希望能改善城市就业、增加投资机会，通过增强的文化体验激发多伦多的文化活力，让合作伙伴参与城市经济和文化资源的规划和开发，以促进多伦多的繁荣和宜居性。

《经济发展和文化部门战略》（2018—2022）的制定是为了确保多伦多人分享充满活力的经济和文化，并帮助商业和文化合作伙伴在转型和变革中取得成功，并在制定的过程中听取400多名参与者的意见。战略着重4个核心价值：包容和公平、人才与创新、空间访问及卓越运营，并涉及八大目标和行动。

首先，城市的包容性和公平方面：①为受到不公平待遇的社区和服务欠缺地区的人们提供有影响力的计划和服务，消除整个多伦多的经济和文化差异。②增加服务欠缺社区参与城市主导的文化和经济活动的机会。行动包括：分配经济发展和文化部的资源以支持服务欠缺地区和寻求公平的团体；加强赞助和合作计划，以改善整个多伦多的服务、商业和文化体验；确保经济发展和文化部咨询机构的组成反映了多伦多的多样性；制定并实施全面的外展和沟通战略，将人们与全市的经济发展和文化部服务联系起来；为所有经济发展和文化部资助计划制定和发布标准，以确保透明度和问责制。

其次，在人才和创新方面：①提高新兴和成熟的商业和文化产业的行业竞争力。②使就业者有能力应对未来的机遇和挑战。行动包括：通过利用国际伙伴关系和鼓励出口来提升多伦多的全球形象；在商业和文化社区内促进数字创新；支持商业和文化产业为环境可持续性和发展绿色经济作出贡献；与多伦多就业和社会服务部合作，扩大企业和文化的劳动力发展计划；开展劳动力市场研究，以确定商业和文化方面的全球最佳实践和行业趋势，为积极的城市政策提供信息；与学院、大学、培训组织和行业合作伙伴合作，制定应对未来劳动力需求的计划。

再次，在空间访问方面：①改善商业和文化的空间获取和负担能力。②增加对城市空间的访问，为利益相关者提供互动场所。行动包括：利用奖励和赠款支持商业和文化空间的获得；倡导负担得起的、可持续的商业和文化空间；支持多租户、共享的商业和文化空间；创建网络以共享与商业和文化空间相关的信息和资源；使相关社区使用经济发展和文化部管理政策，最大限度地提高公共利益和参与度；与其他城市部门合作，增加城市拥有空间的可用性。

最后，在卓越运营方面：①培养和维护公共服务创新和卓越的文化。②为所有经济发展和文化部合作伙伴提供卓越、公平和可访问的客户服务。行动包括：改善工作人员及经济发展和文化部所有部门之间的协作，以提高参与度、效率和效力；高度认可员工的成功，培养有价值的组织文化；吸引和留住具有高绩效的员工队伍；启动促进员工健康的计划；通过定期跟踪和报告关键指标和结果来定义、衡量和维持卓越服务；致力于经济发展和文化部的组织和客户服务的持续改进；通过客户服务反馈实施强有力的质量保证计划。

四、多伦多现代化特点

（一）把经济繁荣和文化蓬勃发展作为现代化建设的核心

多伦多的文化和商业社区是使这座城市成为世界上适宜居住、工作和投资的地方之一的核心所在。商业和文化共同为多伦多的长期繁荣、机遇和宜居奠定了基础。多伦多市政府的经济发展和文化部统称EDC（Economic Development & Culture），其现代化发展目标是通过以下方式促进多伦多的繁荣、机会和宜居性：①促进就业和投资机会。②通过更多和增强的文化体验来激发多伦多的文化活力。③让合作伙伴参与城市经济和文化资源的规划和开发。EDC包括艺术和文化服务、企业发展服务、电影和娱乐产业、博物馆和文化遗产服务、规划支持5个部分（City of Toronto，2021a）。

（二）注重生态现代化的发展，并将绿色发展与城市建设相结合

多伦多政府一直努力使多伦多成为北美最环保的城市。政府还策划了“绿色多伦多生活”（Live Green Toronto）项目，旨在通过媒体宣传、线下活动推广等让更多的居民和企业参与到城市的绿化活动中，唤起全民参与的积极性。

多伦多著名的“发现之路”开始于20世纪60年代，它是由政府主导和规划的游客步行线路，在市政府网站即可下载地图和路线细节。随着城市的发展，“发现之路”的线路已发展至11条，包括亨伯植物园和西亨伯河谷路线、兰姆顿别墅酒店和下亨伯河路线及多伦多城区路线等。这些步行路线兼顾了自然环境、人文景点及最大程度的便利性，如无缝衔接的公交和地铁，无处不在的咨询处、咖啡厅、小型商业区等，使得无论是市民还是游客，在最大化地探索这座城市时也能得到极大的便利性和身心的放松。当人们漫步于多伦多的这些自然生态之路时，会对这座城市有更深的融入，也会自觉地想要维护这样优美的城市环境。“发现之路”不但增添了城市特色，也使得多伦多的城市生态蓬勃发展。

在城市绿色建筑方面，多伦多是世界范围内的“领头羊”。2009年，多伦多颁布了《绿色屋顶法案》，是北美第一个关于建造绿色房屋屋顶的法案。政府通过奖励和补贴，鼓励市民对屋顶进行防水、绿色植被等方面的改造。计划实施后，多伦多市内的热岛效应得到了改善，环境温度下降了0.5℃~2.0℃，此外还有多种昆虫和野生植物出现在城市的绿色屋顶，增加了

城市的生态多样性。政府还通过“建筑伙伴合作项目”“能源优化”等项目吸引来自政府管理机构和社会各组织机构的合作，旨在对城市建筑进行优化、升级和改造，减少建筑物的能源消耗、改善房屋结构中的不合理布局、取消超能耗电器和设施的使用（刘佳燕，2006）。

（三）在进行城市规划时，善于将城市特点和市民的需求进行融合

多伦多是移民城市，在规划城市战略时采用了新型城市规划——在对城市社会多元化特点及权力、财富分配不均衡的认知基础上，实现土地、基础设施、社会服务等城市资源的平等分配和有效供给（刘佳燕，2006）。此外，在规划过程中，市民的高度参与也是城市规划能够有效实施的重要条件。

（四）完善的政策和标准体系对城市现代化建设来说至关重要

多伦多政府在推行“绿色建筑”时，与政府各相关机构、社会组织等多元合作，政府政策获得了各界的广泛认可，使得政策执行时鲜有阻力。

第四节 柏林：历经战火后融合创意之都的复兴

柏林位于德国东北部，是德意志联邦共和国的首都，也是德国最大的城市，欧盟区内人口第二多、面积第八大城市。施普雷河和哈维尔河流经城市中心成为与城市居民生活相关的重要河流。柏林是德国仅有的城市州，在历史上曾是普鲁士、德意志帝国、纳粹德国的首都，作为多年的首都使得柏林的历史文化非常悠久。柏林是德国的政治、经济、文化中心及交通枢纽，也是媒体和科学的世界城市，是一座不断发展和变化的城市，吸引着人们和企业来此安家置业。

2001年1月，柏林实施行政改革，把原来的23个区合并为12个行政区（Bezirke），每个区再细分为分区（Stadtteile）或街区（Ortsteile），这些分区或街区起源于1920年10月1日大柏林形成之前的更古老的自治市。许多居民强烈认同他们的社区（Kiez）。截至2021年底，柏林由96个街道组成，共有96个地方政府。所有行政区都受柏林市和州政府管辖。

表3-11显示，2020年柏林人口为3664088人，国土面积为891.1平方千米，人口密度为4206人/平方千米，国内生产总值为1766.23亿美元，人均GDP为48225美元。

表 3-11　2020 年柏林的基本情况

城市	人口（人）	GDP（亿美元）	人均 GDP（美元）	土地面积（平方千米）	人口密度（人 / 平方千米）
柏林	3664088	1766.23	48225	891.1	4206

资料来源：柏林 - 勃兰登堡统计局，https: //www.statistik-berlin-brandenburg.de/.

一、柏林城市现代化历程

相对于世界上其他国际性的大都市而言，柏林市是一座比较年轻的城市，建于1200年，同时期的维也纳、伦敦、巴黎和罗马已经是重要的国际性城市。从默默无闻看似没有发展潜力的小镇，尤其是第二次世界大战后的冰点倒退，发展到现在的国际性大都市，柏林的城市现代化历程漫长而曲折。

（一）柏林城市现代化起源（12—17 世纪）

柏林地区在8万年前的旧石器时代已经有人类活动，现今柏林地区最早的城镇书面记录可以追溯到12世纪后期。柏林连续成为一些国家的首都：普鲁士王国（1701—1870年）、德意志帝国（1871—1918年）、魏玛共和国（1919—1933年）、纳粹德国（1933—1945年）。

◈勃兰登堡选帝侯及普鲁士公国时期

柏林是一座有历史的城市，最初是易北河东北的一片沼泽地，有斯拉夫人部落的两个聚落点，名字分别为柏林（Berlin）和科恩（Cölln）。直到12世纪，日耳曼人驱逐定居在这里的斯拉夫人后，才在施普雷河畔建立了两个村镇，并且沿用斯拉夫名字。柏林在1237年建成，位于施普雷河东岸，是商人的聚居区，科恩位于施普雷河西岸，是个渔村。1307年，柏林和科恩合并为一市，名字定为柏林，在阿斯坎尼家族的统治下成为重要的商业中心，两个城市结成联盟，对外政策一致，但内部行政部门仍处于分离状态。

14世纪，柏林加入波罗的海和北欧的重要商业同盟——汉萨同盟。但是，此时的柏林只是神圣罗马帝国边疆的一个荒蛮城镇。1411年，来自德国西南地区的霍亨索伦家族的腓特烈出任边境总督，平定了该地区的战乱，并成为勃兰登堡选帝侯。自1415年起，柏林成为勃兰登堡选帝侯的首府，柏林的政治地位也开始上升。当然这种政治地位的提升是以失去市政自治权为代价的。

霍亨索伦的统治并没有立即使柏林的地位上升到统治地位，因为当时霍亨索伦家族势力在欧洲大陆上仍然较弱，柏林仍然是一座相对适中的城市，隐藏在欧洲的一角。人口仍然很少，瘟疫（仅1576年就有4000个柏林人死亡）和在17世纪初（1618—1648年）持续30年的战争摧毁了柏林，其1/3的房屋遭到破坏，城市失去了50%的人口，只剩下6000多人。

柏林最终从战争和瘟疫中恢复过来，并继续缓慢发展。事实上，30年战争的破坏使霍亨索伦家族面临着迫切的改革，改革后的局面最终形成了普鲁士的早期国家结构。1641年，这座城市第一个建筑条例颁布，由J.G.梅姆哈特完成柏林-科隆的第一个城市规划。为了克服柏林城市的孤立和它天生有限的自然水网，17世纪晚期开始修建运河。新修的运河改善了柏林东南至布雷斯劳和西里西亚其他城市的交通，西北经汉堡至北海。1648年接替父亲乔治·威廉成为统治者的弗雷德里克·威廉被称为“伟大的选帝侯”，大幅强化中央集权，建立绝对君主制政体，1685年他还发起了一项促进移民和宗教宽容的政策，颁布了《波茨坦公告》，欢迎那些受迫害的法国新教徒。胡格诺派教徒带来了新的工艺技能，如珠宝、丝绸和毡制品，他们逐渐形成了一个新的商人、官僚和官员阶层。到1700年，由于胡格诺派移民，约30%的柏林居民是法国人，其他移民来自波西米亚、波兰和萨尔茨堡。1688年，其子腓特烈一世继位后，开创了柏林在文化和艺术上的繁荣，他兴建夏洛滕堡宫、军械库、教堂和波茨坦离宫，为柏林赢得“施普雷河畔的雅典”的美誉。

（二）柏林城市现代化的第一次浪潮（18世纪至1870年）

柏林的城市现代化起步于19世纪初，由于深受分裂割据的困扰，德国直到19世纪30年代才在第一次工业革命浪潮的冲击下迟缓地开始它的工业革命步伐（邢来顺，1999）。第一次浪潮主要指第一次产业革命期间的城市前沿变化，典型特征是工业城市化、商业城市化，包括工业化、机械化、理性化、民主化、社会流动、发展初等教育、建立公共卫生、建立社会救济和社会保障制度、建设城市基础设施等。

◈普鲁士王国时期（1701—1870年）

1701年，勃兰登堡侯爵领地与普鲁士公国合并成立了普鲁士王国，勃兰登堡选帝侯腓特烈三世在普鲁士加冕为腓特烈一世国王，柏林成为新王国的首都，这也是这座城市第一次开始新的发展。1709年，柏林科林与相邻的弗里德里希斯瓦尔德、多萝西恩斯塔德和弗里德里希斯塔德定居点合并，形成了一个规模更大的皇城。在弗里德里希二世的军国主义政策推行下，柏林的军事要塞逐渐修筑起来，现代军事工业和军队常备军制度不断完善。与此同时，柏林人口大幅度增加。腓特烈一世国王还请来建筑师安德烈亚斯·施卢特（Andreas Schluter）改造新首都，包括宫殿的新立面和新兵工厂（Zeughaus）。

尽管如此，普鲁士政府仍然担忧柏林的人口增长缓慢。政府采取有力措施来刺激城市人口的增长和人口的大规模流动。严格控制柏林移民的举措并非始于1961年，而是1711年，那时普鲁士政府就禁止从该市移民，违者将面临死刑的威胁。柏林城市和人口的自由也受到了其他限制。皇家通过普鲁士军队及税收加强对城市的控制，同时涉及道路规划、高级官员和贵族住房的位置及行会的监督等一系列问题。

普鲁士政府时期强烈的军国主义思想对柏林早期的商业和工业发展起到了一定的积极作用。普鲁士利用“现代”税收手段来支持一个庞大的官僚机构和一支常备军，使柏林的经济效益超过了皇室席位享有的传统水平。特别是普鲁士第二任国王（1713—1740年）腓特烈·威廉一世（Frederick Wilhelm Ⅰ），因其对军事的特殊狂热被称为“士兵国王”。他下令在柏林驻军8000人，占柏林人口的1/10。普鲁士军队和普鲁士法院的购买也促进了羊毛业、金属工业、武器行业的发展。其中一些工业制造了该市第一批重要的出口产品。到了18世纪20年代，武器工厂的建立正在把这座城市变成一个“普鲁士武器商店”，这是一种可以称为重商主义的军工政策所推动的。纺织品和武器商店为柏林可能出现世界上第一个现代化的城市军事工业综合体奠定了早期的基础。

1734—1736年，柏林市周围建起包围墙，最初并不是为了保护这座城市免受军事攻击，而是为了通过海关管理来规范商业活动，这反映了这座城市对经济发展的重视。腓特烈·威廉一世于1740年去世，取而代之的是他的儿子，被称为腓特烈大帝（1740—1786年）的腓特烈二世上台。他推行“开明专制”，在他的统治下普鲁士发展显著。他的统治也正是历史学家格哈德·马苏尔（Gerhard Masur）所说的“柏林的崛起”，从“一个普通的、有些平庸的德国城镇”变得“与伟大政治诞生的其他重要欧洲中心平起平坐”。在腓特烈统治时期，普鲁士的人口达到了22.4万人，其中10万人居住在柏林。普鲁士军队的人数超过了8万人，成为欧洲第四大军队（Ad van der Woude，1990）。普鲁士军队在治国方略中的主导地位反映在国家的预算中——在平均每年740万塔勒的国家收入中，近600万塔勒进入军队。

腓特烈大帝（Frederick The Great）统治时期，柏林开始与维也纳争夺德语世界的领先城市地位。年轻、更具侵略性、更有活力、信奉新教的柏林正在挑战更古老、更优雅、贵族化和天主教化的维也纳。这两座城市（一个代表普鲁士，另一个代表奥地利）的并置在第一次世界大战期间塑造了德国政治。

18世纪下半叶，更多的城市出现了工业经济发展的迹象，伴随而来的也有诸多城市社会问题。丝绸和其他纺织厂继续扩张，成为18世纪城市工业发展的关键部门。国家官僚机构继续控制工业发展，不仅通过购买柏林的工业产品，而且通过建立银行（与汉堡等其他城市的银行业）和皇家工厂（皇家瓷厂）。除了人口和经济的发展，柏林这座城市本身也在扩张，在柏林—科林中心（Berlin-Colin center）旧址的边缘建起了新的定居点。为了解决日益严重的住房投机和房租上涨的问题，1765年，在柏林实施了第一套租金管制制度（Berliner Mietdikt）。从1770年开始进行系统实施，将林登街改造成柏林的主要长廊，其中包括腓特烈二世批准拆除的44栋建筑物——这是柏林长期城市更新历史的早期案例。标志着建筑向古典主义的转变，勃兰登堡门建于1788—1791年，仿照雅典的建筑风格。在这段时期，这座城市继续保持着它的军事面貌。在腓特烈大帝去世的那年（1786年），该市14.7万名居民中约有4万人是士兵或其家属。

◈工业革命时期

从1837年起，普鲁士开始工业化进程，在柏林建立西门子等工厂。1848年革命时，柏林也发生起义。柏林在1815年前一直作为普鲁士的政治和管理中心，发展较为缓慢。随着德国尤其是普鲁士工业化的开展，柏林的地位不断加强，1870年统一的德意志帝国形成后，柏林迅速成为整个德国的社会、工业、文化、政治和经济中心，人口也在不到100年的时间里超过了100万人。

从19世纪开始，越来越多的迹象表明，柏林的手工和小型制造企业正在被改造成更大、更复杂的企业，工业革命愈演愈烈。起初，许多机器、产品和技术是从工业更先进的英国工厂借鉴而来的。但随着技术的发展，柏林的技术自主权和工业优势不断增加。这种发展并非自由放任，普鲁士国家在促进工业发展方面发挥了积极的作用，国家政策最初的目的是使私营经济以新重商主义的形式直接满足普鲁士国家的需要。到了19世纪中期，国家为了自身利益，不断完善经济政策，其中就包括促进工业发展的相关事宜。

对社会发展至关重要的纺织业在19世纪初继续发展，逐渐步入机械化时代，1781年在柏林安装了一台英国制造的纺纱机，到1803年，在柏林的4.9万名制造业工人中，有4万多名受雇于各种纺织厂。动力的引进促进了机械化。第一台蒸汽机于1793年在柏林投入使用。到1800年，皇家瓷厂（Konigliche Porzellan-Manufaktur）开始使用蒸汽机。4年后，皇家铁厂（Konigliche Eisengieperei）建立，坐落于小潘克河畔。与此同时，普鲁士政府积极关注城市的发展，促进工业、文化和教育机构的发展。一个重要事件是1799年柏林建筑学院成立。

但是，1806年10月14日，普鲁士军队被拿破仑大军打败后，这座城市的发展被进一步西扩的军队阻挡，城市被法国占领。两周后的10月27日，拿破仑凯旋式地穿过勃兰登堡门，开始了对柏林的长期占领。在腓特烈二世的统治下，柏林成为启蒙运动的中心，但也在7年战争期间被奥地利和俄罗斯军队短暂占领。法国在第4次反法同盟战争中获胜后，拿破仑·波拿巴于1806年进军柏林，但授予柏林自治权。1815 年，柏林成为新勃兰登堡省的一部分。虽然城市没有遭到严重破坏，但是拿破仑下令将勃兰登堡门上的胜利女神马车拆下来运回法国，直到1814年才归还。与此同时，普鲁士制造业部门主任克里斯蒂安·冯·比尤斯（Christian von Beuth）制定了一项促进国家工业发展的计划，这是德国早期国家工业政策悠久历史上重要的努力之一。1815年，格奥尔格·克里斯蒂安·弗罗因德（Georg Christian Freund）机械厂的成立是柏林机械加工工业的开端；他的工厂在德国制造了第一台蒸汽机。1年后，德国制造的第一批火车头在柏林生产出来，德国的第一艘蒸汽轮船在柏林开始筹划。

柏林的教育文化事业蓬勃发展，1810年成立的柏林大学聘请乔治·弗里德里希·黑格尔（1770—1831年），他在1818年取代费希特成为哲学主席。巧的是，黑格尔最著名的追随者和评论家卡尔·马克思也是在同一年出生的。马克思也进入了柏林大学，1836—1841年，他一直是该校的学生。到19世纪30年代，柏林大学已经成为德国最大的大学，1838年柏林大学有 1772 名学生。1821年建立的普鲁士第一所工业学院（Gewerbeinstitut）便是后来的柏林技术大学的基础。同年，柏林还建立了自己的铁厂和机械厂，成为柏林未来工厂的样板。1年后，当第一届工业博览会在柏林举行时，柏林在工业世界中日益增长的声誉得到了证明。

19世纪30年代以后，柏林工业化的新规模和力量不断发展。1837年8月，博尔西格（Borsig，1804—1854年）在该市的奥拉宁堡门附近建立了一家工厂，生产螺丝、格栅、其他金属产品及蒸汽机，到1841年生产机车。博尔西格代表柏林新一代的企业家，他们通常来自层次较低的资产阶级，兼具手艺人和经理人的技能；以博尔西格为例，他开始是一名木匠，后来转向机械生产。博尔西格公司后来成为德国最大的公司之一。1年后，普鲁士在柏林和波茨坦之间开通了第一趟列车，随后的几年又开通了从柏林到德绍、法兰克福、斯特丁、汉堡等的列车。柏林作为一个铁路网不断增长的枢纽和机车生产中心，被证明是城市经济地理优势的强大的协同力量。

不断增长的区域间铁路网络建设改善了柏林城市内部的交通运输条件，

城市也在进一步完善交通系统。1845—1850年，修建了10千米的兰德威尔运河，穿过柏林市中心，为拥挤、弯弯曲曲的斯普雷河提供了一条非常必要的旁路。到1847年，有5家私人公司在5条不同的城市线路上运营马拉巴士，这改变了人们的生活。

1847年，柏林人口已增至40万人，拥有5万名手工艺工人和3万名工厂工人，1848年是关键的一年，这一年在德国和奥地利各地掀起了三月起义。公民的要求是新闻、言论和集会自由及所有公民政治平等。柏林爆发了激烈的巷战。但是，到年底，普鲁士政府成功地挫败了这一民主资产阶级革命，普鲁士将继续保持君主立宪制，并修订有利于拥有财产阶级的三级选举制度。企图利用1848年事件来统一德国的计划也失败了。因此，一些人将1848年视为“历史未能转折的转折点”。

19世纪中叶，柏林也发生了新的工业革命，并且这次工业革命取得了重大的胜利。这场工业革命将柏林的钢铁产业、机器制造业及精密仪器等的生产与“电”结合起来，最典型的代表人物是西门子。这场革命促进了普鲁士的经济发展，为日后德国的统一奠定了基础。所有新兴机构都使柏林作为德国经济中心的地位更加稳固，并帮助德国克服了工业化起步较晚的问题。然而，这一增长也增加了消除货币和其他德国商业壁垒的压力。德国经济统一的呼声越来越高。经济上的统一也伴随着政治上的统一。此外，这一时期除了经济发展，柏林的城市人口数量也有较为明显的增加。

工业革命在19世纪改变了柏林，其经济和人口急剧增长，成为德国的主要铁路枢纽和经济中心。其他郊区很快发展起来，使得柏林的面积增加、人口增长。1861年，邻近的郊区，包括维德、莫阿比特和其他几个郊区并入柏林。

（三）柏林城市现代化的第二次浪潮（1870—1945年）

柏林城市现代化的第二次浪潮主要指第二次产业革命和两次世界大战期间城市的变化，典型特征是社会城市化，包括电气化、机械化、专业化、民主化、社会活动、普及初等义务教育、发展公共卫生、建立社会保险制度、建设城市基础设施、城市生活水平和生产力提高等。

◈德意志帝国时期（1870—1918年）

1862年，威廉一世任命俾斯麦为首相，他是德国近代史上杰出的政治家和外交家，极力推行“铁血政策”。1866年，俾斯麦建立了北德意志联邦，也就是德意志帝国的前身，由20多个德意志州组成，普鲁士国王担任联邦总统，柏林为首都。1871年，柏林成为德意志帝国的首都。1881年，它成为一个独立于勃兰登堡的城区。1894年，建筑师瓦洛特建造国会大厦。到20世纪初，柏林已经在工业、经济和城市建设上达到伦敦、纽约和巴黎的水平，成为又一个世界性的政治、经济和文化中心。这期间，柏林建造了大量的道路、桥梁、地铁和车站建筑，兴建了豪华的办公大楼、商业区和住宅区，1900年，柏林人口已经达到270万人。

◈魏玛共和国时期（1918—1933年）

第一次世界大战没有对柏林造成严重的破坏，但是1919年柏林爆发了工人起义和内战。1920年发生卡普暴动。同年4月27日，柏林同其周围的8个城镇、59个村庄合并为“大柏林”，柏林的人口一夜之间增长一倍，达到400万人。在深受20世纪20年代经济危机之苦的同时，柏林也进入了新思潮、新艺术层出不穷的时期，这段时期被称为柏林的“黄金艺术年代”。

◈纳粹德国时期（1933—1945年）

1933年1月30日，希特勒成为德国总理。同年2月27日发生国会纵火案。1936年在柏林举办第16届奥运会，纳粹德国将其作为展示自己的橱窗。1938年的水晶之夜事件中，柏林发生打砸抢犹太人财产事件。1939年第二次世界大战爆发，希特勒幻想在战后将柏林建设为其欧洲帝国的首都，更名为“日耳曼尼亚”。他的御用建筑师斯佩尔为此设计了庞大的沙盘模型。

第二次世界大战后期，由于盟军的空袭和苏联红军的进攻，柏林遭到毁灭性的破坏。1943年11月22日，英国皇家空军派出764架轰炸机，展开大规模轰炸柏林的柏林大轰炸，炸毁东起蒂尔加滕、夏洛滕堡，西至施潘道、西门子施塔特的整片区域。1943年11月至1944年2月，“柏林战役”一共对柏林发起了13次大规模空袭，其中9次的轰炸规模在500架以上，摧毁了柏林25%的市区，四郊和市区内的150多座电气、军火、通信和轴承工厂被毁，炸死1万多人，并使150万人无家可归。1945年4月16日，苏联红军调集22000门大炮和白俄罗斯方面军的10个集团军开始对柏林进行总攻。5月1日，苏联红军的旗帜插上勃兰登堡门和国会大厦。5月8日德国投降。

（四）柏林城市现代化的第三次浪潮（1945—1991年）

柏林城市现代化的第三次浪潮主要指第三次产业革命期间的城市前沿变化，典型特征是社会城市化和郊区化，包括家庭机械化和电气化、社会福利化、技术自动化、公共服务体系化、普及中等教育和发展高等教育等。同时，城市环境议题和种族问题等引发新的社会改革。

◈冷战时期（1947—1991 年）

随着盟军在第二次世界大战中的胜利，柏林这座城市按照战前柏林的行政区界线被分成两部分——由苏联控制的东柏林（范围包括战前23区中的12个区）及由美国、英国和法国控制的西柏林。柏林变成美苏冷战的聚集地。身处社会主义阵营的东柏林实行计划经济，以巨大的资源和环境成本换取经济增长；而西柏林由于与东德的边境接壤，其城市发展主要依靠西德政府的财政援助，不仅丧失了自我发展的能力，与邻近的勃兰登堡州在信息、人员和资源等方面也缺乏基本的交流和合作。

1948年，为了反对盟国在德国西部实行的货币改革，以及迫使盟军退出柏林，苏联对柏林展开长达半年的封锁。盟国通过柏林空运挫败苏联的企图。1953年6月17日，东柏林工人展开抗议生活水平下降的活动，抗议不久即被苏联军队镇压下去。1958年11月10日，赫鲁晓夫宣称四大国对柏林的占领已经过时，要求美、英、法从西柏林撤军，并称6个月之内西柏林应当成为苏军可以自由进出的“自由城市”。

由于大量东德居民通过不设防的柏林分界线涌入西柏林和西德，1961年8月13日，东德建起柏林墙。10月25日，美军坦克开到腓特烈大街南部的查理检查哨，试图进入东柏林，与90米外的苏军坦克对峙16个小时。此后柏林成为东西方意识形态交锋的前沿。

（五）柏林城市现代化的第四次浪潮（1991 年至今）

柏林城市现代化的第四次浪潮主要指第四次产业革命期间城市前沿的深刻变化。一是高技术和服务经济的发展改变了城市的经济结构；二是信息革命引发城市的信息化、数字化和智能化；三是生态革命促使生态城市和绿色城市兴起；四是知识经济和知识社会的兴起带动城市经济的知识和生态转型。受高技术、信息革命和生态革命的影响，经济发展的高技术、信息化、智能化、生态化和服务化形成了所谓的第四次产业革命。典型特征是服务城市化，包括信息化、网络化、智能化、郊区化、国际化、绿色化、个性化、普及高等教育和终身学习等。

◈两德统一（1991 年至今）

由于存在各种历史问题和制度上的缺陷，1989年，东欧国家民众掀起对社会主义和共产党政权的总抗议。1989年11月9日深夜，东德被迫宣布开放柏林墙。1990年10月3日，德国重新统一，柏林举行盛大的庆祝活动。柏林墙被拆。1991年，德国议会投票决定在2000年之前将首都从波恩迁回柏林。

此后柏林展开大规模的重建工作。在国会大厦北面修建新的国会和总理府。以前是柏林墙脚下布满地雷的警戒地带的波茨坦广场重新成为柏林的商业中心。德国已经恢复其在欧洲的文化和经济中心地位。

1989年，随着冷战的结束和东德民众的施压，柏林墙于11月9日倒塌，随后大部分被拆除。东边画廊保留了部分的墙壁。1990年10月3日，德国两部分统一为德意志联邦共和国，柏林再次成为统一城市。西柏林市长沃尔特·莫珀（Walter Momper）在此期间成为统一城市的第一任市长。1994年6月18日，来自美国、法国和英国的士兵举行了阅兵式，这是纪念盟军占领军撤出允许柏林重新统一的仪式的一部分（最后一批俄罗斯军队于1994年8月31日离开，而西方盟军最后一次撤离是在1994年9月8日）。1991年6月20日，联邦议院（德国议会）投票决定将德国首都从波恩迁至柏林，并于1999年完成。

柏林城市现代化的历程并不像我们之前介绍的其他城市的发展一样循规蹈矩。一般而言，国际型大都市的发展都是经济自由放任发展的结果，而柏林的发展史具有特殊性，一直以来它的发展都受到国家的干预。第二次世界大战阻断了柏林原有的发展进程，柏林发展进入低谷期，尤其是西柏林。

二、柏林城市现代化水平及挑战

（一）柏林城市现代化水平的定量分析

此部分依然按照6个系统、6个领域12组146个指标对柏林进行分析。

1. 柏林城市6个系统的水平分析

柏林市6个系统的指标水平如表3-12所示，采用的是2010—2020年可获得的数据。

表3-12　柏林6个系统的指标水平

指标维度		代表性指标	数值	年份
6个系统	功能和形态	全球城市竞争力排名	前十	
		城市形态	多中心布局＋用地功能混合	
	住房和建筑	家庭平均规模	1.8人/户	2019
		一人户家庭比例	52.9%	2019
		平均居住空间（1人）	59.2平方米	2011
		最高建筑	柏林电视塔（368米）	
	基础设施	每千人汽车拥有量	396辆	2020
		轨道交通长度	479千米	

续表

指标维度		代表性指标	数值	年份
6个系统	公共服务	每千人卫生工作者数	69.4人	2019
		公共交通年客运量	10.7亿人	2020
		公共交通旅客周转量	64.7亿人千米	2020
	公共管理	城市人口	3664088人	2020
		绿色出行比例（公交交通出行比例）	71.7%（26.5%）	2013
		平均出行距离（时耗）	5.23千米（22.5分钟）	2013
	国际联系	国际游客数	128.9万人次	2020
		外籍人口比例	19.59%	2020
		贸易进口	149.39亿欧元	2020
		贸易出口	143.18亿欧元	2020

（1）柏林城市功能和形态的水平分析

在城市功能方面，GaWC2020把柏林归为Beta+城市，属于第五类城市，同年我国的成都也入选了Beta+城市（GaWC，2020）。2021GPCI的排名中柏林位居全球第七，在6个领域中的居住和环境领域表现较好。在城市形态方面，柏林呈现多中心布局、用地功能混合的空间发展态势。

（2）柏林城市建筑和住房的水平分析

在城市建筑方面，截至2021年底，柏林拥有688座高层建筑[①]。柏林最高建筑是位于米特亚历山大广场的柏林电视塔（Berliner Fernsehturm，368米），是德国最高建筑物，也是欧洲第四高建筑物。于1969年建成，曾是世界第二高电视塔。位于柏林万湖的谢弗伯格山（Schäferberg hill）顶的电信塔是柏林第二高建筑物，建于1961—1964年，高212米，不对外开放。柏林第三高建筑物是位于潘科斯北部、布赫区及马尔乔郊区一片田地中的两台风力涡轮机，高度为179米。

在城市住房方面，2019年柏林共有家庭203.37万户，家庭平均规模为1.8人/户（图3-29）。1991—2019年，家庭总数不断增加，但家庭平均规模总体趋势有所下降，1991年家庭平均规模为2人/户，之后持续下降，2008—2010年和2015年曾降至1.7人/户，后基本稳定在1.8人/户。柏林也是一个租住之城，85%的家庭住在出租公寓，15%的住房是永久产权公寓。

① Emporis. Berlin［EB/OL］.［2021-12-22］. https://www.emporis.com/city/100559/berlin-germany.

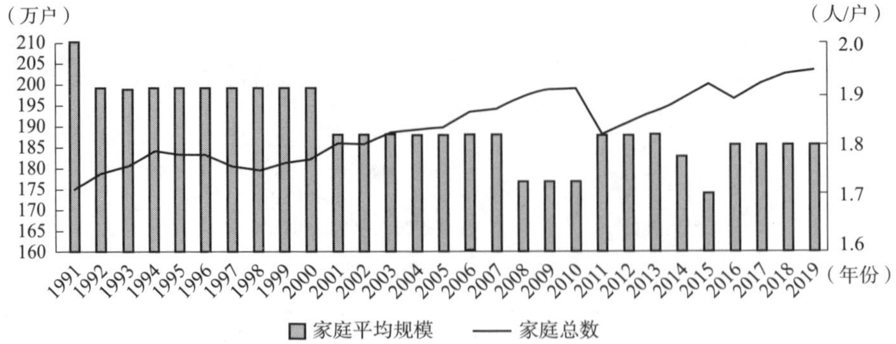

图 3-29　1991—2019 年柏林家庭规模

资料来源：柏林－勃兰登堡统计局，https: //www.statistik-berlin-brandenburg.de/.

值得一提的是，柏林1人户家庭比例从1991年的44.85%逐渐上升，2003年超过50%，之后持续上涨至2015年的历史峰值54.51%后有所下降，但也保持在50%以上的水平（图3-30）。2011年人口普查数据显示住宅楼的平均居住空间为1人户家庭规模的为59.2平方米、2人户家庭规模的为79.2平方米、3人户家庭规模的为90平方米、4人户家庭规模的为101.5平方米、5人及以上户家庭规模的为107.9平方米。

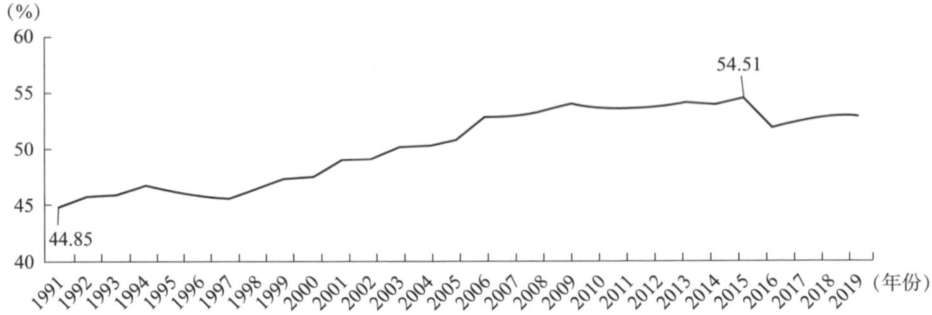

图 3-30　1991—2019 年柏林 1 人户家庭比例

资料来源：柏林－勃兰登堡统计局，https: //www.statistik-berlin-brandenburg.de/.

（3）柏林城市基础设施的水平分析

在城市基础设施方面，由图3-31可以看出，2020年柏林新增机动车87693辆，库存1452634辆，每千人机动车拥有量396辆，这在西方发达国家中水平是相对较低的。1994—2020年，机动车新增平均值为每年新增98835辆，新增量最多的是2009年新增107801辆，新增量最少的是2020年新增87693辆；机动车库存基本保持在130万辆以上（除2008年、2009年和2010年），2008年机动车存量达到历史低点126.9万辆，之后持续上升到2020年的最高值145.3万辆。

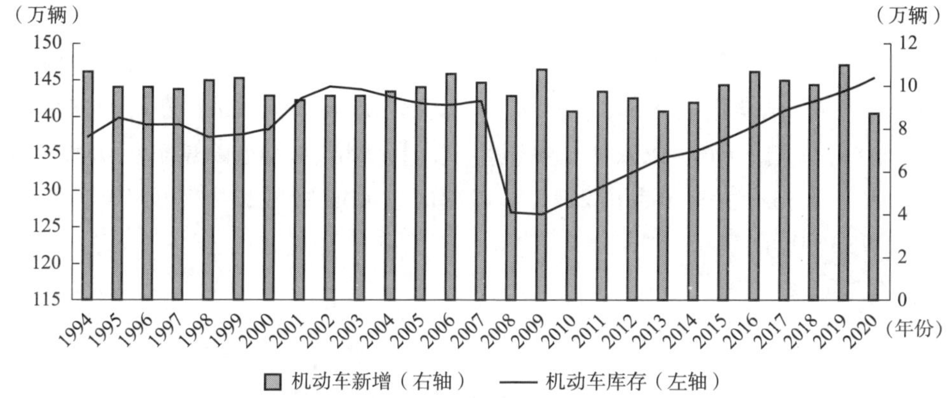

图 3-31 1994—2020 年柏林机动车保有量情况

资料来源：柏林 - 勃兰登堡统计局，https: //www.statistik-berlin-brandenburg.de/.

柏林拥有发达的公共交通系统，日均客流量为477万人次，包括柏林地铁（U-Bahn），共有9条线、175个车站，线路里程约173千米，80%位于地下，日均客流量为152万人次；柏林快铁（S-Bahn）有16条线，线路总长328千米（柏林市254千米、勃兰登堡州74千米），共设166个车站（柏林市133座、勃兰登堡州33座），快铁平均时速40千米，日均客流量150万人次，平均乘距9.6千米；柏林拥有世界上历史最悠久的有轨电车系统之一——“柏林街车”（Tram），起源于1865年，是仅次于墨尔本和圣彼得堡的世界第三大有轨电车系统，由22条线路组成，近800个站点，线路长度接近190千米，日均客流为53万人次；柏林常规公交线路152条，日均客流量为119万人次；现有渡轮（Ferry）线路6条，日均客流量3万人次。游客只需一张票即可乘坐所有公共交通工具（图3-32）。

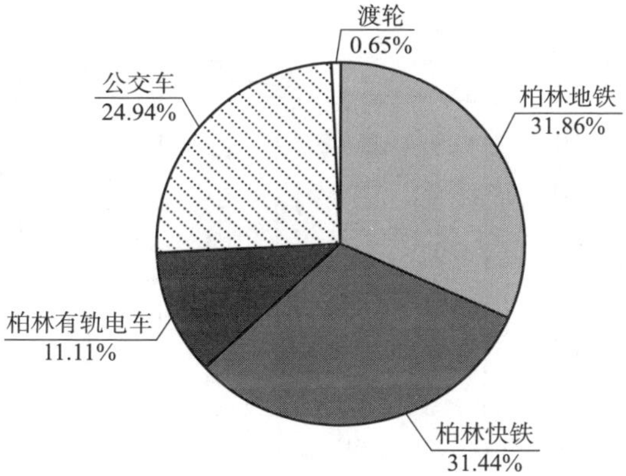

图 3-32 柏林公共交通客运量占比

资料来源：柏林 - 勃兰登堡统计局，https: //www.statistik-berlin-brandenburg.de/.

(4)柏林城市公共服务的水平分析

在城市公共服务方面，由图3-33可以看出，2019年柏林卫生支出184.68亿欧元，占德国全国的4.5%，人均卫生支出5050欧元，高于德国4944欧元的平均水平。自2010年以来，柏林卫生支出持续增加，近10年来年均增长近6亿欧元；人均卫生支出也由2010年的3814欧元增加到2019年的5050欧元，增加了1236欧元。

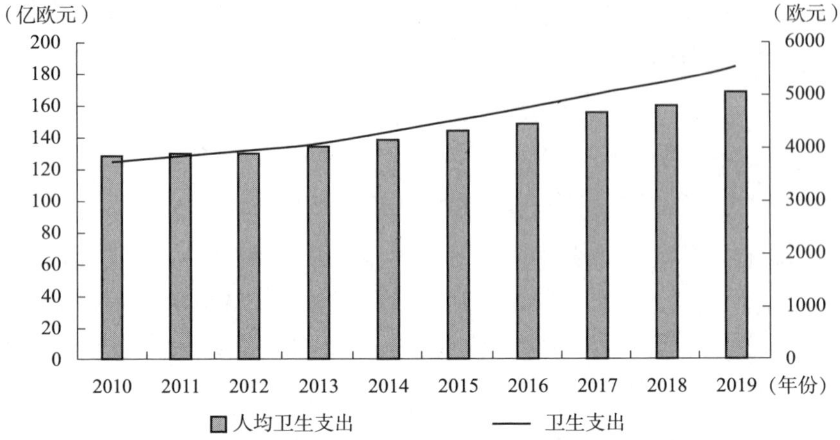

图 3-33　2010—2019 年柏林卫生支出情况

资料来源：柏林-勃兰登堡统计局，https: //www.statistik-berlin-brandenburg.de/.

2019年，柏林拥有卫生工作者25.45万人，占整个德国的4.4%，每千人中卫生工作者69.4人，基本和德国的平均水平(69.1人)持平(图3-34)。

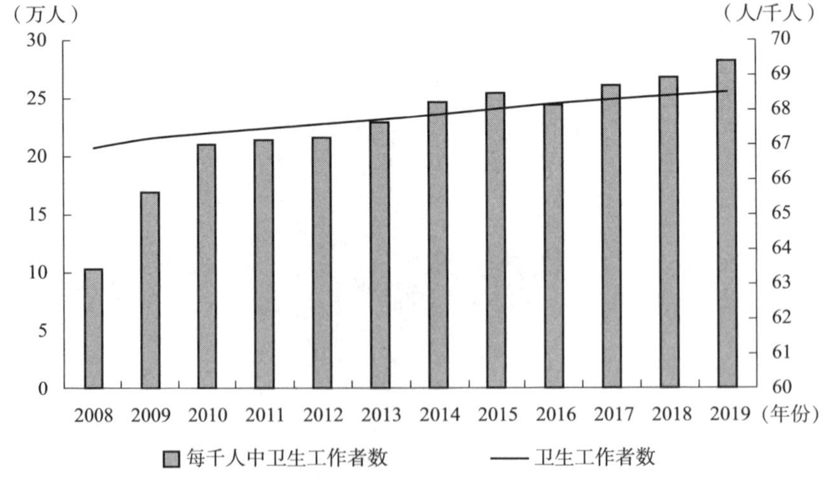

图 3-34　2008—2019 年柏林卫生工作者情况

资料来源：柏林-勃兰登堡统计局，https: //www.statistik-berlin-brandenburg.de/.

由图3–35可以看出，2020年柏林公共交通客运量为10.7亿人，旅客周转量为64.7亿人千米。公共交通客运量从2010年的13.23亿人上升至2019年的16.19亿人，增长了22.32%，旅客周转量从2010年的79.36亿人千米上升至2019年的97.67亿人千米，增长了3.07%，2020年受新冠肺炎疫情影响，这两个指标都有较大幅度的下降。

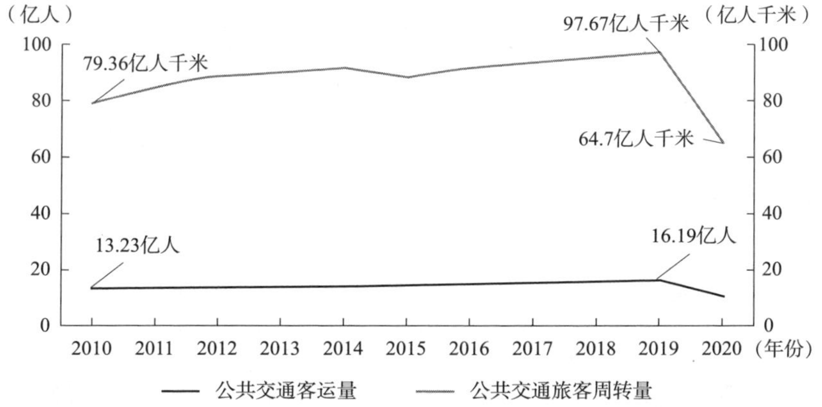

图3–35　2010—2020年柏林公共交通客运量及旅客周转量情况

资料来源：柏林 – 勃兰登堡统计局，https: //www.statistik–berlin–brandenburg.de/.

（5）柏林城市公共管理的水平分析

在城市公共管理方面，2020年柏林城市人口为3664088人，1939年人口达到历史高峰值（433万人），第二次世界大战后，1945年人口下降到306.5万人，后逐渐增加（图3–36）。

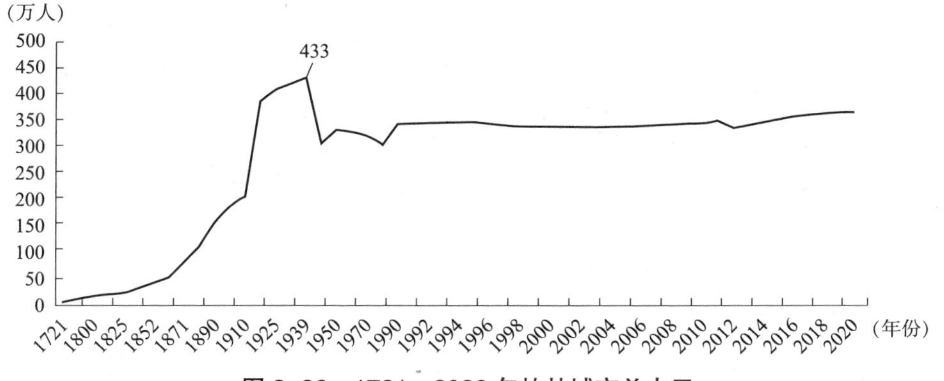

图3–36　1721—2020年柏林城市总人口

资料来源：柏林 – 勃兰登堡统计局，https: //www.statistik–berlin–brandenburg.de/.

柏林市2013年绿色出行比例占71.7%，其中步行占32.3%、自行车出行占13%、公共交通占26.5%。柏林市民平均出行距离为5.23千米，平均出行时耗为22.5分钟（图3-37）。

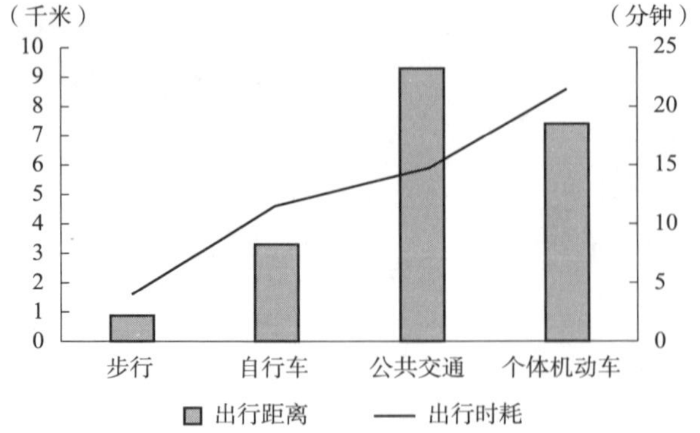

图3-37　2013年柏林市民出行距离及时耗

资料来源：柏林－勃兰登堡统计局，https://www.statistik-berlin-brandenburg.de/.

（6）柏林城市国际联系的水平分析

在城市国际联系方面，由图3-38可以看出，2019年柏林共接待游客1396万人次，其中国际游客占39.3%，约548万人次，2020年受新冠肺炎疫情影响，游客数量骤减。柏林接待境外游客数从1992年的82万人次增加到2019年的548.5万人次，增加了5.7倍，2020年下降到128.9万人次，与2003年的水平相当。

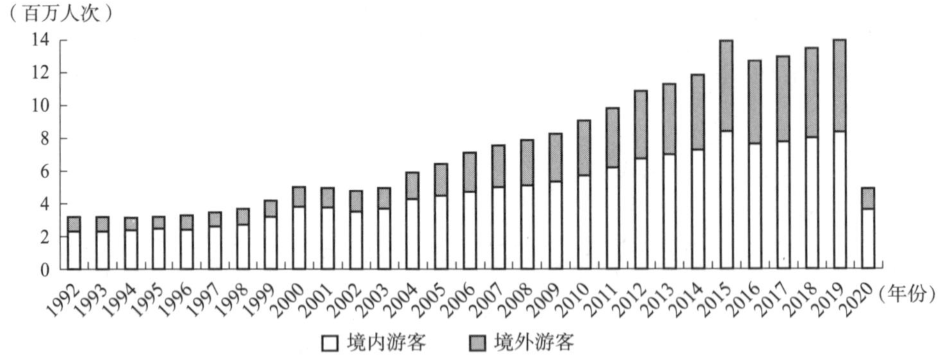

图3-38　1992—2020年柏林接待游客数量

资料来源：柏林－勃兰登堡统计局，https://www.statistik-berlin-brandenburg.de/.

2020年，柏林外籍人口比例为19.6%，1991—2020年，柏林外籍人口比例从9.87%上升到19.6%，30年几乎翻了一番（图3-39）。在疫情大流行的2020年，柏林20年后首次出现移民流失约2000名居民。柏林拥有来自190多个国家的超过79万名外国居民，人口平均年龄为42.7岁，是一座国际化的年轻城市。

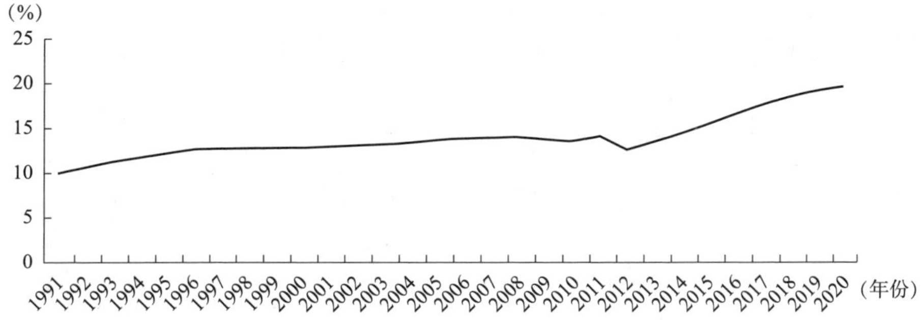

图 3-39　柏林外籍人口比例

资料来源：柏林 - 勃兰登堡统计局，https: //www.statistik-berlin-brandenburg.de/.

2020年柏林出口贸易额为143.18亿欧元，进口贸易额为149.39亿欧元（图3-40）。2008—2020年，出口贸易额从2008年的115.75亿欧元下降到2009年的历史低点104.61亿欧元，从2009年开始保持波动中上升的趋势，直到2019年的高点151.73亿欧元，2009—2019年增长了45.04%，2020年降为143.18亿欧元；进口贸易额从2008年的83.36亿欧元下降到2009年的低点83.33亿欧元，之后增加到2019年的152.25亿欧元，2009—2019年增长了82.71%，2020年下降到149.39亿欧元。

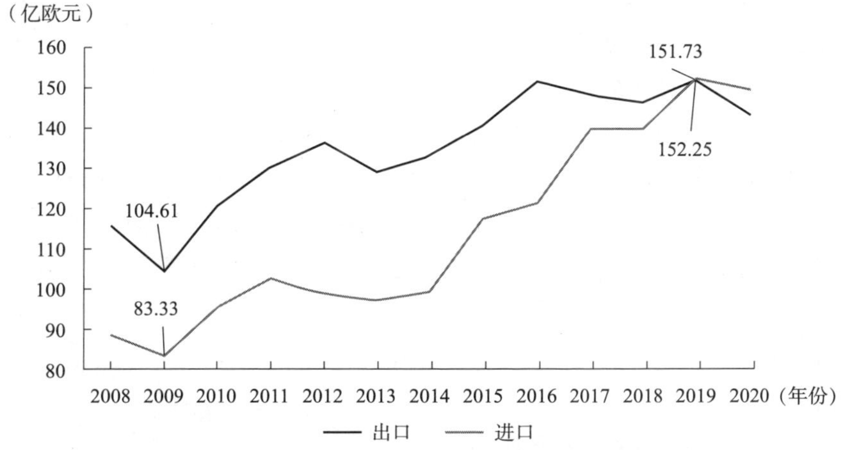

图 3-40　2008—2020 年柏林贸易进出口情况

资料来源：柏林 - 勃兰登堡统计局，https: //www.statistik-berlin-brandenburg.de/.

2. 柏林城市 6 个领域的水平分析

柏林市6个领域的指标水平如表3-13所示，基于2010—2020年可获得的数据。

表 3-13　柏林 6 个领域的指标水平

指标维度		代表性指标	数值	年份
6 个领域	城市经济	GDP	1766 亿美元	2020
		人均 GDP	48225 美元	2020
		人均可支配收入	23875 美元	2020
		就业岗位	206.8 万个	2020
		服务产业就业比例	89.26%	2020
	城市社会	少年儿童抚养比	21.48%	2020
		老年人口抚养比	28.99%	2020
		失业率	6.1%	2018
		每十万人罪犯人数	1038 人	2019
	城市政治	投票率	75.40%	2021
		2021 年柏林选举	社会民主党（21.4%，36 个）	2021
	城市文化	无高中毕业证书人口比例	6.03%	2011
		职业技术教育资格比例	47.20%	2011
		专业学位教育资格比例	25.78%	2011
	城市环境	温室气体排放量	16.33 万吨二氧化碳当量	2016
		植被覆盖率	18.86%	2020
	城市居民	男女比例	100 : 103.3	2020
		老年人口比例	19.27%	2020
		平均年龄	42.7 岁	2020

（1）柏林城市经济的水平分析

在城市经济方面，由图3-41可以看出，柏林GDP从1991年的680.9亿欧元持续增加到2019年的1568亿欧元，增长了1.3倍，2020年由于新冠肺炎疫情影响略有下降，为1546.3亿欧元；人均GDP从1991年的19815欧元增加到2019年的42886欧元，增长了1.1倍，2020年下降到42221欧元。

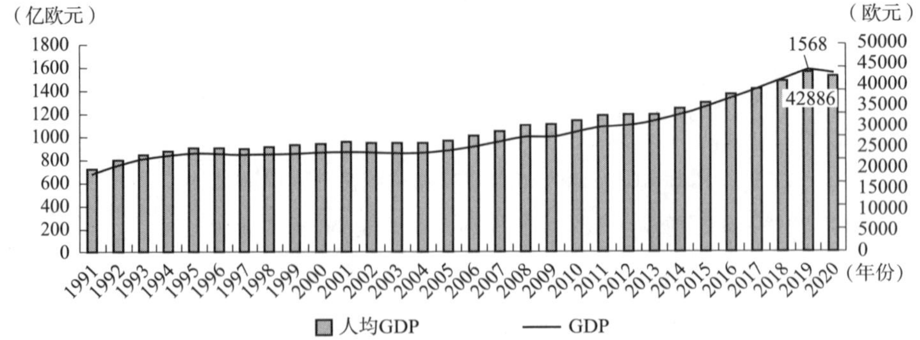

图 3-41　1991—2020 年柏林 GDP 和人均 GDP

资料来源：柏林 - 勃兰登堡统计局，https: //www.statistik-berlin-brandenburg.de/.

由图3-42可以看出，1991—2019年，柏林居民雇员报酬从35831欧元增加到74518欧元，翻了一番；人均可支配收入从13067欧元增加到21327欧元，增长了63.2%。

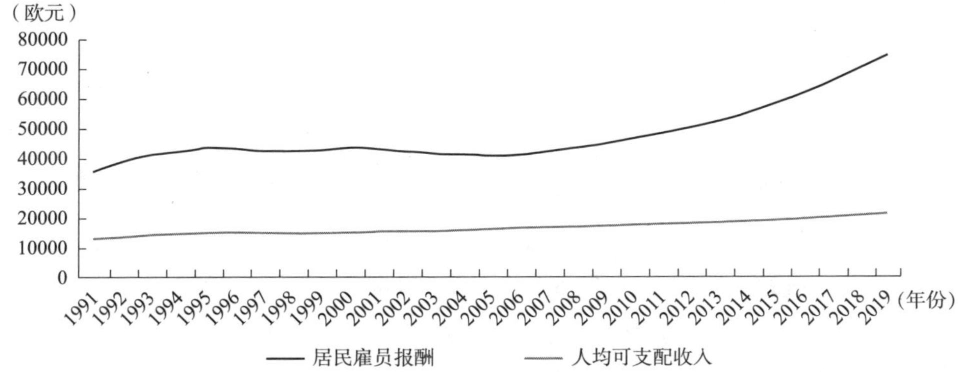

图3-42 1991—2019年柏林居民雇员报酬和人均可支配收入

资料来源：柏林－勃兰登堡统计局，https: //www.statistik-berlin-brandenburg.de/.

服务业增加值占比从1991年的74.04%增长到2019年的86.14%，近30年增加了12.1个百分点，2020年略有下降，为85.79%。2020年，三类产业（农业、制造业、服务业）占比依次为0.005%、14.2%和85.79%，在服务业中占比最高的为公共（教育、健康等）和其他服务（38.29%），其次是金融、保险、住房等企业服务（36.36%），然后是贸易、运输、旅游、信息和通信（25.36%）。

2020年柏林提供就业岗位206.8万个，其中服务业就业占比89.26%、制造业就业占比10.7%、农业就业占比0.04%；服务业就业中，就业人数最多的为公共（教育、健康等）和其他服务（43.87%），其次为贸易、运输、旅游、信息和通信（29.06%），随后是金融、保险、住房等企业服务（27.08%）。1991—2020年，柏林服务业就业比例从73.37%增长到89.26%，增长近16个百分点，制造业就业比例从26.56%下降到10.7%，下降了近16个百分点。

（2）柏林城市社会的水平分析

在城市社会方面，由图3-43可以看出，柏林少年儿童抚养比从1991年的22.6%逐年下降到2005年的16.8%后开始上升，2020年为21.5%；老年人口抚养比从1991年的20%下降到1997年的19.1%后快速上升，2009年达到27.8%后增速放缓直至2020年的29%。

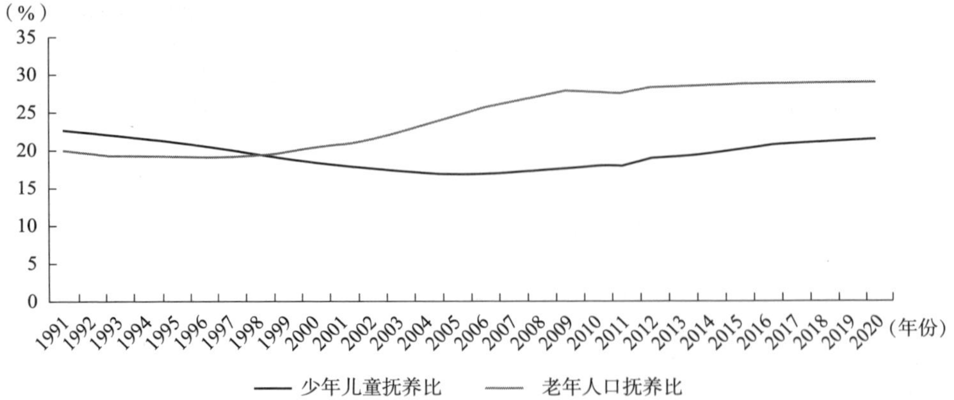

图 3-43　1991—2020 年柏林少年儿童及老年人口抚养比

资料来源：柏林 - 勃兰登堡统计局，https: //www.statistik-berlin-brandenburg.de/.

2018年柏林总体失业率为6.1%，创历史新低（图3-44）。柏林失业率从1991年的10.4%先上升到2004年的21.4%，后逐渐下降到2018年的6.1%，下降了近15个百分点。

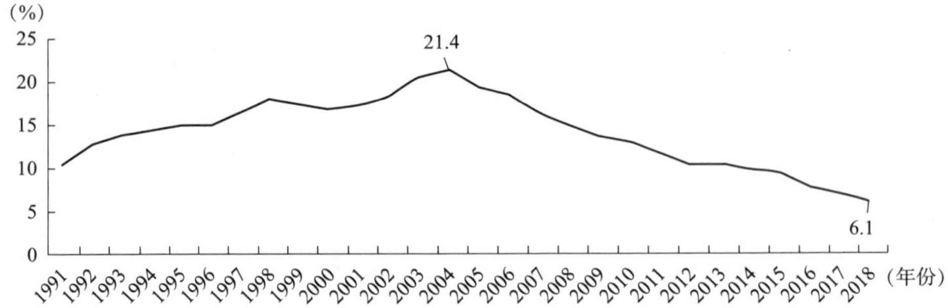

图 3-44　1991—2018 年柏林总体失业率

资料来源：柏林 - 勃兰登堡统计局，https: //www.statistik-berlin-brandenburg.de/.

自1994年以来，柏林市罪犯人数总体呈下降趋势（图3-45），1994—1998年呈上升趋势，从1994年的51052人增加到1998年的58173人，后持续下降到2012年的历史低点35892人，之后又有小幅的上扬和波动，2019年罪犯人数为38094人，每十万人罪犯人数为1038人。

（3）柏林城市政治的水平分析

在城市政治方面，柏林参议院（The Senate of Berlin）是管理柏林市（州）的行政机构，根据柏林宪法，参议院由柏林市长和执政市长任命的参议员组成，其中2名被任命为（副）市长，参议院每周在红色市政厅（Rotes Rathaus）举行会议。包括1名市长和1名参议员来履行市政府和州政府的职责。1990—

2021年，举行了7届柏林选举，投票率最高的是1990年（81%），后持续下降至2006年的58%，后来的两次有所回升，2021年投票率达到75.4%（图3-46）。

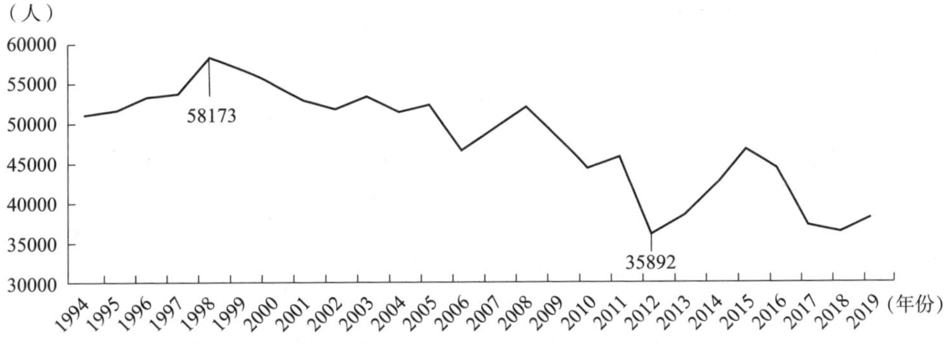

图3-45　1994—2019年柏林罪犯人数

资料来源：柏林－勃兰登堡统计局，https: //www.statistik-berlin-brandenburg.de/.

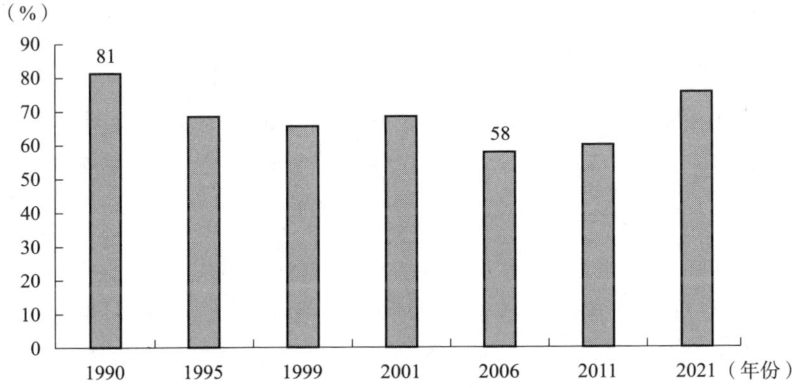

图3-46　1990—2021年柏林大选投票率

资料来源：维基百科。

最近一次选举是2021年9月26日的柏林大选，选举柏林第19届众议院。现任政府是由现任市长迈克尔·穆勒（Michael Müller）领导的社会民主党、左翼和绿党组成的联合政府。穆勒没有竞选连任市长，前联邦部长弗兰齐斯卡·吉菲（Franziska Giffey）在选举中领导社民党。结果，社民党得票率为21.4%，稍低于2016年的21.6%，获得160个席位中的36个，比2016年少2个席位；得票率排名第二的是绿党（18.9%），比2016年第四位的15.2%上升了3.7个百分点，获得32个席位，比2016年的27个席位多了5个；基民盟获得18.1%的得票率，比2016年的17.6%上升0.5个百分点，获得的席位数比2016年的31个少了1个；左翼的得票率为14%，比2016年下降了1.6个百分点，所占席位数也由2016年的27个下降到了24个；德国选择党得票率为8%，获得13个席位；自由民主党得票率为7.2%，获得12个席位。

（4）柏林城市文化的水平分析

在城市文化方面，有大学入学的资格人口比例正在上升。据2011年人口普查数据显示，柏林15岁以上人口中没有高中毕业证书的占6.03%，仍在学校接受教育的占1.99%，只有高中毕业证的占51.63%，有大学入学资格的占40.35%；在专业资格方面，27.02%的人没有专业资格，47.2%的人有职业技术资格，25.78%的人有专业学位资格。

在高等教育方面，柏林拥有4所大学、41所包括艺术院校、应用科学大学和公共管理学院在内的高等院校、67所非大学研究机构。其中，以学术性为主的有柏林大学联盟（包含1809年开设的柏林洪堡大学、1948年创立的柏林自由大学、1770年创立的柏林工业大学与柏林夏丽特医学院）；技术方面的有1994年建立的柏林技术与经济应用科学大学、爱丽丝所罗门学院及柏林应用科技大学；艺术院校方面有1696年创立的柏林艺术大学及汉斯·艾斯勒音乐学院；商业及法律方面有2009年设立的柏林经济与法律应用科学大学。

艺术、文化、旅游和体育的蓬勃发展提高了柏林的吸引力。柏林作为艺术和文化生产的主要城市发挥着重要作用，将柏林创作的高雅、独立、另类和前卫的表演输出到世界各地。文化已成为柏林及其居民的命脉，2009—2013年，柏林的创意产业创造了约3万个新工作岗位，78%的创意企业位于市中心，柏林创意经济的营业额增长了28%。在柏林，11个人中就有1个受雇于创意行业，至少有1/4的就业增长归功于创意行业的就业增长，相比之下，德国其他地区只有1/8。

柏林于1936年举办过奥运会，2006年举办过世界杯足球赛决赛。当前，柏林有超过2000个体育中心和94个游泳池为德国体育之都的训练和比赛提供场地，每年有超过40场重大的国内和国际体育赛事在柏林举行。柏林人可以访问全市60多个图书馆，图书馆藏超过270万种。

（5）柏林城市环境的水平分析

在城市环境方面，2016年柏林温室气体排放量为16.33万吨二氧化碳当量，其中97.9%为二氧化碳排放（15.98万吨），其余为甲烷（CH_4）和一氧化二氮（N_2O）。二氧化碳排放按行业分类比例如图3-47所示，占比最多的为家庭、企业贸易服务及其他消费，其次为交通和电力。

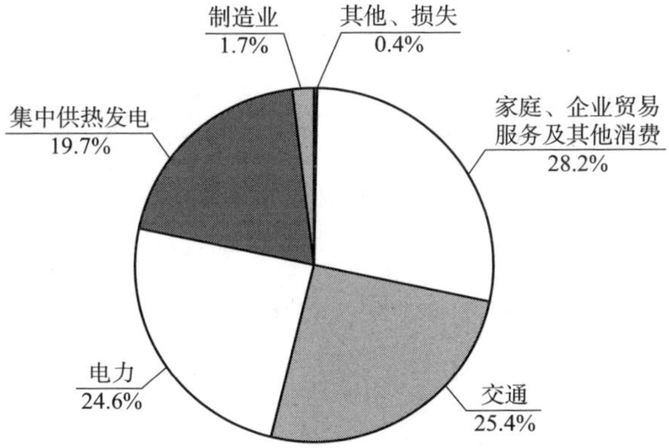

图3-47　2016年柏林二氧化碳排放按行业分类比例

资料来源：柏林－勃兰登堡统计局，https: //www.statistik-berlin-brandenburg.de/.

2020年，柏林森林占地15775公顷，其他植被占地1035公顷，城市植被覆盖率为18.86%。

（6）柏林城市居民的水平分析

在城市居民方面，2020年柏林居民男女比例为100∶103.3，从1991年的100∶110逐渐趋于男女比例平衡（图3-48）。

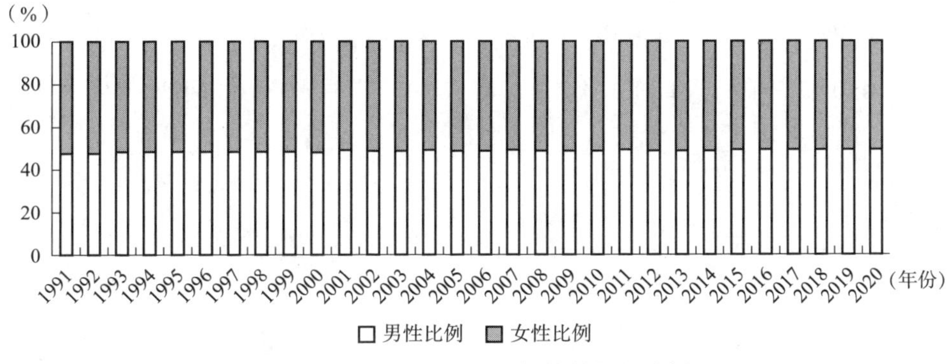

图3-48　1991—2020年柏林男女比例

资料来源：柏林－勃兰登堡统计局，https: //www.statistik-berlin-brandenburg.de/.

老年人口比例从1991年的14%增长到2020年的19.27%，增长37.6%（图3-49）。

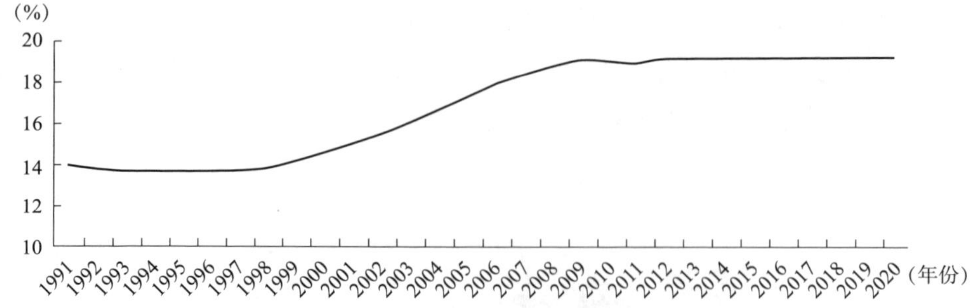

图 3-49　1991—2020 年柏林老年人口比例

资料来源：柏林－勃兰登堡统计局，https: //www.statistik-berlin-brandenburg.de/.

2019年，柏林市人口结构如图3-50所示。其中，15岁以下儿童占比14.03%、15~45岁人口占比40.64%、45~65岁人口占比26.50%、65岁及以上人口占比18.83%。

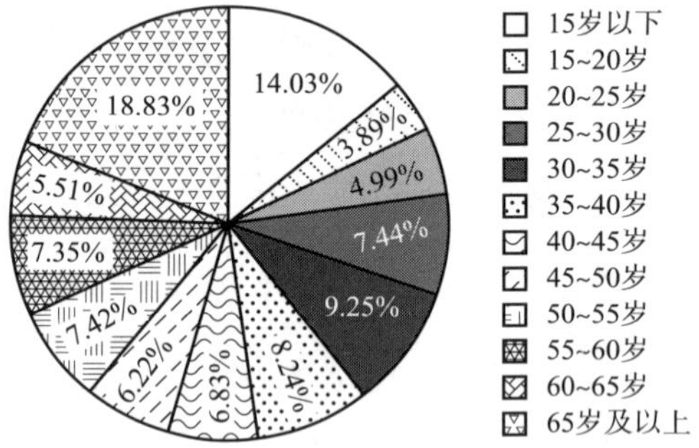

图 3-50　2019 年柏林人口年龄结构

资料来源：柏林－勃兰登堡统计局，https: //www.statistik-berlin-brandenburg.de/.

2020年，柏林人口平均年龄为42.7岁，其中，女性的平均年龄为43.9岁，男性的平均年龄为41.5岁（图3-51）。

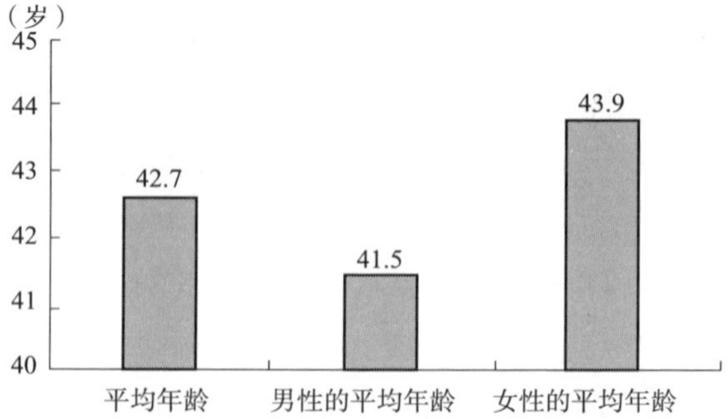

图 3-51　2020 年柏林人口平均年龄

资料来源：柏林－勃兰登堡统计局，https: //www.statistik-berlin-brandenburg.de/.

（二）柏林城市现代化水平的挑战

1. 地理的限制和隔离

（1）自然地理条件分割

柏林市区内有一条施普雷河，在西部14千米远的施潘道有哈弗尔河注入。德国的许多地区都有南北向的河流，几乎是相互平行的（包括莱茵河、威悉河和易北河）。在德国东部，这种河流的南北流向加剧了柏林的孤立。在柏林城市内部也建造了几条运河，一方面便于工业用水，另一方面使船只绕开施普雷河的弯曲部分。运河在柏林及其周围的扩张使得柏林虽然远离海洋且位于次要河流边，但它仍然连接了四面八方的水路并且有非常好的港口设备。柏林周围密布的河网既给柏林的发展带来了机遇，在柏林东西隔离时期也形成了一定的地理隔离。东西隔离时期这些修建好的天然运河被分割和阻断，失去了隔离前的经济效益和作用，使得河流和运河成为隔离城市的天然屏障。加之天然水系及周围的沼泽也在一定程度上加速了西柏林的地理隔离，这是自然层面的天然隔绝。

（2）城市分割的限制

柏林城市的分割表现为四方面：一是城市凝聚力的缺失；二是城市中心的丢失；三是劳动力的限制；四是有基础设施方面的分割。

城市经济最基础的优势条件之一就是规模经济，城市凝聚力是城市发展的优势之一。城市凝聚力主要考量人口的自由流动和城市经济发展两方面。在人口自由流动方面，人口在城市内的自由流动被认为是理所当然的，但柏林这种人口的自由流动一开始要经过国防部同意，最终发展到被柏林墙限制。创造具有凝聚力的经济条件之一就是要有自由的人口流动，柏林城市内部人口自由流动被限制，反映了在柏林发展具有凝聚力的经济是不适合的，因为不具有人口流动这一重要要素。在经济发展方面。柏林人口从“二战”前450万人下降到了“二战”后的200万人，人口减少导致市场规模变小，进而导致了城市经济规模的缩小，产业生产随之减少。城市政府和政府基础设施也缩小了规模。城市经济规模的缩小阻碍了西柏林商业的发展，曾经经济规模服务整个城市商业，现在变成了服务一个“社区”，经济规模大幅度缩小。

柏林20多个地区被同盟国分开后，苏联分到了战前的市中心。这损失极大但保持了政府核心城市的完整，有宫殿、剧院、走廊、博物馆、银行和其他主要建筑。西柏林没有了市中心，其内环是密集的居民和产业，外环是稀疏的居民和公园。在南北部间的交通不再经过古镇，因为有柏林墙不得不向西绕道。这给城市至少造成了两大不便。第一，西柏林不得不在所辖范围重新建设市中心，需要另建建筑和支出费用。有时可以使用其他的建筑来代替新的建筑，剩下的必须来花高价重建。第二，城市没有市中心。这很难解决在消费方面的损失，这一点非常重要。

城市的分割也阻碍了商业的发展，因为西部居住了许多劳动力，包括普伦茨劳贝格的工人阶级。1945年城市分割后，大多数东部工人继续在西部工作。但是柏林墙的修建结束了这种模式。柏林墙修筑前，尽管城市的两部分是两种不同的经济，但成千上万的柏林人居住在城市这一端，工作在城市的另一端。柏林墙的修筑彻底阻断了跨区交流。大多数工人每天到西部的距离比原来更长，这项举措对西柏林的打击很大。5万~6万名工人彻底离开了西柏林的劳动力市场，导致西柏林劳动力短缺。一方面，西柏林失去了劳动力资源；另一方面，居住在西柏林但在东柏林工作的人变成了失业人群，西柏林的市场需要他们，但是政策和柏林墙限制他们就业，西柏林又无法提供这批失业人员的就业岗位。

柏林划分损失最大的就是阻断了世界上最复杂、最值得羡慕的城市基础设施体系。最明显的是城市的运输体系的破坏，在20世纪50年代城市运输体系还是一个完整的体系，但是到1961年完全被阻断了。东柏林的许多铁路线本来贯穿东西两部分，被分成了两段，有些完全无法使用了，如铁路线的始发站与终点站都在西部，但是中间却在东部。东柏林所有的铁路线都暂停了，既不用砖砌也不用保护就阻止了从东部到西部的流动。对西柏林而言，幸运的是有较为完整的铁路体系。一是铁路线集中在更富有的西部地区，所以西柏林有一个铁路网；二是从北到南的铁路线的起点和终点都在西柏林，但是经过东柏林的中心；三是铁路体系的控制完全掌握在西柏林手中。

2. 经济发展动力的破坏

经济发展动力有两方面的因素：一是经济基础；二是经济发展的连续性。

（1）第二次世界大战使经济基础被破坏

第二次世界大战期间，柏林不是唯一一个遭受过轰炸的城市。第二次世界大战早期，柏林对空袭似乎并不恐惧。德国人自信地认为柏林在德意志帝国中被深深地保护着。1942年，协约国对德国的轰炸越来越频繁，柏林也不可避免。西门子和其他公司开始将业务移出这座城市，学校被关闭。1943年7月对汉堡的毁灭性轰炸使4万人死亡，100多万人逃离这座城市，战争的破坏更加靠近柏林。到夏末，对柏林的轰炸加剧了，伴随冬季期间巨大的损失：7.4万人死亡、5000亩[①]城市地产被毁（Scott Douglas Campbell，1990）。第二次

① 亩：面积公制单位，1亩=666.667平方米。

世界大战后期，对德国及柏林的轰炸不仅使得柏林这座城市工业发展所需的房屋等被夷为平地，更重要的是大型制造厂、研发企业的转移及劳动力的丧失。第二次世界大战后期，西柏林的经济基础遭到严重破坏，德国几百年的工业基础被严重摧毁。

战争结束后，柏林经济遭受的损失并未结束。战胜国对德国的工业进行了肢解。柏林约有400座工厂被肢解，不只有机器，还有原材料、半成品甚至是电器开关这样的小零件。由于解体造成的工业能力的损失超过了由于战时破坏造成的工业能力的损失。约75%的柏林工业设备在战争结束时是完整的，40%~50%的工业设备被拆解。这座城市的20个主要企业中，约5.35万台机器被拆解了（Hohorst，1978）。在战争结束时，严重的拆解破坏了柏林经济的发展能力。1951年的不莱梅经济研究委员会甚至进一步宣称“柏林现在的经济困境可以直接追溯到解体行为和这座城市在战争结束时遭受的能力丧失。这些困境是经济紧急状况的真正原因”（Scott Douglas Campbell，1990）。尽管联邦德国的其他城市已经被盟国的轰炸严重破坏，对其工业能力的进一步破坏还是较弱的。就这一点而言，柏林遭受的损失是严重的。

（2）“冷战”时期经济发展的连续性被破坏

“冷战”时期经济发展的连续性被破坏主要是第二次世界大战时期经济基础被破坏的延续。“冷战”加重了柏林地区的不幸。第二次世界大战期间，柏林的工业基础就遭到了较为严重的破坏，第二次世界大战结束，随之而来的东西隔离更使得西柏林的经济连续性遭到了破坏。首先，“冷战”时期生产连续性遭到了破坏。东西柏林分割以后，西柏林技术人员和劳动力急剧下降。使得工业在短期内无法得到较好的发展。其次，“冷战”时期，交通连续性遭到破坏。东西柏林被分割后基本的城市交通连续性遭到了破坏。再次，“冷战”时期，市场连续性遭到破坏。最后，“冷战”时期，西柏林城市经济连续性受到其他因素的影响，如专利使用权。

3. 首都地位的缺失

战前的柏林在中欧的工业、商业和科技改革方面都占有明显的中心优势，同时，柏林也是一个行政中心，它有一个庞大的官僚工作体系。这个官僚工作体系是形成城市巨大的就业基础的关键因素。所以，1945年首都城市的功能丧失对柏林经济的发展是一个毁灭性的打击。西柏林的制造业部门有双重负担：不仅需要恢复在战争中的工作岗位，而且需要提供丢失工作的政府人员的就业机会。首都地位丧失对柏林的就业率影响较大。

三、柏林城市现代化规划的战略及举措

根据政府政策指导方针并在参议院城市发展与环境部的支持下，《柏林策略——柏林2030城市发展概念》(*Berlin Strategy-Urban Development Concept Berlin* 2030，简称《柏林2030》)聚焦城市的未来，描绘了今天的柏林和明天的柏林。《柏林2030》包括一份现状报告(今日柏林)和柏林2030战略(明日柏林)。现状报告详细介绍了与城市发展有关的问题的现状及解决会面临的挑战。在此基础上，概述了发展前景，并确定了实施这些挑战的优先事项，确定了到2030年城市发展的核心行动领域，并捆绑了参议院政府的战略和计划。因此，柏林2030战略侧重于城市的发展目标、有前景的举措和示范实施的具体领域。《柏林2030》由三部分组成：柏林的品质，体现了这座城市的独特优势；八项单独战略(Strategies)，展示了柏林未来发展的基本主题和挑战前景，并具体化了目标和行动领域；转型领域(Transformation Areas)——未来生活、科学、商业、就业和首都城市发展的重点领域，构成了展示柏林未来机遇的空间背景。下面重点介绍《柏林2030》的愿景和战略部分。

(一)《柏林 2030》的愿景

经济实力(economic strength)、生活质量(quality of life)和社会良知(social conscience)成为《柏林2030》的口号，到2030年柏林将成为经济、科学、就业、培训和资格认证方面的领导者；将成为艺术、文化、旅游和港口的创造力中心，一个多元化的城市，易于居住并拥有大量绿地；将在气候和能源方面取得成功和可持续发展，在流动性方面对城市友好且面向未来，关心居民并致力于在现代和对社会负责的社会中共同生活。《柏林2030》将设定国家和国际基准。传说中的“柏林组合”将为一个强大的城市奠定基础，它已经学会了公平、负责任地塑造增长。

1. 强的、聪明的、有创造力的

2030年的柏林将成为繁荣、基础广泛的国际商业区，欧洲领先的智慧城市和世界上最成功的科研地区之一。它将成为新技术和智力创新的源泉。这座城市的科技活力、投资环境和国际化形象将吸引来自世界各地的人们和企业，进一步加强这座城市的吸引力。柏林人将拥有好工作，这座城市将成为培训和终身学习如何创造充分就业的全球典范。培训机会将与城市一样国际化：多语言、多样化、丰富、包容。柏林将成为所有人的城市，促进并要求世代相传的终生承诺。作为艺术和文化的创意中心、旅游胜地和体育大本营，

这座城市将不辜负其作为全球城市的美誉。柏林将激发来自世界各地的创意人士，提供他们可以发展的网络和空间。它将反过来受益于这些人的创造精神，因为艺术、文化、时尚、媒体、体育和旅游在多元化的城市中形成了共同的身份，提高了生活质量，并建立了强大的经济部门。

2. 城市的、绿色的、移动的

柏林2030年将为居民提供无与伦比的生活质量。建筑和建筑的多样性将以传统与现代的平衡为特征。柏林的商标将是建筑遗产、实验设计和施工及创新城市规划的成功结合。在柏林，城市和绿色空间将并存。城市本身的特点是密度和比例感。向内生长和回收湿地将保留空间。柏林将是绿色的，拥有专门用于休闲和娱乐、会议和运动的大空间。到2030年，柏林将在其到2050年实现气候中和的目标方面取得重大进展。得益于密集的高效技术网络，柏林成功的气候和能源政策将保证其可持续能源的稳定供应。这座城市及其人民将保护环境、保护气候和资源。柏林将是一个不断运动的紧凑型城市。有了成功的生态交通政策，目的地将很容易到达，并且不会有任何行动障碍，这得益于可持续的交通网络，人们能够安全、智能地在城市中出行。

3. 有社会责任感的、认真的、坚定的

2030年的柏林人将以对社会负责的方式思考和行动，生活在构成包容性社区中心的社区。柏林将利用增长使这些社区成为更好的居住地并发展其独特的性格。人们将在柏林找到他们正在寻找的房屋，每个地区都能提供一系列价格合理的住房，环境独特、城市生活质量高。柏林将为所有人提供一个家，创造一个紧密联系和多元化的社区，因此来自不同生活环境的人将一起生活。公民社会、政治、地方政府、经济、文化，最重要的是柏林人民将能够共同推动这座城市的发展。它将由一个高效的地方当局管理，与当地人民密切合作，并成为综合城市发展的国际标杆。柏林将学会管理变革，并且将形成全社会的共识，即有可能根据公共利益来塑造变革。例如，到 2030 年，柏林将提供一个进行坚定、有争议和建设性的辩论的论坛，这将创造出与所有公民息息相关的解决方案。它将受益于其强大且具有社会责任感的社区，并为未来做好准备。

（二）《柏林 2030》的战略

《柏林2030》的八项战略如图3-52所示，这些柏林战略提供了应对从现在到2030年城市可持续发展面临的主要挑战的方法。它们提高了柏林人民的生活质量，并加强了该市作为具有竞争力和吸引力的城市目的地的地位。这些战略以柏林的品质为基础，旨在于2030年之前保持、加强和发展这些品质。它们单独或共同构成城市发展综合方法的基础，设定明确可靠的方向并寻求优化城市发展尽可能利用柏林的优势和机会，同时在必要时尽量减少劣势和威胁的影响。这些战略提供了具体的发展目标，确定了合作工作的适当行动领域，并明确了柏林到2030年将实现的目标。成功的综合城市发展的特点是不同目标和行动领域之间的增值协同作用。

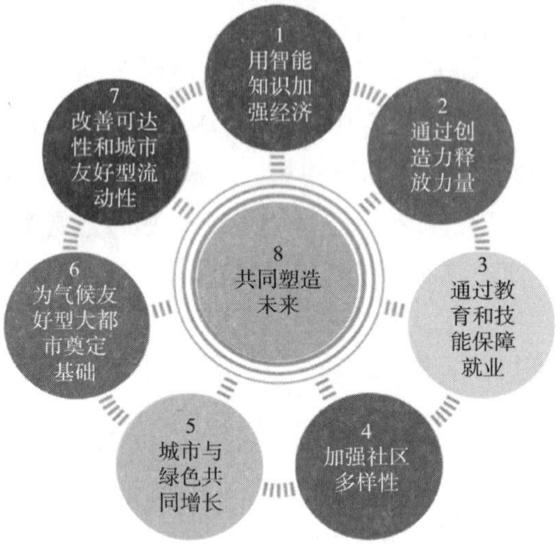

图 3-52 《柏林 2030》战略

资料来源：Berlin 2030 Stragetigie。

1. 用智能知识加强经济

战略愿景：智能城市、繁荣的经济。“未来的城市将是一个智能的、完全网络化的城市，根据市民的需求将家庭和工作连接起来。我们需要通过升级数字基础设施和引入新技术迅速为此奠定必要的基础。”——科妮莉亚·伊泽（Cornelia Yzer），经济、技术和研究参议员。

战略主要计划和行动：柏林工业总体规划（进行中）、柏林–勃兰登堡联合创新战略2011、柏林–勃兰登堡联合技术工人研究、柏林2020电动汽车行动计划、工商城市发展规划、智慧城市战略（进行中）、综合商业运输计划。

2. 通过创造力释放力量

战略愿景：创意柏林、理想城市。“2030年的一个重要目标是为创意和文化艺术家提供开放空间，并使他们与商业利益分开。我们怎样才能做到这一点，不仅在空间方面，而且在智力和政治方面？”——莫里茨·范·杜尔曼

(Moritz van Dülmen)，柏林文化项目有限公司(Kulturprojekte Berlin)首席执行官。

战略主要计划和行动：2005年、2008年和2014年创意产业报告，2011年弘扬文化报告，2011年和2013年文化创意产业指数，文化教育框架2008，柏林墙纪念总体规划2006，柏林旅游计划2011，柏林体育之城使命宣言，柏林体育经济报告。

3. 通过教育和技能保障就业

战略愿景：每个人都有认证，每个人都在工作。“工作是整合个人的重要方式。这不只是一个经济问题，也是我们为帮助发展繁荣而奠定的基础问题。它包括家庭和儿童友好及发展适合老年人居住的城市的原则。这是柏林能够保持宽容、一体化、国际化和民主的唯一途径。”——托马斯·哈特尔(Thomas Härtel)，柏林家庭问题咨询小组主席。

战略主要计划和行动：柏林和勃兰登堡的2010年教育报告、柏林-勃兰登堡联合技术工人研究2010、柏林-勃兰登堡未来计划、本地图书馆计划、柏林技能总体规划、学校发展计划。

4. 加强社区多样性

战略愿景：社区城市——所有人的家。“到2030年，我们仍然需要一个社会融合的城市。重要的是继续为各个社区的所有人口提供受保护的细分市场和住房类型，我们今天就开始为此进行规划。”——马里奥·查亚(Mario Czaja)，卫生和社会事务参议员。

战略主要计划和行动：城市发展援助计划、房屋推广计划、住房城市发展计划、中心区发展计划、交通城市发展规划、本地公共交通计划、行人及单车行动、柏林清洁空气计划2011—2017、噪声行动计划2013—2018、社会城市发展框架计划、环境正义分析、学校及体育中心翻新计划、社区中心基础设施计划、2011年家庭报告、家庭中心计划、本地图书馆计划、2013年柏林老年人政策指南、景观保育计划。

5. 城市与绿色共同增长

战略愿景：“许多欧洲城市羡慕柏林的潜在开发点。它们对于塑造柏林成为国际都市很重要，而且对于建造住房也很重要。诀窍在于将不断发展的城市的新品质与其断层线和开放空间相结合，以产生创造性的环境和智能网络。我们必须保留柏林以外的许多人非常喜欢的特殊柏林组合。”恩格尔伯特·吕特克·迈尔德鲁普(Dr.-Ing. Engelbert Lütke Daldrup)教授，建筑和住房国务秘书。

战略主要计划和行动：柏林-勃兰登堡首都地区使命宣言、景观和物种保护计划、城市气候发展计划、柏林城市景观战略、柏林生物多样性战略、水土保持指南和措施清单、内城规划图、柏林－勃兰登堡州发展计划。

6. 为气候友好型大都市奠定基础

战略愿景：为环境和气候提供全面能源。“将柏林发展成为具有能源友好型碳足迹的现代城市的计划虽然有点野心勃勃，但非常值得。仅能源系统的预定转换就需要投资，这可以大大加强柏林经济。”——伯恩德·赫希尔（Bernd Hirschl）教授，生态经济研究所。

战略主要计划和行动：气候中立柏林2050可行性研究、能源和气候保护计划（进行中）、碳中和管理总体规划（进行中）、气候城市景观战略的城市发展计划、柏林和勃兰登堡联合能源和气候区域发展计划、景观和物种保护计划、柏林森林混合林地计划、城市交通发展规划、2014—2018 年本地公共交通计划、柏林－勃兰登堡州发展计划。

7. 改善可达性和城市友好型流动性

战略愿景：一个短距离城市。“柏林在当前‘联邦出行指数’中名列前茅，并且已经是可持续出行的先驱。通过柏林战略，我们现在将共同努力，为我们不断发展的城市开发一个更高效、更环保的当地交通网络。我们积极拓展当地公共交通网络，改善绿色、多式联运。因此，柏林2030年将是一个更好的居住地。”——西格丽德·伊芙琳·尼库塔（Sigrid Evelyn Nikutta）博士，柏林公共交通公司（Berliner Verkehrsbetriebe）首席执行官。

战略主要计划和行动：交通城市发展规划、本地公共交通计划、行人及单车计划、无障碍行动计划、运输安全计划、综合商业运输计划（进行中）、噪声行动计划2013—2018、柏林清洁空气计划2011—2017、柏林－勃兰登堡州发展计划。

8. 共同塑造未来

战略愿景：一个有社会责任感的柏林——每个人都可以参与的地方。“柏林具有巨大的潜力，但很多计划目前无法全部推广。这就是为什么我们需要集中精力并为自己设定一些共同的优先事项。资金必须集中在我们认为城市发展潜力最大的领域。”——卡尔·麦克斯·艾因霍普（Karl Max Einhäupl）教授，夏里特医院（Charité Mitte Campus）执行委员会主席。

四、柏林城市现代化的特点

柏林是一个在各种意识形态下都存在过的城市，它也许不能作为世界城市现代化的榜样，但柏林在城市变迁和现代化的过程中的经验和教训对于其他城市来说也是一种借鉴。

（一）尊重现状的城市发展理念

从《柏林2030》中就可以看出柏林的城市设计是从它的现状出发的，定义柏林的品质源于其特殊优势，强调了当今这座城市的独特性，并赋予它独特的身份。正是由于这些品质的特定组合，包括具有全球影响力和充满活力的首都、创新的经济和科学中心、每个人都可以发挥创造力的地方、一个充满爱心包容和社会责任感的全球城市、一座绿色紧凑的城市、一个拥有巨大开发土地潜力的大都市，柏林才能提供卓越的生活质量和竞争环境，并将在未来继续提供。

（二）渐进式的发展进程

依据畅通欧洲城市的原则对城市机制进行恢复和重建。吸纳城市历史格局中遗留的被认为适合城市当前和未来发展的部分。这意味着不重建城市的某个部分是因为它比战争及战后城市规划带来的破坏更大。在十分清晰的战略框架引导下，试图限制城市中那些已经城市化地区的发展，引导发展动力向城市中心和众多的副中心集聚，并对那些由于战争或工厂搬迁造成的利用不充分或空置的土地加以利用。

（三）强调内城的再开发，以及用于住房、综合用途和科学发展的特别开发区域

柏林内城被定义为柏林城市快轨环线的区域，常住人口约100万人。尽管在20世纪50—80年代做了大量重建工作，但内城仍有很多区域未设计或未充分利用，这就为内城留出了巨大的潜力来实现更多用途。1990年两德统一，工业部门的急剧缩减进一步加速了德国首都中心的空置现象，并出现大量可开发区域。柏林的空间和基础设施已具备容纳城市周边近两倍人口的能力，而其中很大一部分在环线范围内。

（四）通过公共空间塑造城市和建筑特色

在柏林，公众喜欢聚集在街道、公共场所和绿化区。为了遏制令人担忧的情形发生——公共空间私人化及人们在公共环境的行动将越来越受到限制，柏林已在全市范围内投资用于提升公共空间，并将柏林的津贴计划从对私人空间修复的补贴全部转移到公共空间补贴。

第五节　悉尼：承载南半球曙光的绿色发展之都

悉尼是澳大利亚最大的城市，也是南半球经济最发达、最富裕的城市。自欧洲人定居以来的200多年，悉尼一直是澳大利亚面向世界的窗口，拥有澳大利亚十大最受欢迎的旅游景点中的7个。源源不断的移民使悉尼成为世界上文化和语言最多样化的城市之一。悉尼是一座充满活力的城市，同时有着古老的心跳。悉尼也是澳大利亚领先的经济中心，它在20世纪80年代发展为主要的金融中心，现在是重要的国际金融保险中心和领先跨国公司的所在地。

一、悉尼现代化进程

悉尼有从早期原住民生活到现代全球城市的丰富历史。悉尼所在的澳大利亚是个移民国家，公元1700年前后，欧洲人来到这片土地，将其命名为“新荷兰”。1787年，一批英国罪犯被关押在这里，被认为是这里的第一批移民（王艳芬，2001）。19世纪初，追求自由和财富的自由移民的到来带来了工业发展的机会，也解放了澳大利亚长久以来由于流放犯而存在的压抑的氛围。由于澳大利亚主要是由英国移民及其后代建设的，因此其血缘、文化、道德标准等都沿袭了英国传统。1817年，“澳大利亚”取代“新荷兰”成为这片土地的新名字。1901年，6个州组成了澳大利亚联邦（World Cities Culture Forum,2018）。1932年，悉尼港湾大桥开通。1944年第二次世界大战期间，澳大利亚意识到，只有独立自主抗击日本才能保护本国人民，因此与新西兰结盟，签订《澳新协定》共同抗日。此时，澳大利亚越发成为独立民族，对英国的依赖性也逐渐减弱。

第二次世界大战后，悉尼的工业、经济、文化等方面进入快速发展阶段（陈洁，2020），悉尼成为全球化发展的世界著名城市。1973年，悉尼的标志性建筑悉尼歌剧院开幕。2000年，奥林匹克运动会在悉尼举办，更是将悉尼推向了国际化的舞台中心（杰弗里·布莱内，2021）。悉尼经济开始持续繁荣：失业率的持续下降、高科技产业的蓬勃发展、信息服务的高速增长、知识密集型部门的持续扩张。悉尼在快速发展的同时也伴随着社会发展不平衡、定居模式倾斜、人口失衡、基础设施压力和环境恶化等问题（Pauline McGuirk，2002）。

二、悉尼现代化现状及挑战

如今的悉尼正处于前所未有的扩张阶段，2020年大悉尼地区的人口为540万人（City of Sydney，2021），到2031年，悉尼的人口预计将增长20%。

（一）现代化现状

作为世界最大的移民城市之一，悉尼约有40%的人口出生在海外，来自近200个国家，悉尼的人口增长也有很大一部分来自移民。如今，约有65%的悉尼人至少有一个在海外出生的父母，近2/3的人口增长归因于移民，其中约30%来自中国和印度。在经济上，这种新技能、想法和人才的涌入一直是悉尼强劲经济的核心。多样化的人口组成对悉尼的文化也产生了深远的影响，改变了悉尼居民对自己、共同点和遗产的看法（World Cities Culture Forum，2018）。

根据澳大利亚统计局的数据，大悉尼（Greater Sydney）占地12368.2平方千米，由35个地方议会组成。悉尼地区现代化现状分析指标见表3-14。

表3-14　悉尼地区现代化现状分析指标

分析维度		代表性指标	指标值	备注
城市领域	城市经济	人均可支配收入	32576亿澳元	现价美元，2018年，OECD，新南威尔士
		GDP	4600亿澳元	2018年，大悉尼地区，占澳大利亚的24.5%
		服务业增加值比例	72.5%	Cal，2017年，新南威尔士
	城市政治	选民投票率	92.2%	2019年，OECD，新南威尔士
	城市环境	PM2.5水平	6.9μg/m^3	2018年，OECD，新南威尔士
	城市居民	婴儿死亡率	2.7‰	OECD，新南威尔士
		平均预期寿命	82.7岁	OECD，新南威尔士
城市系统	功能和形态	全球城市竞争力排名	12	Global Power City Index 2021
	基础设施	私家车比例	52.6辆/百人	2014年，OECD，新南威尔士
		宽带普及率	85.2%	2017年，OECD，新南威尔士
	公共服务	科研投入比例	2.03%	2014年，OECD，新南威尔士
		医生比例	3.7人/千人	2015年，OECD，新南威尔士
	国际联系	入境旅游人口	410万人	2019年，大悉尼地区
		国际会议数量	87场	2018年，ICCA

资料来源：City of Sydney. City at a Glance［R/OL］.［2021-12-05］. https://www.cityofsydney.nsw.gov.au/guides/city-at-a-glance.

（二）面临的挑战

当前，悉尼面临的挑战主要有3个。

首先，应对气候变化的需求极为紧迫。人类活动，特别是化石燃料燃烧产生的温室气体排放，导致气候变化，这种变化发展的速度比最初预计的要快。悉尼市政府希望能减少碳排放并将全球变暖限制在2℃以内，并且表示这个问题需要由其他级别的政府、其他利益相关者和社区领导共同解决，同时，应致力于与所在州和联邦政府、悉尼大都会、其他地方议会、大学、社区和商业团体的合作，通过共同定义面临的气候问题、整合政策框架及采取集体和协作行动来控制碳排放。

其次，随着悉尼城市人口的增加，人们对住房的需求日益增长，解决城市住房问题是悉尼面临的主要挑战之一。根据悉尼和澳大利亚相关机构的人口预测，在悉尼生活、工作和访问的人数会持续增加，预计到2036年，悉尼大都会人口将增至640万人（从2015年的490万人）。悉尼需要满足这些人的住房需求，以保持城市作为市民理想的生活和工作场所。此外，还需要提供配套的基础设施和服务，包括学校、医疗保健、公共交通、儿童保育、公园、娱乐设施、废物管理和清洁服务。要保证那些收入有限制（低于通货膨胀水平）的人被提供额外服务和基础设施，以确保社区整体需求的满足。另外，由于老龄化的趋势，还需要为越来越多的老年人制定健康和看护计划。不断加剧的不平等及社区的健康、福祉和复原力也是重点领域。

最后，悉尼需要应对经济结构的变化。悉尼拥有发达的金融业、制造业和旅游业（王庆林，2017）。保持全球竞争力和支持创新对于悉尼的发展至关重要，新的技术可为社区提供更高效的服务，并成为悉尼不断发展的不可或缺的部分。如何使经济结构顺利向创新型方向过渡是悉尼政府和各界需要思考的。当前，悉尼在城市经济方面面临的问题有：对技术社区的支持较为零散、不够系统化；大学在促进学生创新力方面还需努力；经济领域人才的流动性较大，不够稳定；存在地方感和集聚效应较强的欠发达经济区；悉尼的本土品牌价值对于游客来说吸引力不强。

三、悉尼现代化战略

悉尼的《可持续的悉尼2030》（*Sustainable Sydney* 2030）是其主要的城市战略规划，其他规划还有《悉尼市中心部规划战略》（*Central Sydney Planning Strategy*）等。

（一）《可持续的悉尼2030》

2008年通过的《可持续的悉尼2030》是悉尼的最高级别规划。该规划的目的是确定城市管理工作的主要优先事项和对未来的期望，并确定如何实现这些目标。规划涉及城市环境、经济、社会和文化等方面，是悉尼所有规划的基石，并在出现新机遇或挑战时不断更新。已更新过的有《可持续的悉尼2030——社区战略计划2013》（*Sustainable Sydney* 2030—*Community Strategic Plan* 2013）、《可持续的悉尼2030——社区战略计划2014》（*Sustainable Sydney* 2030—*Community Strategic Plan* 2014）、和当前的《可持续的悉尼2030——社区战略计划2017—2021》（*Sustainable Sydney* 2030—*Community Strategic Plan* 2017—2021）。规划的每次更新都会有相应的细节调整，但主题和愿景是一致的。

悉尼所在的澳大利亚是一个多种族融合的国度，争取"平等"是这个国家一直以来的主题。因此《可持续的悉尼2030》开篇便提到希望悉尼的每个人都有平等的生活机会和发挥潜力的机会，更加平等的城市才是更加繁荣的城市。另外，可持续发展是悉尼一直坚持的规划准则，城市经济、生态、社会和文化的持久与平衡的重要性也不言而喻。

悉尼2030年可持续发展计划的愿景是打造一个绿色、全球性和连接的城市：

绿色可以代表城市的榜样、撑起城市的声誉。树木、公园、花园和相连的开放空间都需要被重视。

全球性意味着全球经济导向、全球联系、伙伴关系和知识交流、全球视野和态度开放。

连接指通过步行、骑自行车和高质量的公共交通进行物理连接，通过世界一流的电信进行虚拟连接，通过文化、归属感和社会福祉进行社区连接，并延伸到政府的其他领域及对这座城市感兴趣的人。

2015年9月，澳大利亚成为承诺实现可持续发展目标的193个国家之一。这17个可持续发展目标（图3–53）为所有国家提供了一个全球路线图。

可持续发展目标	1. 消除贫困	2. 消除饥饿	3. 身体健康和福祉	4. 教育质量	5. 性别平等
6. 干净的水和卫生环境	7. 可负担的和清洁的能源	8. 体面的工作和经济增长	9. 产业、创造力和基础设施	10. 减少不平等	11. 可持续的城市和社区
12. 负责任的消费和生产	13. 环境行动	14. 水下生命的保护	15. 陆地生命的保护	16. 和平、公正和强有力的机构	17. 为目标而合作

图3–53　联合国可持续发展目标

这些目标不仅解决了发展中国家的贫困问题，而且制定了解决气候变化、不平等、可持续商业和创新的议程，其中有3个核心要素：经济增长、社会包容和环境保护。《可持续的悉尼2030》将与可持续发展目标保持一致，并根据悉尼未来的愿景制定了十大目标：

环境保护方面：①到2030年和2050年，温室气体排放量在2006年的基础上减少70%，实现净零排放。②50%的电力需求由可再生能源满足，通过提高用水效率和循环水实现饮用水使用量比2006年基线零增长，总树冠覆盖比2008年基线增长50%。

住房方面：①有至少138000套住宅（包括与2006年基线相比增加48000套住宅），以增加家庭类型的多样性，包括增加家庭比例。②7.5%的城市住房是社会住房，7.5%是由非营利或其他供应商提供的经济适用房。

就业方面：与2006年基线相比，将包含至少465000个工作岗位（包括97000个额外工作岗位），在金融、高级商业服务、教育、创意产业和旅游部门的份额将有所增加。

交通方面：①对于城市居民和从其他地方前往城市的人来说，使用公共交通工具上班的次数将增长到80%。②该市至少有10%的出行是骑自行车，50%是步行。③每位居民都可以在合理的步行距离内到达大多数当地服务点，包括新鲜食品，儿童保育，健康服务，休闲、社交、学习和文化基础设施。④每位居民步行3分钟（250米）即可到达连接海港前滨、海港公园、摩尔或百年纪念公园或悉尼公园的连续绿色通道。

社会包容方面：至少有 65% 的人相信大多数人是可以信任的，因此社区凝聚力和社会互动水平将有所提高。

为了实现这些目标，悉尼制定了十大战略方向和对应举措（表3–15）。

表 3–15 《可持续的悉尼 2030》十大战略方向和对应举措

分类	战略方向	政府部门举措
城市定位	1. 具有全球竞争力的创新型城市	· 制定和实施政策和计划，确保城市保持其关键经济作用 · 维护和管理城市的资产和基础设施，以支持不断发展的社区 · 管理城市街道和公共空间，并平衡公共和私人用途 · 确保提供高质量的幼儿教育、护理、社会、文化、教育、娱乐项目、活动和服务 · 开发和提供一系列免费的公共活动 · 共享信息和数据 · 与其他级别的政府和其他组织合作，推动悉尼成为文化、游客、商业、投资和全球人才的目的地 · 倡导政策和监管改革以及对基础设施和服务的投资，以促进全球城市的发展

续表

分类	战略方向	政府部门举措
环境保护	2. 领先的环保执行者	·设计、建造和管理城市的资产，以实现高标准的环境绩效并确保气候适应能力 ·提供有针对性的计划，以改善居民、工人、访客、建筑业主和企业的环境绩效 ·支持和鼓励社区和主要利益相关者制定和推广提高环境绩效标准的行业标准 ·提供可增加城市生态、栖息地、生物多样性、城市冠层和城市景观物理绿化的计划和项目 ·委托并发布关于环境问题和解决方案的思想领导力和研究 ·发展社区应对气候变化影响的复原力和能力 ·确保在极端天气期间支持社区的弱势成员，并使城市设施作为避难和休息的场所 ·分享和发展城市可持续性方面的专业知识
交通	3. 连接城市的综合交通	·规划、建造和维护基础设施——道路、市政府拥有的停车场、人行道、街道照明、街道设施和寻路系统 ·倡导未来的交通项目，并将其与经济增长的主要来源联系起来 ·规划和管理基本车辆进入城市的通道 ·确保城市的停车位得到公平分配和管理 ·评估城市发展对交通的影响 ·评估新的交通方式的影响及其在城市中的使用潜力 ·向城市居民、工作场所、工人和游客提供交通信息 ·参与地方、国家和全球网络，分享和发展可持续交通解决方案的专业知识
	4. 适合步行和骑行的城市	·规划、建造和维护方便、安全和高质量的基础设施，供人们步行和骑车 ·规划和实施一个供人们步行和骑车的综合网络 ·鼓励人们和组织作出更好的道路安全和交通选择
中心和社区	5. 市中心：充满活力和吸引力的	·确保澳大利亚原住民的历史和文化在市中心显而易见 ·制定和实施政策，确保市中心在悉尼和全国的繁荣中保持关键作用 ·制定和实施政策和规划控制，确保市中心充满活力、安全、美丽、有趣、活跃和功能良好 ·在规划和城市设计方面发挥领导作用，确保公共和私营部门的工作协调和联系 ·根据需要审查和修改政策，以确保悉尼市公共艺术和文化遗产在市中心的持续设计、建设、维护和管理 ·设计、建造、维护和管理悉尼市政府在市中心拥有的资产和基础设施 ·管理市中心的街道和公共空间，确保它们干净、安全、可靠和方便 ·制定并支持公民的文化活动 ·提供服务和基础设施，帮助人们在市中心穿梭，鼓励创造性的表达和参与，并支持经济增长
	6. 当地社区：具有弹性和包容性	·维护和管理社区设施，包括开放空间和娱乐设施、运动场、游泳池、图书馆、托儿中心、社区中心及创意和文化设施 ·与社区合作，提供包容性的经济、社会、文化和环境基础设施、计划、活动和服务 ·鼓励社区组织、企业、政府机构和社区之间的合作，并利用资源共享成果 ·确保社区成员在需要时以可访问的形式和多种语言获得其需要的有关悉尼市计划和服务的信息 ·确保以社会公正和公平的原则指导悉尼市的发展和管理

续表

分类	战略方向	政府部门举措
文化	7. 文化创意之城	· 支持悉尼的文化生活、文化多样性和创意社区 · 培养和促进个人和协作表达 · 制定和实施促进城市文化使用、拍摄、表演、活动、公共艺术和创造力的政策、规划和法规 · 确保公共空间支持各种文化活动 · 通过早期教育和护理设施、图书馆网络、社区中心、公开讲座和活动及通过与其他组织的合作，促进终身学习和能力建设 · 记录、分享和弘扬城市的历史 · 作为城市规划过程的一部分，规划公共艺术、文化基础设施和区域 · 开发、维护和管理城市拥有的文化资产和基础设施，以满足社区的需求 · 与更广泛的社区开展并共享研究和信息，以帮助提高对城市文化生活及创意产业、艺术和相关部门面临的挑战的了解
住房	8. 为多元化社区提供住房	· 倡导政府、非营利组织和商业部门增加对负担得起的租赁和社会住房的投资 · 倡导在州政府控制的城市更新区提供适合各种收入群体的住房类型和使用权的多样性 · 研究、分析、制定和实施政策和规划控制，以提供各种类型的高舒适度住房的供应 · 制定和实施促进住房供应的政策和规划，包括经济适用房和社会住房 · 支持城市更新计划，提供负担得起的社会住房更新和多样化的新社区 · 确保资源创新和实施一系列措施，增加当地经济适用房的供应，在存在供应障碍的地方倡导政策或监管改革 · 为更广泛的住房供应商提供机会，以在当地资助、开发和管理经济适用房 · 与政府和非政府合作伙伴合作，预防和减少无家可归，并解决无家可归或有无家可归风险的人的需求 · 促进创新住房解决方案的交付，以减少市中心的无家可归者
政府管理	9. 可持续发展、更新和设计	· 在制定和实施创新应对环境可持续性挑战方面处于领先地位 · 与政府和私营部门合作，规划、开发、维护和管理资产与基础设施的供应，以支持城市的可持续发展 · 代表社区向其他级别的政府倡导提供基础设施 · 与州政府和公用事业供应商合作，在城市更新地点规划和实施最佳城市更新实践 · 制定和实施政策和规划，促进支持社区和文化生活的美丽、环境可持续、健康和功能性的城市环境 · 提供公共领域的策略，以确保连贯的街景 · 与私营部门合作，确保公共领域的发展得到改善，并为城市的社会、环境、文化和经济可持续性作出贡献 · 确保城市环境促进和支持城市的长期经济可持续性 · 建立社区对城市建设问题的能力和理解

续表

分类	战略方向	政府部门举措
政府管理	10. 通过有效的治理和伙伴关系实施	·成为社区服务的领导者 ·发展劳动力、组织文化和能力，以确保悉尼市为社区提供优质、以人为本的服务和价值 ·设计和实施流程、信息流、政策，向社区提供响应迅速且高效的服务 ·为城市、社区和经济创造、丰富和共享高价值信息和数据 ·向当地、国家和国际城市政府学习并分享知识 ·就本市提供的计划和服务与社区进行有效沟通 ·为了城市的利益，协调重要的战略关系 ·确保悉尼市有效支出税费和捐款，并确保私营部门提供基础设施时物有所值 ·通过赠款、伙伴关系提供资金和支持，确保通过负责任、透明和公平的流程提供和获取这种支持 ·成为大都市治理论坛的领导者并参与治理改革进程 ·作为一个商业实体，政府的角色是在最大限度地提高悉尼市商业活动产生的收入时以合乎道德和负责任的方式行事

这些战略方向涉及城市定位、环境保护、交通、中心和社区、文化、住房及政府管理7个方面。

第一，悉尼将城市的未来定位为“具有全球竞争力的创新型城市”。世界上超过1/3的经济活动是由最大的123个城市地区创造的，尽管这些城市的人口仅占世界人口的1/8。全球竞争不仅限于企业投资，还有有技能和才华横溢的员工、访客、国际学生和大型活动等。另外，随着全球经济的不断发展，知识密集型活动对经济成功越来越重要，悉尼市每年有超过1140亿澳元的收入，约占澳大利亚经济的7%。悉尼已经证明，在全球城市所需的商业条件与其人民的需求之间取得平衡是可能的，城市因宜居而享誉全球，并以其迷人的环境、文化活力和安全而闻名。悉尼将努力确保它既是一个繁荣的全球中心，又是一个为所有当地居民提供机会的城市。保持悉尼的全球竞争力对悉尼和澳大利亚的未来至关重要，这座城市必须关注全球经济和持续创新，以建立经济弹性并确保持续繁荣。

第二，悉尼希望成为全球领先的环保执行者。气候变化是当今和未来面临的最大挑战，世界各地的城市贡献了全球约70%的碳排放量。悉尼在2007年实现了碳中和，并且在2011年成为澳大利亚第一个获得碳中和认证的政府。从2006年到2015年6月，悉尼地方政府区域的碳排放量减少17%，同期经济增长32%、新住宅增长18%、新建筑面积增长10%、居民人数增长25 %、工人数增长19%、游客数增长16%。这种经济增长与排放量下降相结合，使得悉尼经济的“碳强度”大幅降低，单位GDP的排放量比2006年减少37%。另外，悉尼还是C40城市气候领导联盟的90个成员城市之一，这些城市共占全球GDP的25%，人口超过6.5亿人。下一步，悉尼将继续减少温室气体排放、饮用水使用和垃圾填埋场，最大限度地提高城市冠层覆盖、景观美化和城市绿化的范围和质量。

第三，悉尼在交通方面将建立连接城市的综合交通体系，并成为适合步行和骑行的城市。一个被交通顺畅连接的城市是成功的，不管在社会、环境还是经济方面。交通基础设施、服务和系统的质量是许多全球城市排名的一部分，而悉尼历史得分并不高。不过，悉尼正在主导积极的改变：新南威尔士州政府负责公共交通，并已开始开发新的铁路系统来为城市服务；西南铁路连接已就位，西北地铁正在建设。到2030年，城市和西南地铁，包括另一个海港通道将完工，很可能会有一条西部地铁及2条地铁向南部和东部延伸。市政府将继续倡导规划完善、高效的公共交通系统，以支持悉尼的可持续发展。尽管从现在到2030年会有很多技术发展，但最可持续、最具成本效益和最愉快的交通方式仍然是步行和骑行。悉尼市政府致力于创建宜居绿色网络：一个完整的城市高质量步行和骑行路线网络。建成后，市中心将与城中村相连，村庄之间也将建立联系，同时将确保公园和休闲设施与主要的步行和骑行路线相连。该网络的关键功能包括交通平稳措施、加宽的人行道和更多的人行横道、寻路、种植遮阴和舒适设施、起泡器、座椅、自行车道、自行车停放处和照明。市政府致力于为居民、工人和游客提供最可持续的交通方式，并希望当地的每个人都有更多的机会以最健康的方式短距离旅行。

第四，悉尼未来的市中心将充满活力和吸引力，当地社区具有弹性和包容性。悉尼市中心位于世界上最美丽的海港之一的边缘，拥有丰富的历史建筑、特殊的环境和迷人的公园。2008年制定《可持续的悉尼2030》时，人们认识到悉尼的市中心表现不佳，政府设想了被称为“变革性举措”的一系列项目。世界知名的丹麦建筑师和城市设计师Jan Gehl激发了乔治街作为中心脊梁的概念：一条用轻轨连接3个城市广场的步行大道，旨在为市中心的公共生活提供一个焦点——环形码头、市政厅对面和中央车站。另外，政府投入大量资金来维护、更新和服务当地的道路、人行道、广场和巷道，以保持街道和公共场所的高标准。

社会可持续性是弹性城市的核心。在悉尼这样一个快速发展的全球城市，社会凝聚力需要培养，新出现的社会裂痕需要得到承认和共同应对，政府希望通过提高个人和集体福祉加强社区的发展。在基本层面上，社区的福祉取决于住房的满足、新鲜的食品、健康的获得、社会服务、教育、就业机会及对健康环境需求的能力。在人口快速增长和需求不断增加的时期，还需要维持足够水平的服务和社会基础设施，包括图书馆、社区中心、娱乐设施、公园和游乐场。鼓励邻居之间的互动是支持人们安全感和归属感的一种方式，公开欢迎包括难民和寻求庇护者在内的新移民进入社区并鼓励他们为建设该社区作出贡献至关重要。此外，还需要支持当地企业致力于成为优秀的企业公民。

第五，悉尼还致力于成为文化创意之城。悉尼的文化生活来自其居民、工人和游客，政府需要确保推动创意企业的人能够继续在悉尼生活并过上能够激发创造力的生活，这意味着要为创意企业提供合适的空间、为文化工作者提供经济适用房。这也意味着在许多政策领域开展工作，包括规划、建筑、酒牌、交通和住房。市政府的研究强调了建筑和规划政策对文化部门的影响，更新的监管框架将使用混合商业模式并依赖思想交叉传播的现代文化倡议蓬勃发展。世界各地成功文化区的一个重要组成部分在于是否考虑了为户外表演、小型画廊、咖啡馆和酒吧的现场音乐、工艺工作室、创客空间、非正式聚会空间、教育空间的公共空间制作动画，以及所有这些与周围的城市结构联系起来的设施。

第六，为多元化的社区提供住房也是悉尼的目标之一。安全、可靠和负担得起的住所对于有尊严的私人生活至关重要。并非所有人都拥有自己的房屋——无论是出于选择还是出于环境，在当今的城市中，超过50%的居民租用他们居住的空间，对于这一群体来说，获得合适的、负担得起的住所，以及安全的长期使用权至关重要。悉尼的内城有越来越多的人露宿街头，这个数字每年都在波动，但总是高于预期。住房负担能力是影响悉尼社会和经济进步的第一大问题，2006—2015年，悉尼市租金上涨了70%，而住宅的购买价格上涨了65%，在此期间，居民平均收入增长了48%。在市中心住宅销售价格的增长速度是平均收入的9倍。许多维持城市运转的工人再也负担不起住在工作地点附近的费用。

第七，悉尼政府看重可持续发展、城市更新和设计，规划的实施也需要依赖有效的治理和伙伴关系。了解城市更新区的预计密度可以帮助了解建筑形式的未来规模、区域特征及其所需的基础设施。“密集”区域的功能如何取决于一系列基础设施的可用性和效率，尤其是交通，如果管理得当，增加城市密度可以提高提供服务和基础设施的经济可行性，从而使城市受益。在提供公共交通、学校、公用事业和社区设施方面，悉尼广阔的郊区分散了公共资金，满足提供这种公共基础设施的成本是悉尼市政府面临的最大挑战之一。市政府决定，减少对私家车的依赖，降低道路基础设施成本及拥堵的社会和经济成本，支持步行和骑行。市政府为市民设想了一个城市，人们可以方便地使用公共交通工具，有美丽的公共空间及安全宜人的步行和自行车道，这是一座安全、交通便利且崇尚多样性的城市。未来15年，悉尼市将发生翻天覆地的变化，城市的许多地方正在经历实质性的更新和变化。

良好的治理会促进公众对城市领导层的信任和信心，并为社区带来更好的结果。悉尼市政府看重跨政府、学术界、商业、文化和社区部门的伙伴关系，希望在地方、国家和全球城市论坛中发挥领导作用，致力于成为积极主动、有弹性、治理良好的组织。

（二）《悉尼市中心规划战略》

因为悉尼市中心的存在，悉尼才能被定位为澳大利亚最重要的全球城市。悉尼市中心是大都市区的核心，也是澳大利亚投资、人才和经济生产力的主要吸引点。为了保持悉尼的全球地位，需要加强市中心作为澳大利亚与世界其他地区之间经济渠道的作用、巩固其作为创意和创新中心的强大地位、强化其在高级商业服务和旅游业方面的专业作用。《悉尼市中心规划战略》（*Central Sydney Planning Strategy*）是45年来悉尼市中心规划控制的第一次重大改革，将确保悉尼市中心保持其作为澳大利亚最具生产力的城市和出口导向型服务中心的作用，它平衡了城市的住房地产繁荣与保护和发展商业、零售和文化空间的需求。

悉尼大都市之所以成为“全球城市”，与它的宜居性、文化体验、商业活动、人力资本、可达性和环境有着内在联系。悉尼市中心是新南威尔士州和澳大利亚经济的引擎，为了保持这种强大的经济作用，悉尼市中心的规划控制必须能够可持续地适应预期的增长，并满足企业、工人、游客和居住在这里的人的需求。该战略为就业投资提供了经济机会，并支持公共改善，使悉尼成为对企业、居民、工人和游客有吸引力的地方。它概述了悉尼市中心将如何发展，包括促进悉尼市中心作为州和国家经济、文化和社会引擎的作用的愿景、目标和行动。

1. 愿景和目标

与《可持续的悉尼2030》的愿景一致，《悉尼市中心规划战略》的愿景也是绿色、全球性和连接。悉尼市政府认为，市中心现有的规划保护了重要的公共空间并提供了最佳实践设计和保护成果，但是，不断变化的经济和当前政策需要重新平衡，悉尼市中心可能会受其未来经济和国际竞争力的住宅层的限制。悉尼市中心的规划战略必须重新审视，以保留并长期发展足够的商业空间来维持悉尼的全球城市功能。当前的挑战和目标在于实现这一政策变化并提供所需的就业空间，同时不失去进一步住房开发和其他支持活力城市的活动机会。

2. 10 个行动

悉尼市政府制定了10个行动来实现市中心持续繁荣：①在西部边缘实施真正的混合用途控制和提升高度限制，优先考虑就业增长和提高就业能力。②为视野、阳光和风提供最大的可及性，确保建筑物开发与环境相适应。③通过将不相关的区域重新整合到城市、统一规划功能和简化行政流程来整合与简化规划控制。④为新的塔楼群提供就业增长支撑。⑤确保基础设施与增长保持同步，以维持一个具有强大社区、经济和高生活水平的弹性城市。⑥迈向更具可持续性的城市，其规划控制要求最佳实践能源和水标准及增长点，以推动零净能源成果。⑦保护、加强和扩大悉尼市中心的遗产和公共场所。⑧通过优先考虑步行和骑行的街道并拓展步行和开放空间网络，使人们出行更加便捷。⑨通过继续与社区和行业合作提供协作迭代和量身定制的解决方案，重申对卓越设计的承诺。⑩监控结果并应对出现的问题，以确保战略的持续成功。

（三）《环境策略 2021—2025》

全球正在升温，而且在澳大利亚发展得更快。《巴黎协定》旨在将升温控制在比工业化前水平高出1.5℃或2℃以内，但全球已经比工业化前水平高出接近 1.2℃，而且升温的速度正在加快。悉尼政府一直致力于生态环保事业，运营成就包括提高城市的能源和水资源效率及废物管理，大幅减少运营排放，以及扩大运输车队的可持续性。自2016年以来，政府为市民分配380万美元的环境赠款用于减少温室气体排放。

《环境策略2021—2025》有四大方向和23项行动，并概述了帮助悉尼成为一个可持续和有弹性的城市的重要措施。交通是空气污染的主要来源，2017—2018 年，该行业贡献了悉尼16%的排放量。悉尼将致力于减轻城市热岛效应、改善空气质量并为保护生物多样性、绿地和水道的水敏感城市作出贡献。另外，同系列的规划——《悉尼绿化战略草案》概述了悉尼将如何努力到2050年将整体绿化覆盖率提高到当地面积的40%，包括至少27%的树冠。这一系列规划都在时刻提醒悉尼人，必须紧急采取行动，创建一个更具弹性、包容性和再生能力的城市。

规划的四大方向：智慧和弹性的城市运营；由可再生能源驱动的高效、

面向未来的建筑和交通；再生和包容的城市；规划交付的坚实基础。

一是智慧和弹性的城市运营。10多年来，悉尼市一直致力于最大限度地减少环境足迹，这涉及引入节水和能源及减少浪费的计划，或用再生能源来减少排放。2020年7月，悉尼开始了为期10年的100%可再生能源风电场、太阳能农场的电力合同，根据2019—2020年的水平，这将使城市年排放量减少约24000吨。在接下来的几年里，悉尼市将专注于利用其在效率措施、管理系统和低排放技术方面的投资。

在水资源保护方面，悉尼的目标是将饮用水使用量控制在2006年水平以下，但这个目标极具挑战性，因为需要灌溉的公园和开放空间的面积已经增长50%以上。在减少浪费方面，2019年，悉尼市承诺在建筑物和场馆不再使用瓶装水、吸管、餐具、器皿和杯子，以此大幅减少一次性塑料的使用。同时，政府也致力于提高城市环境韧性和风险管理能力，并在培养社会责任感方面增加投资。

对应的行动：①通过城市资产设计和管理提供能源、水和复原力成果。②通过节水和替代水源保持城市公园的绿色。③通过城市的碳中和承诺再生环境。④确保本市的计划和服务有效利用资源。⑤通过资源回收减少运往垃圾填埋场的运营废物量。⑥减少供应链中的隐含碳并支持循环经济成果。⑦有效管理环境风险和问题。

二是由可再生能源驱动的高效、面向未来的建筑和交通。近年来，悉尼市持续与开发商、新南威尔士州政府和其他地方议会合作，为新建筑制定性能标准，包括多单元住宅和商业建筑、购物中心和酒店，这些标准涵盖规划系统认可的能源效率、现场可再生能源和非现场可再生能源，且根据悉尼的气候量身定制，可供悉尼大都市区的其他议会使用。

在悉尼，尤其是在市中心，由车辆排放导致的空气质量差是一直存在的问题。2019—2020年，交通占了悉尼17%的碳排放量，且每年都在增加。随着人口的增长，悉尼越来越注重公共空间的最佳利用，这意味着需要从排放量高且占用空间的私家车转向排放量少、占用空间小的交通方式——公共交通、步行和骑行。这也减少了拥堵和噪声，改善了空气质量，并为绿化留出了更多空间。

对应的行动：①提高现有建筑的能源效率、用水效率和废物管理。②推动所有新建筑实现资源高效和净零能耗。③支持向零排放运输过渡。④鼓励社区使用可再生电力并刺激绿色经济。⑤支持居民降低公用事业成本和环境影响。⑥帮助企业减少水电费并展示环保成就。

三是再生和包容的城市。一个面向未来且具有复原力的城市有助于再生其消耗的自然资源。这首先要追求资源的有效利用和地方循环倡议，并尽量减少城市对全球生态和社会系统的压力。在可持续发展悉尼2050草案的咨询阶段，市民陪审团将城市的概念确定为“再生生态系统”。市民们认识到，自然和财政资源是有限的，要想拥有一个健康的城市，就必须解决空气和水污染及水资源短缺问题。建筑不能助长城市退化，废物必须转化回馈经济。在接下来的几年，悉尼市将探索如何将这一概念变为现实。

悉尼坚信，它过去、现在和将来都是原住民的家，关爱国家的生动文化有其不可撼动的重要性。新南威尔士州政府发布了草案框架，为社区、政府和开发商提供有关如何支持国家福祉的指导；重视和尊重土著和托雷斯海峡岛民的文化；并最终通过可持续的土地和水资源管理实践减少自然灾害的影响。悉尼市将通过与原住民和托雷斯海峡岛民团体合作并投资通过关爱国家来恢复自然平衡的知识和实践来加强其环境计划。

对应的行动：①将原住民和托雷斯海峡岛民的观点纳入环境行动。②解决与气候变化相关的公平问题。③建立社区在气候行动方面的复原力和动力。④支持发展循环经济体系。⑤通过促进水循环利用来防旱。⑥再生被污染的水道、空气和土地。⑦通过资源回收减少送往垃圾填埋场的住宅垃圾量。

四是规划交付的坚实基础。新冠肺炎疫情对悉尼市经济发展产生了重大的影响，政府预计在战略期限内将面临更严格的财务限制，将需要确保强大的关键组织流程和系统，以实现目标。另外，还需要将气候紧急情况的考虑纳入悉尼市的关键决策过程，包括战略制定、重大项目和招标、服务交付、资产管理、投资及新项目和服务的建立。

对应的行动：①培养员工交付环境成果的能力。②提供高质量的内部和外部环境报告和沟通。③采用高效和有效的决策流程。

四、悉尼现代化特点

（一）重视城市现代化战略规划的应用

在城市现代化建设方面，悉尼很重视城市规划的作用。悉尼的大都市城市规划从1948年开始，到2005年经历了6次修改和完善，针对不同时期的城市特点进行战略调整，规划思路也从城市规划、城市建设慢慢转向可持续发展、城市周边的开发等（石忆邵，2009）。此外，悉尼的经验也告诉我们，制定城市规划时要注意与国家层面规划的连贯和一致。

（二）重大国际活动对悉尼的现代化建设产生了正面影响

2000年奥运会对悉尼的城市用地、基础设施等方面的建设产生了正面的影响。悉尼市政府利用举办奥运会的契机，将悉尼市中心附近占地760公顷的垃圾场改造成包括大型体育场馆、自然生态绿地、公共活动区域的综合城市空间；为了赛事的顺利举办，政府修建了机场、铁路，并对机场周边进行了扩建，畅通的交通和各项基础设施的升级使得市民的出行便利性和生活满意度有了提高；奥运会期间耗巨资打造的奥运村也在赛后转变为住宅社区，同时带动了周边新住宅区的建设和发展（石忆邵，2009）。

（三）善用文化资源和土地资源发展文化和生态现代化

悉尼的文化和生态现代化发展有着其独特的模式和丰富的实践经验，二者相互结合、互促繁荣。自20世纪80年代以来，悉尼便开始利用大量的工业产业建筑进行文化景观的改造和再利用。2015年对外开放的“布朗格鲁保护区”如今是悉尼非常重要的城市绿化空间和自然公园，它的前身是19世纪30年代的货运码头，并见证了悉尼的商业贸易发展。新南威尔士州政府2005年开始对其进行“改进式文化策略”的现代化改造，将其改造为免费开放的市民公园，既为居民提供了休息放松的场所，又改造了其所在区域的自然和生态环境。此外，悉尼的货运线公园是市政府基于旧火车道改进的，设置有室外电影、步行道、自行车道、景观灌木等，也是极具特色的城市文化和生态景观。

悉尼在城市文化发展上还与文化经济和文化效益相结合，采用了创意式和商业式的文化策略。创意式文化策略的典型案例是悉尼的沃尔什手指码头，这个由码头发展而来的休闲、娱乐、文化、生活综合区域的目标人群是经济富足的中产阶级，各种特色餐吧、酒店、雕塑展览、画廊、别墅等既满足了他们对文化和艺术的消费需求，又带动了区域的经济发展。悉尼的环形码头和达令港是商业式文化策略的代表。环形码头通过强化地标性建筑——悉尼歌剧院和悉尼海港大桥推动文化旅游和消费，并吸引了中国万达公司10亿澳元的投资（陈洁，2020）。

在城市的文化现代化建设方面，不应只注重商业利益和价值，还应兼顾文化遗产和景观的保护及文化价值的显现。因此，应该善于利用不同的文化策略来打造具有当地人文特点的文化景观和区域，将当地文化与自然环境进行融合发展，利用现代化设施，结合区域规划等，循序渐进地提高文化竞争力。

第四章
中国城市现代化的案例分析

北京、上海、深圳和香港4座城市是我国城市现代化的典范，它们在城市现代化的进程中所采取的路径和模式各具特色。北京围绕首都核心功能打造国际一流的和谐宜居之都；上海立足经济现代化优势，大力推进卓越全球城市的建设；深圳抓住改革开放政策优势，实现了从一个小渔村到具有世界影响力大都市的转变；香港在原有殖民地的基础上，借助“一国两制”的制度优势，探索了一条城市现代化的新路径。对于这4座城市的现代化的研究有助于为其他城市提供借鉴。

第一节　北京：正在复兴崛起的东方大都会

一、北京现代化演变

北京拥有3000多年建城史、860多年建都史，因“都”而立、因“都”而兴。1980年以来，北京的经济、社会、文化、生态、城市治理及人的现代化发生了巨大的变化。

（一）北京经济现代化

1980年以来，北京市经济发展水平大幅度提升。反映经济发展的地区生产总值、人均地区生产总值、工业增加值、三次产业增加值、地方财政收入和进出口总额等指标都不同程度地增长。其中，地区生产总值从1980年的139.1亿元提高到2020年的36102.6亿元，工业增加值从1980年的86.9亿元增加到2020年的4216.5亿元。地方财政收入也大幅度增加，从2000年的345.0亿元增加到2020年的5483.9亿元（表4-1）。

表 4-1　1980—2020 年北京市经济指标的发展趋势

指标	1980 年	1990 年	2000 年	2010 年	2020 年	变化
地区生产总值（亿元）	139.1	500.8	3277.8	14964.0	36102.6	260
人均地区生产总值（元）	1544	4635	25014	78307	164889	107
第一产业增加值（亿元）	6.1	43.7	79.3	122.8	107.6	18
第二产业增加值（亿元）	95.6	262.0	1023.7	3233.1	5716.4	60
工业增加值（亿元）	86.9	219.3	831.0	2607.5	4216.5	49
第三产业增加值（亿元）	37.4	195.1	2174.9	11608.1	30278.6	810
地方财政收入（亿元）	—	—	345.0	2353.9	5483.9	16
进出口总额（亿美元）	—	236.4	494.0	3016.6	3350.4	14

注：变化 = 终点年份 / 起点年份。
资料来源：《北京统计年鉴》。

产业正在进入高质量发展阶段。北京市三次产业结构由1980年的4.4：68.7：26.9发展为2020年的0.3：15.8：83.9（图4-1），说明北京市已经从工业经济时代进入服务业经济时代。根据《北京市国民经济和社会发展第十四个五年规划和二〇三五年远景目标纲要》，北京市着力建设全球数字经济，大力发展智能制造、高端制造，全面提升金融业，加快推动科技服务业，提升软件和信息服务业，推动专业服务业，加速第二次现代化发展。

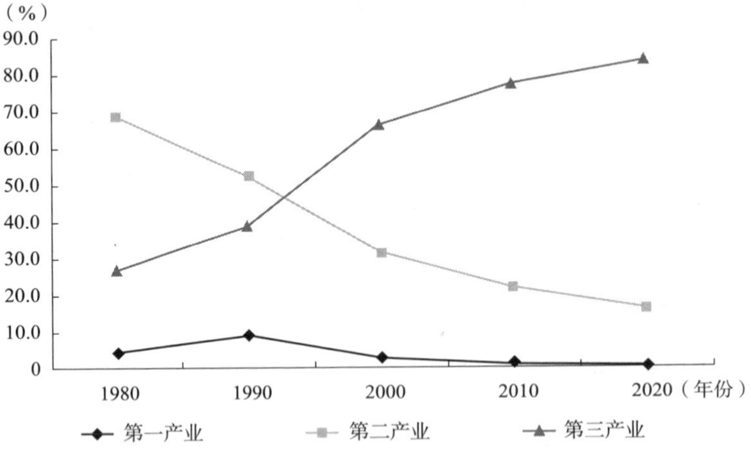

图 4-1　1980—2020 年北京市三次产业结构比例

资料来源：《北京统计年鉴》。

（二）北京社会现代化

1980—2020年，北京市常住人口数从904万人增加到2189万人，增加了1倍多，人口密度也随之提高，由538人/平方千米增加到1334人/平方千米。

北京市是我国教育机构密集的城市，普通高等学校在校学生数不断增加，由1980年的8.30万人增加到2020年的59.03万人，增加6倍多。

科技研发不断加强。北京市科学研究与试验发展（R&D）经费支出占GDP比例逐年上升，在科技研发投入方面也在不断加大力度。1996年，R&D经费支出占GDP的比例仅为2.32%，2020年达到6.44%。科研投入力度加大，专利授权数量也逐年增加，从1990年的0.27万件增加到2020年的16.28万件。

医疗保障力度不断加大。每万人医院床位数从1980年的29.1张增加到2020年的90.8张，城乡居民基本医疗保险人数从2010年的143.7万人上升到2020年的398.3万人。2010—2019年，人均卫生费用约增加1.8倍，由4147元增加到11609元；个人卫生支出比重有所下降，由2000年的42.1%下降到2018年的15.6%（表4–2）。

表4–2　1980—2020年北京市社会指标的发展趋势

指标	1980年	1990年	2000年	2010年	2020年	变化
常住人口数（万人）	904	1086	1364	1962	2189	2.4
人口密度（人/平方千米）	538	646	811	1196	1334	2.5
普通高等学校在校学生数（万人）	8.30	13.96	28.26	57.78	59.03	7.1
R&D经费支出占GDP比例（%）	—	2.32*	4.85	5.69	6.44	2.8
专利授权数量（万件）	—	0.27	0.59	3.35	16.28	60.3
每万人医生数（人）	38.8	49.3	46.6	52.4	84.6	2.2
每万人医院床位数（张）	29.1	50.2	58.8	68.3	90.8	3.1
城乡居民基本医疗保险（万人）	—	—	—	143.7	398.3	2.8
个人卫生支出比重（%）	—	—	42.1	24.9	15.6**	0.4
人均卫生费用（元）[a]	—	—	—	4147	11609***	2.8

注：变化＝终点年份/起点年份。

资料来源：《北京统计年鉴》。* 为1996年数据，** 为2018年数据，*** 为2019年数据。a数据源自《中国第三产业统计年鉴》。

（三）北京文化现代化

1980年以来，北京市十分重视文化建设，图书馆数量先升后降，基本保持平稳。图书出版数量不断增加，从1980年的9000多种增加到2019年的超过21万种，增加了21倍多。艺术表演团体数量明显增加，1980—2019年，从24个增加到370个。北京市的文化现代化不断迈向新的高度（表4–3）。

表 4-3 1980—2020 年北京市文化指标的发展趋势

指标	1980 年	1990 年	2000 年	2010 年	2020 年	变化
图书馆数（个）	20	23	26	25	24	1.2
群艺馆、文化馆（站）	19	23	23	20	20	1.1
艺术表演团体（个）[a]	24	23	20	18	370*	15.4
图书出版种数（种）	9534	27345	57821	155209	216994*	22.8

注：变化 = 终点年份 / 起点年份。

资料来源：《北京统计年鉴》。* 为 2019 年数据。a 数据来源于《中国文化文物和旅游统计年鉴》。

（四）北京生态现代化

1980年以来，北京市生态环境得到明显改善。全年环境空气质量优良率从2000年的48.4%提升到2019年的65.8%，建成区绿化覆盖率从1990年的28.0%提高到2020年的49.0%，人均公园绿地面积从1990年的6.1平方米提升到2020年的16.6平方米，约增加1.7倍。单位生产总值能耗、工业增加值能耗和工业增加值电耗持续下降，单位生产总值能耗从1990年的5.411吨标准煤/万元下降到2020年的0.209吨标准煤/万元，降低96%（表4-4）。

表 4-4 1990—2020 年北京市生态环境指标的发展趋势

指标	1990 年	2000 年	2010 年	2020 年	变化
全年环境空气质量（AQI）优良率（%）[a]	—	48.4	78.4	65.8*	1.36
工业废弃物综合利用率（%）[b]	—	71.4	65.82	63.93*	0.90
建成区绿化覆盖率（%）	28.0	36.5	45.0	49.0	1.75
人均公园绿地面积（平方米）	6.1	9.7	15.0	16.6	2.72
单位生产总值能耗（吨标准煤 / 万元）	5.411	2.868	0.521	0.209	0.04
工业增加值能耗（吨标准煤 / 万元）	—	2.836	0.923	0.399	0.14
工业增加值电耗（千瓦・时 / 万元）	—	—	537.23	352.02	0.66

注：变化 = 终点年份 / 起点年份。

资料来源:《北京统计年鉴》。* 为 2019 年数据。a 来源于《中国统计年鉴》，b 来源于《中国城市统计年鉴》。

（五）北京居民的现代化

现代化的核心是人的现代化，1980年以来，北京居民的收入水平大幅提高，其中城镇常住居民人均可支配收入从1980年的501元提高到2020年的75602元，增加149倍多；农村居民家庭人均可支配收入从1980年的290元提高到2020年的30126元，提高了102倍多。出生时平均预期寿命也在增长，从1990年的72.9岁提高到2010年的80.2岁，婴儿死亡率和孕产妇死亡率大幅度下降，婴儿死亡率由1980年的14.79‰下降到2020年的1.98‰，孕产妇死亡率从1980年的每十万人26.30人下降到2020年的每十万人4.98人（表4-5）。

表4-5　1980—2020年北京市个人指标的发展趋势

指标	1980年	1990年	2000年	2010年	2020年	变化
城镇常住居民人均可支配收入（元）	501	1902	10590	32132	75602	150.9
农村居民家庭人均可支配收入（元）	290	1297	4533	12368	30126	103.9
出生时平均预期寿命（岁）	—	72.9	76.1	80.2	—	1.1
婴儿死亡率（‰）	14.79	11.66	5.36	3.29	1.98	0.1
孕产妇死亡率（人/十万人）	26.30	25.00	9.70	12.14	4.98	0.2
私人汽车数量（万辆）	—	2.8	49.4	374.4	507.9	181.4
城镇登记失业率（%）	1.60	0.30	0.76	1.37	2.56	1.6
老年福利机构（个）	—	—	270	386	—	1.4

注：变化 = 终点年份 / 起点年份。

资料来源：《北京统计年鉴》。

（六）北京城市治理现代化

选取每万人律师事务所个数、每万人律师人数、每万人公安机关立案刑事案件数、每万人法院各类案件结案等指标反映城市现代化治理。北京市每万人律师事务所个数由2010年的0.76个增加到2020年的1.32个，每万人律师人数也明显增加，从2010年的11.7人增加到2020年的17.6人。公安机关刑事案件数从2010年的每万人53.2件上升到2020年的每万人62.9件，法院各类案件结案数由2010年的每万人140.6件上升到2020年的每万人197.0件（表4-6）。

表4-6　2010—2020年北京市城市治理指标的发展趋势

指标	2010年	2020年	变化
每万人律师事务所个数（个）	0.76	1.32	1.7
每万人律师人数（人）	11.7	17.6	1.5
每万人公安机关立案刑事案件数（件）	53.2	62.9	1.2
每万人法院各类案件结案（件）	140.6	197.0	1.4

注：变化 = 终点年份 / 起点年份。

资料来源：《北京统计年鉴》。

（七）城市规划角度下北京城市现代化演变

中华人民共和国成立70多年来，北京市的城市战略定位不断调整和优化，大体可分为3个阶段。针对不同时期北京城市战略定位，北京的现代化建设选择了不同要素的组合模式。这既与我国经济社会发展水平和国际地位不断提高紧密相关，也与我们对城市发展的客观规律不断深入的认识、把握和科学判断不可分割。

第一阶段：中华人民共和国成立到改革开放前（1949—1980年）。中华人民共和国成立伊始，北京的城市定位是中国的政治、经济和文化中心，把工业基地建设摆在重要的位置，人口规模、城市规模不断扩大。在这一阶段，北京处于第一次现代化阶段，选择工业化、城市化优先的现代化模式。

第二阶段：改革开放后30年（1980—2013年）。以1980年中央书记处对首都建设的四项指示起步，《北京城市建设总体规划方案》（1983）明确北京是全国的政治中心和文化中心，首次明确北京市只发展适合首都特点的经济。《北京城市总体规划（1993年—2010年）》首次提出北京要建设全方位对外开放的国际城市，2010年北京市的社会发展和经济、科技的综合实力，达到并在某些方面超过中等发达国家首都城市水平，为21世纪中叶把北京建设成为具有一流水平的现代化国际城市奠定基础。《北京城市总体规划（2004年—2020年）》明确提出北京要建设世界城市、世界文化名城，首次提出要建设宜居城市、首善之区。同时明确提出北京要率先基本实现现代化，在2020年前后全面实现现代化，在2050年前后进入世界城市行列。30年来，北京城市的发展目标从中国的政治、经济和文化中心“三个中心”变为中国的政治中心和文化中心“两个中心”，城市总体定位也从国家城市上升为世界城市。在这一阶段，北京在继续推进第一次现代化的同时，积极推进信息革命、技术升级，大力开展生态环境保护，逐步向第二次现代化迈进，其现代化模式从工业化优先向知识化优先转变，从经济优先向经济社会协调发展转变。

第三阶段：新时代下的战略定位（2013年至今）。以习近平总书记对首都建设的两次指示为指导，《北京城市总体规划（2016年—2035年）》明确北京要建设全国政治中心、文化中心、国际交往中心、科技创新中心，建设国际一流的和谐宜居之都，打造以首都为核心的世界级城市群。同时，按照国家实现现代化建设战略目标的总体部署，2020年率先全面建成小康社会，2035年城市综合竞争力进入世界前列，2050年成为富强、民主、文明、和谐、美丽的社会主义现代化强国首都。2021年1月发布的《北京市国民经济和社会发展第十四个五年规划和二〇三五年远景目标纲要》提出，到2035年，北京将率先基本实现社会主义现代化，努力建设好伟大社会主义祖国的首都、迈向中华民族伟大复兴的大国首都、国际一流的和谐宜居之都。在这一阶段，北京全力推进第二次现代化建设，知识化优先、信息化优先、生态化优先、协调发展等都是可选择的现代化发展模式。

北京市城市定位与现代化战略目标历史演进见图4-2。

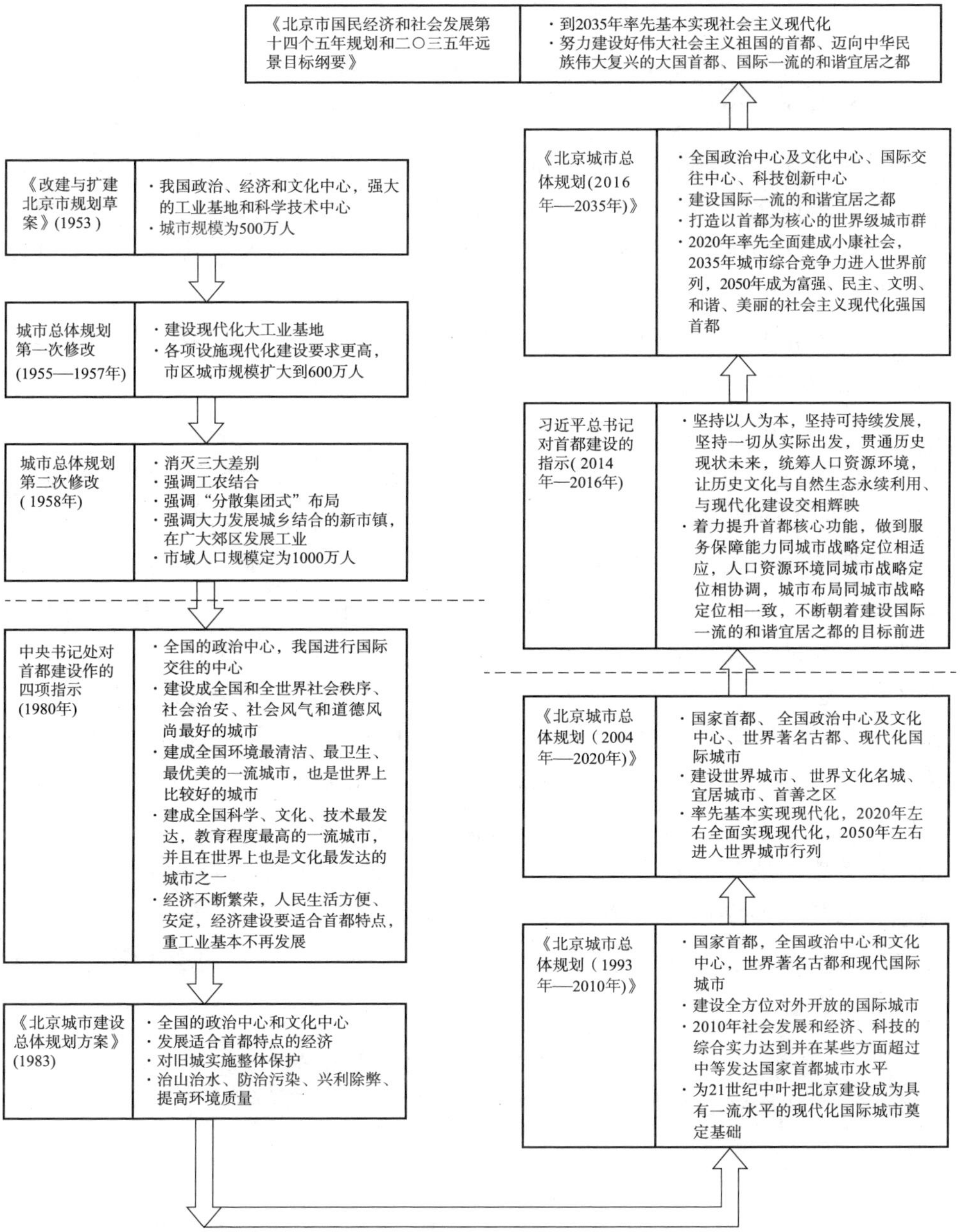

图4-2　北京市城市定位与现代化战略目标历史演进

总体来看，70多年来，北京市的城市发展紧紧抓住全国政治中心和文化中心来展开，同时，根据不同时期的发展条件调整其他目标，从经济中心、工业基地向宜居城市、科创中心转变，不断提高人民群众的生活水平和生活满意度，缩短与国际先进城市和先进水平的差距，努力迈向世界城市、世界级城市群的核心城市。

二、北京现代化现状及挑战

2020年，中国脱贫攻坚战取得巨大胜利，实现全面脱贫，全面建成小康社会，为现代化建设奠定坚实的经济基础和社会基础，中国进入全面建设社会主义现代化强国的新征程。北京作为全国政治中心、文化中心、国际交往中心和科技创新中心，在中国的现代化建设中一路领先。

根据世界现代化指数评价模型，2007年北京第一次现代化指数首次达到100，标志着其已经走在全国前列，完成第一次现代化，实现工业化、城市化。同时，北京的第二次现代化指数（0 ~ 120）在全国独占鳌头，2018年达到88.2［同期世界排名前三位为荷兰、丹麦、瑞典，指数分别为109.8、109.7、108.2，中国平均为45.4（何传启，2021）；北京已经超过西班牙、意大利，接近新西兰水平①］，已经处在第二次现代化的发展期（荷兰、丹麦、瑞典也处在第二次现代化的发展期，韩国、新西兰处于起步期），部分指标已经具有发达国家特征。北京第二次现代化指数高于高收入国家平均值的 80%，达到现代化发达的第一条标准，具有现代化建设的先发优势和诸多资源条件。

从具体指标看，在16个现代化评价指标中，北京有10个指标超过高收入国家平均水平的80%，包括知识创新经费、知识创新人员、知识创新专利、大学普及率、宽带网普及率、预期寿命、婴儿死亡率、单位GDP能源消耗、物质产业增加值、物质产业劳动力。但是北京部分关键指标还没有达到或刚刚达到高收入国家平均水平的80%，特别是环境质量指标、知识产权出口指标只有高收入国家平均水平的28.8%和32.8%。因此，北京的现代化是不均衡的（表4–7）。

表 4–7　北京第二次现代化指标评价值

领域	指标	指标评价值	领域	指标	指标评价值
知识创新	知识创新经费	114.1	生活质量	预期寿命	101.9
	知识创新人员	120		人均购买力	76.8
	知识创新专利	120		婴儿死亡率	120
	知识产权出口	32.8		环境质量	28.8

① 第二次现代化以当年高收入国家平均值为基准进行评价，单个指标的发展指数的最高值为120，避免单个指标过高造成评价“失真”。由于国际统计数据的滞后性，现代化评价一般要滞后3年。

续表

领域	指标	指标评价值	领域	指标	指标评价值
知识传播	大学普及率	120	经济质量	劳动生产率	58.1
	宽带网普及率	87.6		单位 GDP 能源消耗	104.1
	人均公共教育经费	42.5		物质产业增加值	120
	知识产权进口	44.4		物质产业劳动力	120

资料来源：何传启 . 中国现代化报告 2021［R］.

当今世界风云变幻，尤其是新冠肺炎疫情暴发，将重塑全球政治经济社会格局，使我国外部发展环境更加错综复杂。面向2050年的北京现代化建设将会面临诸多困难和挑战，但是北京发展仍然处于重要战略机遇期，这些机遇将有力助推北京成为国际现代化前沿城市。

挑战一：在全球新冠肺炎疫情得到根本性缓解前，北京仍然面临“外防输入、内防反弹”的严峻考验。在把好国门、守住首都的前提下，平衡疫情防控和经济社会发展，实现科学防控、精准防控，不只是对北京城市整体治理体系和治理能力的考验，更是对每位北京市民的考验。一是要防范全球新冠肺炎疫情对北京公共卫生安全，特别是对医疗资源、对地方财政预算收支的冲击。2019年，北京拥有疾病预防控制中心29个，医院745家，医院病床数12.7万张，执业医师11.6万人，注册护士13万人。每千常住人口医院床位数为5.6张，低于东京（8.9张）和首尔（8.0张）。每千常住人口医师5.4人、注册护士6.1人。2019年，北京一般公共预算收入5817亿元，主要来源是增值税（31%）和企业所得税（21%）。一般公共预算支出7408亿元，其中卫生健康支出534亿元，占7.2%。二是防范全球新冠肺炎疫情对北京对外经济的影响，特别是对进出口贸易和国际合作的影响。2019年北京货物进出口额为28677.2亿元，其中出口额5172.4亿元、进口额23504.8亿元。服务贸易进出口额为10646.9亿元，其中出口额3720.1亿元、进口额6926.8亿元。经各海关征收税款净入库税额达到678亿元。对外经济合作合同额达到120亿美元，在外人员达到6.5万人，直接境外投资达到737亿美元。三是要防范全球新冠肺炎疫情对与北京国际交往中心、文化中心、科创中心密切相关产业行业的影响。2019年经首都机场进出境人员达到2655万人次。对旅游业的影响：2019年入境游客377万人次，国际旅游收入52亿美元，游客主要来自美国、日本、韩国、德国、中国香港。国内游客3.2亿人次，国内旅游收入5866亿元。对会展业的影响：2019年接待会议23.6万场，接待会议人数超过2000万人次，接待展览865个，观众人数超过1633万人次。其中国际会议3000场，接待国际会议人数超过56万人次；国际展览265个，国际展览观众人数828万人次。会展收入345亿元，其中会议收入166亿元、展览收入175亿元，国际展览收入占展览收入的30%。

挑战二：知识经济和创新发展正成为世界发展潮流，我国已转向高质量发展阶段，2018年高收入国家平均劳动生产率为9万美元/（人·次），北京仅为其1/3，北京第一、第二、第三产业的劳动生产率分别为伦敦和纽约的1/10、1/2、1/5，北京面临疏解减量和提质增效的双重发展压力。一是靠固定资产投资拉动经济的路径潜力不大。2017年北京第三产业的固定资产投资已经占全市比例的89%，2018年规模以上第三产业超过53%的利润来自金融业；其次为租赁和商务服务业（16.7%），信息传输、软件和信息技术服务业（14.4%）。因此，北京第三产业提质增效和产业内部资源优化配置难度依然很大。二是现有高技术制造业营业收入和利润贡献不协调。以电子及通信设备制造业和医药制造业为例，2018年北京电子及通信设备制造业的总产值和营业收入占北京高技术制造业总产值和营业收入的比例均超过50%，但利润总额和应交税金占比均低于25%。相反，医药制造业以不超25%的总产值和营业收入占比实现超过50%的利润总额和应交税金。高技术制造业除了要把蛋糕做大，还要关注不同行业的利润率和对财政税收的贡献，真正使高技术制造业的跨越发展成为北京经济高质量发展的推动力。

挑战三：我国已开启全面建设社会主义现代化国家新征程，主要城市群、都市圈蓄势待发，以北京为核心的京津冀地区面临的外部竞争压力凸显，与此同时，京津冀协同发展的阻力仍然不小。长三角、粤港澳大湾区在现代化建设中已经形成你追我赶的态势，北京先发优势在削弱。加强京津冀三地协作，促进资源优化配置，同时处理好与国内其他城市群的合作与竞争，找准京津冀城市群发展的生态位，充分发挥北京作为核心城市的辐射带动作用，挖掘和发挥北京发展的人才红利、政策红利、市场优势和人文优势，是未来5年京津冀协同发展需要优先解决的问题。

挑战四：共同富裕是社会主义的本质要求，是中国式现代化的重要特征，是人民群众的共同期盼，北京发展中不平衡、不充分问题依然突出，城乡之间、区域之间、职业之间差距依然明显，面临如何推动共同富裕的重大社会挑战。一是要防范分配收入的过度分化。2019年城镇居民人均可支配收入超过7万元，农村居民不足3万元；高收入户（20%）人均可支配收入13.9万元，低收入户（20%）为2.6万元；在岗职工平均工资为17万元，其中平均工资最高的为金融业（35万元），其次为信息传输、软件和信息技术服务业（23万元），卫生和社会工作（21万元），科研和技术服务业（20万元），平均工资较低的为住宿和餐饮业（7万元），居民服务、维修和其他服务业（8万元），农业（9.5万元）。二是要防范社会保障运行风险。近年来，北京一般公共预算支出中社会保障和就业支出比例总体呈上升趋势，2019年社会保障和就业支出达到973亿元，占一般公共预算支出的13.0%，仅次于教育支出（15.4%）和城乡社区支出（14.5%）。同时，从人口年龄结构看，北京已经步入老龄化社会和少子社会。2019年60岁以上常住人口占比达到17.2%，65岁以上常住人口占比达到11.4%，远超联合国标准。2010—2019年北京老年人口（65岁以上）平均年增速为3.01%，超过世界平均增速。历次人口普查数据显示，北京少年儿童抚养比不断下降，而老年人口抚养比不断增加。

挑战五：向生活质量进军将成为现代化发展不可逆转的趋势，努力满足人民群众对美好生活的向往和追求，北京仍然面临很多难点和痛点。生活质量既是一种生活状态，也是一种生活评价，还是一种生活追求，包括个人生活质量、公共生活质量、生活环境质量和生活满意度等。一是从个人生活质量看，北京的人均预期寿命（82.2岁）、婴儿死亡率（2‰）、汽车普及率（520辆/千人）已经高于发达国家水平（分别为80岁、5‰、450辆/千人），但家庭人均消费支出（城镇0.7万美元，农村0.3万美元）远低于发达国家水平（2.4万美元）。二是从公共生活质量看，北京的大学普及率（98%）、绝对贫困人口比例指标优于发达国家（分别为75%、0.7%），平均受教育年限（11.5年）接近发达国家水平（12.8年），但人均国民收入（人均GDP 2.5万美元）、最低月工资（338美元）远低于发达国家（分别为4.2万美元、1443美元），互联网普及率（77.8%）也低于发达国家水平（82%）。三是从生活环境质量看，北京人均银幕数（8.5块/十万人）、小学生师比（13.8）、医生比例（5.4人/千人）、交通事故伤亡率（188人/百万人）接近甚至超过发达国家水平（分别为9.2块/十万人、14、3人/千人、3266人/百万人），但护士比例（6.1人/千人）、PM2.5（42微克/立方米）逊于发达国家（分别为10.5人/千人、19.7微克/立方米）。四是从生活满意度看，北京的消费者信心指数超过120，达到强信心区间。

挑战六：高质量发展离不开科技创新，更离不开人才培养和人力资源的合理布局和流动。人才流失，特别是高端人才、专业技术人才的流失将会成为北京未来发展的“瓶颈”。能否最大限度地激活城市创新能力、增强城市人才吸引力不仅关系北京能否实现高质量发展，而且会影响北京基本实现社会主义现代化的高度。

挑战七：在全球气候变化形势日趋紧张和中国碳达峰、碳中和双承诺背景下，北京面临节能、降耗、减排和发展模式转换压力。一是尽管北京单位GDP能源消耗（0.13千克石油当量/美元）已经非常接近高收入国家水平（0.1千克石油当量/美元），但由于经济仍在快速发展，能源消耗量仍在持续上升，2019年达到7360万吨标准煤。二是北京目前能源结构相对清洁，以石油（34.55%）、天然气（34.01%）、电力调入（25.79%）为主，煤炭比例极低。全市可再生能源消费量仅占能源消费总量的8.2%，而在美国、德国等发达国家的能耗使用结构中，可再生能源及清洁能源使用占比基本维持在45%~60%。同时，能源自我供给能力较弱，相对来说，我国天然气供给更容易受外部因素影响，能源供给的可持续性仍有较大的挑战。三是北京能源消费以第三产业为主（51.1%），第二产业和生活用能分别占25.1%和23%。第三产业面广类繁，节能减排的难度更大。从行业看，交通运输、仓储和邮政业能源消耗最多，占全市总用能的21%，其次为制造业（15.8%），电力、热力、燃气及水生产和供应业（7.6%），房地产业（6%）。

三、北京现代化战略和举措

（一）城市总体现代化战略

《北京城市总体规划（2016年—2035年）》和《北京市国民经济和社会发展第十四个五年规划和二〇三五年远景目标纲要》明确提出北京要建设全国政治中心、文化中心、国际交往中心、科技创新中心，努力建设好伟大社会主义祖国的首都，迈向中华民族伟大复兴的大国首都、国际一流的和谐宜居之都，到2035年，率先基本实现社会主义现代化。这是从战略上提出未来北京城市现代化的目标和方向。

具体目标：①“四个中心”功能显著增强，“四个服务”水平大幅提升。②具有首都特点的现代化经济体系更加成熟。③推动京津冀世界级城市群构架基本形成。④首都治理体系和治理能力现代化基本实现。⑤生态环境根本好转。⑥市民“七有”“五性”需求在更高水平上有效满足。

在城市功能和形态上，北京以“四个中心”建设为抓手，重点保障政治中心的政务服务功能。通过对城市核心区进行功能重组，保障首都中央政务空间，优化政务环境，塑造良好的国门风范，提升政务服务保障水平，提升重大外事活动的保障能力和日常政务能力。

此外，实现减量发展和经济高质量发展并行不悖。一方面，疏解非首都功能，把一般制造业、区域性专业市场、医疗、教育单位向外转移，控制常住人口规模、城乡建设用地规模。另一方面积极发展新经济，加速“三城一区”发展，推进全国科技创新中心建设，繁荣文化产业，扩大开放型经济，推动国家级展会发展。调整城市经济结构、社会结构和空间布局，实现北京的可持续发展。

在城市体系建设上，全力推进城市副中心发展，形成一核一副多中心的城市发展格局。全力支持雄安新区建设，推动京津冀协同发展，加快建设现代化首都都市圈，推动形成以首都为核心的世界级城市群。包括大力推进区域交通一体化，构建以轨道交通为骨干的一体化交通体系；深化生态环境协同治理，深化区域大气、水和固体废物污染联防联控联治机制；合理推动产业链、供应链协同，加快形成优势互补、互利共赢的产业体系。

（二）城市生产现代化战略

城市生产现代化是城市现代化的必然要求，其关键是要提高城市生产力和城市贡献比。城市生产力与城市技术水平、城市劳动力人均资本和人均技能成正比。城市贡献比是城市第一产出与城市第一消费之比，城市贡献比大于1是城市发展的一个重要条件。提高城市生产力和贡献比主要有5个途径：提高人均资本、提高人均技能、加快技术进步、调整产业结构、提高第一产出（何传启，2013）。一是利用人才优势、科技优势大力提高人均技能，加快技术进步。二是加快产业结构调整，大力发展现代服务业、文化产业和高端制造业，提升知识密集、资本密集、文化密集和服务密集产业。建设以创新为引领、服务业为主导、全面、协同、开放的现代化经济体系。根据《北京市国民经济和社会发展第十四个五年规划和二〇三五年远景目标纲要》，北京市采取的主要战略包括：

第一，推动创新发展，建设国际科技创新中心。一是充分发挥北京基础研究的优势，推动产学研合作，充分发挥院地合作、政企合作、公私合作等机制，扩大国际合作，以中关村科学城、怀柔科学城、未来科学城、中关村示范区等为抓手，推进协同创新。二是以国家级科研院所和高等教育机构为主体，以国家实验室为龙头，集中国内外优秀创新资源，形成一大批有重要原始创新能力和成果转化能力的国家科技队伍。三是加快创新人才队伍建设，完善人才任用机制，最大限度地发挥北京的人才优势，形成国际创新人才高地。

第二，大力发展智能制造、高端制造。聚焦新一代信息技术、医药健康、汽车、智能制造、节能环保、绿色能源等领域，实施新兴产业培育计划。大力发展技术密集型产业，充分提高产业效率和效益，形成一批具有国际影响力的万亿元级先进智造产业集群。

第三，大力发展知识产业，推动知识经济更上一层楼。一是大力发展数字经济和电子商务。推动数字经济与实体经济的深度融合，充分发挥北京的数据优势、政策优势、人才优势、资金优势，打造具有世界影响力的数字产业集群，建设数字经济全球标杆。二是大力发展进出口贸易。依托航空双枢纽和京津冀机场群，加快中国（北京）自由贸易区建设，搭建面向国际、服务全国的国际贸易平台，建设国际消费中心城市。三是大力发展专业技术服务业，包括金融保险、法律、会计、管理咨询等，建设专业技术服务综合示范区，推动专业技术服务业达到国际先进水平。四是大力发展软件和信息服务业，重点培育服务型、平台型企业，推动工业互联网、车联网的落地发展。五是大力提升金融业，增强金融机构服务实体经济的能力，增强国家金融管理中心的功能，推动中国更高水平的金融开放和金融合作。

（三）城市生活现代化战略

城市现代化的最终目标是提升城市生活质量和市民发展水平。提升城市生活质量的主要途径包括提高市民素质、提高物质生活水平、提高文化生活水平、提高环境质量、提高社保水平（何传启，2013）。对北京来说，一是优化城市空间布局，推动城市更新，建设现代化城市基础设施体系，提升城市品质和承载能力，建设宜居、创新、智慧、绿色、健康、韧性城市。二是创新城市现代治理，加强城市精细化管理，实现城市共治共管、共建共享，保障市民安居乐业。三是促进经济社会绿色低碳循环发展，健全首都生态文明制度体系，推动绿色北京建设。根据《北京市国民经济和社会发展第十四个五年规划和二〇三五年远景目标纲要》，北京市采取的主要战略包括：

第一，建设高品质宜居城市。强化全域空间管控，高效配置生产生活生态空间资源，打造职住平衡的宜居空间，促进区域协调和城乡融合发展。加快推进城市更新，大力推进老旧小区改造，促进存量产业空间活力复兴。提供智慧高效交通服务，打造高效便捷的轨道交通体系，提升绿色出行服务水平，推进城市绿色交通发展，建设智慧交通系统，持续治理交通拥堵，实施交通需求管理。构建安全高效资源支撑体系，提高水资源保障水平。加强体育场地设施建设，丰富全民健身服务供给，实施全民健身品牌培育计划，普及发展冰雪运动，加快体育强市建设。

第二，充分运用大数据、云计算、区块链、人工智能等前沿技术推动城市管理理念、手段、模式创新，推进智慧城市建设。创新超大城市基层社会治理水平，完善社会治理体系，提升治理能力。提升城市环境品质，打造高品质公共空间，全面提升无障碍环境水平，强化市容环境治理。积极稳定和扩大就业，多渠道增加城乡居民收入，创建国家共同富裕示范区。全面推进健康北京建设，推动卫生与健康事业从以治病为中心向以健康为中心发展，全人群、全方位、全生命周期提高群众健康水平。促进人口长期均衡发展，保持城市人口发展活力。建设老年友好型社会，实施幸福晚年养老计划。构建“五育并举”育人体系，构建高水平现代化教育体系，深化教育改革，推进教育现代化。健全多层次社会保障体系，健全社会救助和福利体系。完善多层次住房保障体系，加大住房有效供给，努力实现住有所居、居有所安。

第三，实施大气污染协同治理，深化“一微克”行动，实施城乡水环境治理行动方案，推动水污染防治向水生态保护转变，推动立法防治土壤污染，完善标准体系，加强土壤环境监测和数据分析应用，全面提升固体废物处理水平，打造超大城市垃圾分类治理的标杆。系统提升城市生态容量，完善国土生态空间格局，完善绿色空间结构。将生态涵养区建设成首都战略腹地和生态文明“金名片”。进一步丰富城乡生态景观和生物多样性，构建大尺度绿色空间组团，增加可进入、可体验的生态休闲空间。扎实推进绿色低碳循环发展，实施低碳领跑者计划，加快推动生产生活方式全面绿色低碳转型。优化生态保护制度体系，健全生态产品价值实现机制，完善生态环境治理体制机制。

四、北京现代化的特点

与世界发达城市相比，北京现代化既有共性，也有特殊性，体现了社会主义建设规律，也体现了人类社会发展规律。综合分析北京现代化建设的发展背景和发展现状，北京的现代化呈现以下4个特征。

一是大国首都的现代化。要服从中国14亿人现代化的整体布局，服务于京津冀协同发展的国家战略，带动区域的整体发展；又是超大人口规模的城市现代化，当前北京人口为2100万人，相当于澳大利亚一个国家的人口规模。呈现人口、资源集聚效应，但现代化的副作用也同样突出。

二是具有示范效应的现代化。北京是中国社会主义现代化的窗口，是国内外关注的焦点，它将承担中国现代化建设的先行使命和先锋作用，追赶并达到世界先进城市的现代化水平，创新现代化建设新模式，并起示范作用，提供以人民为中心、实现共同富裕的社会主义现代化的“北京方案”。

三是新格局中引擎和枢纽城市的现代化。在以国内大循环为主体、国内国际双循环相互促进的经济新发展格局中，北京自贸区建设与“一带一路”倡议紧密连接，率先探索国际国内双循环的有效路径，发挥北京国内循环的引擎城市和国际循环的枢纽城市的作用。

四是发挥国家创新体系新动能的现代化。基于科研机构、高水平大学、国家科创中心、社会及高技术企业的网络建设，强化企业创新主体地位，优化北京的创新生态环境，探索知识创新和技术创新高效转化的动能机制，把北京的创新资源优势转化为创新效能优势。

第二节 上海：追求卓越的现代化城市

上海是我国最大的国际化大都市之一，也是我国参与国际竞争的前沿城市代表。2020年，上海市人口规模为2487万人，GDP为38700亿元，在全国各大城市中稳居首位。上海市也是国务院批复确定的中国经济、金融、贸易、航运和科技创新中心，在经济发展、城市建设和国际化推进等方面具有很强的示范效应。

一、上海城市现代化演变

上海从中华人民共和国成立前一直作为中国的经济中心和金融中心，本节主要分析我国进入第一次现代化以来上海的经济、社会、文化、生态、城市治理及人的现代化演变。

（一）上海经济现代化

1980年以来，上海市经济发展水平大幅度提升。反映经济发展的地区生产总值、人均地区生产总值、第一产业增加值、第二产业增加值、工业增加值、第三产业增加值、地方财政收入和进出口总额等指标都有不同程度的增加。其中，地区生产总值从1980年的311.89亿元增加到2020年的38700.58亿元，工业增加值从1980年的230.9亿元增加到2020年的9656.5亿元。地方财政收入也大幅度增加，从1980年的174.7亿元增加到2020年的7046.30亿元（表4-8）。

表 4-8　1980—2020 年上海市经济指标的发展趋势

指标	1980 年	1990 年	2000 年	2010 年	2020 年	变化
地区生产总值（亿元）	311.89	756.45	4551.15	16872.42	38700.58	124.1
人均地区生产总值（元）	2738	5910	34600	73297	155600	56.8
第一产业增加值（亿元）	10.1	32.6	81.65	114.15	103.57	10.3
第二产业增加值（亿元）	236.1	482.68	2186.9	7139.96	10289.47	43.6
工业增加值（亿元）	230.9	469.8	1991.6	6456.78	9656.5	41.8
第三产业增加值（亿元）	65.7	241.17	2282.6	9618.31	28307.54	430.9
地方财政收入（亿元）	174.7	167	497.9	2873.58	7046.30	40.3
进出口总额（亿美元）	45.1	74.3	547.1	3688.69	5031.9	111.6

注：变化 = 终点年份 / 起点年份。

资料来源：1980 年和 1990 年数据源自 https: //www.yezicc.com/gdp/2021012419883.html 和 http: //www.shtong.gov.cn/Newsite/node2/node2245/node4445/node57355/node57357/node57359/userobject1ai44257.html；2000 年、2010 年、2020 年数据来源于该年度国民经济和社会发展统计公报。

产业正在进入高质量发展阶段。上海市三次产业结构由1980年的3.2：75.7：21.1发展为2020年的0.3：26.6：73.1（图4-3），说明上海市已经从工业经济时代进入服务业经济时代。根据《上海市国民经济和社会发展第十四个五年规划和二〇三五年远景目标纲要》，上海市以现代服务业为主体、战略性新兴产业为引领、先进制造业为支撑的现代产业体系正在加快建立，已经进入高质量发展阶段，也正在加速完成第二次现代化。

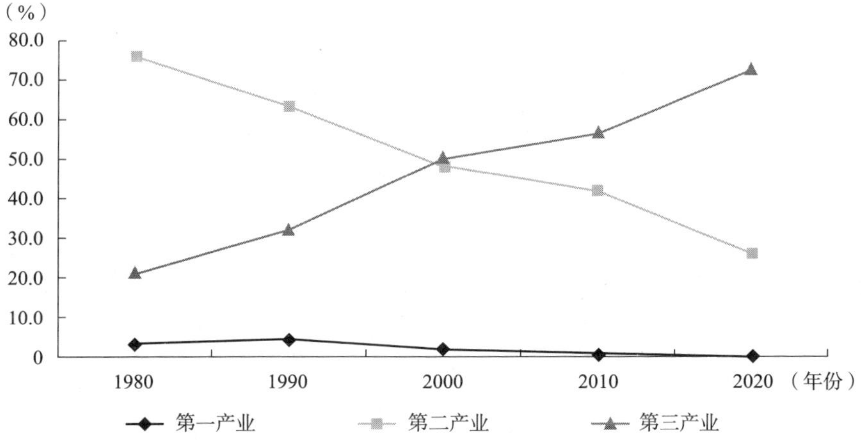

图 4-3　1980—2020 年上海市三次产业结构比例

资料来源：1980 年和 1990 年数据源自 https: //www.yezicc.com/gdp/2021012419883.html 和 http: //www.shtong. gov. cn/Newsite/node2/node2245/node4445/node57355/node57357/node57359/userobject1ai44257.html；2000 年、2010 年、2020 年数据源自该年度国民经济和社会发展统计公报。

（二）上海社会现代化

反映上海社会现代化的指标众多，在这里重点选取了反映人口、教育、科技、医疗等方面的13个指标。1980—2020年，上海市常住人口数从1152万人增加到2487万人，增加1倍多，人口密度也随之进一步提高，由1862人/平方千米增加到3922人/平方千米。

上海市是我国教育机构比较密集的城市，分布了上海复旦大学、上海交通大学等一批高等院校，随着改革开放后我国高等教育制度的逐步完善，上海市的普通高等学校在校学生数也明显增加，由1980年的7.67万人增加到2020年的54.07万人，提高了6倍多；平均每万人在校大学生数也由67人提高到2019年的217人，提高了2倍多。近年来，学校老师数量不断增加，平均每个教师负担小学生数在下降。

科技研发不断加强。上海市非常重视科技发展，R&D经费支出占GDP比例、科技经费支出占地方财政支出比重逐年上升。1990年，R&D经费支出占GDP比例仅为1.3%，到2020年达到4.1%。科技经费支出占地方财政支出比重也由1990年的3.2%上升到2019年的8.6%。在科研投入力度加大的情况下，专利授权数量也在逐年增加，从2000年的4050件增加到2020年的13.98万件。

医疗保障力度不断加大。上海市每万人医院床位数从1980年的43张增加到2019年的56张，人们住院条件得到了进一步保障；城乡居民基本医疗保险人数也明显增加。2000—2019年，人均卫生费用由1233元增加到9496元，增加了近7倍，个人卫生支出比重有所降低，由29.0%下降到20.3%，说明政府在卫生支出方面力度有所增加（表4–9）。

表4–9　1980—2020年上海市社会指标的发展趋势

指标	1980年	1990年	2000年	2010年	2020年	变化
常住人口数（万人）	1152	1334	1609	2303	2487	2.16
人口密度（人/平方千米）	1862	2104	2537	3632	3922	2.11
普通高等学校在校学生数（万人）	7.67	12.13	22.68	51.57	54.07	7.05
平均每万人在校大学生数（人）	67	90	141	224	217*	3.24
平均每个教师负担小学生数（人）	18	19	18	16	14*	0.78
R&D经费支出占GDP比例（%）	—	1.3	1.59	2.69	4.1	3.15
科技经费支出占地方财政支出比重（%）	—	3.2	1.6	6.1	8.6*	2.69
专利授权数量（万件）	—	—	0.405	4.82	13.98	34.52
每万人医生数（人）	34	44	31	22	32*	0.94
每万人医院床位数（张）	43	47	45	37	56*	1.30

续表

指标	1980年	1990年	2000年	2010年	2020年	变化
城乡居民基本医疗保险（万人）	—	—	—	259.2	349.8	1.35
个人卫生支出比重（%）	—	—	29.0	20.6	20.3*	0.70
人均卫生费用（元）	—	—	1233	3266	9496*	7.70

注：变化＝终点年份 / 起点年份。

资料来源：《上海统计年鉴》汇编整理，* 为2019年数据。2002年开始，卫生指标按照新的《国家卫生统计调查制度》统计。其中，医生为执业医师和执业助理医师；护师、护士为注册护士。

（三）上海文化现代化

1980年以来，上海市十分重视文化建设，将文化作为城市的核心资源，努力提升文化软实力，不断完善各项文化设施。在新一轮的城市总体规划中，上海市率先提出了“人文城市”的建设目标，上海市正成为文化繁荣的全球城市。

为了分析上海市文化现代化的发展历程，在这里选取图书馆数，群艺馆、文化馆（站），影剧院数量，艺术表演团体，图书出版种数等反映文化设施的指标进行分析。图书馆数量在各年份有所波动，1980年为21个，1990年达到51个，到2000年有所降低，这与电子读物的普及率不断提高有关，人们原先只能去图书馆阅览纸质版读物，如今人们在手机或电脑上就能看到所需要的电子读本，图书馆的功能也正在发生变化，逐步向科普、宣传、讲座等多功能方向发展。尽管图书馆数量有所减少，但图书出版种数在不断增加，从1980年的2338种增加到2020年的30876种，提高了12倍多。影剧院数量有所增加，从1980年的119个增加到2019年的376个。艺术表演团体数量也明显增加，从1980年的48个增加到2019年的311个（表4-10）。这些数据都印证了上海市在物质文明达到一定程度后，人们开始追求精神生活的享受，文化现代化进入了新的发展阶段。

表4-10　1980—2020年上海市文化指标的发展趋势

指标	1980年	1990年	2000年	2010年	2020年	变化
图书馆数（个）	21	51	31	28	23	1.10
群艺馆、文化馆（站）	367	410	340	240	242*	0.66
影剧院数量（个）	119	211	242	136	376*	3.16
艺术表演团体（个）	48	38	29	89	311*	6.48
图书出版种数（种）	2338	7767	12682	19519	30876	13.21

注：变化＝终点年份 / 起点年份。

资料来源：《上海统计年鉴》汇编整理，* 为2019年数据。

（四）上海生态现代化

1980年以来，上海市生态环境经历了从污染到改善，再到绿色发展的阶段。改革开放前，上海市一直是我国的重工业基地，主要以经济发展为导向，生态环保理念比较淡薄，经济发展的同时也牺牲了美好的生态环境。据统计，20世纪80年代上海企业每天排放的废水量达到386.6万吨，其中仅68.5万吨得到处理，城市水环境污染有加重趋势，如黄浦江在20世纪80年代平均每年出现“黑臭”146.3天，比20世纪70年代增加99.5天[①]。

自1990年后，上海市经济总量明显增加，人们也逐渐意识到生态环境对于一个城市发展的重要性，这一时期，上海市加大了污染治理力度，提出了以削减污染物排放总量为主要目标的发展路径，生态环境逐步得到改善。1990年以来，建成区绿化覆盖率从1990年的12.4%提高到了2019年的39.7%，提高了2倍多。单位生产总值能耗、工业增加值能耗和工业增加值电耗都有了明显下降，其中单位生产总值能耗从1990年的4.082吨标准煤/万元下降到2019年的0.337吨标准煤/万元（表4-11）。

表4-11　1990—2020年上海市生态环境指标的发展趋势

指标	1990年	2000年	2010年	2020年	变化
全年环境空气质量优良率（%）	—	80.8	92.1	87.2	1.08
工业废弃物综合利用率（%）	—	93.26	96.16	91.65*	0.98
建成区绿化覆盖率（%）	12.4	22.2	38.2	39.7*	3.20
人均公园绿地面积（平方米）	—	7.4	13.0	8.6	1.16
单位生产总值能耗（吨标准煤/万元）	4.082	1.135	0.678	0.337*	0.08
工业增加值能耗（吨标准煤/万元）	5.24	1.85	0.91	0.61*	0.12
工业增加值电耗（千瓦·时/万元）	4703	1967	1194	831*	0.18

注：变化＝终点年份/起点年份。

资料来源：《上海统计年鉴》汇编整理，*为2019年数据。

在碳达峰、碳中和“双碳”目标作用下，上海市正以绿色发展理念为指导，重点突出绿色生态在提升城市吸引力和竞争力中的关键作用，大力推进生态环境治理体系和治理能力现代化，努力推进崇明岛建设成为世界级生态岛，未来的上海市生态环境必然会更加优美、更加宜居，生态现代化步伐也必然会进一步加快。

① 资料来源：文汇客户端，https://wenhui.whb.cn/third/baidu/201905/29/266571.html.

（五）上海居民的现代化

现代化的核心是人的现代化，因此在现代化进程中，人既是实践主体，也是价值主体，更是终极目的。在这里选取城镇常住居民人均可支配收入、农村居民家庭人均可支配收入、出生时平均预期寿命、私人汽车数量、城镇登记失业率、婴儿死亡率、孕产妇死亡率、老年福利机构等指标进行分析。

1980年以来，上海市民的收入水平大幅提高，其中城镇常住居民人均可支配收入从1980年的637元提高到2020年的76437元，增长了近119倍；农村居民家庭人均可支配收入从401元提高到34911元，提高了约86倍。两个指标都说明，上海市民的经济支配能力明显提升，有了物质基础，人的现代化才有充足的基础保障。随着物质条件的不断改善，人们的平均预期寿命也在增加，从1980年的73.33岁提高到2020年83.67岁，平均寿命提高了10岁多，以人为核心的现代化真正得以体现。同时，婴儿死亡率和孕产妇死亡率明显下降，婴儿死亡率由1990年的10.95‰下降到2020年的2.66‰，孕产妇死亡率相应地从23.76人/十万人下降到3.66人/十万人（表4-12）。这也充分证明了上海市居民的生活条件都在进一步提升。

表4-12　1980—2020年上海市个人指标的发展趋势

指标	1980年	1990年	2000年	2010年	2020年	变化
城镇常住居民人均可支配收入（元）	637	2183	11718	31838	76437	120
农村居民家庭人均可支配收入（元）	401	1665	5565	13746	34911	87.1
出生时平均预期寿命（年）	73.33	74.9	78.14	80.26	83.67	1.14
婴儿死亡率（‰）	—	10.95	5.05	5.97	2.66	0.24
孕产妇死亡率（人/十万人）	—	23.76	9.61	9.61	3.66	0.15
私人汽车数量（万辆）	—	—	10.79	102.93	365.56	33.9
城镇登记失业率（%）	—	—	3.5	4.2	3.67	1.05
老年福利机构（个）	42	332	398	600	700*	16.7

注：变化=终点年份/起点年份。

资料来源：《上海统计年鉴》汇编整理，*为2019年数据。

同时，除了上述反映上海居民生活的指标不断提高，上海居民的思想观念和思想水平也正在不断提升，如法制化、民主化、市场化等现代化的思想正在加强。也就是说，上海人的现代化随着改革开放的不断推进正在全面推进。

（六）上海城市治理现代化

党的十八届三中全会通过的《中共中央关于全面深化改革若干重大问题的决定》提出："推进国家治理体系和治理能力现代化。"这是在党的历史上，第一次把国家治理体系和治理能力与现代化联系起来。当前，治理现代化已经成为各级政府执政发展的主旋律。上海作为国际化大都市，政府治理现代化也走在了全国前列。

由于反映城市现代化治理的指标中长波段的数据较少，在这里主要选取每万人律师事务所个数、每万人律师人数、每万人公安机关立案刑事案件数、每万人法院各类案件结案等指标进行描述。2000年以来，每万人律师事务所个数在增加，从2000年的0.26个增加到2019年的0.67个；每万人的律师人数也明显增加，从2000年的2.89人增加到2019年的11.19人，说明人们的法律维权意识在逐步增强（表4–13）。

表 4–13　2000—2020 年上海市城市治理指标的发展趋势

指标	2000 年	2010 年	2020 年	变化
每万人律师事务所个数（个）	0.26	0.46	0.67*	2.58
每万人律师人数（人）	2.89	5.66	11.19*	3.87
每万人公安机关立案刑事案件数（件）	65.2	52.0	62.0*	0.95
每万人法院各类案件结案（件）	176.0**	176.5	348.0*	1.98

注：变化 = 终点年份 / 起点年份。

资料来源：《上海统计年鉴》汇编整理，* 为 2019 年数据，** 为 2005 年数据。

除了这些指标，上海市民参与社会治理的渠道也在不断增加，例如，为了使人人都能有序参与上海治理，一些社区增加了社区法律顾问、社会治理顾问、社区健康师、社区规划师等，人们可以通过这些渠道参与上海城市治理。

（七）城市规划角度下上海城市现代化的演变

城市规划基本体现了一个城市发展的战略愿景和重要举措，基本能够反映一个城市发展的演变，对于城市现代化的演变历程具有重要参考价值。

上海作为我国重要城市，其发展战略和城市规划历来受各级政府的高度重视。中华人民共和国成立到现在，上海城市规划大体经历过5次真正意义上的规划，其中最新的规划是2017年国务院批复的《上海市城市总体规划（2017—2035年）》，每次规划都代表了当时上海城市的最新发展理念，也体现了当时上海市的发展愿景。具体来看：

1946年，上海市结束了租界历史，第一次提出了较为完整的城市总体规划《大上海都市计划》，它充分吸收了当时伦敦、巴黎等大城市的规划建设思想，提出了“疏解城市人口与功能、形成多核心的城市功能结构和自然协调发展的环状与楔形绿地结合的城市空间形态”战略构想（熊鲁霞、黄吉铭，2012）。本轮规划首次提出了通过卫星城对人口进行疏解，将工业向郊区迁移，并在中心城区设置绿化隔离带，以控制中心城向外不断蔓延的趋势。

1949年到改革开放，上海城市规划没有实质性的重大突破，基本维持原先的发展脉络。这一时期的城市规划受苏联规划和工业化两个思想的影响。1953年，苏联专家指导编制的《上海市总体规划示意图》主张用社会主义改造城市的方法，重点在于疏散城市过于稠密的人口，改善生产和居住生活条件。它是第一次比较系统、全面地对上海城市发展提出了原则性和战略性的规划方案，并在很长一段时间对上海的城市建设和总规编制工作产生了重要影响。这一规划也融入了一些空间艺术设计理念，将广场、街道、河岸和公园在建筑和空间艺术上加以组织，也运用了古典的艺术形式和现代建筑技术布局了住宅和公共设施。1956年后，上海市规划建筑管理局编制完成了《上海市1956—1967年近期规划草图》，该规划的典型特征就是受到工业化思想的影响，主要融入了以工业建设为中心的规划理念，形成了要预留近郊工业备用地和开辟卫星城的发展思路，提出了“市区人口按600万人进行规划，结合工业迁建、新建计划，考虑人口和工业的重新分布，郊区卫星城集中发展闵行”等思想（姚凯，2007；李百浩，2006）。

1986年，上海市迎来了第一个国务院正式批复的《上海市城市总体规划方案》，明确提出“上海是中国最重要的工业基地之一”，同时提出“应当把上海建设成为太平洋西岸最大的经济贸易中心之一，要通过几十年的努力，把上海建设成为经济繁荣、科技先进、文化发达、布局合理、交通便捷、信息灵敏、环境整洁的社会主义现代化城市，在中国社会主义现代化建设中发挥‘重要基地’和‘开路先锋’的作用”。并指出，要重点开发浦东地区、充实和发展卫星城、有步骤地开发长江口南岸、杭州湾北岸两翼，有计划地建设郊县小城镇，使上海成为以中心城为主体、市郊城镇相对独立、中心城与市郊城镇有机联系、群体组合的社会主义现代化城市（骆悰，2011；徐毅松，2006）。

进入20世纪90年代后，浦东新区的规划成为上海城市总体规划落实的亮点。1992年，在党的十四大报告中，明确“以上海浦东开发开放为龙头，进一步开放长江沿岸城市，尽快把上海建成国际经济、金融、贸易中心之一，带动长江三角洲和整个长江流域经济的新飞跃”。后来，浦东新区的成功开发无疑成为上海城市规划最浓墨重彩的一笔，也证明了上海城市发展道路选择的正确性和远见性，浦东新区高水平的建设为上海建设现代化大都市奠定了坚实基础（杨剑龙，2007）。

为了进一步适应上海市快速发展的需要，上海市以“迈入21世纪的上海”为依据又修编了先前的城市总体规划，形成了《上海市城市总体规划（1999年—2020年）》，并于2001年获国务院批准。本轮规划总结了改革开放以来上海市20年城市规划建设的经验和中华人民共和国成立以来50年的发展成就，也为上海勾画了今后20年的发展蓝图。这一规划提出了2020年的发展目标，即到2020年上海市基本形成与国际经济中心城市相匹配的城市功能布局、符合现代国际大都市特点的城乡一体、协调发展的城镇体系，并与长三角地区城市共同构筑经济发达、布局合理的城市群（陈友华，2008），也明确提出“把上海建设成为经济繁荣、社会文明、环境优美的国际大都市，国际经济、金融、贸易、航运中心之一”。同时，对人与自然和谐的生态环境、与现代化国际大都市相匹配的基础设施框架及以促进人的全面发展为核心的社会发展体系同步进行完善。这一规划为上海市建设成为全球城市提供了重要方向，与先前的城市总体规划相比，更加明晰了上海市在城市功能上要更加发挥国家中心城市和全球门户城市的双重地位。这些特点完全符合上海城市发展的总体方向，也与上海现代化大都市发展相匹配，成为指导上海进入21世纪后城市建设的重要纲领文件。

上海市两次城市规划的发展愿景见表4–14。

表4–14　上海市两次城市规划的发展愿景

规划名称	发展愿景	批准时间	批准单位
《上海市城市总体规划方案》	把上海建设成为社会主义现代化城市，在中国社会主义现代化建设中发挥“重要基地”和“开路先锋”的作用	1986年	国务院批复
《上海市城市总体规划（1999年—2020年）》	到2020年，把上海初步建成国际经济、金融、贸易、航运中心之一，基本确立上海国际经济中心城市的地位	2001年	国务院批复

资料来源：根据相关规划和资料整理所得。

二、上海城市现代化现状及挑战

上海城市现代化的现状判断有利于我们更加客观地了解上海城市现代化所处的阶段和水平，而上海城市现代化的挑战分析则能使我们更加清晰地认识上海未来要重点突破的“瓶颈”，这些分析必将为继续提升上海城市现代化水平、助推上海城市现代化迈入更高层次提供更加清晰的认知。

（一）上海城市现代化现状

根据科尔尼发布的《2020年全球城市指数报告》，上海城市综合排名在全球居第12位，较2019年提升了7位，说明上海在城市现代化方面已经达到了全球较高水平。

经济水平与全球前沿城市相比仍有较大差距，但发展潜力巨大。上海市金融业、旅游业和对外经济等产业非常发达，2020年第三产业比例已经达到73.1%，一些高端和新兴服务业正在加速发展，人工智能、5G、云计算、大数据正成为上海产业创新迭代的重要支撑。新能源、高端装备、生物技术、新一代信息技术、新材料、新能源汽车、节能环保、数字创意等战略性新兴产业正在加速发展。这些战略性新兴产业和高端服务业的快速发展为上海市经济增长奠定了重要基础。2020年，上海市人均GDP达到2.3万美元，但与纽约的12万美元、东京的7万美元、巴黎大都会区的6.6万美元相比，仍有一定的差距。值得注意的是，上海的经济发展速度领先于这些全球前沿城市，发展潜力巨大，未来可期。

各项社会事业取得了全面发展，教育、卫生、科技、社会保障覆盖率等都走到了全国前列。上海市教育事业发达，至2020学年末，全市共有普通高等学校63所、普通中等学校929所、普通小学684所、特殊教育学校31所。上海市人口受教育程度较高，在第七次人口普查中，上海市大专及以上文化程度的人口为8424214人，占总人口比例为33.9%，拥有高中（含中专）文化程度的人口为4730359人，占总人口比例为19.0%，两者之和达到52.9%。上海市社会保障体系较为完善，2019年，上海市年末参加城镇职工基本养老保险人数为1589.6万人，占总人口的65.6%；年末参加基本医疗保险人数达到1889.1万人，占总人口的77.8%。上海市科技创新能力较强，2020年，R&D经费支出约1600亿元，相当于上海市生产总值的4.1%，每万人口发明专利拥有量60.2件。

文化事业较为发达。到2020年，上海市共有公共图书馆23个，总流通人数668.3万人次；备案博物馆149个，接待观众总量982万人次。全年市民参与文化活动人数达到3255万人次。上海也是我国重要的文化交流中心，2020年举办过第二十三届上海国际电影节、第二十六届上海电视节、上海市民文化节等重大文化活动，这些文化活动的举办为上海市的文化事业带来了长足的发展。

生态环境优美。2020年，上海PM2.5年均浓度低于北京、天津等，仅为32微克/立方米，但与美国（2017年7.41微克/立方米）、日本（2017年11.7微克/立方米）等发达国家相比仍有一定差距。2020年，全市森林覆盖率18.49%，人均公园绿地面积8.5平方米，湿地保有量达到46.46万公顷。按照上海市“十四五”规划要求，上海将以“生态之城”建设为目标，大力推进“公园城市”“森林城市”“湿地城市”建设，不断满足人民日益增长的优美生态绿色环境需要。

居民的幸福感和获得感较高。2019年，上海市居民人均可支配收入达到69441.6元，高于北京市居民人均可支配收入2000元，居全国31个省（自治区、直辖市）的首位。2020年，上海市出生时平均预期寿命达到83.67岁，高于北京市的平均预期寿命，更高于全国平均预期寿命77.3岁（2019年值）。2019年，每千老年人口养老机构床位数为26.9张，居民平均每百户家用汽车数量达到38.6辆。这些指标都反映出上海市民在人的现代化方面有了明显进步。

治理体系和治理能力不断提高。治理体系和治理能力的现代化对于上海这样的超大城市的良性发展极为重要。近年来，上海加大了精细化管理力度，打造了“以‘一网通办’为抓手，全面深化‘放管服’改革，践行‘有求必应、无事不扰’的服务理念，对标最高标准、最高水平，打造贸易投资便利、行政效率高效、政务服务规范、法治体系完善的国际一流营商环境”。城市安全也进一步得到加强，2020年，亿元生产总值生产安全事故死亡人数为0.013人，工矿商贸企业从业人员死亡率为1.625/十万人。

（二）上海城市现代化面临的机遇和挑战

全球新一轮科技革命和产业变革蓄势待发，新能源、新材料、人工智能、生物技术、区块链、5G等前沿技术和产业成为主要国家竞争博弈的主战场，全球创新版图、分工格局加速调整和重塑，为促进上海深度参与全球供应链分工、加快前沿科技成果广泛应用、提速产业转型升级带来重大契机。这些新技术的出现必然会推动产业变革，催生出新的行业、改造传统的产业、塑造产业格局，生产方式和产业组织也将呈现出生产方式智能化、产业组织平台化、技术创新开放化的特征。新一轮科技革命和产业变革的趋势必然会对上海这样的国际化大都市产生深刻影响，在城市物联网、产业互联网及智慧城市建设等方面也会带来新的发展机遇。

另外，世界正处于百年未有之大变局，全球经济在曲折中深度调整。当前，发达国家和新兴经济体之间的发展博弈不断加剧，我国的地缘政治问题等不稳定风险因素依然存在。中美从合作与竞争逐步向长期博弈摩擦转变，美国加速推行贸易保护主义、单边主义，逆全球化暗流涌动，我国面临的外需紧缩有可能成为常态，对上海的进一步提高开放水平、发展对外贸易形成挑战。发达国家大力实施“再工业化”吸引高端制造业回流，低收入国家凭借成本优势吸引劳动密集型产业转移，我国制造业产业链面临“高端回流+低端转移”的双重挤压，上海市也在根据这种新环境、新时期的变化作出相应的调整。

创新驱动正在成为我国当前发展的新趋势。为进一步摆脱我国一些关键核心技术受制于人及改变我国许多产业处于全球价值链的中低端的局面，我国正在积极推进创新驱动战略（周振华，2012）。党的十八大报告也明确将创新驱动发展战略作为我国核心战略之一。2016年5月，《国家创新驱动发展战略纲要》正式出台，明确指出“创新强则国运昌，创新弱则国运殆”，并提出“到2030年跻身创新型国家前列”和“到2050年建成世界科技创新强国，成为世界主要科学中心和创新高地”。在新一轮科技革命和产业变革背景下，在国家的大力推动下，一些关键核心技术经过一定时期的培育必然会在世界舞台上发挥作用。围绕习近平总书记提出的建设具有全球影响力的科技创新中心，上海也推出了加快科创中心建设的22条意见，以此重塑上海城市经济的内生动力，体现资本+创新的双轮驱动态势。未来的上海科技创新能力必然会进一步得到加强，也必然会在世界科技舞台上发挥更大的作用。

同时，上海未来的发展也会面临一些要素紧缺等挑战。随着土地资源的快速消耗，“人多地少”已成为上海的基本市情，城市空间环境面临着资源紧缺的倒逼。第七次人口普查数据显示，上海市常住人口为2487万人，与2010年相比，10年增加1851699人，增长8.0%，这意味着上海市仍将面临持续增长的人口规模对环境资源和基础设施承载提出的巨大挑战。在人口增加的同时，土地资源将更加紧张，未来上海可能会逐年减少每年新增建设用地规模，主要依靠盘活存量土地满足发展的需要。在人口资源环境约束不断加剧的情况下，特别是随着我国作出“双碳”目标的国际承诺后，就更加要求上海市在能源结构优化、产业降耗减排、资源能源集约等绿色发展方面作出更高标准的准备，甚至会疏解一些不满足条件的企业，这也为上海市经济发展带来一定挑战。同时，上海市还面临着经济发展与创新活力、文化软实力、城市治理等方面的挑战。这些约束条件的加剧，必然要求上海市在城市发展中予以全面考虑、全面统筹。

三、上海城市现代化的战略和举措

一个城市的现代化离不开远期宏伟蓝图的指引，也不离不开近期和中期发展的规划部署。例如，上海市自“十三五”时期就提出了要建成“国际经济中心、国际金融中心、国际贸易中心、国际航运中心和具有全球影响力的科技创新中心”，围绕“五个中心”战略，上海市又不断细化各项发展举措。城市现代化建设是一个综合性系统工程，涉及经济、社会、生态、文化、政治和人的现代化等方面，为了更加清晰地将上海城市现代化的战略举措阐释清楚，这里重点以指引上海未来几十年发展的总体规划——《上海市城市总体规划（2017—2035年）》为蓝本进行叙述。

（一）积极融入新发展理念

上海市最新的城市规划是2017年12月国务院批复的《上海市城市总体规划（2017—2035年）》（以下简称《规划》），不仅对2035年的目标进行了规划，也对2050年的城市愿景进行了展望，成为指导上海市未来城市发展的重要行动纲领。

《规划》指出，上海的城市规划、建设与发展，要立足国际、国内和本地实际，主动服务“一带一路”建设、长江经济带发展战略等重大举措，切实在全面深化改革、创新驱动发展、优化经济结构等方面下功夫，在深化自由贸易试验区改革上有新作为，继续当好全国改革开放“排头兵”、创新发展“先行者”，为全国改革发展稳定大局作出更大贡献。并指出在总体规划的指导下，着力提升城市功能，塑造特色风貌，改善环境质量，优化管理服务，努力把上海建设成为创新之城、人文之城、生态之城，卓越的全球城市和社会主义现代化国际大都市。

《规划》审视了一些主要发达国家的单边主义、贸易摩擦、逆全球化等国际复杂环境带来的不利挑战，也对新一轮科技革命带来的产业革命和技术变革机遇进行了充分吸收和运用，同时融入了“创新、协调、绿色、开放、共享”的五大新发展理念，并审视了上海市未来可能面临的资源环境压力等不利影响因素。

生态现代化理念充分融入战略总体规划。本轮规划突出了“底线约束、内涵发展、弹性适应”的城市发展指导理念，着力探索了超大城市转型升级发展的新路径。《规划》明确指出，坚持规划建设用地总规模负增长，牢牢守住人口规模、建设用地、生态环境、城市安全4条底线，实现内涵发展和弹性适应。在空间上主要划定了“三线”，即基本农田保护红线、生态保护红线和城市开发边界，要求实现建设用地只减不增，生态空间只增不减。也就是说，当城市开发边界稳定，建设用地就开始以减量化为主要基调，空间规划的重心就从增量规划时代确立新的增长极转变为优化既有空间的功能结构、促进城乡统筹发展、保障民生和基础设施的用地，空间政策也更加突出鼓励用地的复合利用、存量用地的二次开发以及城市更新的制度安排。到2035年，上海常住人口控制在2500万人左右，建设用地总规模不超过3200平方千米。

以人为本的现代化成为战略规划的落脚点和出发点。本轮规划更加聚焦创造优良的城市人居环境，提高人民群众的获得感和幸福感，让人民群众生活得更舒心。《规划》也围绕提高人们的幸福感，提出了多项举措。第一，提出要打造15分钟社区生活圈，优化社区生活、就业和出行环境，社区公共服务设施15分钟步行可达覆盖率将达到99%左右。第二，提出要加快建立租购并举的住房制度，多渠道增加租赁性住房比例。第三，构建高品质公共空间网络，增加广场、公园等独立占地的公共开放空间，推进“通江达海”的蓝网绿道建设，建成226条水绿交融的河道空间，形成总长度2000千米左右的骨干绿道。第四，建设高品质文教体卫设施，优化高等教育设施功能布局，每座新城、城市副中心至少有一所大学。第五，推进市级体育设施优化功能布局，打造高品质国际化的健康休闲、医疗服务和医学科创中心，每座新城至少有一所三甲综合医院。这些举措的实施为上海市建设幸福人文之城提供了量化标准，对其他城市的人居环境建设具有很强的参考价值。

加强城市历史风貌保护成为城市现代化与传统文化融合的重要举措。本轮规划对上海历史文化风貌保护提出了严格的要求，在保护中主要坚持“整体保护、积极保护、严格保护”的原则，中心城区从拆改留转向留改拆，以保护保留为主，不断拓展保护对象范围。同时提出要“全面保护区内文物和优秀历史建筑、历史街巷和绿化、非物质文化遗产等真实的环境要素和历史信息，保护和延续城市肌理、空间布局、街巷尺度，保持城市丰富的历史文化内涵，有序合规推进城市更新和环境提升”。这些规划举措明确地将保护上海历史文脉的传统建筑和街区进行了详细规范，特别是对近代建筑及其环境风貌的保护提出了更加细化的举措，这对上海未来城市风貌的展示将提供可靠的保障。所以，上海城市的现代化不只是建筑风格的国际化跟随，也是传统历史建筑风貌的传承和发扬。

（二）提出国际视野的目标愿景

《上海市城市总体规划（2017—2035年）》从全球视角审视了未来上海在

所有国际重要城市中发展的目标定位，也充分考虑了与我国其他特大城市相比的优势，重新提出了上海的城市性质，即上海是我国的直辖市之一，长江三角洲世界级城市群的核心城市，国际经济、金融、贸易、航运、科技创新中心和文化大都市，国家历史文化名城，并将建设成为卓越的全球城市、具有世界影响力的社会主义现代化国际大都市。围绕总目标，又从2020年、2035年和2050年提出了3个阶段性目标。

2020年目标愿景：建成具有全球影响力的科技创新中心基本框架，基本建成国际经济、金融、贸易、航运中心和社会主义现代化国际大都市。在更高水平上全面建成小康社会，为我国决胜全面建成小康社会贡献上海力量。

2035年目标愿景：基本建成卓越的全球城市，令人向往的创新之城、人文之城、生态之城，具有世界影响力的社会主义现代化国际大都市。重要发展指标达到国际领先水平，在我国基本实现社会主义现代化的进程中，始终当好新时代改革开放"排头兵"、创新发展"先行者"。

2050年目标愿景：全面建成卓越的全球城市，令人向往的创新之城、人文之城、生态之城，具有世界影响力的社会主义现代化国际大都市。各项发展指标全面达到国际领先水平，为我国建成富强民主文明和谐美丽的社会主义现代化强国、实现中华民族伟大复兴中国梦谱写更美好的上海篇章。

上海城市总体规划目标愿景见图4–4。

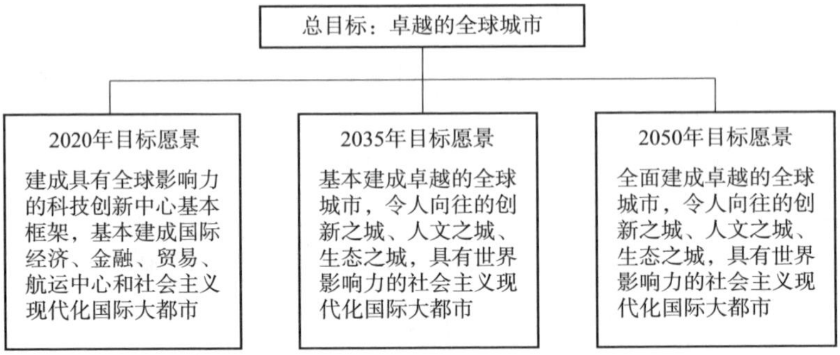

图4–4　上海城市总体规划目标愿景

图片来源：笔者自绘。

（三）制定具体指标引导战略实施

《规划》从发展模式转型、更具活力的繁荣创新之城、更富魅力的幸福人文之城、更可持续的韧性生态之城4个方面设置具体指标。

反映发展模式转型的指标5个，主要设置了反映地均生产效率的"单位地区生产总值建设用地使用面积”等指标。

反映繁荣创新之城的指标8个，主要设置了反映科技创新的“全社会科学研究与试验发展（R&D）经费支出占全市地区生产总值的比例”指标、反映上海金融中心的“金融业增加值占全市生产总值的比例”指标、反映居住与工作相匹配的“职住平衡指数”指标、反映文化繁荣的“文化类从业人员占就业总人口的比例”指标等。

反映幸福人文之城的指标6个，主要设置了反映各种公共服务设施覆盖率的“卫生、养老、教育、文化、体育等社区公共服务设施15分钟步行可达覆盖率”和“每十万人拥有的博物馆、图书馆、演出场馆、美术馆或画廊”指标，反映交通出行和绿化的“全路网密度”“骨干绿道总长度”指标等。

反映韧性生态之城的指标9个，主要设置了反映应对气候变化的“碳排放总量较峰值降低率”指标，反映生态绿化的“人均公园绿地面积”和“森林覆盖率”指标，反映空气质量的“细颗粒物（PM2.5）年均浓度”指标等。

（四）系统性提出城市现代化发展措施

《规划》中主要提出优化城市空间布局、严格控制城市规模、加强生态环境保护、创造优良人居环境、塑造城市特色风貌、保障城市安全运行和健全城市管理体制7个方面的措施，这里集中体现了生态现代化、城市文化现代化、人的现代化和治理现代化。

在优化城市空间布局方面，主要提出三大举措，一是对生态空间、城镇空间和农业发展空间进行约束；二是对上海市的城乡空间布局提出了结构优化举措；三是提出了以上海为中心，协调周边各城市，共同构建上海大都市圈，打造具有全球影响力的世界级城市群。在严格控制城市规模方面，重点基于生态红线、城镇边界和基本农田保护红线进一步加大了约束力度，对于建设用地总规模提出了“只减不增”的控制要求，到2035年建设用地总规模不超过3200平方千米，人口规模也要控制在2500万人左右。在加强生态环境保护方面提出了多项措施：一是要加大环境治理力度，主要加大对大气、水和土壤的治理力度；二是要淘汰落后产能，提高资源能源利用效率；三是提出了建设海绵城市，发展绿色建筑的要求；四是继续加强自然保护区、森林公园以及湿地、水源地等生态功能区的保护。在创造优良人居环境方面，涉及的发展举措也很多，主要包括：一是完善教育、文化、医疗、体育等各类公共服务设施；二是将居住用地和就业用地合理布局，促进职住均衡发展；三是推进城市更新，开展城市修补和生态修复；四是积极进行城市环境综合整治。在塑造城市特色风貌方面，重点加强历史文化街区和近代建筑的保护，留住城市记忆，充分彰显东西方文化相得益彰的城市特色，进一步提升上海城市软实力和吸引力。在保障城市安全运行方面，重点提出了要完善公路、铁路、机场、港口等交通基础设施，推进它们实现互联互通。同时，要完善水电气等各类市政基础设施，保障城市的稳定运行。本次规划着重强调了城市公共安全，提出要增强抵御灾害事故、处置突发事件、危机管理能力，提高城市韧性。在健全城市管理体制方面，提出要创新城市治理方式，提高城市管理标准，走出一条符合超大城市特点和规律的社会治理新路子。

《上海市国民经济和社会发展第十四个五年规划和二〇三五年远景目标纲要》对经济现代化和社会现代化提出了多项战略举措。在经济现代化方面，未来上海将主要聚焦集成电路、生物医药、人工智能等关键领域，以新一代信息技术赋能产业，着力打造一批战略性新兴产业引领与传统产业数字化转型相互促进、与先进制造业与现代服务业深度融合的高端产业集群，打响“上海制造”品牌和“上海服务”品牌，全面提升上海经济竞争力。在社会现代化方面，上海市将不断加强推进优质公共服务资源向郊区和家门口延伸、向薄弱环节和重点群体倾斜力度，大力促进教育公平，实现基础教育的优质均衡，构建高品质卫生健康服务体系，推进健康上海建设，积极应对人口老龄化，增强人们的获得感、幸福感和安全感，全面推动社会现代化的实现。

四、上海城市现代化的特点

上海城市现代化是近百年内，在各方的努力下共同推进实现的。其中，城市规划为上海城市现代化的实现发挥了一定的引领作用，上海市围绕历次制定的发展愿景目标，破除阻碍城市发展的各种障碍，大大提高了城市竞争力，在全球城市排名中的位次也不断向前，它的成功经验非常值得其他城市在推进现代化进程中学习借鉴。

（一）明确愿景，使城市现代化具有方向性和引领性

《上海市城市总体规划（1999年—2020年）》提出了上海的发展愿景，到2020年把上海初步建成国际经济、金融、贸易、航运中心之一，基本确立上海国际经济中心城市的地位，在过去的20年里，上海的确围绕这一定位全方位提升竞争力，目前来看已基本实现。《上海市城市总体规划（2017—2035年）》明确提出了上海市未来30年要“建设成为卓越的全球城市、具有世界影响力的社会主义现代化国际大都市”的发展愿景，同时用各个分阶段目标

加以支撑，使得愿景的实现既具有引领性，也具有可达性。城市的愿景充分考虑了上海市当前在全球所有城市中所处的位置，并在此基础上提出了未来的预期，对上海市的城市现代化能够起到很好的引导作用。其他城市的发展也应该以切实可行的宏观愿景为导向，以各个阶段的目标为支撑，加速推进城市现代化。

（二）因时制宜，赋予城市现代化更加丰富的内涵

一般来说，城市现代化是18世纪工业革命以来城市和城市系统的一种前沿变化和国际竞争，它包括现代城市的形成、发展、转型和国际互动，城市要素的创新、选择、传播和退出，以及追赶、达到和保持世界城市先进水平的国际竞争和国际分化（何传启，2013）。但在城市现代化的实现过程中，它的内涵会因为所处的环境和阶段发生深刻变化，如《上海市城市总体规划（2017—2035年）》就是全面分析国际国内环境的变化及新一轮的信息技术革命和产业变革而作出的调整，并且更加注重科技创新、人居环境建设和人的全面发展，赋予了城市现代化更加丰富的内涵，更加适应时代发展要求。

（三）注重人的现代化，不断提高市民的生活质量

现代化建设离不开作为社会主体的人的努力，城市综合竞争力提升的源泉也来自人的现代化。它要求作为现代社会的人要具备与现代社会相适应的思想观念、价值取向、道德水平、精神境界、思维能力、心理特征、文化心态、科技意识、劳动技能等素质。《上海市城市总体规划（2017—2035年）》提出了“满足人民日益增长的美好生活需要，实现幼有所育、学有所教、劳有所得、病有所医、老有所养、住有所居、弱有所扶，提升人民获得感、幸福感、安全感”。并且，提出要对教育、文化、体育、医疗、养老等公共服务设施进行优化配置，建设高品质、人性化的公共空间，打造15分钟社区生活圈，构建宜居、宜业、宜学、宜游的社区服务圈等。这些行动举措无疑为提高市民的生活质量，推进人的现代化提供了重要保障，也为其他城市现代化中人的现代化提供了重要参考。

（四）融入绿色理念，高度重视人居环境建设

城市现代化的状态不是一成不变的，也会随着时代的发展不断注入新的内涵，如工业时代的城市现代化追求工业文明的前沿，而知识时代的城市现代化则追求知识经济的前沿。有学者认为城市现代化既是一种状态，也是一

个历史演变、文明演变的过程。在这一演变过程中应结合时代发展的脉搏融入一些新的发展理念。目前，国际大都市在推进现代化的过程中一般十分重视城市生态环境和人居环境建设，并且要考虑在国际社会中应对气候变化所承担的责任和义务。《上海市城市总体规划（2017—2035年）》就充分考虑了绿色低碳发展，在能源结构调整、绿色交通、绿色建筑、降低碳排放及应对海平面上升等方面作了详细规划，并且将绿色发展理念始终贯穿上海城市总体规划的方方面面，为建设宜居、宜业、宜学、宜游的生态现代化城市提供了重要保障，也为其他城市的生态现代化推进提供了重要借鉴。

第三节　深圳：打造创新型活力城市

深圳的发展历程较短，改革开放之前是一个小渔村，由于发展经济特区的需要，与宝安县合并，更名为深圳市。与珠海、厦门、汕头等城市是我国第一批经济特区，属于先行先试地区，所以很多改革政策最先落户于此，而深圳也因此成为改革开放的“桥头堡”。当前，深圳在中国城市现代化进程中非常具有代表性和典型性。

一、深圳现代化演变

深圳市抓住改革开放政策机遇，已经从一个小渔村成长为一个国际知名度很高的城市，成为典型的超大城市。深圳市在现代化进程中经历过几次较大的转型，这些转型升级为深圳市注入了源源不断的活力和动力。

（一）深圳经济现代化

1980年以来，深圳市在经济建设方面取得了巨大成就，地区生产总值从1980年的2.70亿元，到2010年进入万亿元城市行列，到2020年达到27670.24亿元，仅次于北京和上海；人均地区生产总值也从1980年的835元达到2020年的15.76万元，发展速度快，被称为“深圳速度”。

在产业结构方面，在过去40多年里，深圳经历了从工业为主导到服务业为主导的发展阶段，从1980年农业增加值占29%到2000年农业增加值占比已经微乎其微，仅为1%，而此时的工业增加值比例和服务业增加值比例分别为50%和49%，2000年以后，工业增加值比例逐步减少，服务业增加值比例提高，到2010年，工业增加值和服务业增加值之比为47：53，深圳已完全进入服务业经济时代，到2020年，服务业增加值比例进一步提高，工业和服务业增加值比例又演变为38∶62。

地方财政收入从1980年的3000多万元增加到2020年的3857.39亿元，地方政府财政实力大大提升，也为深圳市政府发挥更大的作用提供了重要资金保障。深圳市已从改革开放初期的一个自给自足的港口小城镇发展为大进大出的重要国际港口城市，2019年进出口总额达到4314.76亿美元。以上指标数据都彰显了深圳市经济现代化的成就（表4–15）。

表4–15　1980—2020年深圳市经济指标的发展趋势

指标	1980年	1990年	2000年	2010年	2020年	变化
地区生产总值（亿元）	2.70	171.7	2219.2	10069.06	27670.24	10248
人均地区生产总值（元）	835	11097	33276	99095	157600	189
第一产业增加值（亿元）	0.78	7.02	15.57	6.11	25.79	33
第二产业增加值（亿元）	0.70	76.93	1108.76	4727.94	10454	14934
工业增加值（亿元）	3.726	64.49	982.85	4441.2	9528.12	2557
第三产业增加值（亿元）	1.21	87.71	1094.87	5335.01	17190.4	14207
社会消费品零售总额（亿元）	1.962	66.76	853.72	3636.10	8664.83	4416
地方财政收入（亿元）	0.304	21.70	221.92	1106.82	3857.39	12689
进出口总额（亿美元）	0.1751	157.01	639.40	3467.49	4314.76*	24642
固定资产投资（亿元）	0.775	37.92	547.46	825.83	2081.85	2686

注：变化 = 终点年份 / 起点年份。

资料来源：根据《深圳统计年鉴》和深圳市国民经济和社会发展统计公报整理汇编。* 为2019年数据。

（二）深圳社会现代化

随着经济实力的增强，深圳市政府开始注重社会发展，逐步将各种资本投入科技、教育、卫生和社会保障等方面。社会事业的全面发展也为吸引更多的人才到深圳工作及更多的创新型企业到深圳落户创造了良好的机会。

深圳市在40多年的时间里从30多万人的小城镇成长为近1800万人的超大规模城市，就业人员数也从1980年的14.89万人增加到2019年的1283.37万人，提高了85倍多。深圳市作为中国最年轻的城市之一，十分重视创新发展，聚集了华为、腾讯、华大基因等一批创新型企业，2020年深圳市R&D经费支出占GDP比例达到4.93%。专利授权数量1990年仅为160件，2019年达到16.7万件，PCT国际专利申请量达到1.7万件。

1980年以来，深圳市医疗保障水平有了较大幅度的提升，每万人拥有医生数从13人增加到2019年的30人，每万人拥有医院病床数从19张增加到2019年的35张。社会养老机构数从2000年的26个增加到2019年的47个。深圳市的社会现代化水平随着经济现代化的不断增强有了大幅提升，并且探索出了一些新的社会事业发展模式（表4–16）。

表 4–16　1980—2020 年深圳市社会指标的发展趋势

指标	1980 年	1990 年	2000 年	2010 年	2020 年	变化
常住人口数（万人）	33.29	167.78	701.24	1037.20	1756.01	52.7
就业人员数（万人）	14.89	109.22	474.97	758.14	1283.37*	86.2
普通高等学校在校学生数（人）	—	3964	14123	67342	113214*	28.6
R&D 经费支出占 GDP 比例（%）	—	—	—	3.31	4.93	1.49
科技经费支出占地方财政支出比重（%）	—	—	—	38.31	44.20	1.15
专利授权数量（件）	—	160	2401	34951	166609*	1041
PCT 国际专利申请量（件）	—	—	—	5584	17459*	3.13
每万人拥有医生数（人）	13	20	11	20	30*	2.31
每万人拥有医院病床数（张）	19	19	14	20	35*	1.84
卫生工作人员数（人）	1335	8619	19691	67678	125096*	93.7
社会养老机构数（个）	—	—	26	30	47*	1.81

注：变化 = 终点年份 / 起点年份。

资料来源：根据《深圳统计年鉴》和深圳市国民经济和社会发展统计公报整理汇编。* 为 2019 年数据。

（三）深圳文化现代化

深圳市最初的文化底蕴比较匮乏，早先被很多研究者称为“文化沙漠”，但经过多年的发展，深圳市通过不断提高城市文化品位、完善公共文化服务设施等，城市文化底蕴明显增强，城市文化现代化水平明显提高。公共图书馆数量从2001年的9座增加到2020年的710座，人们学习阅览空间大大增加。博物馆和纪念馆从2001年的14站提高到2020年的55站；群众艺术、文化馆也有所增加（表4–17）。这些文化设施的增加，不断满足深圳人对精神文化生活的追求，也提升了深圳这座城市的文化品质。

表 4–17　2000—2020 年深圳市文化指标的发展趋势

指标	2000 年	2005 年	2010 年	2015 年	2020 年	变化
公共图书馆数（座）	9**	8	627	620	710	78.9
博物馆、纪念馆（站）	14**	19	25	41	55	3.93

续表

指标	2000 年	2005 年	2010 年	2015 年	2020 年	变化
群众艺术、文化馆（座）	6**	7	7	8	8	1.33
电影观众人数（万人次）	185**	410	1820	4903	6212*	33.6
广播人口覆盖率（%）	100	100	100	100	100	1.0
电视人口覆盖率（%）	100	100	100	100	100	1.0

注：变化 = 终点年份 / 起点年份。

资料来源：根据《深圳统计年鉴》和深圳市国民经济和社会发展统计公报整理汇编。* 为 2018 年数据，** 为 2001 年数据。

（四）深圳生态现代化

深圳市十分重视生态环境建设，深入践行“绿水青山就是金山银山”的绿色发展理念，各项生态环境指标都呈现向好趋势，“美丽深圳”的发展目标基本实现。森林覆盖率从2000年的38.9%提高到2019年的39.8%，人均公园绿地面积从2000年的14.2平方米提升到2019年的14.9平方米。2000年以来，深圳市空气中二氧化硫和可吸入颗粒物日均值不断下降，分别从2000年的27微克/立方米、63微克/立方米下降到2019年的5微克/立方米、42微克/立方米。近年来，深圳市城市饮用水水源水质达标率和生活垃圾无害化处理率都保持在100%，这些都说明了深圳市城市生态环境已经进入较高质量的发展阶段（表4–18）。

表 4–18　2000—2020 年深圳市生态环境指标的发展趋势

指标	2000 年	2010 年	2015 年	2020 年	变化
空气质量优良（二级）天数（天）	364	356	340	332*	0.91
森林覆盖率（%）	38.9	39.7	41.5	39.8*	1.02
城市饮用水水源水质达标率（%）	93.45	100	100	100	1.07
生活垃圾无害化处理率（%）	100	94.6	100	100	1.00
人均公园绿地面积（平方米）	14.2	16.4	16.9	14.9*	1.05
公园面积（公顷）	15766**	20541	21955	31085*	1.97
建成区绿化覆盖率（%）	45**	45	45	43*	0.96
空气中二氧化硫日均值（微克 / 立方米）	27	11	8	5*	0.19
空气中可吸入颗粒物日均值（微克 / 立方米）	63	57	49	42*	0.67

注：变化 = 终点年份 / 起点年份。

资料来源：根据《深圳统计年鉴》和深圳市国民经济和社会发展统计公报整理汇编。* 为 2019 年数据，** 为 2005 年数据。

（五）深圳治理现代化

深圳市是一座非常有活力的城市。作为中国最早开放的经济特区之一，深圳市在市场环境建设方面走在了全国前列，已具备一流的营商环境。近年来，特别是在前海深港合作区和粤港澳大湾区等国家战略的加持下，深圳市又获得了一些更加特殊的先行先试政策支持，这些宽松的发展政策无疑为国内外企业投资带来了更加便利化的条件。总之，深圳市制度环境、营商环境和治理环境的不断优化为这座城市成长为国际化大都市提供了坚实的保障，这也成为深圳市受到国内外高端创新人才和大量优质资本青睐的重要原因之一。

（六）深圳居民的现代化

深圳居民人均收入水平不断提高，居民人均可支配收入从1990年的4127元提高到2020年的64878元，是全国居民人均可支配收入（2020年为32189元）的1倍多，良好的居民经济实力为深圳市居民的现代化提供了重要保障。从深圳居民的身体条件看，深圳国民体质合格以上率从2001年的88.3%提高到2019年的90.6%。深圳居民的精神生活也在不断丰富，文化娱乐支出从2000年的746.16元提高到2019年的1725.15元，教育支出也在不断增加。这些指标水平的不断提高也说明了深圳居民在人的现代化方面有了很大的进步（表4-19）。

表4-19　1990—2020年深圳市个人指标的发展趋势

指标	1990年	2000年	2010年	2015年	2020年	变化
居民人均可支配收入（元）	4127	20906	32381	44633	64878	15.7
国民体质合格以上率（%）	—	88.3**	91.9	88.5	90.6*	1.03
每百人拥有电话（部）	7.0	57	243	296	248*	35.4
文化娱乐支出（元）	—	746.16	671.91	1456.79	1725.15*	2.31
教育支出（元）	—	1111.56	1064.65	1221.83	2749.30*	2.47

注：变化 = 终点年份 / 起点年份。

资料来源：根据《深圳统计年鉴》和深圳市国民经济和社会发展统计公报整理汇编。* 为 2019 年数据，** 为 2001 年数据。

（七）深圳城市规划的历史演变

深圳城市规划的演变更能反映这座城市现代化的发展历程。深圳市自成立以来，一直在积极谋划发展。1980年，深圳市出台了第一个规划——《深圳市城市建设总体规划》。1981年，深圳市被升格为副省级城市，这一规划与它的副省级城市定位已不相适应，例如，人口规模预测到2000年为50万人，只是一个中等城市的规模。为了与其副省级城市的定位相匹配，对这一总体规划又进行了适当调整，其中，人口规模调整为到2000年达到100万人。这一时期，由于经济特区刚成立，深圳市的城市框架、行政级别和经济社会发展的谋划都处在不断的探索阶段，此时的城市总体规划现在来看显得很保守，但这与当时深圳的发展前景不明晰有直接的关系（吴浩军，2010）。因此，这一阶段的另一个特点是，专家学者包括政府更多地对经济特区做了一些探索和研究，形成了一些发展设想，而无法真正预测其发展前景。

《深圳经济特区总体规划（1986—2000）》的出台意味着深圳市的第一个城市总体规划正式向世人公布。在城市性质上，深圳经济特区定位为一个以工业为重点，海港、工业、外贸、旅游综合发展的外向型、多功能、产业结构合理、科学技术先进、高度文明的经济特区。在人口规模上，规划预测到2000年人口达到80万人，有暂住人口30万人，相应的城市建设用地规模为123平方千米。该规划也结合了城市发展的基础条件和自然地形，首次确立了在国内规划界具有重要影响力、独具特色的带状组团空间结构，奠定了经济特区有序建设的空间基础（黄玲，2016）。本轮规划也是深圳发展起步期的重要空间指引，对深圳经济特区以后的经济发展、社会进步及城市建设起了重要的指导作用，是一部对深圳经济特区具有里程碑意义的发展规划。

2000年出台的《深圳经济特区总体规划（1996—2010）》是深圳第一个由国务院批准的城市总体规划。该规划具有很强的创新性，首次将规划区域范围由城区扩展到全市域范围，并且超前配置了基础设施，有学者也称之为“全域规划”，这也保证了在后来人口规模远超过规划预期的情况下，城市仍能正常运行（王芃，2011）。同时，该规划首次提出城市建设用地与城市生态用地“共生”的创新理念，并且突出了“以人为核心”的设计理念，以及创造较为宽松的“生态型”居住环境和超前性地提出了建设最适宜居住的城市目标。在这里，“安全乐业”作为本轮深圳城市总体规划的主要目标之一，意味着深圳市要积极为城市居民创造良好的居住环境，而“共生”的创新理念则真正确定了深圳市未来的发展蓝图和方向。在城市职能上，本轮规划对深圳市确定了6个方面的职能，即具有全国意义的综合性经济特区、区域综合交通枢纽、以集装箱运输为主的港口城市、与香港功能互补的区域中心城市、以高新技术为先导的区域制造业生产基地及要建设成为一个具有亚热带滨海特色的现代化文化名城。在当时来看，这些定位的确符合深圳发展的实际情况，也具有一定的超前性。

2010年8月，新一轮的《深圳市城市总体规划（2010—2020）》获得国务院正式批复，在批复中明确要求深圳市“坚持经济、社会、人口、环境和资源相协调的可持续发展战略，统筹做好深圳市城乡规划、建设和管理的各项工作。要按照合理布局、集约发展的原则，大力推进经济发展方式的转变，调整优化产业结构，完善公共服务设施和城市功能，不断增强城市综合实力和可持续发展能力，逐步把深圳市建设成为经济繁荣、社会和谐、生态良好、特色鲜明的现代化城市”。有学者将这一规划称为“转型规划”，它也被确立为新时期指导深圳城市转型发展的纲领性文件（许重光，2011）。本轮规划确定的深圳城市性质是“我国的经济特区，全国性经济中心城市和国际化城市”，并承担5个方面的主要城市职能，即“国家综合配套改革试验区，实践自主创新和循环经济科学发展模式的示范区，国家高新技术产业基地和文化产业基地，国家重要的综合交通枢纽和边境口岸”。同时，该规划在城市发展总目标下确定了区域协作、经济转型、社会和谐、生态保护4个方面的分项目标，相应的规划政策和目标指标体系都围绕上述分目标制定。此时的城市总体规划已经充分考虑到了深圳市飞速发展的预期，并对其在全国所有城市中发挥的作用乃至走向国际化大都市充满了期许。

深圳市城市规划的演变历程概要见表4-20。

表4-20　深圳市城市规划的演变历程概要

规划名称	规划内容与特点	目标愿景	批准时间	批准单位
《深圳市城市建设总体规划》	提出深圳的发展目标以工业为主，同时发展贸易、农业、旅游业。城市规划面积为50平方千米，近期（2000年）人口规划50万人	—	1980年	深圳市
《深圳经济特区总体规划（1986—2000）》	深圳经济特区范围内的空间结构、土地利用、交通骨架、城市风格以及市中心区、盐田港、深圳机场、广深高速公路以及早期八大文化设施等城市建设计划均由此奠定	采用适应深圳特点的现代化标准，即高于内地，低于香港，向先进国家看齐	1986年	深圳市
《深圳经济特区总体规划（1996—2010）》	规划范围由市区扩展到全市；提出城市建设用地与城市生态用地“共生”的创新理念；明确了深圳发展为国际性城市的建设目标、标准和主要策略，并作出了未来5年和15年建设内容的具体安排	将深圳建设成为区域性金融中心、信息中心、商贸中心、运输中心和旅游胜地以及我国南方的高新技术产业开发生产基地。基本建成社会主义现代化国际性城市	2000年	国务院

续表

规划名称	规划内容与特点	目标愿景	批准时间	批准单位
《深圳市城市总体规划（2010—2020）》	大力推进经济发展方式的转变，调整优化产业结构，完善公共服务设施和城市功能，不断增强城市综合实力和可持续发展能力，逐步把深圳市建设成为经济繁荣、社会和谐、生态良好、特色鲜明的现代化城市	我国的经济特区，全国性经济中心城市和国际化城市	2010年	国务院

资料来源：笔者根据公开资料整理。

由于深圳市只用了40多年的时间就从一个小渔村成长为一个国际化大都市，创造了人类城市发展史上的奇迹。它的发展规划也远远超出当初规划者的预期，因此从成立到现在的40多年中，深圳城市总体规划也经历了几次大的调整，甚至是颠覆式的调整，但每次调整也都配套了很多政策研究。并且，每两次规划之间，也会跟着很多短期建设规划和宏观发展战略指导。例如，1990年编制的《深圳市城市发展策略》初步对深圳全市整体发展提出了较为完整的构思和导向安排，它也为后来的1996版总体规划提供了重要借鉴。又如，在《深圳经济特区总体规划（1996—2010）》出台前，1995年4月，中共深圳市委在第二次党代会上就提出了"深圳要建成社会主义现代化的国际性城市"的发展战略目标，同时提出了"在城市功能上，成为国际贸易的窗口，连接国内外市场的重要桥梁和纽带；成为与国际金融市场有着紧密联系的区域性金融中心；成为海、陆、空全面发展，辐射国内、国外的交通运输枢纽；成为高新技术密集型产业基地；成为手段现代化、系统网络化、传输技术科学化、沟通海内外市场的信息中心；成为富有时代气息和民族特色的综合性的旅游胜地"等。这些战略研判都对深圳市城市发展的方向和目标及时作出调整起到了很好的参考作用，也对深圳市建设成为现代化的国际大都市起到了积极的推动作用。

二、深圳城市现代化现状及挑战

深圳用40多年的时间从一个小渔村成长为一个国际化大都市，在这40多年里，深圳市也经历了多次转型，每次的转型为深圳市的城市发展带来了新的动力和活力，直到形成今天举世瞩目的现代化成就。

（一）城市现代化现状

深圳市经济实力雄厚，发展潜力巨大。深圳市从最初的外向型加工产业转向以战略性新兴产业和现代服务业为主导的产业体系，其经济实力也随着这种转型在不断增强。2020年GDP总量达到27670.24亿元，成为全国仅次于上海和北京排名第三的城市，人均GDP达到157600元，已高于上海市。未来，在粤港澳大湾区等国家战略的推动下，各种政策支持将不断加大，意味着深圳市在经济现代化推进中将进一步加速。

深圳市创新能力强，激发出城市现代化的活力。2019年，深圳全社会研发投入经费达到1328亿元，占GDP的比重达到4.9%，这一比例高于上海，在全国处于前列，与高收入国家相比也是较高的。研发从业人员37.79万人，研发人员占深圳市总人口比例2.81%。在规模以上工业企业中，新产品开发经费支出达到1806.28亿元，占规模以上工业企业科技经费总支出的89.76%，说明深圳市工业企业十分重视新产品研发活动。从深圳华为的科技研发活动也可以发现深圳企业对研发活动的重视。深圳也是我国最早确立“自主创新型城市”发展目标的城市之一，早在20世纪90年代，深圳就着手选择以高新技术为产业发展主方向，至今仍然专注于具有技术含量高、发展潜力大的战略性新兴产业为自己的发展方向，也正是因为这样的专注和坚持，才使深圳在这些创新活动中获得了巨大红利。

深圳市坚持绿色发展，生态环境优良。深圳市在经济发展的同时，也十分重视生态环境建设。深圳生态环境状况公报数据显示，2020年，全市环境质量总体水平良好，环境空气质量优良率为97%，PM2.5平均浓度为19微克/立方米，与发达经济体的空气质量相差无几。同时，公报中还指出，深圳市水环境质量总体改善，主要饮用水水源水质良好，五大河流国考省考断面全部达到地表水Ⅳ类及以上。这些指标都说明了深圳市在生态现代化建设中取得了重要成就。

深圳市在治理现代化中基本走在了全国前列，营商环境良好，集聚了华为、腾讯、比亚迪、中兴通讯、万科等一大批国内外知名企业，也吸引了一大批高端人才，这些都充分体现了深圳市治理体系和治理能力的现代化。同时，这里也是我国开放的前沿城市，人们的思想观念特别是竞争意识、主体意识、法治意识等具有明显的现代化特征。由于聚集了一大批创新型人才和创业者，整体素质较高，人的现代化在这里充分体现。

（二）机遇挑战

深圳市作为国际大都市，在经济外贸、人员往来等方面与全球其他城市联系密切，因此，也更容易受到国际发展环境的影响。反之，它也会受益于国际各种有利条件发生时所带来的各种机遇。

随着全球治理格局的深刻变化，以中国为代表的新兴大国与以美国为代表的发达经济体之间的博弈必然会进一步加剧，发达经济体为保持其领导地位，必然会采取打压、遏制等措施阻碍中国等新兴大国的顺利崛起。随着这种博弈领域的扩大和博弈程度的加深，必然会使中国所处的国际环境变得更加复杂，全球经济格局与竞合关系也会因此产生极为深刻的变化。由此带来“国际承诺恶化”和大国对抗等风险加大，逆全球化思潮和贸易保护主义抬头，国际宏观政策协调难度加大，这种外部环境的变化必然会首先作用于对外联系紧密的区域或城市，深圳市作为改革开放的前沿城市和国际化大都市将会首先受到此类国际背景变化的影响。

深圳作为经济高度外向型的城市，长期以来进出口数据稳居中国各大城市之首，在当前各国贸易保护策略下，进出口贸易出现下滑成为必然。为了尽可能减少国际环境变化带来的不利因素影响，要求深圳市必须在新形势下从要素推动型向创新型城市转型，即更加注重创新要素向城市的集聚，而非仅依靠人口向城市集聚的传统城市化模式。为此，深圳市必须要以极快的速度完成从传统城市向创新型城市的转型，并且这种转型要形成持续的城市发展动力，要吸附更多、更强的创新要素。国际环境的变化对深圳2035战略中城市创新发展提出了更高的要求。

随着我国进入新发展阶段，一些新的发展理念和发展主题也应当在深圳市的城市总体规划中全面体现，如绿色发展理念、创新发展理念、区域协调发展理念及生态文明思想等都应该在未来的城市现代化中充分体现。同时，近年来我国正在全力推进一些国家战略，与深圳有密切关系的有“一带一路”倡议和“粤港澳大湾区”国家战略，这些国家战略势必对深圳未来城市发展产生重大影响。深圳历史上就是“海上丝绸之路”的一个重要节点，经过近40多年的改革发展，与世界各国各地区的经济、贸易、文化、人员联系越来越紧密。目前，深圳是亚太地区重要的交通枢纽，是世界第三大集装箱港口、中国大陆第四大航空港。在粤港澳大湾区中，增强深圳在粤港澳大湾区的核心引擎功能、更好地发挥深圳作为大湾区核心引擎城市的积极作用，是习近平总书记从国家战略高度对深圳提出的要求和期望，也为深圳市长期发展指明了前进方向和根本遵循。

同时，深圳也面临着一些来自内部的挑战。深圳土地资源日益紧张，2014年底城市建设用地已达到市域陆地面积的46%。自2007年以来，深圳通过适度填海、在原特区外和临生态控制线地区寻求发展空间，但由于城市发展速度太快，原有的建设用地面积已经接近当时设定的2020年土地规划建设用地指标要求。同时，未来全球经济的发展越来越依赖于科技创新驱动，然而，目前深圳市发展的各项要素成本居高不下，无疑也对创新发展的持续性提出了新的挑战，主要表现在：一是深圳与全球创新中心“硅谷”仍有较大差距。二是创新生态尚不完整，存在破碎化风险。缺乏基础创新和源头创新，本土培育科技和专业人才的能力不足。三是创新门槛提高，城中村等低成本“落脚”空间逐渐消失，高房价使外来人口无处安身，不断“挤出”人才，更新改造后的成本上涨完全抵消了现有低成本的创新生态（罗彦，2018）。也就是说，土地资源不足、创新成本逐渐升高以及创新人才或许进一步被挤压都将成为深圳市未来发展的挑战。

三、深圳城市现代化的战略和举措

经过40余年的发展，深圳市从一个小渔村跃升为国际化大都市，离不开历次全面有效的重大战略指引。2021年7月，深圳市政府官网公布了《深圳市国土空间总体规划（2020—2035年）》（草案），也称为“深圳2035”规划（深圳市规划和自然资源局，2021）。这一规划基本展现了未来深圳市城市发展方向、重大战略和主要举措。

（一）大力实施转型发展战略

“深圳2035”规划最大的特点是贯彻“推进精明增长，引导城市转型”的基本思路，实现区域、生态、创新、空间、治理五方面转型。其中，在区域转型方面，主要是从更大区域范围加强合作，尤其是在粤港澳大湾区中寻求新的发展优势和合作空间，同时，也会继续加强国家中心城市功能的建设，在全国起到示范引领作用。在生态转型方面，在筑牢原有生态优势基础上，更加重视“双碳”目标所带来的各种环境压力，并将这种压力通过生态空间的精细化管理和生态空间的打造进行释放。在创新转型方面，重点围绕建设国际科技产业创新中心，进一步集聚各种创新要素，优化创新生态和加强创新空间供给。在空间转型方面，进一步集约节约利用土地资源，提高土地利用效率，特别是注重老城区和城中村改造，并构建慢行空间系统，建设宜居导向的生活空间。在治理转型方面，积极推进深圳从以经济为主转向全面发展，既要重视吸收有价值的多元文化，也要加强深圳传统文化的传承和保护，同时要推动各项文化事业和文化产业全面发展，打造全民友好型城市。

深圳2035战略转型发展领域和主要内容见表4-21。

表 4-21　深圳 2035 战略转型发展领域和主要内容

转型发展领域	转型发展的主要内容
区域转型发展	将从功能外溢转向协同共建，拓展深港合作领域，推进共建粤港澳大湾区，引领深莞惠经济圈（3+2）发展，强力推进深汕合作区建设，推动深圳东进战略。强化国家中心城市功能，优化现代服务业和高端制造业等核心职能，探索区域协作机制创新和区域基础设施供给侧结构性改革，引领深莞惠经济圈发展，优化大都市圈空间格局
生态转型发展	将从底线管控转向生态引领，划定生态红线，打造自然公园群，统筹海陆资源。推行生态空间精细化管理，依托区域性生态山体绿地打造自然公园群，探索区域性生态空间的精细化管理维护
创新转型发展	将从创新产业转向创新生态，加强创新空间供给，保障一定规模的低成本、共享型品质空间，建设国际科技产业创新中心。加强创新空间供给，依托先进制造、创新服务、众创创意等节点，集聚科研、金融、知识产权等创新专业服务机构，保障一定规模的低成本、共享型品质空间，吸引多元的科研、技术和服务人群，建设国际科技产业创新中心
空间转型发展	将从规模拓展转向品质供给，以支持创新和国际化为出发点，建立差异化空间供给模式。改善城中村面貌，提升旧工业区效益，焕发老城区活力，建设公园绿地、慢行空间等宜居导向的生活空间
治理转型发展	将从经济导向转向全面发展，充分认识深圳的文化价值意义，保护本土文化的个性特色和文化生态，加强文物保护利用和文化遗产保护传承，推动文化事业和文化产业发展，打造儿童友好、人才友好、老年友好、国际友好的全民友好型城市

资料来源：《深圳市城市总体规划（2016—2035 年）》；李斌（2017）。

（二）树立人人向往的蓝图愿景

深圳城市性质主要是定位深圳市在我国乃至世界范围内的政治、经济、与社会发展中所处的地位和所担负的主要职能，也是深圳市在国家或地区政治、经济、社会和文化生活中所处的地位、作用及其发展方向。根据《深圳市国土空间总体规划（2020—2035 年）》（草案）显示，深圳市的城市性质包括6个方面：卓越的国家经济特区、中国特色社会主义先行示范区、国家对外开放门户枢纽、粤港澳大湾区核心引擎、国际科技创新中心、全球海洋中心城市。

在发展愿景上，深圳市明确提出未来要建设成为中国特色社会主义先行示范区，创建社会主义现代化强国的城市范例，成为竞争力、创新力、影响力卓越的全球标杆城市。在发展目标上，深圳市提出了3个时间点的目标导向，即到2025年，建成现代化国际化创新型城市，基本实现社会主义现代化；到2035年，建成具有全球影响力的创新创业创意之都和全面共享的和美宜居幸福家园，成为我国社会主义现代化强国的城市范例；到2050年，将以更加昂扬的姿态屹立于世界先进城市之林，成为竞争力、创新力、影响力卓越的全球标杆城市。在城市定位上，深圳市主要围绕打造“创新创业创意之都，和美宜居幸福家园”进行建设发展。

（三）制定系统全面的战略举措

《深圳市国土空间总体规划（2020—2035年）》（草案）从区域协同、空间格局、生态结构、民生服务、创新发展、陆海统筹、风貌文化、支撑体系8个方面制定了深圳城市现代化的发展举措。在区域协同方面，主要立足位于粤港澳大湾区的区位优势，重点打造粤港湾大湾区的核心引擎。主要举措包括发挥前海优势，推进科技创新合作区的建设，同时加快深圳都市圈建设和推进深汕特别合作区高标准建设，助力深圳打造全球海洋中心城市。在空间格局方面，注重空间统筹，严格落实生态保护红线、永久基本农田、城镇开发边界3条控制线，并以此为基础进行空间结构优化。在生态结构方面，积极构建“四带、八片、多廊”生态空间格局，同时，结合“双碳”目标的发展要求，大力加强森林碳汇能力建设，推进湿地公园建设，使深圳人民拥有高品质的生态空间。在民生服务方面，主要立足打造“民生幸福标杆”城市，重点完善卫生、医疗、教育、养老、体育和文化等方面的公共服务和配套设施，以及大力推进公园体系建设等。在创新发展方面，主要瞄准世界科技前沿，大力集聚人才科技等创新要素，不断培育多种新兴产业，努力打造成为具有全球影响力的开放式创新中心和辐射粤港澳大湾区的创新策源地。在陆海统筹方面，充分发挥海洋城市优势，进一步加强陆域与海湾、海岸的空间连接，不断发展海洋经济，改善海洋生态环境，助推海洋中心城市建设。在风貌文化方面，深圳市为留住城市记忆，重点加强深圳市特色风貌保护，同时融合多元文化，打造成为“山、海、城”交织共融的现代文化名城。在支撑体系方面，为保障各项重点任务顺利完成，深圳市着力加快完善城市交通网络等各项基础设施，努力推进深圳市建设成为国际航空枢纽、国家铁路枢纽和亚太门户的国际航运枢纽。深圳市2035战略举措和内容概要见表4-22。

表4-22　深圳市2035战略举措和内容概要

发展举措	举措内容
区域协同	从三个层次提出区域协同发展战略：第一个层次是共建粤港澳世界级一流湾区。主要包括充分发挥前海的示范引领作用，积极推进河套深港科技创新合作区等重点平台建设，支持粤港澳融入国家发展大局；强化广州和深圳国际性综合交通枢纽建设，合力提升粤港澳大湾区门户枢纽功能；促进珠江口东西两岸融合互动；积极对接广东沿海经济带，支持广东北部生态发展区打造生态经济发展新标杆。第二个层次是加快建设深圳都市圈，构建以深莞惠大都市区为主中心。第三个层次是高标准建设深汕特别合作区，打造深圳都市圈副中心，助力深圳打造全球海洋中心城市
空间格局	按照国家统一要求统筹划定生态保护红线、永久基本农田、城镇开发边界3条控制线，作为城市开发不可逾越的红线

续表

发展举措	举措内容
生态结构	构建“四带、八片、多廊”生态空间总体格局。森林入城，严格保护天然林和生态公益林，精准提升森林质量，增强生态系统碳汇能力，打造高品质森林游憩体系，增进市民生态福祉。碧水串城，发挥河湖水系与湿地对自然生态系统的织补和串联作用，推进湿地公园建设，打造更加开放共享的滨水活动空间。耕地融城，优化耕地空间布局，建设现代都市田园，发展多功能复合的现代都市农业，让城市人学会“种田”
民生服务	实现更有温度的公共服务，让幼有所教，学有优教，病有良医，老有颐养，文有悦享，体有康达；实现更为友好的社区生活圈，卫生设施步行 15 分钟覆盖率达到 90%，养老设施步行 15 分钟覆盖率达到 85%，教育设施步行 15 分钟覆盖率达到 95%，文化设施步行 15 分钟覆盖率达到 100%，体育设施步行 15 分钟覆盖率达到 100%。公共住房比例不低于新增住房总套数的 60%。完善公园体系建设，到 2035 年，全市建成公园 1500 个以上，实现居民 5 分钟可达绿色开敞空间
创新发展	构筑全域创新空间格局，瞄准世界科技前沿，充分释放原始创新、科技创新、服务创新合力，打造具有全球影响力的开放式创新中心和辐射粤港澳大湾区的创新策源地，形成综合性创新核心区；以综合性国家科学中心主阵地建设、全球海洋中心城市发展、深圳国家高新区扩区等为契机，形成七大创新集中承载区；统筹新兴产业布局，打造多个特色发展的产业创新集聚区，培育城市经济高质量发展新动能。到 2035 年，全市以城市更新、土地整备为主的存量低效用地再开发规模不少于 170 平方千米，完成有机更新不少于 150 平方千米
陆海统筹	严格保护利用海洋资源，改善海洋生态环境。加强陆域与海湾、海岸的公共空间连接，丰富亲海乐海的生活体验
风貌文化	全景展现深圳历史与当代人文特质、城市发展记忆和特色风貌，塑造“山、海、城”交织共融的城市整体风貌，营造多彩的城市公共空间，全景展现深圳历史与当代人文特质、城市发展记忆和特色风貌，打造多元文化兼收并蓄、历史与当代相得益彰的“现代文化名城”
支撑体系	建设连接全球的国际航空枢纽，构建辐射全国的国家铁路枢纽，打造亚太门户的国际航运枢纽，共建互联互通的湾区交通网络，到 2035 年深圳机场旅客运送能力达到 8000 万人次，建成地铁 1000 千米以上

资料来源：深圳市规划和自然资源局《深圳市国土空间总体规划（2020—2035）》[EB/OL]. 2021-06. https://new.qq.com/omn/20210612/20210612A01RM100.html.

四、深圳城市现代化的特点

经过改革开放几十年的发展，深圳从一个小渔村飞速发展成为一个国际化大都市，创造了“深圳速度”。究其原因，国家政策的大力支持是其飞速发展的重要保障，同时也与深圳市能够抓住历次发展契机加速推进转型升级密不可分，所以，深圳市的城市现代化更值得其他城市学习借鉴。

（一）不断推动城市转型升级，提高城市现代化的质量

深圳市是从一个小渔村经过短短几十年的时间成长为国际化大都市的，在每一次的蜕变过程中，深圳市都经历了自我升级乃至自我变革的过程，无论是城市发展的愿景的设定还是城市管理制度的优化，深圳市一直在寻求适

合自身的发展道路。从历次的城市总体规划就可以看出它的演变历程，比如在1986年版的《深圳经济特区总体规划（1986—2000）》中，深圳市仅仅探索性地提出了要建设一个基本中等规模的城市，并且也没有特别响亮的口号但留足了发展的弹性空间，而到了《深圳经济特区总体规划（1996—2010）》则不再将城市规模和城市人口进行设定，而是通过“共生”的理念，为城市长足发展留足空间。《深圳市城市总体规划（2010—2020）》中提出了将深圳市建设成为全国性经济中心城市和国际化城市的目标定位，深圳市正式走向国际舞台。《深圳市国土空间总体规划（2020—2035年）》（草案）最大的特点也是“引导城市转型”，重点推进区域、生态、创新、空间、治理的转型，实现城市精明增长。城市转型升级的过程也是城市的经济、社会、文化和生活方式突破传统社会的范畴向现代社会转变的过程，其他城市的现代化也可以充分吸收深圳市不断进行自我转型自我升级的经验。

（二）注重科技创新，培育城市现代化的活力和动力

深圳市始终坚持自主创新战略，特别是在近十年的城市发展中，不断推动经济发展从要素驱动向创新驱动转变。正因这种鼓励创新的发展环境，一大批具有国际竞争力的龙头企业应运而生，例如，华为成为全球最大的通信设备制造商，腾讯成为全球最大的互联网公司之一，华大基因在基因测序领域取得重大突破，比亚迪成为全球新能源汽车的具有影响力企业，等等。这些创新型企业的集聚不仅带动了深圳市产业结构从低端向高端，从低附加值向高附加值的转变，也吸引了一大批科技创新人才和大量投资资本的集聚，这些都为深圳市未来城市现代化的发展提供了重要驱动力。深圳市注重创新、鼓励创新、要求创新的城市发展精神无疑为其他城市在现代化进程中如何高质量发展提供了重要启示。

（三）全面完善城市发展要素，不断提升城市现代化水平

城市现代化是从传统城市形态向现代城市形态、从传统城市文明向现代城市文明的转变过程及深刻变化，包括城市的经济、社会、政治、文化、环境和居民6个领域的现代化转型，包括城市的建筑、基础设施、公共管理、公共服务、功能和形态、国际联系6个方面的现代化转型，包括城市的生活、结构、制度和观念四大要素的现代化转型等（何传启，2013）。在《深圳市国土空间总体规划（2020—2035年）》（草案）中既注重规划深圳市的产业发展、创新发展和空间优化，还将风貌文化、生态结构以及陆海统筹等领域的建设作为重

点加以完善，基本上改变了过去城市发展中过于注重经济发展和空间优化的局面，也从一定程度上提升了深圳市城市现代化的水平，值得其他城市借鉴。

（四）注重生活质量，使城市现代化的成果为民所享

20世纪80年代，英格尔斯访问北京大学时提出现代化的11个评价指标和标准，涉及经济发展、城市化水平和人的生活质量3个方面，用以区分传统国家和现代化国家，其中，与人的现代化有关的项目内容占50%以上，相较于偏重于物的传统现代化观点，明显更加以人为本。人的现代化在某种程度上是生活质量的集中体现。也就是说城市现代化过程中必须要重视生活质量的现代化，城市现代化的成果要为广大人民所共享。《深圳市国土空间总体规划（2020—2035年）》（草案）中提出了以人为本，实现更有温度的公共服务，“让幼有所教，学有优教，病有良医，老有颐养，文有悦享，体有康达”的发展导向，并且在这些导向中都进行了适当量化，成为未来城市发展中提高人们生活质量的重要标准。深圳市注重城市人口生活质量现代化的做法和经验值得其他城市推广借鉴。

第四节　香港：东方之珠的城市现代化

香港是中华人民共和国特别行政区，总人口已达到748.18万人，是世界上人口最为稠密的地区之一，全域陆地面积为1106.66平方千米，其中80%的土地属于丘陵山地[①]，大多位于港九市区和新市镇。

一、香港城市现代化演变

香港自1842年开埠以后，经过近200年的时间由一个小渔村发展成为继纽约、伦敦后的世界第三大国际金融中心。本节主要从经济、社会、生态、文化、治理和人的现代化6个领域分析香港自1980年以来城市现代化的演变。

（一）香港经济现代化

40年来，香港地区生产总值飞跃提升，由1980年的275.48亿美元跃升为2020年的3465.84亿美元，占世界GDP的份额从0.2557%提高到0.4098%。人

① 资料来源：https://baike.baidu.com/item/%E9%A6%99%E6%B8%AF/128775?fr=aladdin.

均地区生产总值相应地实现了大幅度增加，由1980年的5441美元增加到2020年的46324美元，远高于中国内地10504美元的人均地区生产总值，成为亚洲经济最发达的地区之一。

香港的产业结构在不断转型，1980年制造业占GDP比例为22.29%，到1990年占比下降为16.48%，此后一直处于不断下降状态，到2020年制造业占比已经降到1.09%，而服务业占GDP比例却不断增加，由1980年的76.8%上升到2020年的95.2%。根据联合国关于发达国家或地区的定义，香港已经是发达地区，当前正从服务型经济迈向知识型经济。

1980年以来，香港经济总体上保持了良好的发展态势，国际金融、贸易和航运中心的功能进一步提升，地区政府财政能力显著增强，政府收入总额由1980年的608700万美元增加到2020年的7522400万美元。香港人均本地居民总收入由2000年的25543美元增加到2020年的48881美元，远高于全国人均居民可支配收入32189元（约为4665美元）的平均水平。

香港是一个经济外向度非常高的城市，它是国际经济循环中的一个重要节点，回归祖国以后，有内地作为其强大的腹地，所以即便受到外部不利环境冲击，其汇率仍相对稳定，金融风险也得到了较好的控制，总体来看，香港整体经济运行与管理依然比较稳健。服务贸易一直是香港经济发展的重要引擎，1980年香港商品贸易总额为421.8亿美元，到2020年商品贸易总额达到10567.24亿美元（表4-23）。

表4-23　1980—2020年香港特别行政区经济指标的发展趋势

指标	1980年	1990年	2000年	2010年	2020年	变化
地区生产总值（百万美元）	27548	71841	169121	228639	346584	19.6
人均地区生产总值（美元）	5441	12594	25375	32550	46324	13.3
人均本地居民总收入（美元）	—	—	25543	33239	48881	1.9
农业、渔业、采矿和采石业（百万美元）	266	212	149	122	263*	1.6
制造业（百万美元）	6139	11841	9197	3914	3748*	0.96
制造业占GDP比例（%）	22.29	16.48	5.44	1.71	1.09	0.05
服务业（百万美元）	21143	59788	135179	207863	326644*	24.3
服务业占GDP比例（%）	76.8	83.2	79.9	90.9	95.2	1.24
商品贸易总额（百万美元）	42180	164627	414656	823236	1056724	39.1
固定资本形成总额（百万美元）	9153	19623	44586	49793	59339	10.1
政府收入总额（百万美元）	6087	11493	28887	48458	75224	19.3

注：变化＝终点年份/起点年份。

资料来源：香港特别行政区政府统计处。港元兑美元汇率来自WDI数据库。http://censtatd.gov.hk/sc/EIndexbySubject.html?scode=460&pcode=B1010003。* 为2019年数据。

（二）香港社会现代化

香港面积1100多平方千米，并且很大一部分是丘陵山地，却承载着几百万人口，成为世界上人口密度最高的城市之一。1980年香港人口规模506.31万人，到2020年增加到748.18万人，人口密度由1980年的1573.5人/平方千米增加到2020年的6760.7人/平方千米。

香港劳动就业基本稳定，劳动人口比例（参与率）自1980年以来基本维持在60%左右，1980年为63.3%，到2020年为59.6%，下降了3.7个百分点。人口失业率有所波动，1980年为3.8%，到1990年下降到1.3%，2020年又上升到5.8%。教育师资配备不断增强，小学生师比从1980年的30.1下降到2020年的13.0，中学生师比从1980年的30.7下降到2020年的11.3，说明每位老师负担的中小学生有所减少，教育质量在不断提高。

香港科技研发投入和研发水平不断提高。2000年香港涵盖工商机构、高等教育机构及政府机构的研发开支为79800万美元，到2019年达到339500万美元，提高了3倍多。2000年在港专利申请数为8569件，到2020年增加到22245件，在港获批专利数也由2000年的2970件增加到2020年的8387件。

香港医疗水平不断提升，每千人病床数由1980年的4.0张提高到2020年的5.6张，注册医护专业人员从2000年的10130人增加到2020年的15298人，相当于每千人医护人员从1980年的1.52人增加到2020年的2.04人。综合社会保障援助发放款项由2000年的174000万美元增加到2020年的294600万美元（见表4-24）。

表4-24　1980—2020年香港特别行政区社会指标的发展趋势

指标	1980年	1990年	2000年	2010年	2020年	变化
总人口（人）	5063100	5704500	6665000	7024200	7481800	1.48
人口增长率（%）	2.7	0.3	0.9	0.7	-0.3	—
劳动人口比例（%）	63.3	63.2	61.4	59.6	59.6	0.94
人口失业率（%）	3.8	1.3	4.9	4.3	5.8	1.53
本地研发总开支（百万美元）	—	—	798	1714	3395*	4.23
小学学生人数（人）	540260	524919	493979	331112	364257	0.67
中学学生人数（人）	468975	433208	466710	458131	330305	0.70
小学教师人数（人）	17929	19518	22845	21902	28069	1.57
中学教师人数（人）	15291	20159	25093	29969	29304	1.92
小学生师比	30.1	26.9	21.6	15.1	13.0	0.43
中学生师比	30.7	21.5	18.6	15.3	11.3	0.37
在港专利申请数（件）	—	—	8569	12316	22245	2.60

续表

指标	1980 年	1990 年	2000 年	2010 年	2020 年	变化
在港获批专利数（件）	—	—	2970	5875	8387	2.82
每千人病床数（张）	4.0	4.3	5.2	5.0	5.6	1.40
注册医护专业人员（人）	—	—	10130	12620	15298	1.51
综合社会保障援助发放款项（百万美元）	—	—	1740	2380	2946	1.69

注：变化 = 终点年份 / 起点年份。

资料来源：香港特别行政区政府统计处。总人口为年中人口；本地研发总支出涵盖工商机构、高等教育机构及政府机构的研发开支。

（三）香港生态现代化

香港是一座美丽的港湾城市，有超过1/3的土地被划为郊野公园和自然保护区，其中湿地面积占4%。香港十分重视宜居环境建设，先后制定了《水污染管制条例》《空气污染管制条例》《噪音控制条例》等法规，并规划了相应的环境控制标准和环境保护目标，这使得香港的生态环境不断改善。市区二氧化硫浓度从2000年的18微克/立方米下降到2020年的5微克/立方米，市区可吸入悬浮粒子从50微克/立方米下降到26微克/立方米。在提高地区生产总值的同时，耗电量在不断下降，由2000年的130675太焦耳下降到2020年的27947太焦耳，也就是百万美元GDP用电量从0.773太焦耳下降到0.081太焦耳。环境建设计划开支由2000年的32200万美元增加到2020年的91400万美元，提高了近2倍。污染投诉案件数从2000年的30736件下降到2020年的19669件（表4–25）。

表 4–25　2000—2020 年香港特别行政区生态环境指标的发展趋势

指标	2000 年	2005 年	2010 年	2015 年	2020 年	变化
市区二氧化硫浓度（微克 / 立方米）	18	23	13	11	5	0.28
市区可吸入悬浮粒子（微克/立方米）	50	55	46	38	26	0.52
耗水量（百万立方米）	924.13	967.71	935.56	972.71	1027.12*	1.11
耗电量（太焦耳）	130675	144172	150705	28403	27947	0.21
GDP 用电量（太焦耳 / 百万美元）	0.773	0.811	0.659	0.092	0.081	0.10
污染投诉案件数（件）	30736	24086	23678	21603	19669	0.64
都市固体废弃物（千公吨）	3417	3423	3326	3708	4036*	1.18
已回收都市固体废弃物（千公吨）	1759	2594	3603	5569	4491*	2.55
环境建设计划开支（百万美元）	322	175	636	548	914	2.82

注：变化 = 终点年份 / 起点年份。

资料来源：香港特别行政区政府统计处。* 为 2019 年数据；1 太焦耳 $=10^{12}$ 焦耳。

（四）香港文化现代化

香港的文化是多元文化，主要受到我国传统文化、英国殖民地文化及本土岭南文化3种文化的深刻影响，这种包容文化为香港成长为高度外向型城市提供了良好的土壤。

香港的文化现代化在特别行政区政府的推动下明显提升。各类博物馆、科技馆、图书馆、文化馆、展览馆等日趋完善，也吸引了大量居民参观游览，以香港科学馆为例，2000年香港科学馆参观人次为778048人次，2019年则增加到1149279人次，2020年由于受新冠肺炎疫情严重影响而大幅度降低。香港公共休憩用地总面积由2000年的1869公顷上升到2020年1997公顷。香港也是著名的旅游城市，旅游业十分发达，2000年访港旅客人次为13059千人次，2019年增加到55913千人次，增长3倍多（表4–26）。

表4–26　2000—2020年香港特别行政区文化指标的发展趋势

指标	2000年	2005年	2010年	2015年	2020年	变化
图书馆馆藏书籍资料数量（册）	—	11908280	12576738	14153235	15096730	1.27
公共图书馆登记读者数（人）	—	3301844	3894227	4372380	4709764	1.43
多媒体资讯系统使用次数（次）	—	1126214	2178002	5006032	7087059	6.29
香港科学馆参观人次（人次）	778048	967359	1839197	1169368	1149279*	1.48
康体活动参加人数（人）	1757892	2403803	2820252	2474381	2393535*	1.36
公共休憩用地总面积（公顷）	1869	1964	2175	1994	1997	1.07
访港旅客人次（千人次）	13059	23359	36030	59308	55913*	4.28

注：变化=终点年份/起点年份。

资料来源：香港特别行政区政府统计处，*为2019年数据。

（五）香港治理现代化

香港总体治理水平较高。在早期英国殖民地时期实行的是放任自由的管治理念，但也受到英国法律制度的影响，后期回归祖国的香港也建立了较为完善的法治体系，所以，与自由主义经济理念一样，香港法治精神也深入人心。

2000年以来，香港犯罪率大大降低，每十万人犯罪率已从1159起下降到2020年的845起。暴力罪案数目也由2000年的14812起下降到2020年的9391起；监狱囚犯在押人数由2000年的4764人下降到2020年的1734人。当然，治理水平的提升和治理环境的进一步改善，也与政府不断加大人力物力投入有关，2000年警察年均财政支出为11741百万港元，2020年则提高到23407

百万港元（表4–27）。未来，在中央政府的大力领导下，香港特别行政区治理现代化能力必将更上一个新台阶。

表 4–27　2000—2020 年香港特别行政区社会治理指标的发展趋势

指标	2000 年	2005 年	2010 年	2015 年	2020 年	变化
每十万人犯罪率（起）	1159	1136.6	1074.8	911	845	0.73
犯罪案数（起）	77245	77437	75965	66439	63232	0.82
暴力罪案数目（起）	14812	13890	13546	10889	9391	0.63
侦破罪案数目（起）	33668	34282	32548	29736	23933	0.71
每十万人口警员人数（人）	424	392	394	391	384	0.91
警察年均财政支出（百万港元）	11741	10864	12855	17065	23407	1.99
监狱囚犯在押人数（人）	4764	9872	4892	3256	1734	0.36
申请法律援助的民事案件数目	21736	16964	16124	15165	11286	0.52

注：变化 = 终点年份 / 起点年份。

资料来源：香港特别行政区政府统计处。

（六）香港居民的现代化

香港作为国际化大都市，香港居民的经济收入水平已经达到发达国家水平，这也为香港居民的现代化提供了重要保障。香港居民的平均预期寿命不断延长，男性出生时平均预期寿命由2000年的78.0岁提高到2020年82.9岁；女性出生时平均预期寿命由2000年的83.9岁提高到2020年的88.0岁，远高于全国居民出生时平均预期寿命。但值得注意的是，这也带来了香港老龄化不断加剧的问题。目前少子化也在香港表现突出，家庭住户平均人数由2000年的3.3人下降到2020年的2.8人。每千名活产婴儿死亡率已经从2000年的3.0人下降到2020年的1.9人；每十万登记孕妇死亡率2000年为5.6人，到2020年基本为0。结核病死亡人数占总死亡人数比例由2000年的0.9%下降到2020年的0.4%（表4–28）。香港的养老服务水平和社会保障能力都在不断提高。

表 4–28　2000—2020 年香港特别行政区个人指标的发展趋势

指标	2000 年	2005 年	2010 年	2015 年	2020 年	变化
每千名活产婴儿死亡率（人）	3.0	2.3	1.7	1.4	1.9	0.63
每十万登记孕妇死亡率（人）	5.6	3.5	1.1	1.0	0.0	—
男性出生时平均预期寿命（年）	78.0	78.8	80.0	81.4	82.9	1.06
女性出生时平均预期寿命（年）	83.9	84.6	85.9	87.3	88.0	1.05
家庭住户平均人数（人）	3.3	3.0	2.9	2.9	2.8	0.85

续表

指标	2000 年	2005 年	2010 年	2015 年	2020 年	变化
离婚率（%）	2.0	2.2	2.6	2.8	2.1	1.05
结核病死亡人数占总死亡人数比例（%）	0.9	0.7	0.5	0.4	0.4	0.44
公共福利金发放总额（百万港元）	5129.6	5339.3	9062.4	21673.3	38166.3	7.44
护理安老院人数（人）	9394	11056	12927	13956	14311	1.52

注：变化 = 终点年份 / 起点年份。

资料来源：香港特别行政区政府统计处。

（七）城市规划角度下香港城市现代化的演变

香港是一个土地资源匮乏而人口众多的城市，如何在如此小的地域范围内布置这么多的人口、产业和各种服务设施，一直都是香港必须要面临和解决的问题。城市发展规划历来成为香港谋篇布局的重要手段。香港在第二次世界大战以前，一直作为转口贸易港而闻名于世，由此吸引了大量的外来人口聚集于此，1901—1941年，香港的人口从36.9万人激增到163.9万人，致使香港的城市环境遭到一定破坏（石崧，2012）。在这一背景下，香港从1922年开始制定《城市规划提案》，1939年香港正式出台了第一个真正意义上的城市规划——《城市规划条例》，并设立城市规划委员会，专门负责制定城市发展的有关条例，以及协调市区内各项事业的发展。

第二次世界大战以后，香港进入快速工业化和城市化阶段，到20世纪五六十年代顺利实现了从转口港到全面实现城市工业化的过渡，这也带来了人口的加速集聚，人口的激增和工业的快速发展都对香港土地需求提出了挑战。香港开始不断拓展新的发展空间，新九龙在此时走入人们的视线，成为香港发展的新空间。1966年开始，香港开始集合多个部门制定综合规划——全港策略性规划，以指引香港城市长远发展。在20世纪70年代，港英政府根据《香港发展纲略》制订了新市镇发展计划，这一时期也陆续制定了“全港发展策略研究”“港口及机场发展研究”“次区域规划”“都会计划”“乡郊规划及改善策略”等（邹涵，2011），这些发展规划的出台为香港的全面发展提供了重要依据。

进入20世纪90年代，香港的城市规划进入了一个新的发展时期。于1990年在规划环境地政署辖下成立了规划署（Planning Department），以修订过时的城市规划条例，规划署的成立使香港城市规划职能开始脱离以往土地管理部门而成为独立的行政部门，城市规划开始得到进一步重视，大大提高了城市规划的职能地位。1991年，香港成立了城市规划委员会，并开始对《城市规划条例》进行全面修订和调整。

1997年香港回归祖国以后，便进入了崭新的历史时期。香港历时7年完成了《香港2030：规划远景与策略》，这一远景规划一方面坚持了既有的"以少谋多、生态保育"的规划传统，另一方面在发展重心上香港开始从更宏大的视角考虑其发展前景，主要着眼于整个港珠澳大湾区和内地的联动发展，强调"铁路为本、通达四方"，重点依托区域性交通网络的轴线延伸式发展格局，加强与珠三角的联动发展（凌嘉勤，2017）。

从以上可以看出，历史上香港每次城市规划与战略设计，都始终围绕香港最核心的问题展开，也能与香港的社会经济结构相适应，并且在香港的工业化、城市化以及城市持续转型过程中，都发挥了重要引导作用。但香港城市规划的颁布频次较少，主要是以修订为主，在修订中则主要考虑和解决当时香港遇到的主要问题。

二、香港城市现代化现状及挑战

香港在近200年的城市发展历程中，已经从一个小渔村成长为国际化大都市，在世界享有极高声誉。然而，现阶段香港也面临着经济发展乏力、创新活力不足、社会矛盾仍较突出等问题，这些问题的存在也为未来香港的繁荣稳定带来了一定的挑战。

（一）发展现状

香港经济发达，在全球城市排名中也位居前列。2020年香港人均地区生产总值达到46324美元，世界银行数据显示，2020年高收入国家人均GDP为43953美元，美国、英国、德国和日本的人均GDP分别为63544美元、40285美元、46208美元和39539美元。比较来看，香港的人均GDP已经超过高收入国家平均水平，也高于英国、德国和日本等发达国家的水平。这也证明了，香港是一个经济高度发达的城市。

香港各项社会事业蓬勃发展。香港是世界上人口密度最高的城市之一，尽管如此，香港在教育、科技、卫生、医疗和劳动力就业等方面都取得了较大的成就。就教育而言，香港拥有高质量的教育机构，很多大学借鉴了世界的前沿教育理念，香港大学、香港科技大学、香港中文大学等高校在亚洲具有广泛的影响力，师资国际化、学生国际化、校园国际化水平也很高，每年吸引不少外国学生到此留学。在卫生医疗方面，香港拥有国际一流的先进医疗水平，并且具有完善的医疗体系和严苛的医疗监督系统，吸引了很多港外人士到香港治病疗养。2020年香港出生时平均预期寿命女性高达88.0岁，而男性达到82.9岁，均高于日本，居于世界第一，这与其发达的医疗体系密不可分。香港就业稳定，长期以来失业率基本维持在4%左右，但在2020年受新冠肺炎疫情影响，失业率达到5.8%，但仍基本处于正常范围。

香港生态环境良好，大片的郊野公园成为香港的生态名片。香港十分重视生态环境保护，自20世纪70年代开始，便通过立法规定了郊野公园占香港总面积40%的生态红线，所以即使牺牲人们居住空间，香港的郊野公园所占的比例也从未改变，这为香港换来了大片的绿化面积和清新空气。在中国社会科学院财经战略研究院发布的《中国城市营销发展报告（2018）》中，香港的宜居指数高于北京、上海和广州，位居全国第一，其中很大一个衡量因子就是它良好的生态环境。近些年，香港市区的二氧化硫浓度和可吸入悬浮粒子都在降低，2020年分别达到5微克/立方米和26微克/立方米。

香港治理现代化能力不断加强。香港具有良好的社会治理水平，尽管“占领中环”非法集会曾一度严重扰乱社会秩序，但香港国安法实施后，香港社会秩序恢复正常，社会发展重新步入新的轨道。2020年每十万人犯罪率为845起，是近20年来的最低水平，这也充分证明了香港社会治安和治理水平的提高。

（二）面临挑战

在科尔尼的2020年全球城市指数报告中，2020年香港城市综合排名已经从第五名滑落到第六名（Kearney，2021），也意味着香港在未来的城市现代化进程中仍然面临诸多挑战。主要表现在：

一是经济增长动力不足，发展新动能尚需进一步培育。香港已经进入经济发达成熟阶段，这一阶段需要寻找新的经济增长点才能保持其持续的发展动能。近年来，香港经济出现了一定的下滑，2019年的增速为0.3%，2020年由于新冠肺炎疫情的影响增速变为-5.5%，这也意味着香港目前仍然没有培育出经济增长新引擎。并且，香港服务业比重过高，2020年达到95.2%，在当前全球新一轮国际分工体系中，香港能否依靠服务业参与国际产业分工值得思考，也是香港最大的挑战。

二是社会矛盾仍然十分突出。香港收入两极分化较为严重，基尼系数是反映收入分配不平等的指标，目前能找到的2018年数据是0.539，已超过贫富差距0.4的警戒线，这也意味着大约30%的低收入家庭没有分享到经济发展的成果。另外，香港的社会向上流动减弱，代际贫困正在加剧，底层贫困群体失业代际传递增强，社会阶层不断固化（陈广汉，2017）。另一个更为现实的问题是香港的住房问题，在公共设施完备精良、交通快捷方便、楼宇繁华的背后，有着大量低收入人群栖身在“鸽子笼”或狭小、不安全的危旧楼房中，这与香港高度发达的经济很不相称。

三是香港人口老龄化严重，少子化又成为新趋势。由于寿命的不断延长，香港也进入了深度老龄化社会，2020年，香港65岁及以上的人口已经占整体人口的18.3%，老年人口抚养比已经达到42.8%。与此同时，香港生育率在不断下降，2020年出生率仅为5.8‰，而总和生育率则仅为0.868个孩子，说明每个妇女一生中平均生育不到1个孩子，这些数据都达到了历史最低点，这也是香港必须要面临的社会问题。

四是香港创新能力不足。香港长期以来主要以金融业、贸易物流和旅游业为主，对科技创新投入不足，重视不够。世界经济论坛发表的《2018年全球竞争力报告》显示，香港在创新能力方面表现一般，仅排第26名，亟待提高。尽管，近年来香港特别行政区政府高度重视科技创新发展，并出台了一系列政策支持，也取得了一定成效，但要达到以科技创新推动经济发展、形成经济发展新增长点的目标，仍任重道远。

三、香港城市现代化的战略和举措

《香港2030：规划远景与策略》对香港未来的发展作出了远景战略部署，将“提供优质生活环境”作为香港重要发展目标，这一规划也十分注重提高香港的经济竞争力，争取通过规划的实施能够使香港经济持续稳健地增长，成为全球的繁华之都。其主要战略为：

（一）明确未来目标愿景

《香港2030：规划远景与策略》提出的规划远景为：让香港成为宜居、具竞争力及可持续发展的“亚洲国际都会”。同时，规划还指出，香港不仅是中国主要城市之一，更要成为亚洲首要国际都会，享有类似北美洲的纽约和欧洲的伦敦那样重要的地位。

为避免“亚洲国际都会”远景过于注重经济增长、效率即竞争力，忽略社会、文化与环境方面的考虑，总体目标中还提出了“必须贯彻可持续发展概念，致力于均衡满足这一代和后代在社会、经济和环境方面的需求，从而提供更佳的生活质量”。因此，“亚洲国际都会”并不只是为了经济增长或竞争力提升，而是追求真正的可持续发展模式，使香港成为亚洲城市的典范。

具体目标包括：①注重优质生活品质的塑造。优质生活品质将注重绿色和清洁的环境、良好的美学观念、便捷的交通、平衡与和谐的空间感、多元的选择、富有特色的地方感、完善的城市基础设施、包容互爱的社会等生活元素。②保护自然环境和文化遗产，对具有生态、地质及其他价值的自然环境加以保育，同时保护文物遗产。③提升香港作为经济枢纽的功能。预留充足的土地储备，配合日新月异的工贸和商业需求；加强香港作为国际及亚洲金融商业中心的地位；加强香港作为国际及亚洲贸易、运输及物流中心的地位；进一步发展华南地区的创新科技中心。④能适时提供充足的土地，以发展房屋及社区设施，满足房屋及社区的需求。⑤制定规划大纲，以便发展一个安全、高效率、合乎经济效益及符合环境保护原则的运输系统。⑥推动艺术、文化及旅游业，使香港继续作为一个独具特色文化体验的世界级旅游目的地。⑦加强与内地的联系，在基础设施等方面加以衔接等。

（二）空间结构优化组织战略

加强与祖国内陆的区域协同发展。《香港2030：规划远景与策略》深刻认识到香港与内地紧密的联系是香港发展国际都会的最大优势，并认为珠三角经过多年的快速发展，积累了强大的经济发展潜力。大珠三角经济区（包括广州、深圳、珠海、澳门及香港等大城市）必将发展成为一个更整合的经济体系。加强与广东省尤其是珠三角地区的交通运输联系是实现与内陆协同发展的重要路径，未来，应重点通过跨界交通设施的网络化建设实现粤港之间的往来便捷性，提出了多项铁路和道路网络方面的建设计划，如港珠澳大桥、广深港高速铁路、东部通道等基础设施共建。当前，在粤港澳大湾区国家战略的实施下，香港必然会迎来新的发展契机，一定会在新的起点上实现新的突破。

进一步优化港内空间布局。《香港2030：规划远景与策略》重点强调了要加强已建成区的空间利用，不能大规模地进行建设，而是要保留大部分的乡郊地区，同时对于都市核心、中发展轴、北发展轴和南发展轴进行了合理的功能配置。都市核心区主要建设一些集中商业设施以及提供适合都市人们生活模式的便利设施；中发展轴主要布局一些教育、知识创新设施，并配置适当的社区服务建筑；南发展轴主要布局一些物流及主要旅游设施；北发展轴主要将一些其他可发挥边界有利位置用途的产业或设施布局于此。同时新建住宅主要布局在建成区，其中都市区、新市镇分别占40%和30%，其他建在新界及乡郊地区。《香港2030：规划远景与策略》中还重点对优质办公室、一般商业用地、新界与就业相关用地、新开发区、发展密度、保护郊野地区等进行了布局考虑。

（三）产业竞争力巩固提高战略

提升经济竞争力仍然是香港保持长期繁荣的重要途径。主要是通过重点培育和发展香港的金融、物流、旅游、创意工业等产业，进一步巩固香港经济发展的源泉。同时，也要加强写字楼、港口发展、机场发展、物流服务以及大学城的建设等。商业在香港占有重要地位，商业中心的建设对于香港建设商务区至关重要，未来重点加强利用启德机场旧址建设商业中心。旅游业也是香港发展的主导产业，旅游业发展的主要措施包括：一是海洋公园作为港岛南旅游景点群的核心；二是使大屿山成为香港的旅游及康乐设施集中点；三是积极改善西九龙文娱艺术区、现有的尖沙咀设施，以及在启德机场旧址发展新邮轮码头，使九龙成为另一个主要旅游集中场所等。未来，也应该坚持产业结构多元化发展战略，特别是要抓住新一轮技术革命的机遇，充分发展人工智能、5G、物联网等新一代信息技术，同时注重高端制造业和高科技产业发展，强化支持服务型经济发展的产业基础。

（四）生活环境优质提升战略

随着过去几十年香港人口及经济迅速增长，香港面对沉重的发展压力，香港特别行政区政府开展了大规模的土地开发、公共房屋及基础设施建设项目。这些举措显著提升了市民的生活水平，也加强了他们对优质生活环境的诉求。未来的主要措施和行动目标包括：推行理想的城市设计，保证维多利亚港及海湾美化，保育自然景观、保护文化古迹，提供体育、康乐及文化设施等。在城市设计方面，既要保持整个城市的优美风貌，也要加大环境的美化和绿化，以确保人们拥有一个优质的港湾和城市生活环境，主要包括美化和绿化环境；提供方便的休憩用地、通风廊道和景观廊道；贯彻楼宇高度分级原则；保护山脊线；开设行人专用区；改善商业中心区的环境，以及按各区特色及地貌设计市容等。在保育自然景观、保护文化古迹方面，主要包括：适当地规划保育优美的郊区，如西贡、大屿山以及众多岛屿；发掘更多可供康乐用途的地方，以确保这些地区继续成为香港人康乐及休闲的后花园，以及生态旅游的重要资源[①]。

---

① 资料来源：香港 2030：规划远景与策略［EB/OL］.https://www.pland.gov.hk/pland_en/p_study/comp_s/hk2030/chi/finalreport/.

（五）创新驱动发展战略

面对香港土地少、资源少、本土市场需求有限的现状，进一步加强创新驱动发展已成为香港实现新增长、培育新竞争优势的必然选择。未来，可充分发挥香港在教育和基础研究方面的优势，加快培育一批战略性新兴产业，同时加快一些科技成果产业化。例如，可以通过发展科技创新产业和文化创意产业等，推动信息技术与其他产业的融合发展。同时，进一步发挥香港作为全球金融中心的优势，与科技创新产业形成新的发展模式，即“金融+科创”模式，改变过去过于依赖地产形成的“金融+地产”的模式。在发展路径上，一方面应积极加强与深圳、广州、东莞等城市的深度合作，充分利用它们在制造业方面以及人才方面的优势，推动科技成果产业化；另一方面继续增加政府在科研方面的投入，制定鼓励企业开展科技创新的政策，建立起政产学研相结合的科技创新体系，提升创新能力和经济竞争力，增强经济可持续发展能力。

四、香港城市现代化的特点

香港是一座利用港口优势发展起来的城市，目前已在全球城市中占有一席之地，它也经历了快速工业化、全域城市化等过程，集聚了大量人口，在人多地少的情况下，香港十分重视城市发展规划和空间战略，因此，它的发展对于很多城市的现代化具有普遍的借鉴价值。

（一）注重优质生活环境，提高生活质量现代化

美好生活是人类的共同梦想和不懈追求。《香港2030：规划远景与策略》前言就提出“香港是七百万人的家。香港人的福祉有赖这个城市在社会及经济上持续和健康的成长，并能避免对环境造成不当的影响”。该规划也用单独的章节提出打造“称心的生活环境”，并提出优质生活品质要注重绿色和清洁的环境、良好的美学观念、便捷的交通、平衡与和谐的空间感、富有特色的地方感、完善的城市基础设施及包容互爱的社会等生活元素（肖扬，2015）。生活质量现代化是提高和实现人们美好生活的必由之路。2020年我国常住人口城镇化率已经超过60%，也就是未来很大一部分人口是生活在城市中的，因此，未来的城市现代化必须要把生活质量现代化作为重要内容。生活质量现代化不仅要提供一些良好的生活设施，还要提供丰富的个人生活和公共生活环境。

（二）注重经济竞争力的提升，夯实城市现代化的基础

雄厚的经济基础是实现现代化的物质基础，城市现代化也离不开强有力的经济基础作保障。纵观所有国际大都市的城市现代化建设，如伦敦、巴黎、纽约等均是建立在高度发达的经济实力基础上的。《香港2030：规划远景与策略》将“经济的变迁”作为其中重要章节进行规划，提出“要使香港成为亚太地区主要的金融、商业、贸易和运输中心”。并对金融服务及商业服务、会议和展览设施、港口服务都进行了详细规划。未来，城市现代化还要加强现代产业体系的构建，特别是当前我们正在迎来新一轮科技革命和产业变革，新能源、新材料、人工智能、生物技术、区块链、5G等前沿技术和产业成为主要国家竞争博弈的主战场，这也为我国主要城市深度参与全球供应链分工、加快前沿科技成果广泛应用、建设高端现代产业体系带来重大契机。同时，还要引导主要城市做好向知识经济转型发展的各项准备，制定合理的创新政策和产业政策，创造有利于创新的法律、政策、金融和社会环境，加强知识产权保护，大幅度提高企业创新能力。

（三）坚持公共交通主导原则，大力提高绿色交通水平

绿色发展已经成为指导我国未来经济社会发展的五大发展理念之一，当前我国城市交通特别是一些特大城市正面临着空气污染、噪声污染、交通拥挤等诸多问题，未来绿色交通将成为城市现代化发展的重点。以“快速轨道交通”和“大容量公交”为主，其他交通方式为辅的交通发展模式，以及倡导步行和自行车等绿色交通，减少私家车使用，建立高效、安全、集约、便捷、舒适的城市交通体系将成为城市交通发展的重要方向。《香港2030：规划远景与策略》致力于确保有方便的地面和地下公交系统。香港的公交系统主要包括：轨道交通，电车，专营巴士，公共小型巴士，的士和居民巴士，轮渡。其中高效的轨道交通是最值得学习的。借鉴香港经验，我国城市公交发展应强调以运输效率和服务质量为中心，加强政府管理和市场竞争。在交通管理上，严格执法，高效管理。在指导思想上，依据城市总体规划、支持城市总体规划、超前城市总体规划、回归城市总体规划。在建设时序上，采取综合规划、统筹发展、量力而行、循序渐进的原则（马祥军等，2009）。

（四）加强区域分工合作，共同推动城市现代化

城市区域分工协作有利于充分发挥各个城市的比较优势，并在产业链、

供应链和价值链上实现效益最优化，对于提高一个城市竞争力，加快推动城市现代化具有积极作用。香港是坐落于“泛珠三角”区域南部的大城市，其发展处处受到附近地区的跨界影响，也必须得到这些地区的协助。《香港2030：规划远景与策略》基于国家层面专门研究了“泛珠三角”区域的协作，并提出了多项铁路和道路网络方面的建设计划，如港珠澳大桥、广深港高速铁路、东部通道、莲塘和香园围口岸的建设（孙衍德等，2010）。香港注重城市区域协作的做法，也值得其他城市学习。各城市应研究在资源共享、优势互补条件下的协调合作、共谋发展，集约和高效使用城市的各种资源，避免行业间、城市间在平面上做文章所导致的土地资源的浪费和投资效益的降低，强调各种设施在纵向空间上的集成，切实集约利用资源。

第五章
衰落或收缩的城市案例分析

自工业革命带来生产方式的巨大转变以来，工业化也极大地推动了城市现代化的进程，城市居民人口在过去200多年增长了数百倍，现如今的城市居民人口已超过了全球总人口的50%，并还有持续增长的趋势。但同时我们也可以看到，在城市扩张的主导趋势下，世界范围内有一些规模大小不一的城市出现了萎缩的迹象。

发展中国家由于较落后的原始工业基础和人口结构，虽也存在逆城镇化和城市收缩的案例，但整体仍以高速发展的工业化和城市化为主。自20世纪中期开始，发达国家的一些城市出现了萎缩的迹象；20世纪90年代，前东欧集团的国家城市也加入了收缩的队伍。其中比较有代表性的就是日本、俄罗斯、意大利、德国的城镇居民数值和比重不断下降，正面临或即将面临严重的城市萎缩和人口老龄化问题；同样受城市衰退困扰的还有美国的城市。

第一节　衰落的城市

在欧美发达国家，以城市经济活力减退、废弃闲置空间增多、人口大量减少和外流为主要表现特征的城市衰退现象已引发了人们的关注和重视，甚至有些曾表现良好的现代化城市一蹶不振，走上了破产的道路。这里选取美国底特律和日本夕张这两座曾正式宣告破产的城市为例，试图提供另一种城市现代化研究视角。

一、底特律

著名的“汽车城”底特律（Detroit）位于美国东北部，面积约370.2平方千米，是美国密歇根州最大的城市，在城市发展鼎盛时期即20世纪50年代人口曾达到180万人，而破产前夕即2010年前后人口锐减至70万人。底特律建立于1815年，直到20世纪初都处于城市的快速成长和崛起时期，在第二次世界大战期间达到鼎盛；在福特制生产时代，底特律发挥其优秀的区位地理和自然资源优势，加之投资驱动和产业集群发展，成为福特、通用和克莱斯勒等全球三大汽车巨头的总部所在地，有“全球汽车制造中心”之称。

随着全球汽车产业快速发展演化、外部市场竞争加剧，底特律却未能及时调整产业发展规划和培育新的经济增长点，过度依靠单一的产业发展带动城市经济，故自20世纪50年代起，汽车产业衰落、城市经济下滑。

底特律城市发展阶段见图5-1。

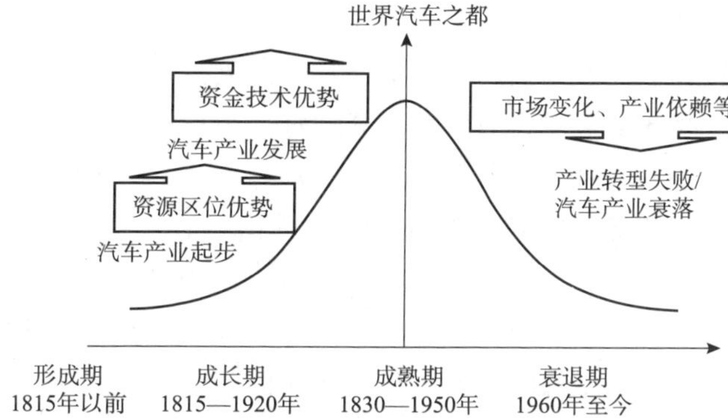

图5-1　底特律城市发展阶段（刘艳艳，2012）

2013年7月18日，底特律正式申请破产保护；2013年12月3日，美国联邦法院作出裁决，这座曾经的“汽车城”正式宣告破产，债务规模高达185亿美元，成为美国历史上最大的地方政府破产案；直到2014年12月11日，底特律市政府才从联邦政府重新拿回城市财政，脱离破产（John F McDonald，2014）。

（一）底特律破产的原因探析

纵观底特律的产业发展和城市演变历程，可以看出底特律未能实现城市现代化转型的主要原因有：

第一，汽车产业竞争力下降，产业结构脆弱单一。随着世界汽车产业生产从福特制生产方式向丰田制生产方式转变，即从成本导向型的传送带式流水作业转向产品导向型的精细作业，并将继续发展到更注重产品个性化体验的大规模定制式作业阶段，曾经为底特律汽车产业带来大量规模效益、为其创造举世瞩目经济成就的福特制生产方式，却在面对更多样化的消费需求和新兴的产业环境时，由于本身少品种、大规模生产的固有特点导致应变差、效率低的弱点被放大，汽车产业的竞争力大幅度降低。另外，由于技术的发展和经济全球化的延伸，汽车产业的技术和生产成本、通信和交通成本大幅度降低，曾经是底特律引以为傲的资源优势被工业技术革新所磨平、地理区位优势被交通运输发展所掩盖、产业先行优势被全球化背景下技术扩散所追赶，底特律对汽车企业和资源的吸引力明显下降，甚至出于降低劳动力成本的考虑，本市的汽车产业向国内外劳动力更廉价的市郊地区和新型工业化国家转移，造成城市资本外流。

“成也汽车，败也汽车”的底特律在产业结构上过度依赖汽车产业，当汽车产业发展、辉煌时，城市迎来其鼎盛时期；当汽车产业竞争力下降甚至衰落时，未能培育新兴产业的底特律自是失去了支撑的主心骨，衰败也不足为奇了。对于一个城市来说，过于单一的产业结构是脆弱的，生产集聚在带来规模效益的同时也会导致其模式固定和风险集中，当面对产业结构演变、市场竞争加剧、经济危机和不确定性风险冲击时，产业的发展状况将关乎整个城市的命运，而没有前期准备的一座城市想在短时间内实现产业重建和调整是不可能的。所以，底特律的城市衰退在经济上的根本原因是过度依赖汽车这一单一产业，因该产业的生产方式僵化和区位优势减弱而走向衰落。

第二，地方政府财政破产，中央调控角色缺失。2013年，面对高昂的财政赤字和185亿美元的城市债务，底特律不得不申请破产。一方面是因为汽车产业的衰落严重影响了底特律的财政收入，可底特律非但没有减少因维持社会福利和公共服务所需的高昂财政支出，甚至还企图通过拨款建设大规模基础设施（贾宇清、贾廷源，2014）而非优化产业结构，来阻止城市人口外流和发展颓势，治标不治本的盲目投资只会带来更严重的财政赤字和发展危机；另一方面是由于美国地方政府在财政管理和使用上拥有较高的自由度和独立性。底特律政府内部腐败、机构冗杂、财政铺张的情况早已存在，加之地方利益集团对民选政府选举和运行的渗透（Yu Peng Lin，2014），底特律的财政支出和经济决策受制于内部僵化的行政体制和外部短浅的利益集团投资倾向，财政状况日益恶化。

第三，城市文化消极惰性，社会冲突波动不断。福特制生产方式为底特律创造“世界汽车中心”辉煌之余，也使该地的制造厂商产生不可一世的优越感，各汽车企业不顾外部形势和需求变化仍坚持采用按部就班、闭门造车的生产方式，员工间交流少、部门间联系弱、企业间信任低，逐渐形成独立封闭、过于保守的地方文化和发展特点，缺少创新冒险精神和灵活应变能力。另外，底特律是美国最大的黑人定居城市之一，汽车产业外迁和经济衰退导致城市工作岗位锐减、政府财政入不敷出导致社会福利和城市管理难以为继、居民不满情绪累积导致城市犯罪激增和社会动荡、大量人口外迁导致产业转型和城市发展缺乏人力支持，尤其是20世纪60年代集中爆发的种族骚乱和黑人民权运动，严重影响了底特律的汽车产业发展，且造成白人中产阶级人口大量外迁，各种社会问题更加突出。

（二）底特律的启示

从底特律城市破产的案例中可以寻求积极有益的发展启示。

一是重视产业演替规律，实现多产业创新均衡发展。纵观底特律城市发展历程，实则一部汽车产业的兴衰史，过度单一的产业结构和空白脆弱的接替产业注定这座城市经受不住经济全球化带来的挑战与冲击。实施产业多元化战略是城市稳定发展的重要保障，主导强势产业对城市发展的带动作用固然可观，但将“鸡蛋放在一个篮子里”是危险且难以持续的。不能将城市的命运简单依托于某个支柱产业，而是要在发展中及时进行产业创新升级，这就需要考虑到外部客观经济形势的演变以及内部政府管理、社会动员有效性等系列综合因素。城市持续长远发展的要诀在于不断优化升级产业结构，寻找打造可能的经济增长点，而非固守旧有产业模式、自满于个别强势产业，这也是符合经济结构转型趋势的有益做法。

二是重视城市空间规划，警惕盲目的无边界城市蔓延造成“空城”。当一座城市已经趋向衰败、出现大量土地剩余时，仍继续扩建城市空间和更新基础设施的“补救”只会适得其反，造成更多资源的浪费和建设的压力，最后得到的不过是房产的巨幅贬值和一个更加债台高筑的政府，加速城市衰败，也给城市复兴增加了困难。当前，我国大城市人口激增，也出现了类似的问题：城区空间扩张盲目求大，城市新区开发规模较大、功能单一、供大于求。未来中国城市建设应重视科学规划，合理确定新区规模、产业布局和发展时序，丰富现有城市产业类型，提高就业密度，合理控制房地产发展，改善居住质量，防止新区规模过大、盲目扩张（马坤，2014）。

三是关注地方政府负债，加强财政管理。如上文所说，以底特律为代表的产业结构单一型城市受外部环境波动影响较大，产业经济乃至城市总体发展的持续性和稳定性都有待提高。故从城市财政管理这一角度而言，这类城市培育接替产业以及调整优化产业结构也是必要的，因为这将大大增加地区税收来源和城市财政稳定性。同时，有必要加强对以地方政府融资平台为主的地方政府性债务显性风险的防控，高度重视隐性政府债务风险防范，对已形成的地方政府性债务要分类处理，逐步化解地方政府性债务风险；抓紧建立地方政府性债务规模控制和风险预警机制，将地方政府性债务收支纳入预算，接受审查与监督；制定全面的地方政府债务管理法规，统一指导和规范各地的债务管理。

未来，中国城市人口将不断增多，城市化率持续提升，政府在教育、医疗、社会保障以及城市空间扩张背景下基础设施建设和维护等方面的支出都将大幅增加，因此，重视城市财政管理、维持政府收支平衡和稳定是城市发展中一个不可忽视的重要命题。

二、夕张市

日本的夕张市（Yubari）位于北海道中部地区，总面积763.2平方千米，距北海道地区的中心城市札幌60千米。1890年，日本设置登川村并吸引移民来此开垦，1918年改制更名为夕张町，1943年最终改制为夕张市。夕张市市名源自阿伊努语的“yuparo”，意思是矿泉涌出的地方，从名字就可以看出煤矿产业在这个城市的重要地位。夕张市是典型的资源型城市，19世纪末该地发现露天煤矿后，煤炭产业成为夕张市的主导产业。其繁荣时期煤炭产量占北海道的20%，人口达到11.7万人，被誉为“煤炭之都”。

从1963年起，夕张市煤矿开始陆续关闭，到1990年煤矿全部关闭，人口减少到2万人，夕张市作为矿业城市的发展史至此告终。接替煤矿业成为夕张市主产业的观光旅游业，是通过政府举债大规模发展起来的，但它未能挽救夕张市的衰败，反而带来了严重的债务压力。2000年，夕张城市人口减少到1.4万人。2006年7月20日，负债超过500亿日元、政府财政极其困难的日本北海道夕张市宣布自我破产（国家发展改革委外事司，2006），由中央政府直管重建该市财政，这是日本首个地方政府破产的城市。目前，夕张市还处于财政重建期，人口不到1万人，以种植著名的夕张甜瓜为主要产业。

（一）夕张市破产的原因探析

首先，煤炭主导产业没落。自1888年夕张露天煤矿被发现以来，不断有煤炭企业和移民迁入开垦，煤矿是带动夕张地区发展的主导产业，1943年由夕张町改制为夕张市时，城市内共有24座大小煤矿。随着1955年日本能源政策的转变——石油取代煤炭成为主要能源，夕张市高度依赖的煤炭产业遭受了沉重打击，矿山倒闭、企业相继撤退、人口不断外迁，以1990年最后一座三菱南大夕张煤矿封山为标志，夕张作为“煤炭之都”的历史彻底终结。夕张市政府曾不断尝试培育接替产业，但都未能转型成功。

其次，盲目投资和债务压力造成财政困难。20世纪70年代，日本沉浸在泡沫经济的气氛中，繁荣的假象导致夕张市作出了选择发展旅游业以满足日本“超级大国”新兴生活方式的错误判断。这一发展规划没有考虑到夕张市寒冷的气候条件和不断缩减的人口，大量观光游览设施的建设投资和维护费用远远超出了夕张市的实际需求和财政能力，加速了城市的衰败。为发展旅游业，夕张市投入大量资金建造了度假村、主题公园、滑雪场等旅游观光设施（刘通、韩丽亚，2007）。在财政收入十分有限的境况下，为了实现向旅游业转型的宏伟目标，夕张市采取了通过借债发展经济的政策，在旅游业的建设资金中有80%来自地方债；除了发行地方债，夕张市政府还从民营金融机构借入了大量的短期资金，进一步恶化了政府财政状况。巨大的资金投入并没有获得旅游业发展的预期收益，夕张市政府背上了沉重的债务负担和财政压力，2006年，夕张市的借款总额为该市财政规模的14倍，最终放弃自力更生再建财政的计划，宣布破产。

最后，人口持续外流，高龄少子化形势严峻。随着煤矿企业破产，夕张市大量失业人员不得不外迁至其他城市，转向发展旅游业的现代化战略失败进一步迫使该地区年轻人口持续迁出。人口流失与经济衰退形成恶性循环，就业机会减少导致人口流出，劳动力缺失带来创业热情下降、税收收入萎缩、经济进一步萧条。目前，夕张市为日本人口倒数第三的城市，人口仅为城市鼎盛时期的1/10。另外，高龄少子化也是造成夕张市人口持续减少的重要原因，儿童数量减少、老年人口比重不断增加，整个城市萧索衰败、缺乏生机。

（二）夕张市的启示

夕张市的破产对资源型城市转型有一定的启示意义。

一是要因地制宜，科学规划产业转型方向。夕张市选择发展旅游业以接替煤炭产业，在未对本地人口、地理区位、气候等因素进行考虑评估的基础上，就轻易受泡沫经济煽动，将大量资金投入并不适合夕张市发展的观光旅游业，甚至不惜发行地方债，失败的产业转型加剧了夕张的财政压力、人口外迁和产业转型难度。在面临外部政策环境变化、内部主体产业发展动力不足的情况下，政府应立足于本地政治经济社会基础和优势，在符合产业发展趋势的前提下培育接续产业，确定和执行科学的城市发展战略。资源型城市的转型需要更科学的管理，这过程中必然少不了政府全面有效的政策手段和强有力的社会多部门参与（Leslie Mabon and Wan-Yu Shih，2018）。

二是发挥政府在经济转型中的积极作用，良性管理财政。日本的地方交付税、国库支出金制度是一种长期的以拨款补差额的转移支付体系，在此体系下，地方政府难以产生维持财政收支平衡的动力和压力，往往造成居高不下的财政赤字（孙悦，2011）。夕张市在收入压缩的情况下，未能保持政府收支平衡，还由于不合理的煤矿破产处理对策、投资建设旅游观光设施等浪费了大量财政资源，甚至利用短期借款弥补赤字、粉饰太平。实际上，政府应在基础设施的维护、产业结构的优化、社会问题的治理、城市战略的实施等方面真正发挥财政的作用，通过财政调整为资源型城市的转型发展创造有利条件；此外，还应建立政府财务信息公开和监管机制。夕张市做假账隐瞒巨额财政赤字最终导致破产，这一恶性事件足以说明政府财政信息透明和管理的重要性，提高政府财政的透明度和公开性不仅有利于让社会公众了解、参与、监督政府决策，提高决策的科学性，还有助于降低、抑制政府债务的形成。

三是重视人口因素对城市发展的突出作用。夕张市想通过产业转型留住人才，却因失败的城市规划加剧了人口外流趋势。人口集聚能为城市带来生产的规模效益和创新动力、促进消费和提高市场活力，是整个城市发展的主体和根基。因此，理性审视人口因素，通过科学的产业转型和稳定的福利待遇引进、留住人才是城市走向现代化之路的必要举措。

第二节　收缩的城市

在城市现代化的进程中，部分城市虽出现过“开倒车”现象，但通过产业转型、城市更新和科学的城市规划等政策举措已扭转颓势，走上了再增长的复兴之路，为丰富城市现代化路径提供了独特的借鉴参考。本节选取曾经历过城市收缩、现已逐渐复苏的城市英国的曼彻斯特和德国的莱比锡为例，探寻这些现代化城市收缩的原因及启示。

一、曼彻斯特

曼彻斯特（Manchester）是位于英国西北部平原的城市，面积约115.6平方千米，人口在1950年超过70万人，而经历了过去半世纪自工业革命以来

"最痛苦的产业结构调整"，人口到了2000年仅有40万人，随着21世纪以来城市的复兴，人口规模也开始逆转，人口约55万人（www.statistics.gov.uk.，2021）。

1974年，英国地方行政改革建立了以曼彻斯特为中心，包括邻近的索尔福德（Salford）、斯托克波特（Stockport）等10个都会自治市的大曼彻斯特都市区，总面积1287平方千米，总人口约270万人，是英国重要的经济区和第三大都市区。曼彻斯特历史悠久，但真正崛起是随着18世纪工业革命而来的，工业化让城市结构发生巨大变革，得益于发达的纺织业，曼彻斯特从一个小城镇迅速发展为重要的工业都市；19世纪五六十年代爆发了第二次工业革命，曼彻斯特也抓住契机实现了城市工业化进程中的重要结构转型——由传统棉纺织业向机械制造和产品深加工转变，其得以再次巩固老牌工业城市和"工业革命象征"的地位。

20世纪六七十年代，随着纺织业和航运产业的衰落，曼彻斯特一度陷入困境，出现"城市收缩"，主要体现在以下几个方面：①传统工业式微：20世纪70年代末，曼彻斯特引以为豪的棉纺织加工和航运贸易业相继衰退，相关企业随之倒闭和持续外迁，城市工业区和滨水地区遭受严重打击；②内城人口减少：产业衰退和企业破产带来大量就业岗位的收缩和居民失业，大量劳动力外迁谋生，而英国当局推行的"清除贫民区计划"又加剧了曼彻斯特人口的减少；③闲置空间增多，房地产发展停滞：产业衰退、人口外流导致城市土地空间和建筑物的大量闲置，日益破败的城市面貌和积压的住宅又使房地产市场陷入停滞（曹晟、唐子来，2013）。经过数十年从偏向制造业到服务业的产业结构调整，曼彻斯特才在21世纪实现了城市的复兴和顺利转型。这里选取曼彻斯特的典型案例，聚焦其城市发展中从繁荣到收缩到转型的这段历史，总结相关教训和转型的经验。

（一）城市收缩的原因探析

造成曼彻斯特城市衰落的原因主要有：

首先，战争打击。受20世纪初经济衰退影响的曼彻斯特工业，又被第一次世界大战切断了向外的贸易通道，而第一次世界大战爆发后短暂出现的英国新一轮出口繁荣又随着战火的平息而迅速终结，以此可见战争对曼彻斯特的工业和贸易造成的影响是何等严重；第二次世界大战中，纳粹德国频繁猛烈的轰炸更是严重毁坏了曼彻斯特内城建筑和重工业设施，仅是1940年的空袭就几乎炸毁了曼彻斯特贸易区的大多数货仓，其城市衰败很大程度上来自战争的破坏。

其次，棉纺织业衰败，航运业式微。曼彻斯特是棉纺织工业的发源地，200年前，蒸汽纺纱机的发明拉开了工业革命的序幕，近代棉纺织大工业也由此诞生。自18世纪80年代第一家棉纺织厂出现至1830年，曼彻斯特城内已有99家棉纺织厂。曼彻斯特作为世界上最早的工业化城市，依靠棉纺织工业迅速发展起来，以“世界棉花制品交易中心”享誉世界。但在其后的一个多世纪里，曼彻斯特自工业革命兴起的棉纺织产业却逐渐式微，尽管经历了第二次工业革命中棉纺织产业结构自我调整的尝试，还是逐渐被其他城市和国家赶超。从20世纪初到中叶，曼彻斯特乃至整个英国的棉纺织业从衰退走向了最后彻底的崩溃，以1968年皇家棉花交易所停止交易为标志，曼彻斯特最终结束了其作为“棉花贸易之都”的历史。不得不转型发展电子、化工和印刷等多种新兴产业。同样衰落的还有该城市的航运业，自1894年曼彻斯特运河通航开始，它作为仅次于伦敦和利物浦的重要港口承接了往来不绝的航运业务。然而20世纪70年代兴起的“集装箱革命”淘汰了一大批无法承接处理搭载有巨大集装箱的货轮并能给集装箱提供仓储空间的港口，曼彻斯特也在此列。自此，曼彻斯特航运业逐渐衰落，许多企业出于运输成本考虑也选择布局在其他港口附近，曾经发挥重要作用的曼彻斯特港口附近的厂房仓库被大量闲置，严重影响了港口经济及整个城市的工业发展。同时，高速公路和铁路等竞争货运方式的革命性发展也加剧了航运业的衰败趋势。

最后，内城人口外迁，城市向郊区扩张。曼彻斯特作为传统的工业重镇，其产业结构从偏重制造业向更合理的方向转型过程中，首先带来的是就业结构的演变。1961—1983年，曼彻斯特制造业裁员超过15万人，将近当时整个城区总人口的50%，而接续发展的新兴产业如服务业还处在孵化培育阶段，不能提供相称数量的就业岗位，失业下岗的人员持续外迁。与此同时，随着交通网络的不断完善，曼彻斯特逐渐呈现向周围的郊区和小城镇自发扩张的趋势，与衰败的市中心形成鲜明对比的是出现爆发式人口增长的郊区。另外，英国当局在20世纪60年代提出以改善内城居住环境为目标的“清除贫民窟计划”，将内城建于工业革命时期、“基本不宜居住”的老旧房子予以拆除，并在城市外围建造了政府廉价房和多层公寓等以安置这些原先的内城居民（陈曦、汪军，2012）。在该计划下，曼彻斯特大量曾居住在中心城区的家庭搬迁到政府为其针对性打造的郊区“新城”，进一步加剧了该地人口外迁的趋势。

（二）曼彻斯特的经验

从20世纪90年代起，曼彻斯特经历城市收缩后又重新焕发生机，这与它主动寻求城市转型和不断创新有关（陈济朋，2017）。

一是培育新兴产业，优化产业结构。曼彻斯特在传统棉纺织工业和航运业式微后，及时进行产业创新与转型，由劳动密集型产业转向技术密集型，迅速培育以电子、化工和印刷为中心，兼顾发展重型机器、炼油、塑料和食品加工等700多种新兴行业，以适应更加开放的市场环境挑战。除工业升级外，曼彻斯特产业结构调整中最显著的变化则是从偏向制造业的工业经济向服务业经济转变，服务业的崛起和发展为曼彻斯特产业结构的顺利转型和城市复兴贡献了突出力量。20世纪80年代，曼彻斯特以金融服务业和商务服务业为先导，逐步建立起包括银行和基金管理、保险、审计、房地产等多个行业领域的服务业部门，带动服务型经济的迅速发展，这一举措使曼彻斯特在国际金融业中有了一席之地；此后的90年代和21世纪，曼彻斯特不断创新，成功抓住了创意产业这一新经济部门的发展契机，现已成为英国西北地区的创意产业集散地，以建设“创意产业之都”为目标逐步赢得未来现代化城市的核心竞争力。

二是改善市区面貌，吸引人口回流。20世纪60年代的“清除贫民窟计划”的确在一定程度上起到了改善内城居住环境、升级城市设施的作用，随着90年代城市经济产业结构升级后的再次繁荣，市区面貌也重新焕发光彩，旧楼房旧厂区被新式建筑物取代。“1996年市中心爆炸事件”后，当局借着举办大型运动会的契机，规划和重建被破坏的“千禧地区”，还通过搬迁部分建筑创造了城市新轴和适合新兴产业发展的空间布局，以打造具有突出中心地位和多元经济功能的曼彻斯特城区，这一复苏工程在六年时间内完成。市区的大规模重整重建和经济的成功转型为曼彻斯特提供了巨大吸引力和发展优势（Tsenkova S，2003）。

三是找到发展新定位，打造城市名片。曼彻斯特有着悠久的工业文明、温和的气候环境、完备的交通网络、多民族融合的人口结构等城市特色，复苏的曼彻斯特将历史积淀和现代文明完美结合，吸引着全球各地的企业和游客。这里聚集着大量的乐团、剧院、博物馆等文化娱乐设施，“北角”不计其数的俱乐部、酒吧、唱片店，发达的商业系统和足球文化等都彰显着这座城市的魅力和生机，曼彻斯特向世界递上了一张风格独特、生机焕发的后工业时代城市名片。

二、莱比锡

莱比锡（Leipzig）位于德国东部的莱比锡盆地中央，地处魏赛埃尔斯特河与普莱赛河交汇处，在柏林以南165千米，面积约297.8平方千米。1952—1990年，莱比锡是德意志民主共和国莱比锡专区的首府和第二大城市，两德统一后现隶属德国萨克森州。

1015年，莱比锡首次出现在史籍文件上，以1165年该地建立商业性集市的日期作为建城日，悠久的城市发展历史中莱比锡收获了“博览会之母”“音乐之城”“书城”等别称。19世纪中期以来，莱比锡抓住工业革命的机会，制造业迅速发展，逐步建立起以机械制造业为主，涵盖农业、化学、电子、纺织业等多个部门的现代化工业结构；同样发展起来的还有该地的商业贸易，莱比锡地处连接东西欧的重要位置和运输枢纽上，早在中世纪就是欧洲的商业中心，15世纪该地召开的博览会就为欧洲各国搭建了商品交易的平台，随着近代交通方式的革新，如建于1838年的德国第一条长途铁路的终点站设在了莱比锡，其国际贸易中心的地位更加凸显。20世纪二三十年代，以莱比锡附近的洛伊娜建立了庞大的石油工业综合体、靠近莱比锡的低地湾开采大规模的焦煤矿为代表，莱比锡市中心及周围地区出现了相互联系的工业建筑群，周边工业城市人口增长较快；同时，科技和资源的快速聚合吸引了如德国中央焦煤集团、信贷银行等垄断组织总部的迁入，莱比锡作为区域经济、行政和服务中心，发挥着的独特作用。再加之受世界经济危机影响，该地发达的垄断工业吸引着被疲软市场抛弃的劳动力迁入，莱比锡的人口在1933年达到71万人的历史最高峰。

随着第二次世界大战的结束和德国的分裂，莱比锡从20世纪40年代到90年代末期，出现了很长一段时间的城市衰退和收缩，在2000年人口仅有不足45万人，较顶峰时期流失了近40%（https: //www.destatis.de ；http: //english.leipzig.de，2021）。21世纪的莱比锡通过政府有针对性的对产业经济、城市建筑、居民就业、生态环境、政治文化等方面的项目投资和政策推动，扭转了收缩颓势，重新走上了再增长的现代化之路。

（一）城市收缩的原因探析

造成莱比锡收缩的原因是复杂的，回溯莱比锡最近百年的发展历史，收缩在第二次世界大战期间已初见端倪；第二次世界大战结束后，城市发展战略与实际情况相背离，未能扭转城市收缩趋势；两德统一后，尽管莱比锡的收缩趋势有所缓解，城市经济逐渐恢复，但历史的余波仍在莱比锡走进21世纪之前发挥着它的影响力（菲利浦·奥斯瓦尔特，2012）。

首先，第二次世界大战的打击和经济停滞。以1938年“水晶之夜”为开端，一场对犹太人进行有组织屠杀的灾难波及了德国全境，希特勒的反犹政策对德国知识精英群体的打击具有致命性，莱比锡也不例外；此外，战争中不可避免的炮火轰炸使得莱比锡包括商品交易所在内的大量城市建筑物被摧毁。战争不仅使莱比锡的城市面貌和产业经济受到严重影响，也导致了劳动力的外流和人口出生率的大幅下降，这对莱比锡战后重建和持续发展都造成了阻碍。

其次，民主德国时期，不合理的城市发展政策和市场功能丧失。各国开展的战后清算迫使莱比锡拆毁工厂作为赔偿，进一步破坏了莱比锡的工业基础，战后莱比锡的工业水平仅仅和20世纪30年代初持平；苏联接管东德后，将重工业作为国家建设的重点，莱比锡被纳入了国家重工业建设的计划之中，在近40年的时间中，莱比锡优先发展重工业，而忽视轻工业的发展，居民基本生活物资匮乏；此外，莱比锡早期工业化进程中的不合理布局也暴露出一系列问题，建造在城市内部的传统制造业严重污染了环境，不断恶化的居住条件迫使越来越多的内城居民迁至郊区，而针对这一问题，莱比锡政府选择在郊区修建大量板房以容纳外迁劳动者，这一举措不但不能解决内城环境恶化问题，反而造成城市内部住房大批闲置，资源浪费情况严重。在生态环境恶化和基础物资匮乏的双重作用下，莱比锡的人口生育率一直处于低水平线上。另外，“冷战”背景下，莱比锡无法与西德乃至欧洲市场建立贸易联系，被排除在曾搭建完备的产业链和城市体系之外（徐博、庞德良，2015），这对曾是“国际贸易中心”的莱比锡打击之深可想而知。

最后，两德统一后，面临产业转型危机。1990年，德意志民主共和国和联邦德国重新统一，东德的经济开始恢复。然而，长期处于计划经济主导下的莱比锡形成了一种畸形的产业结构，重工业和轻工业处于一种极度不平衡的状态。国家统一后，莱比锡不再实行计划经济，转而执行自由的市场经济政策，在激烈的市场竞争中，许多低效率企业倒闭，大量人口失业。并且随着国际分工的进一步升级，国家开始把基础制造业向发展中国家布局，长期以重工业为主的莱比锡无疑将受到重创，老工业基地被废弃，产业调整和去工业化的阵痛使得大量劳动力外流，据统计，20世纪90年代莱比锡的人口流失了1/5（张洁、郭城，2016）。

（二）莱比锡的经验

莱比锡自第二次世界大战后至德国统一初期的衰退历史，能为今日城市现代化规划和建设提供一些启示和经验。

一是根据实际情况做好城市规划。准确全面的信息是做好决策的基础，莱比锡近50年的收缩就是执行脱离实际的指导规划造成的恶果（Chris Couch，Jay Karecha，Henning Nuissl and Dieter Rink，2005）。从莱比锡在这近半个世纪的建设方向来看，其规划者既忽略了经济全球化这一宏观背景，也抓错了城市发展的主要矛盾——战后多数国家都在更新产业结构，高新技术研发成果不断涌现，而莱比锡仍然拘泥于传统制造业的建设上，以这样一种低效率高污染的产业为主导，未取得突破，在历史前进的潮流中故步自封。另外，对于出现收缩趋势和逆城镇化现象的城市，急于开展郊区住房规划有时甚至会造成不必要的扩张，应该弄清造成居民外迁的原因，抓住关键问题，从源头上治理，从内部培育城市再增长的发展动力，保证现有资源的利用率，尽量避免为后期规划制造更多障碍。

二是明确人民是城市建设的主体，城市发展要以人为本。物质生活的保障是劳动者参与生产的基本前提，精神生活的满足则是激发劳动者积极性和创造力不可或缺的条件。在那段近60年的历史中，莱比锡忽略了对城市内部环境的治理与恢复，用转移而非整治的方式来应对城区内部环境不能供人居住的问题，然而在郊区建房不仅需要大量资金，还会使城区内部的基础设施闲置，加剧资源浪费。同时，在郊区密集建房来容纳人口，而人民生活所需的基础设施却始终处于一种滞后建设状态，人民幸福指数会因此受到影响，生产积极性也会降低。莱比锡忽视原有的社区建设，用迁移的方式来解决环境污染问题，却中断了居民原有的邻里关联，破坏了他们的社区归属，是对居民物质生活和精神生活的双重打击。城市与居民是和谐共生的，任何一方都不能背离另一方而得到发展，居民是城市建设的主体，城市是居民生存和发展的空间。城市建设应该朝着便捷的交通工具、完善的医疗设施、优美的居住环境、充足的就业岗位、丰富的精神生活等有利人民生活的方向展开（杨振山、孙艺芸，2015）。

三是保护历史建筑和生态环境，发挥城市特色。莱比锡经历了近1000年的建城历史，拥有见证中世纪、工业革命、战争和政治变迁等不同历史时期的建筑遗产，这些城市建筑既是历史的见证者，也是历史的象征，更是一座城市的标志物，任何时候，我们都不应该忘记历史。在今天，历史底蕴已成为打造城市名片的一个宣传点、城市经济发展的一个支撑点，保存和利用好历史建筑的特色，也是为城市复苏和未来发展提供保障。另外，莱比锡由于早期传统制造业发展的盲目性，城市环境遭到了巨大破坏，城区污染严重，为后续治理增添很大难度。故城市建设发展不应以牺牲生态环境为代价，协调可持续的绿色发展才是长远之计。

小结

城市的衰退或收缩，类似人体生命周期从青年到中老年的规律性变化。由于不同的演变和应对策略，各个衰退城市的收缩程度有所不同，有的城市全面崩溃不得不宣告破产，有的城市游离于破产边缘岌岌可危，还有的城市在相对收缩后又重新焕发生机。虽然每个城市在发展中出现“开倒车”的衰退或收缩现象背后都有其各自的复杂原因，但也有共性因素：①经济上，传统产业式微、去工业化带来的产业结构调整压力；②政治上，政府宏观调控能力不足、不作为或乱作为导致债务危机和财政崩溃；③社会生活上，落后的城市治理、失业问题、郊区化和人口老龄化等问题严重；④资源枯竭和生态环境遭到破坏；⑤经济全球化下更开放的市场环境和竞争风险；等等。除此之外，诸如战争打击、国家政治制度变迁、城市文化风俗和历史习惯等具体原因也对城市发展发挥着举足轻重的作用，压垮城市的“最后一根稻草”、城市起死回生的“一线生机”、重新打造的“城市名片”等都需要根据不同城市的具体情况进行研究分析。

城市衰退并不可怕，可怕的是衰退后的一蹶不振和麻木不仁。从衰败或收缩城市的案例中总结出原因和经验，发现城市扩张和收缩的时空规律、找出蕴藏在城市内部的隐性衰退因素、建立城市收缩风险的评估和预防机制、制定衰退城市的规划和管控政策等，都是在城市现代化进程中需要进一步关注的问题。

第六章
全球典型城市记分牌及比较研究

城市已成为全球竞争的主体，城市竞争力、城市综合实力、城市现代化水平等日益受到国际社会与学界的关注。本章在对城市现代化相关研究概述基础上，构建了城市现代化的指标体系，并采用记分牌的方法对纽约、伦敦、巴黎、北京、上海等15个城市的现代化水平进行比较与分析。

第一节　全球视野中的现代城市

目前，在世界范围内开展城市评价的研究大致可以分为两类，一类是关于城市实力或竞争力等的综合评价，例如，日本森纪念财团的“全球实力城市指数”、科尔尼的“全球城市指数”、普华永道的“机遇之都”、英国经济学人智库的“全球城市竞争力指数”等；另一类是分领域评价，大多集中于城市经济、生活质量与创新等领域，例如，全球化与世界城市研究网络的“全球城市排名”（经济领域）、英国经济学人智库的全球宜居城市排名（生活质量）及澳大利亚2Thinknow的全球创新城市指数（创新领域）等。表6-1列举了部分研究中排名前十的城市。

从这些排名中可以看到，纽约、伦敦、巴黎和东京在综合实力、金融投资和商业环境、技术创新等方面多处于领先地位，新加坡、中国香港和悉尼的实力也有所显现。但是，无论纽约、伦敦，还是新加坡、中国香港，其生活质量和宜居性排名都不高，提高城市宜居性和居民生活质量是许多世界城市所面临的共同挑战。我国大城市北京、上海、深圳的发展初见成效，但是在生活质量、技术创新等领域仍有较大提升空间。

表 6–1　部分研究中排名前十的城市

序号	名称（来源）	年份	1	2	3	4	5	6	7	8	9	10	城市数（个）
综合实力													
1	全球实力城市指数	2021	伦敦	纽约	东京	巴黎	新加坡	阿姆斯特丹	柏林	首尔	马德里	上海	48
2	科尔尼全球城市指数（绩效）	2020	纽约	伦敦	巴黎	东京	北京	中国香港	洛杉矶	芝加哥	新加坡	华盛顿	151
3	科尔尼全球城市展望（潜力）	2020	伦敦	多伦多	新加坡	东京	巴黎	慕尼黑	阿布扎比	斯德哥尔摩	阿姆斯特丹	都柏林	151
4	普华永道机遇之都	2016	伦敦	新加坡	多伦多	巴黎	阿姆斯特丹	纽约	斯德哥尔摩	旧金山	中国香港	悉尼	30
5	全球城市竞争力指数	2012	纽约	伦敦	新加坡	中国香港 / 巴黎	中国香港 / 巴黎	东京	苏黎世	华盛顿	芝加哥	波士顿	120
6	全球城市竞争力排名	2015	伦敦	纽约	东京	巴黎	新加坡	中国香港	上海	北京	悉尼	法兰克福	500+
金融投资和商业环境													
7	GaWC 世界城市排名	2020	伦敦	纽约	中国香港	新加坡	上海	北京	迪拜	巴黎	东京	悉尼	500+
8	全球金融中心指数	2021	纽约	伦敦	中国香港	新加坡	旧金山	上海	洛杉矶	北京	东京	巴黎	116
9	国际金融中心发展指数	2021	纽约	伦敦	上海	中国香港	新加坡	东京	北京	巴黎	深圳	法兰克福	45
10	全球城市营商环境指数	2019	纽约	伦敦	东京	巴黎	旧金山	新加坡	波士顿	芝加哥	苏黎世	柏林	100
生活质量													
11	全球宜居城市排名	2021	奥克兰	大阪	阿德莱德	惠灵顿	东京	珀斯	苏黎世	日内瓦	墨尔本	布里斯班	140
12	城市生活质量排名	2021	阿德莱德	堪培拉	惠灵顿	罗利	苏黎世	海牙	麦迪逊	哥伦布	奥斯汀	布里斯班	251
技术创新													
13	全球创新城市指数	2021	东京	波士顿	纽约	悉尼	新加坡	达拉斯	首尔	休斯敦	芝加哥	巴黎	500+
14	亚太地区创新城市	2013	新加坡	悉尼	墨尔本	中国香港	奥克兰	东京	首尔	大阪	釜山	中国台北	16

资料来源：Institute for Urban Strategies 等（2021）；Kearney，2020. PWC（2016）；Economist Intelligence Unit（2012）；中国社会科学院城市与竞争力研究中心（2016）；Globalization and World Cities（GaWC）（2020）；Financial Centre Futures（2021）；新华社（2021）；科尔尼（2019）；Economist Intelligence Unit（2021）；NUMBEO（2021）；2 Thinknow（2021）；凯宜咨询公司（2013）。

一、全球城市综合实力

关于全球城市综合实力或竞争力，评价维度主要集中于经济、社会、政治、文化、居民、环境和科创等领域。这里主要介绍日本森纪念财团的“全球实力城市指数”、科尔尼公司的“全球城市指数”和“全球城市潜力”、普华永道的“机遇之都”评价。

（一）全球实力城市指数

日本森纪念财团城市战略研究所于2008年发布了“全球实力城市指数”（Global Power City Index，GPCI），每年更新其排名。该指数不仅被日本和东京政府作为重要参考，同时被全球众多学术机构使用。“全球实力城市指数”的指标体系包括6个维度，70个指标（表6–2）。

表6–2　“全球实力城市指数”的维度和指标

维度	指标（中文）
经济	1. 名义GDP；2. 人均GDP；3.GDP增长率；4. 经济自由度；5. 上市公司市值；6. 世界500强企业；7. 总就业人数；8. 商业服务从业人员；9. 工资水平；10. 技术人才；11. 工作场所多样性；12. 公司税率；13. 政治、经济和商业风险
研究与开发	1. 研究人员数；2. 世界顶尖大学；3. 研发支出；4. 国际学术人数；5. 学术成绩；6. 专利数；7. 科学技术奖获奖者；8. 初创公司数量
文化与交流	1. 国际会议数量；2. 文化活动数量；3. 文化产品出口额；4. 艺术市场环境；5. 旅游景点；6. 邻近世界遗产数量；7. 夜生活选择；8. 剧院数量；9. 博物馆数量；10. 体育馆数量；11. 酒店客房数量；12. 豪华酒店客房数量；13. 购物吸引力；14. 餐饮吸引力；15. 外国居民人数；16. 外国游客人数
宜居性	1. 总失业率；2. 总工作时间；3. 工作方式灵活性；4. 房屋租金；5. 物价水平；6. 谋杀案数；7. 自然灾害的经济风险；8. 预期寿命；9. 社会自由与平等；10. 心理健康风险；11. 医生数；12.ICT成熟度；13. 零售店数量；14. 餐厅数量
环境	1. 气候行动承诺；2. 可再生能源比率；3. 废物回收率；4. 人均二氧化碳排放量；5. 空气质量；6. 气温舒适度；7. 水质；8. 城市绿化率；9. 城市清洁度满意度
交通可达性	1. 国际直航城市数；2. 国际货运量；3. 航空旅客人数；4. 机场到达和离开的人数；5. 站点密度；6. 公共交通使用；7. 前往机场的时间；8. 通勤时间；9. 交通拥堵；10. 出租车和自行车的便利性

资料来源：Institute for Urban Strategies等（2021）。

2021年进入前十名的城市分别是伦敦、纽约、东京、巴黎、新加坡、阿姆斯特丹、柏林、首尔、马德里以及上海。北京以1078.7分排第17位（2020年为第15位）。图6–1显示，北京在经济和宜居性方面表现相对较好，在研究与开发、文化与交流、交通可达性和环境等方面有较大提升空间。上海在经济、宜居性和交通可达性方面表现相对较好，在研究与开发、文化与交流及环境等方面有较大提升空间。

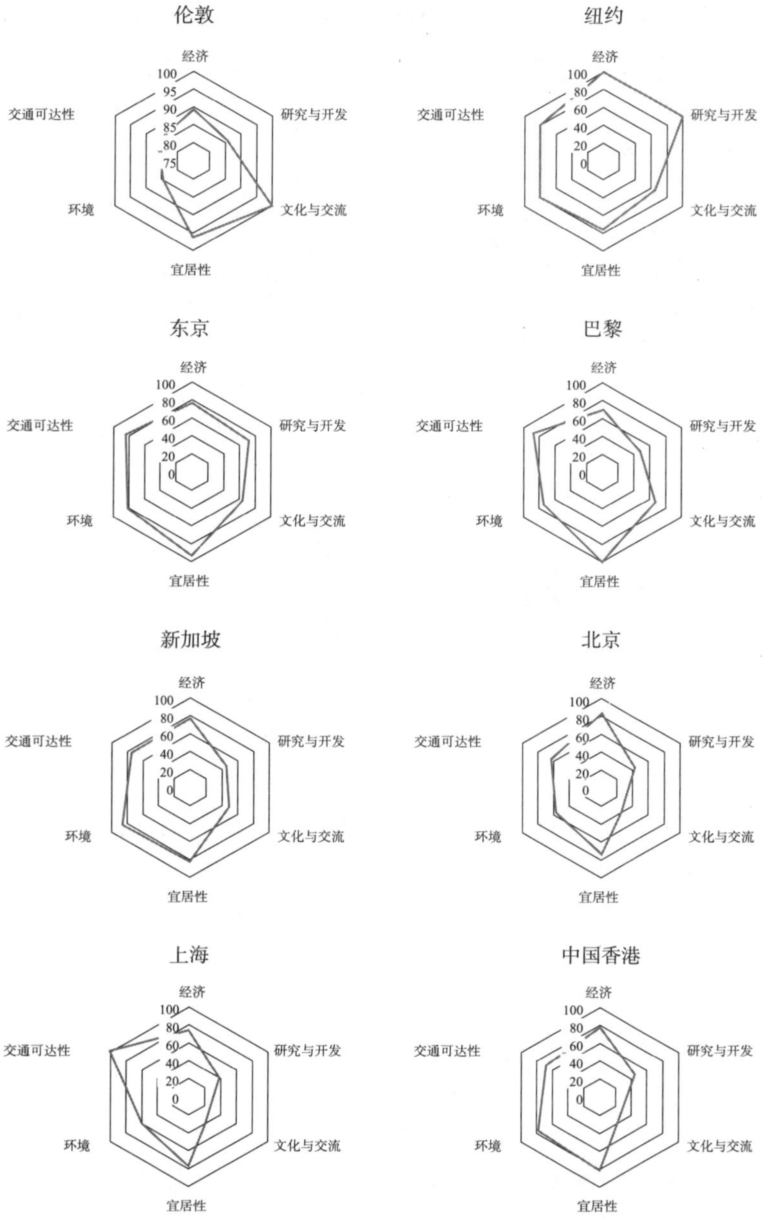

图 6-1　全球实力城市指数中典型城市的分领域雷达图

（二）科尔尼全球城市排名

科尔尼公司（A.T. Kearney）从 2008 年开始发布“全球城市指数”（Global Cities Index，GCI）。2015 年起提供两类综合排名，分别为“全球城市综合排名”和“全球城市潜力排名”。“全球城市综合排名”反映的是现阶段状况，“全球城市潜力排名”反映的是未来潜力。2020年的“全球城市指数”由5个维度29项指标构成，“全球城市潜力”由4个维度13个指标构成（表6-3），对全球151个城市进行排名。

表6-3 “全球城市指数”与“全球城市潜力”的指标和维度

	维度	指标
全球城市指数	商业活动	1.财富500强企业；2.领先的全球服务企业；3.资本市场；4.航空运输；5.海运；6.ICCA会议排名；7.独角兽企业数量
	人力资本	1.非本国出生人口；2.顶级大学；3.高等学历人口；4.留学生数量；5.国际学校数量；6.医学院校数量
	信息交流	1.电视新闻获取；2.新闻机构；3.宽带用户；4.言论自由；5.电子商务
	文化体验	1.博物馆；2.艺术表演；3.体育赛事；4.国际游客；5.美食；6.友好城市
	政治影响	1.使馆领事；2.智库；3.国际组织；4.政治会议；5.具有全球影响力的本地机构
全球城市潜力	个人福祉	1.稳定性和安全性；2.医疗发展；3.基尼系数；4.环保表现
	经济	1.基础设施；2.人均GDP；3.外商直接投资流入
	创新	1.人均专利数量；2.私人投资；3.校办孵化器
	治理	1.政府治理质量；2.经商便利度；3.透明度

资料来源：Kearney（2020）。

2020年，全球城市综合排名前十的城市为纽约、伦敦、巴黎、东京、北京、中国香港、洛杉矶、芝加哥、新加坡、华盛顿；全球城市潜力排名前十的城市为伦敦、多伦多、新加坡、东京、巴黎、慕尼黑、阿布扎比、斯德哥尔摩、阿姆斯特丹、都柏林。

在入选的151座城市中，我国的城市有27个。其中，北京取代中国香港成为全球综合实力前五强城市，这也是科尔尼报告发起12年以来，首次出现前五位城市的更迭。北京排名的上升是社会稳定性、人力资本投入和创新创业水平提高的共同作用。同样由于在创新创业领域的突出表现，上海、广州、深圳、南京、杭州、青岛、成都、重庆等城市也有显著的排名提升。从城市群层面来看，在长三角城市群中，上海、杭州、南京、苏州4个城市均进入前100名，加上同样上榜的宁波和无锡，长三角城市群体现出较强的整体竞争优势。

科尔尼的研究报告也揭示了新冠肺炎疫情如何打破城市原有的生产生活状态，并为城市领导者在后疫情时代重塑区域与城市发展的新秩序和新方向提供重要的探索建议。

（三）机遇之都

普华永道（PwC）从2007年开始发布《机遇之都》报告，在2016年发布的《机遇之都7》中采取主客观相结合的方式，对30个城市进行排名。评价指标体系包括3个领域、10个维度、67个指标（表6-4）。

表6-4　《机遇之都7》中的指标和维度

领域	维度	指标
应对世界变化的能力	知识资本与创新	1. 公共图书馆数量；2. 数学 / 科学技能；3. 受过高等教育的人口百分比；4. 世界大学排名；5. 创新城市指数；6. 知识产权保护；7. 创业环境
	信息技术	1. 学校的互联网接入；2. 宽带质量得分；3. 移动宽带速度；4.ICT使用；5. 软件开发和多媒体设计；6. 数字安全
	城市联系	1. 旅馆房间数；2. 国际游客人数；3. 国际组织会议；4. 进 / 出客流量；5. 机场到中央商务区的可及性；6. 世界百强机场；7. 航线数量
生活质量	交通和基础设施	1. 公共交通的可负担性；2. 大众交通覆盖率；3. 出租车数量；4. 重大建设活动；5. 住房；6. 交通拥堵；7. 通勤便利度
	健康、安全与保障	1. 道路交通安全；2. 卫生系统绩效；3. 临终关怀；4. 犯罪；5. 政治环境；6. 安全和疾病风险
	可持续性与自然环境	1. 自然灾害暴露；2. 自然灾害准备；3. 气温舒适度；4. 废弃物回收率；5. 公共公园空间；6. 与水有关的风险
	人口和宜居性	1. 空气污染；2. 娱乐和景点；3. 生活质量；4. 工作年龄人口；5. 城市品牌；6. 城市对劳动力的吸引力；7. 老年人福祉；8. 青年城市指数
经济领域	经济影响力	1. 全球500强总部数量；2. 就业增长；3. 金融和商业服务就业；4. 吸引外国直接投资；5. 生产率；6. 实际GDP增长率
	宜商环境	1. 易于创业；2. 解决破产问题；3. 易于入境：免签国家数量；4. 外国使领馆数量；5. 小股东保护级别；6. 风险控制；7. 劳动力管理风险；8. 税收效率
	成本	1. 租金负担能力；2. 个税；3. 商业用地成本；4. 生活成本；5. 购买力；6. 企业总税率

资料来源：PWC（2016）。

在《机遇之都7》中，进入前十的城市分别是伦敦、新加坡、多伦多、巴黎、阿姆斯特丹、纽约、斯德哥尔摩、旧金山、中国香港及悉尼。北京总体排第19位，上海总体排第21位，两城市在城市联系和经济影响力方面表现相对较好，在知识资本与创新，信息技术，交通和基础设施，健康、安全与保障，可持续性与自然环境，人口和宜居性，宜商环境和成本等领域与世界前沿城市存在一定差距。《机遇之都7》中典型城市的分领域雷达图见图6-2。

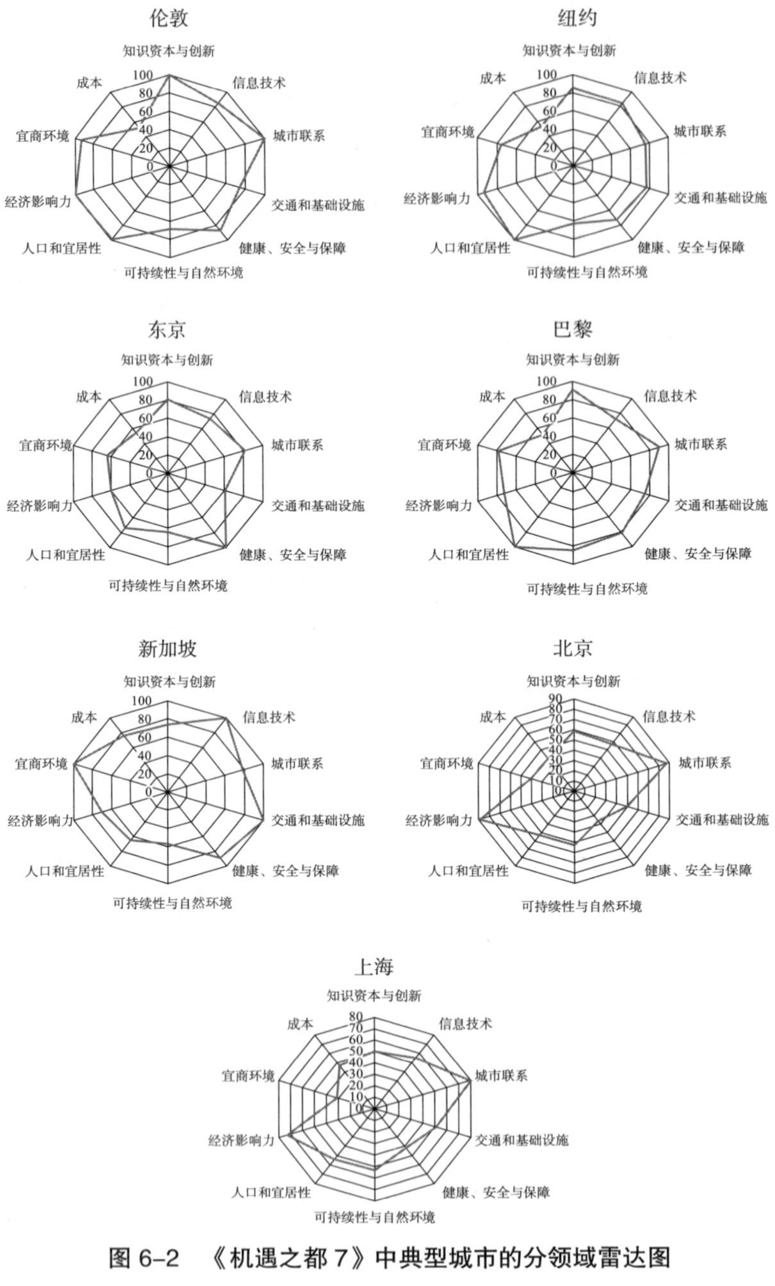

图6-2 《机遇之都7》中典型城市的分领域雷达图

二、全球城市经济实力

（一）GaWC 世界城市排名

从20世纪90年代后期开始，以英国拉夫堡大学为基地的全球化及世界城市研究网络（Globalization and World Cities Research Network，GaWC）开始了世界城市网络的实证研究。以英国地理学家泰勒等学者为代表的研究者采用"连锁网络方法"研究全球化时代的世界城市网络，以判断其中各个枢纽城市的等级属性。该方法是通过城市经济活动的"行为者"——公司组织的分布来测度城市之间的相互关系。具体来讲，GaWC的城市排名是通过统计100个顶级跨国高端生产性服务业公司的全球分支机构分布，以"城市—公司"的联系计算出"城市—城市"的联系，进而绘制城市之间的联系网络，并以网络中各城市的联系度作为世界城市排名的指标依据。

GaWC在2000年、2004年、2008年、2010年、2012年、2016年、2018年、2020年公布了《世界城市排名》报告，该报告依据城市的先进生产性服务业的联通网络来评估城市在全球经济中的位置和融入度，将世界城市分为Alpha\Beta\Gamma\Sufficiency几个等级。该排名可以评估城市在全球经济中的影响力。从GaWC全球城市排名来看，亚太地区的城市崛起态势十分明显，位于全球前20位的城市从2000年的4个增加到2020年的8个（表6-5）。

表6-5　GaWC全球城市排名（前20位）

地区	2000年	2010年	2020年
北美地区	纽约、芝加哥、洛杉矶、多伦多、旧金山、墨西哥城（6个）	纽约、芝加哥、多伦多、洛杉矶、墨西哥城（5个）	纽约、芝加哥、多伦多、洛杉矶、墨西哥城（5个）
欧洲地区	伦敦、巴黎、米兰、马德里、阿姆斯特丹、法兰克福、布鲁塞尔、苏黎世（8个）	伦敦、巴黎、米兰、马德里、法兰克福、莫斯科（6个）	伦敦、巴黎、米兰、法兰克福、阿姆斯特丹（5个）
亚太地区	中国香港、东京、新加坡、中国台北（4个）	中国香港、新加坡、东京、上海、迪拜、北京、孟买（7个）	中国香港、北京、新加坡、上海、迪拜、东京、孟买、吉隆坡（8个）
大洋洲与南美洲	悉尼、圣保罗（2个）	悉尼、圣保罗（2个）	悉尼、圣保罗（2个）

资料来源：https: //www.lboro.ac.uk/gawc/gawcworlds.html.

我国内地城市北京和上海的经济实力上升明显，北京从2000年的Beta+级别排名第35位跃居为2020年的Alpha+级别排名第6位，上海从2000年的Alpha-级别排名第32位，跃居为2020年的Alpha+级别排名第5位，虽然落后于伦敦、纽约，但位于东京、巴黎等许多世界城市之前，GaWC排名上升与我国内地城市经济发展、同全球大企业联系日趋紧密有关。前20位城市的排名变化见表6–6。

表6–6　前20位城市的排名变化

城市	2020年排名	2020年等级	2000年排名	2000年等级	排名变化
伦敦	1	Alpha++	1	Alpha++	0
纽约	2	Alpha++	2	Alpha++	0
中国香港	3	Alpha+	3	Alpha+	0
新加坡	4	Alpha+	6	Alpha+	2
上海	5	Alpha+	32	Alpha–	27
北京	6	Alpha+	35	Beta+	29
迪拜	7	Alpha+	53	Beta	46
巴黎	8	Alpha+	4	Alpha+	–4
东京	9	Alpha+	5	Alpha+	–4
悉尼	10	Alpha	13	Alpha	3
洛杉矶	11	Alpha	9	Alpha	–2
多伦多	12	Alpha	10	Alpha	–2
孟买	13	Alpha	21	Alpha–	8
阿姆斯特丹	14	Alpha	12	Alpha	–2
米兰	15	Alpha	8	Alpha	–7
法兰克福	16	Alpha	14	Alpha	–2
墨西哥城	17	Alpha	18	Alpha–	1
圣保罗	18	Alpha	16	Alpha	–2
芝加哥	19	Alpha	7	Alpha	–12
吉隆坡	20	Alpha	26	Alpha–	6

资料来源：https: //www.lboro.ac.uk/gawc/gawcworlds.html.

（二）全球金融中心指数

2007年，伦敦金融城和英国智库Z/Yen第一次发布“全球金融中心指数”（Global Financial Centers Index，GFCI），该指数着重关注各金融中心的人才与商业环境、金融市场灵活度、适应性及发展潜力等。2016年7月，中国（深圳）综合开发研究院与英国智库Z/Yen集团合作，共同开展金融中心研究，编制全球金融中心指数。全球金融中心指数涵盖营商环境、金融体系、基础设施、人力资本、声誉等领域。

2021年9月，GFCI-30指数公布，报告显示，全球十大金融中心依次为：纽约、伦敦、中国香港、新加坡、旧金山、上海、洛杉矶、北京、东京和巴黎。在历年报告中，伦敦、纽约、中国香港、新加坡的金融地位十分稳定。近年来，北京、上海、深圳和广州的金融中心功能得到不断加强，但是在GFCI-30中，这些城市的排名较前一期有所下滑，北京从第6位下滑到第8位，上海从第3位下滑到第6位，深圳从第8位下滑到第16位，广州从第22位下滑到第32位。

分领域来看，在营商环境、人力资本、基础设施、金融体系和声誉的子领域排名中，北京、上海在基础设施领域中分列第9位和第7位，在金融体系中分列第8位和第4位，在其他3个子领域尚没有进入前十位（表6-7）。

表6-7　GFCI-30中的分领域排名（前十位）

排名	营商环境	人力资本	基础设施	金融体系	声誉
1	纽约	纽约	纽约	纽约	纽约
2	伦敦	新加坡	伦敦	伦敦	伦敦
3	旧金山	伦敦	新加坡	旧金山	新加坡
4	芝加哥	中国香港	中国香港	上海	中国香港
5	新加坡	旧金山	巴黎	中国香港	芝加哥
6	波士顿	芝加哥	法兰克福	新加坡	旧金山
7	中国香港	巴黎	上海	芝加哥	爱丁堡
8	华盛顿	迪拜	洛杉矶	北京	首尔
9	阿姆斯特丹	卢森堡	北京	波士顿	多伦多
10	爱丁堡	洛杉矶	东京	洛杉矶	华盛顿

资料来源：http: //en.cdi.org.cn/images/research/gfci/GFCI_30.pdf.

三、全球宜居城市

宜居为当今许多城市所关注，建设具有全球领先水平的宜居城市不仅是应对日益严峻的自然资源、生态环境等方面挑战的必然要求，而且是提高居民生活质量、实现社会全面进步的内在需求。

经济学人智库（Economist Intelligence Unit）通过针对全球140座城市进行调查，对稳定性、基础设施、医疗水平、文化与环境及教育等领域评估推出“全球宜居城市”（表6-8）。2021年，宜居指数前十位的城市分别为奥克兰、大阪、阿德莱德、惠灵顿、东京、珀斯、苏黎世、日内瓦、墨尔本和布里斯班。

表 6-8 “全球宜居城市”评价的指标和维度

维度	指标
稳定性	轻微犯罪盛行；暴力犯罪盛行；恐怖威胁；军事冲突的威胁；内乱 / 冲突的威胁
基础设施	路网质量；公共交通质量；国际网络的质量；优质住房的可及性；能源供应质量；水的质量；电信的质量
医疗水平	私人医疗保健的可用性；私人医疗保健的质量；公共保健的可用性；公共医疗质量；出售非处方药；一般医疗指标
文化与环境	湿度 / 温度等级；气候给旅行者带来的不适；腐败程度；社会或宗教限制；审查级别；运动设施可及性；文化可及性；食物和饮料；消费品与服务
教育	提供私立教育；私立教育质量；公众教育指标

资料来源：Economist Intelligence Unit（2021）。

此外，世界城市生活消费水平网站会定期发布世界城市的生活质量指数，该指数是购买力指数、污染指数、房价收入比、生活成本指数、安全指数、医疗保健指数、交通通勤时间指数和气候指数的综合。2021年，生活质量指数排名前十位的城市分别为阿德莱德、堪培拉、惠灵顿、美国北卡罗来纳州罗利、苏黎世、海牙、麦迪逊、哥伦布、奥斯汀和布里斯班（NUMBEO，2021）。

四、全球城市创新能力

（一）澳大利亚 2Thinknow“全球创新城市指数”

21世纪以来，创新成为城市发展的主要驱动力。曾经以高度发达的贸易、航运、金融为特征的国际化大都市纽约、伦敦等均在快速转型为全球创新中心。2007年，澳大利亚创新研究机构2Thinknow开始发布“全球创新城市指数”（Innovation Cities Index），2021年，该机构针对全球500个城市发布了“2021全球创新城市指数”。其评价指标体系包含三大要素（细分为31个类别162项指标），这三大要素分别为：①文化资产。包括艺术社区、民间组织、博物馆、音乐活动、画廊、政治抗议、书籍、媒体、信息的可用性和体育活动等。②人力基础设施。包括公共交通、金融、大学、医院、铁路、道路、法律、商业、初创企业、医疗保健和电信的软硬基础设施等。③网络市场。包括经济、军事、贸易及其他全球网络联系。

在2021年的“全球创新城市指数”评价中，排名前十位的城市分别为东京、波士顿、纽约、悉尼、新加坡、达拉斯、首尔、休斯敦、芝加哥和巴黎。我国内地城市上海排名第15位，北京排名第19位，深圳排名第26位，广州排名第51位（2Thinknow，2021）。

（二）凯宜咨询公司“亚太地区最具创新力城市”

凯宜咨询公司于2013年推出“亚太地区最具创新力城市”评价报告，它采用6个维度44个指标对亚太地区16个城市的创新力进行评价（表6-9）。报告认为最具创新力城市前10名分别是新加坡、悉尼、墨尔本、中国香港、奥克兰、东京、首尔、大阪、釜山和中国台北。北京和上海分列第13位和第14位。

表 6-9 “亚太地区最具创新力城市”的维度和指标

维度	指标
人才吸引力	1. 总体生活质量（采用美世咨询公司的数据）；2. 城市宜居程度；3. 外来移民占人口的比例；4. 对同性恋之类群体的宽容程度；5. 职业结构（创意阶层 / 服务业）；6. 生活成本；7. 创办企业的容易程度；8. 做生意的容易程度
知识创造	1. 本市人均大学数；2. 人均研发支出；3. 研发支出总量；4. 研发支出占 GDP 份额；5. 每 10 万人专利申请量；6. 每 10 万人商标申请量；7. 教育支出占 GDP 比例；8. 高等教育毛入学率
技术	1. 宽带普及率；2. 人均移动电话线路数；3. 服务业增加值占 GDP 份额；4. 获取资金能力；5. 技术应用的人口覆盖面（人口密度的倒数）；6. 数字经济的排名
社会	1. 言论管制程度（表达自由程度）；2. 社媒的重要性（Facebook 用户所占比例）；3. 容忍失败的程度（用每 10 万居民的自杀人数作为替代指标）；4. 城市影响力
政府	1. 经济自由；2. 贸易开放度；3. 财政管理；4. 政治稳定性；5. 货币自由（负债程度）；6. 投资自由；7. 金融自由；8. 产权框架；9. 腐败程度；10. 劳动自由权；11. 外商投资；12. 盗版率；13. 收入房价比
融入全球化进程	1. 全球竞争力；2. 英语掌握程度；3. 是否拥有知名创新型企业；4. 环境可持续性；5. 人才引进与流失的净差

资料来源：凯宜咨询公司（2013）。

第二节 城市现代化的指标体系

已有研究为城市在全球视野中的定位提供了参考。本研究基于现代化的视角，从经济、政治、文化、社会和生态5个领域构建城市现代化的指标体系。

一、指标体系的理论基础

现代化评价的理论基础主要包括现代化理论、系统科学理论和统计学理论等。其中，现代化理论是现代化评价的核心理论，它大致可以分为经典现代化理论、后现代化理论和新现代化理论。

（一）经典现代化理论

20世纪50—60年代兴起的经典现代化研究关注工业革命及其扩散对世界发展产生的巨大影响，用现代化来表述从农业社会向工业社会的转变，其理论来源主要包括进化主义、扩散理论、结构功能主义、系统理论和互动理论等（Harrison，1988）。布莱克认为，人类经历了3次革命性转变，第一次是从动物向人类社会的转变，第二次是从原始社会向文明社会的转变，第三次是从传统文明社会向现代社会的转变，第三次转变就是现代化（Black，1966）。本迪克斯认为，现代化是社会变迁的一种类型，它起始于英国工业革命和法国大革命，存在于几个先进社会的经济和政治进步以及后进社会的变迁进程中（Bendix，1967）。艾森斯塔特认为，现代化是社会、经济、政治体制向现代类型变迁的过程。它从17世纪至19世纪形成于西欧和北美，而后扩及其他欧洲国家，并在19世纪和20世纪传入南美、亚洲和非洲（Eisenstadt，1966）。亨廷顿认为，现代化过程有7个特点，分别是革命性、复杂性、系统性、全球性、长期性、阶段性和趋同性（Black，1976）。我国学者罗荣渠认为现代化是历史形成的各种体制对迅速变化的各种功能的一个适应过程，这些功能因科学革命以来人类控制环境的知识空前激增而处于迅速变化之中（罗荣渠，1993）。

尽管不同学派和不同学者对于现代化的理解有所不同，但学界普遍接受现代化的两个基本内涵：①现代化是发达国家工业革命以来发生的深刻变化。②现代化是发展中国家追赶世界先进水平的发展过程。

（二）后现代化理论

20世纪70—80年代，发达国家开始出现经济发展从工业化转入非工业化轨道、环境保护运动兴起等一些新的变化，经典现代化理论难以解释这些新变化，后现代化研究开始出现。后现代化理论来源于对经典现代化和现代性的批判、后工业社会的未来学展望、后物质主义和后现代文化的实证研究等（何传启，2010）。柯鲁克等讨论了发达国家从现代化向后现代化的转变，分析了文化、国家、不平等、政治、工作组织、科学和技术6个方面的变化（Crook et al.，1992）；殷格哈特认为，1970年以来工业化国家发生的变化是后现代化，从现代化向后现代化的转变包括政治、经济、家庭等的深刻变化，例如从物质主义到后物质主义、从现代价值到后现代价值、从生存价值到幸福价值等；现代化的核心目标是经济增长，后现代化的核心目标是使个人幸福最大化，追求生活质量和生活体验等（Inglehart，1997）。

后现代化理论把后现代作为一个新的发展阶段，在承认现代性的进步性同时，对现代性进行了批判和反思。

（三）新现代化理论

20世纪90年代前后，一些学者用更为多元化和前沿的视角认识现代化，给予现代化更为丰富的内涵，这些理论包括反思性现代化、继续现代化和第二次现代化等，为与后现代化区别开，可称之为新现代化理论。贝克提出反思性现代化是一个工业社会的创造性破坏的时代，普通现代化是从传统社会向工业社会的转变，反思性现代化是从工业社会向风险社会的转变（Beck，1992，1994）。查普夫提出继续现代化理论，认为继续现代化包括技术和社会创新，包括容纳、价值普遍化、分化和地位提高的社会变迁机制，包括方向恒定和结构改善的两重含义（Zapf，1999）。我国学者何传启提出第二次现代化理论，认为自18世纪至21世纪，世界现代化的前沿过程可以分为两个阶段，其中，第一次现代化是从农业时代向工业时代的转变，第二次现代化是从工业时代向知识时代的转变。两次现代化的特点不同，第一次现代化以工业化、城市化、民主化、理性化、社会福利和重视经济增长等为主要特点，第二次现代化则以知识化、信息化、智能化、绿色化、创新驱动和提高生活质量等为主要特点（何传启，1999）。

此外，Blaney等认为，当下的现代化模糊了传统与现代性、国内与国际的边界，呈现一种复合发展模式（Blaney et al.，2002）。Fedotova 等认为，21世纪的现代化增加了复杂性、冲突性、碎片性和对风险的依赖性等特点（Fedotova et al.，2012）。

经典现代化理论是20世纪五六十年代形成的，其核心目标是经济增长，通过工业化和系统的技术应用来扩大有形产品。新现代化理论是1970年以来形成的，它代表了工业化国家从现代化向后现代化的转变，其核心目标是使个人幸福最大化，追求生活质量和生活体验等。不同理论框架下的现代化评价思路不同。本研究将主要借鉴新现代化理论，尤其以第二次现代化理论为基础，构建城市现代化的指标体系与评价模型。

二、城市现代化指标体系的相关研究

（一）现代化指标体系

1966年，布莱克教授提出10项指标来说明前现代化社会和高度现代化社会的区别，以反映现代化带来的经济社会跳跃性变化（表6–10）。

表6–10　布莱克指标体系

编号	指标	解释
1	人均 GNP	—
2	人均能源消费	—
3	农业、工业和服务业的劳动就业比例	—
4	农业、工业和服务业分别占 GNP 的比例	—
5	最终用途占 GNP 比例	最终用途分为消费、资本形成和政府开支三部分
6	城市化	每 10 万人口以上城市的人口占总人口的比例
7	教育	适龄儿童中小学入学比例 每百万居民中的高等教育学生数
8	健康状况	每千名出生儿童的死亡率 人均日食品卡路里含量 每百万居民中的医生数
9	信息交流	信件数量、通信媒体和设施
10	收入分配	占人口 1/5 低收入群体收入占社会总收入比例 占人口 1/5 高收入群体和收入最高 5% 居民收入占社会总收入比例

资料来源：布莱克（1996）。

20世纪80年代，英格尔斯教授访问北京大学，提出现代化的11个评价指标和标准，涉及经济发展、城市化水平和人的生活质量3个方面（表6–11）。

表6–11　英格尔斯指标体系

编号	指标	标准	美国（对照）
1	人均国民生产总值（GNP）	3000 美元以上	2816 美元（1960 年）
2	农业产值占 GNP 比例	15% 以下	11%（1929 年）
3	服务业产值占 GNP 比例	45% 以上	48%（1929 年）
4	农业劳动力占总劳动力比例	30% 以下	21%（1929 年）
5	成人识字率	80% 以上	—
6	在校大学生占 20~24 岁人口比例	10%~15%	16%（1945 年）
7	每名医生服务的人数	1000 人以下	780 人（1960 年）
8	婴儿死亡率	3% 以下	2.6%（1960 年）
9	人口自然增长率	1% 以下	1%（1965 年）
10	平均预期寿命	70 岁以上	70 岁（1960 年）
11	城市人口占总人口比例	50% 以上	66%（1960 年）

资料来源：孙立平（1988）。

1999年，我国学者何传启提出了第二次现代化理论，认为现代化是18世纪以来人类文明的一种前沿变化和国际竞争；18—21世纪，世界现代化的前沿过程可以分为两个阶段，其中，第一次现代化是从农业时代向工业时代的转变，以工业化、城市化和民主化为主要特点；第二次现代化是从工业时代向知识时代的转变，以知识化、信息化和全球化为主要特点。两次现代化的协调发展则是综合现代化（何传启，1999）。为此，何传启构建了3套指标体系分别用来评价第一次现代化（表6–12）、第二次现代化（表6–13）和综合现代化进程（表6–14）。其中，第一次现代化的指标体系包含经济、社会和知识三大类10个评价指标，其中经济指标4个、社会指标4个、知识指标2个；第二次现代化用知识创新、知识传播、生活质量和经济质量四大类16个指标组成评价体系；综合现代化则用经济发展、社会发展和知识发展三大类12项指标组成评价体系。

表 6–12　第一次现代化评价的评价指标和评价模型

维度	评价指标和单位	评价标准	指标类型	评价模型
经济	1. 人均国民收入 / 美元 2. 农业劳动力比例 /% 3. 农业增加值比例 /% 4. 服务业增加值比例 /%	逐年计算 ≤ 30 ≤ 15 ≥ 45	正指标 逆指标 逆指标 正指标	第一次现代化指数 FMI $FMI=\sum S_i/10$ $S_i=100\times i_{实际值}/i_{标准值}$ （正指标，$S_i\leq 100$） $S_i=100\times i_{标准值}/i_{实际值}$ （逆指标，$S_i\leq 100$）
社会	5. 城市人口比例 /% 6. 医生比例 /% 7. 婴儿死亡率 /‰ 8. 平均预期寿命 / 岁	≥ 50 ≥ 1 ≤ 30 ≥ 70	正指标 正指标 逆指标 正指标	
知识	9. 成人识字率 /% 10. 大学普及率 /%	≥ 80 ≥ 15	正指标 正指标	

资料来源：何传启（2010）。

表 6–13　第二次现代化评价的评价指标和评价模型

项目	评价指标	单位和类型	评价模型
SMI	第二次现代化指数		$SMI=(KII+KTI+LQI+EQI)/4$
知识创新	1. 知识创新经费投入 2. 知识创新人员投入 3. 知识创新专利产出	R&D/GDP，% 研究人员 / 万人 发明专利数 / 万件	知识创新指数：$KII=\sum D_i/3$ 正指标评价：$D_i\leq 120$ $D_i=100\times i_{实际值}/i_{基准值}$
知识传播	4. 中学普及率 5. 大学普及率 6. 电视普及率 7. 互联网普及率	% % % %	知识传播指数：$KTI=\sum D_i/4$ 正指标评价同上 基准值为当年高收入国家平均值
生活质量	8. 城镇人口比例 9. 医生比例 10. 婴儿死亡率 11. 平均预期寿命 12. 人均能源消费	% % ‰，逆指标 岁 千克石油当量	生活质量指数：$LQI=\sum D_i/5$ 正指标评价同上 正指标评价：$D_i\leq 120$ $D_i=100\times i_{基准值}/i_{实际值}$

续表

项目	评价指标	单位和类型	评价模型
经济质量	13. 人均 GNI 14. 人均购买力 15. 物质产业增加值比例 16. 物质产业劳动力比例	美元 国际美元 %，逆指标 %，逆指标	经济质量指数：$EQI=\Sigma D_i/4$ 正指标评价同上 逆指标评价同上

资料来源：何传启（2010）。

表 6–14 综合现代化评价的评价指标和评价模型

项目	评价指标	单位和类型	评价模型
CMI	综合现代化指数		$CMI=(EI+SI+KI)/3$
经济发展	1. 人均 GNI 2. 人均购买力 3. 服务业增加值比例 4. 服务业劳动力比例	美元 国际美元 % %	经济发展指数：$EI=\Sigma D_i/4$ 指标评价：$D_i \leqslant 120$ $D_i=100\times i_{实际值}/i_{参考值}$ 参考值为当年高收入国家平均值
社会发展	5. 城镇人口比例 6. 医生比例 7. 平均预期寿命 8. 生态效益	% % 岁 美元 / 千克标准油	社会发展指数：$SI=\Sigma D_i/4$ 指标评价同上
知识发展	9. 知识创新经费投入 10. 知识创新专利产出 11. 大学普及率 12. 互联网普及率	R&D/GDP，% 发明专利数 / 万件 % %	知识发展指数：$KI=\Sigma D_i/4$ 指标评价同上

资料来源：何传启（2010）。

20世纪90年代以来，我国江苏、广东、天津、浙江等省市都推出了实现现代化或基本实现现代化的指标体系。1998年，浙江省提出基本实现现代化评价指标体系，该指标体系由经济发展、社会结构、国民素质、生活质量和社会事业4个方面12项指标组成（郭占恒，2001）；1999年，广东省提出基本现代化指标体系，包括综合实力现代化、产业结构高度化、市场化、国际化、城市化、信息化、人口增长低速化、科技先行化、教育普及化、政府财政强化、环境优化、福利公平化12个方面（郭占恒等，2001）。

2013年，江苏省发布《江苏基本实现现代化指标体系》（2013 年修订，试行），该指标体系包括经济发展、人民生活、社会发展、民主法治、生态环境五大类30项53个指标。2013 年，《苏南现代化建设示范区规划》获批，提出到 2030 年全面实现区域现代化，经济发展和社会事业达到主要发达国家水平，苏南地区现代化建设指标体系涉及经济、城乡、社会、政治、生态5个领域30个指标。

（二）城市现代化的指标体系

城市现代化是一个复杂的过程，不仅包括城市建设和总体布局的现代化，还包括城市各领域的现代化。早在20世纪90年代，我国学者就开展了城市现代化的指标体系和城市现代化水平评价的研究。谢文蕙（1995）以常州为例，从经济社会和城市建设两个维度选择22个指标，探讨了城市现代化指标体系的构建；姚士谋认为城市现代化主要有6个方面的标志，分别为城市规划科学合理化、城市基础设施的现代化、城市生态环境园林化、城市科学技术高层次化、城市人民生活高度社会化、各种资源利用的高度信息化，并构建了中国城市现代化的指标体系，包括规划管理、人口素质、生活质量、基础设施、生态环境和社会经济结构6个维度40个指标。

进入21世纪，城市现代化受到更多学者关注。顾朝林在分析城市现代化评价系统的基础上，建立江苏省城市现代化评价指标体系和预测模型，并对江苏省城市现代化水平进行了评价和预测，该指标体系包括经济发展、社会发展、国民素质、生活质量和环境质量5个维度18个指标；阎小培从城市现代化的内涵出发，提出由经济现代化、社会现代化、人的现代化、市场化程度和科技信息化等五部分组成的指标体系，并以广东4个大城市为例，对城市现代化水平进行了综合评价，对各级指标的现代化水平进行了分析。詹正茂等引入“城市现代化度”的概念，采用三层递阶结构模式构建城市现代化度的计量模型，并在此基础上提出城市现代化发展的3个阶段，城市现代化度由外在展现度、发展潜力度和协调度组成。基于该模型，对全国省会城市进行定量分析，并根据城市现代化度的不同将我国城市现代化进程划分为起步期、发展期和成熟期3个阶段。中国发达城市现代化评价指标体系研究课题组立足于发达城市的主要特点，采用定量和定性分析相结合的方法，构建了中国发达城市现代化评价指标体系及标准，并对中国发达城市现代化进程进行了实际测算和分析，该指标体系包含经济发展、社会进步、生活质量和生态环境4个维度共25个指标（表6–15）。

表 6–15　已有研究中城市现代化的指标体系（举例）

来源	维度	指标
谢文蕙（1995）	经济社会	人均国民生产总值；人均生活费收入；第三产业占 GNP 比例；基尼系数；恩格尔系数；人口自然增长率；人口平均预期寿命；每千人拥有病床数；劳动力文化指数；科技进步贡献率；电视机普及率
	城市建设	人均城建用地面积；人均住宅使用面积；人均道路铺装面积；自来水普及率；人均生活用电量；燃气普及率；电话普及率；万人拥有公交车数；建成区绿化覆盖率；人均绿地面积；三废处理达标率

续表

来源	维度	指标
姚士谋（1999）	规划管理	城市规划科学、合理，具有权威性、远见性且弹性和可操作性强；城市管理规范化、法制化；具有健全的立法、监督机构；拥有供决策的地理信息系统
	人口素质	识字人口比例；适龄青年受高等教育比例；平均预期寿命；平均每个医生服务的人口数；人口自然增长率；婴儿死亡率
	生活质量	恩格尔系数；人均居住建筑面积；人均生活用水量；饮用水质达标率；电话普及率
	基础设施	具有快速、便捷的对外交通；城市人均道路面积；形成立体交通网络；快速大容量通信网络；能源供应保证率；燃气普及率；自来水普及率；排水管道成网、雨污分流；环卫设施齐全率
	生态环境	城市工业污水处理率；城市生活污水处理率；城市工业固体废物综合利用率；城市绿化覆盖率；人均公共绿地面积；大气中 SO_2 年日平均浓度；大气中总悬浮物年日平均浓度；城市环境噪声平均值；城市人文景观和自然得到有效保护
	社会经济结构	行政辖区内城市化水平；非农业就业人口占总就业人口比例；人均 GDP；第三产业占 GDP 比例；科技进步对经济发展的贡献率；外贸总额占 GDP 的比例；城镇待业率
顾朝林（2000）	经济发展	人均 GDP；农业增加值占 GDP 比例；第三产业增加值占 GDP 比例；实际利用外资金额
	社会发展	城市化水平；人口自然增长率；职工年平均工资
	国民素质	每万人拥有医生数；人均公共图书馆藏书；每万人拥有在校学生数
	生活质量	人均居住面积；人均年生活用电量；人均铺装道路面积；每万人拥有公共汽电车；每百万人拥有电话机数；每百万人拥有商业服务网点数
	环境质量	污水处理率；人均公共绿地面积
阎小培（2002）	经济现代化	单位土地GDP产值；人均GDP；第三产业占GDP比例；城市经济持续增长率；能源消耗指数；土地利用集约度；对外依存度；港口货物吞吐量；外地游客占城市总人口比例（常住外籍居民比例）
	社会现代化	恩格尔系数；基尼系数；政府社会支出占总支出比例；政府工作满意度；社会安全满意度；环境建设满意度；“三废”处理率；城市非农人口比例
	人的现代化	平均预期寿命；千人医生数；万人在校大学生数；中学入学率；参加选举人数占适龄人口比例；人口自然增长率
	市场化程度	民营投资占国内固定资产投资比例；企业经营者的市场选择率；以利润最大化为目标的企业比例；万人批发零售贸易从业人员数；万人批发零售贸易机构数；社会消费品零售总额占 GDP 比例；城镇住房私有率
	科技信息化	万人科技人员比例；R&D 占 GDP 比例；科技进步贡献率；高科技产业占 GDP 比例；信息化综合指数
詹正茂等（2003）	外在展现度	人均 GDP；三次产业比例；政府财政收入占 GDP 的比例；非国有投资占总投资比例；进出口总值占 GDP 比例
	发展潜力度	政府科教投入占财政支出比例；科技进步对经济的贡献率；每万人受大学以上教育人数
	协调度	城市人口比例；人口自然增长率；人均公共绿地面积；社会保障覆盖率；每百人电脑拥有数；每万人拥有病床数

续表

来源	维度	指标
中国发达城市现代化评价指标体系研究课题组（2011）	经济发展	人均GDP；第三产业增加值占GDP比例；高技术产品产值占工业总产值比例；服务贸易占外贸进出口的比例；R&D支出占GDP比例；每万人专利申请授权数
	社会进步	城镇化率；每万人口大学生数；中心城区人口密度；每百人入境旅游比例；城乡居民收入比；社会安全指数；基本社会保险覆盖率
	生活质量	人均可支配收入；恩格尔系数；居民文教娱乐支出占家庭支出比重；每万人互联网用户数；轨道交通客运量；每千人医生数；每十万人拥有文化设施数
	生态环境	万元GDP能耗；万元GDP水耗；生活垃圾无害化处理率；城镇生活污水处理率；环境质量指数

三、指标体系的设计原则

现代化评价是对现代化过程和结果的一种综合评价，有多种类型（表6-16），不同类型评价的原理和方法有所不同，本研究所构建的指标体系主要服务于城市现代化的水平评价。

表 6-16　现代化评价的主要类型

评价类型	评价目的	评价的特点
水平评价 阶段评价	现代化的相对水平 现代化的发展阶段	国际可比性、理论一致性、连续性
竞争力评价 创新力评价	现代化的竞争优势 现代化的发展动力	国际可比性、地区可比性、相对性
绩效评价 诊断评价	现代化的绩效和进展 现代化过程的得失和原因	政策性、针对性、实用性、时效性

资料来源：何传启（2010）。

城市现代化是一个动态的过程，城市文明的世界前沿在不断变化，城市现代化需要对标世界前沿，指标体系的构建须遵循以下原则：①具有理论基础，符合现代化的科学原理，同时要有限目标、规模适度。指标的选择兼顾合理性、平衡性、时效性、可获取性和数据的可靠性等诸多方面。②具有国际可比性。现代化是一个世界现象，对于现代化的水平评价要注重国际可比性。③有政策价值和社会意义。指标体系的构建与指标选择应充分考虑典型城市发展阶段的特征，同时与国家战略相结合，充分体现政策价值与社会意义。④体现前瞻性的发展趋势。现代化评价指标的选择与指标体系构建充分考虑新现代化的特点，强调从经济发展向追求社会、文化、生态和生活质量等协调发展的理念。

四、城市现代化的指标体系

在系统分析国际和国内城市相关评价的基础上，本研究从经济、政治、社会、文化和生态5个维度构建城市现代化的指标体系，指标体系共包含5个维度25个指标。

（一）经济领域

过去300年间，世界经济经历了四次浪潮，分别是机械化、电气化、自动化和信息化，每一次浪潮都是由重要发明和技术创新推动的（何传启，2019）。经济现代化体现在经济系统的众多方面，包括生产效率的不断提升和经济结构的不断变化等，创新是经济发展的重要动力。本研究选择生产与效率、经济结构和科技创新3个方面的指标反映经济领域的现代化水平。在生产与效率方面，选择人均GDP和劳动生产率两个指标。在经济结构方面，选用人均制造业增加值、服务业比重和金融业比重3个指标，其中，服务业比重体现了城市经济结构的整体现代化水平，根据世界经济结构演变的规律，18世纪以来，世界经济结构经历了农业经济比例下降、工业经济比例先升后降，以及服务业经济比例上升的过程，目前，发达国家服务业比例已接近或达到80%。在科技创新方面，选择研发支出比例和PCT专利申请比例两个指标。

（二）政治领域

政治现代化大致始于18世纪下半叶，它是政治变迁的一种形式。一般而言，政治现代化与经济现代化紧密相关，但是它们之间的关系复杂（何传启，2019）。政治领域的现代化包含了政治参与、政府治理、公共服务等众多方面。在政治参与中，民主化以及选举权的普及成为重要衡量指标，本研究采用选民投票率来代表城市居民的政治参与情况，但是在许多城市中，该指标的数据很难获取，只能用空值代替，这也给评价结果带来一定误差。在政府治理方面，可以包括政府信息化、透明化、服务化等，但是与此相关的指标非常有限，本研究选取营商环境这个综合指标以及交通事故致死率和城市交通可及性来间接反映政府治理水平。

（三）社会领域

社会现代化是社会领域的一种革命性变迁，第一次社会现代化的重要特征是提高物质生活水平，第二次社会现代化的重要特征是提高生活质量（中国现代化战略研究课题组，2006）。本研究所选择的城市多数是世界前沿城市，提高生活质量将是这些城市社会现代化的重要目标。考虑到这些城市发展的特征，在选择社会现代化相关指标时，本研究更加侧重于生活质量的相关指标。

社会领域指标涉及人口与卫生、教育、收入与福利和生活满意度4个方面，其中，人口与卫生包括出生时预期寿命、婴儿死亡率、医生比例3个指标，教育指标为拥有高等教育劳动力比例，收入与福利包括人均可支配收入和生活成本2个指标，此外还包括一个主观指标，即居民生活满意度。

在这些指标中，生活成本是一个较为综合的客观性指标，本研究采用生活成本指数表示，数据源自世界城市生活消费水平网站，生活成本指数是消费品价格和房屋租金的相对指数，涉及食品杂货、餐饮、交通、公用事业和房屋租金等方面。该指数代表的是各城市与纽约市比较的相对值，也就是说，对于纽约市，生活成本指数为100，如果另一个城市的生活成本指数为120，这意味着该城市的生活成本比纽约市高20%；如果一个城市的生活成本指数为70，这意味着该城市的生活成本比纽约市低30%。该指标能够较为综合地反映世界不同城市在生活成本方面的差异。

（四）文化领域

城市文化是一个城市的象征，在当今全球化深入发展的背景下，文化越来越成为城市发展和创造力提升的重要源泉，成为现代化的重要组成部分。文化具有丰富的内涵，涉及文化内容、文化设施、文化产业、文化影响等众多方面，其中语言、艺术、习俗、历史遗迹等文化内容体现了城市文化的特质，文化设施、文化产业、文化影响等体现了城市文化的发展水平。本研究从文化产业、网络文化和国际交往3个方面进行分析，包括文化产业比例、宽带普及率、国际会议数量以及全球城市关联度4个指标。在这4个指标中，全球城市关联度是一项较为综合的指标，衡量了全球城市合作网络的连接程度，数据源自全球化及世界城市研究网络（GaWC）。

（五）环境领域

在本研究中，环境领域的现代化主要是指生态环境的现代化，简称生态现代化。生态现代化是现代化和自然环境的一种互利耦合，它包括自然环境的改善、生态效率（包括能源效率和资源生产率等）的提高、结构生态化、制度生态化等。生态领域选择PM2.5水平、绿色覆盖和单位GDP的能源消耗3项指标。其中，单位GDP的能源消耗，由于未收集到国外城市的相关数据，因此使用国家数据进行替代，这也将给评价结果带来一定误差。城市现代化指标体系见表6-17。

表 6-17　城市现代化指标体系

编号	领域	二级	指标	解释	单位
1	经济	生产与效率	人均 GDP	人均国民生产总值	美元
2			劳动生产率	雇佣劳动力的人均增加值	美元
3		经济结构	人均制造业增加值	人均制造业增加值	美元
4			服务业增加值占 GDP 比重	服务业增加值占 GDP 的比重	%
5			金融业增加值占 GDP 比重	金融业增加值占 GDP 的比重	%
6		科技创新	研发支出占 GDP 的比例	研发支出占 GDP 的比例	%
7			PCT 专利申请比例	每百万居民的 PCT 专利申请量	项 / 百万居民
8	政治	政府治理	营商环境	营商环境指数	指数
9			交通事故致死率	每十万人中交通事故死亡人数	人 / 十万人
10			城市交通可及性	平均通勤时间	分钟
11		政治参与	选民投票率	已投票人数占登记选民的百分比	%
12	社会	人口与卫生	出生时的预期寿命	新生儿平均预期寿命	岁
13			婴儿死亡率	每千例活产婴儿在 1 岁内的死亡率	‰
14			医生比例	每千人拥有的医生数	人 / 千人
15		教育	拥有高等教育的劳动力比例	拥有高等教育水平的劳动力占总劳动力百分比	%
16		收入与福利	人均可支配收入	人均可支配收入	美元
17			生活成本	生活成本指数	指数
18		生活满意度	居民生活满意度	居民生活满意度指数	指数
19	文化	文化产业	文化产业比例	文化产业比例	%
20		网络文化	宽带普及率	拥有互联网宽带接入的家庭比例	%
21		国际交往	国际会议数量	ICCA 统计的国际会议数量	次
22			全球城市关联度	全球城市网络连接指数	指数
23	环境	生态环境	PM2.5 水平	空气中 PM2.5 含量	微克 / 立方米
24			绿色覆盖	公共绿地比例	%
25			单位 GDP 的能源消耗	单位 GDP 的能源消耗	千克石油当量 / 美元

第三节 城市现代化的记分牌

一、城市样本与指标数据

城市通常是指一个都市化程度较高的居民聚居区，但是不同国家对城市的定义和范围的界定有所不相同，城市相关的数据也存在统计口径的差异。目前，世界范围内关于城市的公开数据库尚不多见，这给城市现代化相关数据的收集以及评价工作带来很大困难。

在充分考虑城市的代表性以及数据的可获取性等因素基础上，选择15个世界主要城市作为研究对象，按照大都市区的人口数量，人口数量在800万人以上的有10个，分别为东京、伦敦、巴黎、首尔、纽约、洛杉矶、莫斯科、北京、上海和深圳；人口在400万~800万人的城市有5个，分别为多伦多、悉尼、柏林、新加坡和中国香港（表6-18）。

表6-18 样本城市的人口状况（按城市英文名升序排列）

序号	国家	城市	英文名	总人口（万人）（2015年数据）	备注
外国城市					
1	德国	柏林	Berlin	507	首都
2	英国	伦敦	London	1201	首都
3	美国	洛杉矶	Los Angeles	1769	—
4	俄罗斯	莫斯科	Moscow	1220	首都
5	美国	纽约	New York	1997	—
6	法国	巴黎	Paris	1279	首都
7	韩国	首尔	Seoul	2395	首都
8	新加坡	新加坡	Singapore	554	国家型城市
9	澳大利亚	悉尼	Sydney	493	—
10	日本	东京	Tokyo	3571	首都
11	加拿大	多伦多	Toronto	703	—
中国城市					
12	中国	北京	Beijing	2171	首都
13	中国	香港	Hongkong	731	—
14	中国	上海	Shanghai	2415	—
15	中国	深圳	Shenzhen	1138	—

注：柏林、伦敦、洛杉矶、纽约、巴黎、首尔、悉尼、东京、多伦多的人口数据为大都市区数据。
资料来源：World Bank（2021）；OECD（2021）；《中国统计年鉴》（2016）；《深圳统计年鉴》（2016）。

依据所构建的城市现代化指标体系，计算15个城市2018年的城市现代化记分牌。其中，北京、上海、深圳和香港的数据主要来源于官方统计年鉴、《中国现代化报告2020》等，其他城市数据主要来源于经合组织地区与城市数据库、世界银行的世界发展指标、世界文化论坛等数据库和公开发表的文献资料（表6-19）。

表6-19 城市现代化指标体系及主要数据来源

编号	领域	二级	指标	数据来源	
				国外城市	中国城市
1	经济	生产与效率	人均GDP	OECD，World Bank	中国统计年鉴、省市统计年鉴
2			劳动生产率	OECD，World Bank	中国统计年鉴、省市统计年鉴
3		经济结构	人均制造业增加值	OECD，World Bank	中国统计年鉴、省市统计年鉴
4			服务业增加值占GDP比重	OECD，World Bank	中国统计年鉴、省市统计年鉴
5			金融业增加值占GDP比重	OECD	中国统计年鉴、省市统计年鉴
6		科技创新	研发支出占GDP的比例	OECD，World Bank	中国统计年鉴、省市统计年鉴
7			PCT专利申请比例	OECD，WIPO	
8	政治	政府治理	营商环境	Kearney（2019）	
9			交通事故致死率	OECD，World Bank	中国统计年鉴、省市统计年鉴
10			城市交通可及性	Julia Watts（2020）等	全国主要城市通勤监测报告
11		政治参与	选民投票率	OECD	—
12	社会	人口与卫生	出生时的预期寿命	OECD，World Bank	中国统计年鉴、省市统计年鉴
13			婴儿死亡率	OECD，World Bank	中国统计年鉴、省市统计年鉴
14			医生比例	OECD，World Bank	中国统计年鉴、省市统计年鉴
15		教育	拥有高等教育的劳动力比例	OECD，World Cities Culture Forum	中国统计年鉴、省市统计年鉴
16		收入与福利	人均可支配收入	OECD，World Bank	中国统计年鉴、省市统计年鉴
17			生活成本	NUMBEO	
18		生活满意度	居民生活满意度	OECD	—
19	文化	文化产业	文化产业比例	周振华、张广生（2019）	
20		网络文化	宽带普及率	OECD	中国宽带发展联盟
21		国际交往	国际会议数量	ICCA	ICCA
22			全球城市关联度	GaWC	GaWC

续表

编号	领域	二级	指标	数据来源	
				国外城市	中国城市
23	环境	生态环境	PM2.5 水平	OECD	中国统计年鉴、省市统计年鉴
24			绿色覆盖	World Cities Culture Forum	中国统计年鉴、省市统计年鉴
25			单位 GDP 的能源消耗	World Bank	中国统计年鉴、省市统计年鉴

注：部分城市的交通可及性数据来源于媒体报道和专栏文章，详见数据来源。世界城市的统计数据尚不完备，许多统计数据难以获取。城市范围界定的差异与城市数据的不完备是城市现代化水平评价面临的主要挑战。由于一些指标难以找到城市层次的统计数据，或者 2018 年当年的数据缺失，本研究采用近似值来大致反映城市的指标水平，具体来讲，对于城市层次数据缺失的情况，使用省（州）或国家层次数据进行替代，例如，深圳单位地区生产总值能耗的数据使用广东省数据进行替代，其他国外城市单位地区生产总值能耗数据由于较难获取，因此使用城市所在国家的数据替代；对于2018年数据缺失的情况，则使用最近年份进行替代。这也给评价结果带来了一定的误差。

二、主要方法

城市现代化记分牌是城市现代化评价指标记分的集成。记分采用“比值法”核算单个指标的记分，大致反映单个指标的相对水平。综合得分包括城市现代化综合得分（CMI）和经济领域综合得分（EI）、政治领域综合得分（PI）、文化领域综合得分（CI）、社会领域综合得分（SI）和生态领域综合得分（ECI）5个分领域得分。城市现代化综合得分等于5个分领域综合得分的几何平均值；分领域综合得分等于该领域指标的几何平均值，50%及以上指标不为空时计算领域综合得分。数学模型如下：

$$
\begin{cases}
CMS=(ES\times PS\times CS\times SS\times ECS)^{1/5} \\
ES=(EI_1\times\cdots\times EI_n)^{1/n}\ (n=1,2,\cdots,N_{EI}) \\
PS=(PI_1\times\cdots\times PI_n)^{1/n}\ (n=1,2,\cdots,N_{PI}) \\
CS=(CI_1\times\cdots\times CI_n)^{1/n}\ (n=1,2,\cdots,N_{CI}) \\
SS=(SI_1\times\cdots\times SI_n)^{1/n}\ (n=1,2,\cdots,N_{SI}) \\
ECS=(ECI_1\times\cdots\times ECI_n)^{1/n}\ (n=1,2,\cdots,N_{ECI})
\end{cases}
$$

其中，CMS为城市现代化综合得分；ES为经济领域综合得分、PS为政治领域综合得分、CS为文化领域综合得分、SS为社会领域综合得分、ECS为生态领域综合得分；EI_n为经济领域第n项指标，N_{EI}为经济领域评价指标的总个数；PI_n为政治领域第n项指标，N_{PI}为政治领域评价指标的总个数；CI_n为文化领域第n项指标，N_{CI}为文化领域评价指标的总个数；SI_n为社会领域第n项指标，

N_{SI}为社会领域评价指标的总个数；ECI_n为生态领域第n项指标，N_{ECI}为生态领域评价指标的总个数。

利用基准值对指标数据进行记分，具体来讲：

• 正指标：指标记分 = 指标实际值 ÷ 指标基准值 × 100，≤ 100；

• 逆指标：指标记分 = 指标基准值 ÷ 指标实际值 × 100，≤ 100；

• 基准值：指标基准值 = 该指标前三位城市数值的平均值。

指标记分的最大值设定为100分，指标记分等于或小于100（超过100时取值100）；指标记分的最小值设定为20分，指标记分大于或等于20（低于20时取值20）。

正指标为指标数值与指标水平正相关的指标，逆指标为指标数值与指标水平负相关的指标。正指标的基准值为该指标在15个城市中拥有最大值的3个城市的平均值，逆指标的基准值为该指标在15个城市中拥有最小值的3个城市的平均值；领域包括经济、政治、社会、文化和环境5个领域。城市现代化综合得分是5个领域综合得分的几何平均值。本研究是城市现代化记分牌的一种尝试，根据城市发展的规律和个性特点，不同国家、地区可以尝试建立适合自身的城市现代化记分牌。

三、典型城市记分牌

以下分别介绍分领域记分牌和综合记分牌的结果。

（一）分领域记分牌

基于以上方法，计算15个城市的分领域记分牌（表6–20~表6–24）。

表6–20　城市现代化记分牌——经济领域（按城市英文名升序排列）

序号	城市	人均GDP	劳动生产率	人均制造业增加值	服务业增加值比重	金融业增加值比重	研发支出比例	PCT专利申请比例
1	北京	26	28	30	91	87	100	60
2	柏林	67	69	37	86	20	61	37
3	中国香港	60	72	20	100	96	20	—
4	伦敦	97	92	20	96	79	21	21
5	洛杉矶	92	96	76	93	30	86	80
6	莫斯科	64	43	—	—	—	—	20
7	纽约	100	100	35	100	100	26	27
8	巴黎	96	100	40	87	33	39	51

续表

序号	城市	人均GDP	劳动生产率	人均制造业增加值	服务业增加值比重	金融业增加值比重	研发支出比例	PCT 专利申请比例
9	首尔	55	60	89	72	39	100	85
10	上海	25	28	46	78	100	75	20
11	深圳	35	27	81	66	72	86	32
12	新加坡	82	79	100	77	73	39	35
13	悉尼	66	76	26	81	67	36	20
14	东京	60	85	64	86	34	55	100
15	多伦多	61	70	55	81	49	35	21

表 6–21　城市现代化记分牌——政治领域（按城市英文名升序排列）

序号	城市	营商环境	交通安全	城市交通可及性	选民投票率
1	北京	74	40	68	—
2	柏林	84	82	100	85
3	中国香港	75	—	—	—
4	伦敦	100	66	77	73
5	洛杉矶	83	25	75	100
6	莫斯科	73	23	96	74
7	纽约	100	34	74	96
8	巴黎	96	37	100	89
9	首尔	79	37	48	65
10	上海	73	89	77	—
11	深圳	71	100	89	—
12	新加坡	92	100	77	—
13	悉尼	83	49	77	100
14	东京	98	80	63	55
15	多伦多	82	66	67	86

表 6–22　城市现代化记分牌——社会领域（按城市英文名升序排列）

序号	城市	出生时的预期寿命	婴儿死亡率	医生比例	高等教育劳动力比例	人均可支配收入	生活成本	生活满意度
1	北京	97	82	88	76	20	96	—
2	柏林	96	50	100	71	46	72	88
3	中国香港	100	100	38	41	94	48	—
4	伦敦	98	56	60	100	69	48	92
5	洛杉矶	96	41	50	64	100	49	100

续表

序号	城市	出生时的预期寿命	婴儿死亡率	医生比例	高等教育劳动力比例	人均可支配收入	生活成本	生活满意度
6	莫斯科	92	33	100	74	20	98	—
7	纽约	95	39	68	72	100	37	97
8	巴黎	100	44	75	66	50	54	90
9	首尔	99	68	48	84	39	39	82
10	上海	99	51	57	60	20	86	—
11	深圳	93	75	51	38	20	100	—
12	新加坡	99	86	44	93	90	52	—
13	悉尼	98	67	71	83	59	51	99
14	东京	100	100	45	73	44	59	84
15	多伦多	98	38	42	100	48	63	100

表 6–23 城市现代化记分牌——文化领域（按城市英文名升序排列）

序号	城市	文化产业比例	宽带普及率	国际会议数量	全球城市关联度
1	北京	76	98	53	77
2	柏林	100	96	93	37
3	中国香港	36	—	74	83
4	伦敦	85	96	86	100
5	洛杉矶	93	89	20	54
6	莫斯科	—	83	20	63
7	纽约	100	86	28	100
8	巴黎	78	88	100	78
9	首尔	—	100	70	57
10	上海	51	100	47	74
11	深圳	79	100	20	36
12	新加坡	67	—	83	83
13	悉尼	90	86	50	68
14	东京	73	79	70	76
15	多伦多	—	90	43	58

表 6–24 城市现代化记分牌——环境领域（按城市英文名升序排列）

序号	城市	PM2.5 水平	绿色覆盖	单位 GDP 能耗
1	北京	20	100	58
2	柏林	45	20	70

续表

序号	城市	PM2.5 水平	绿色覆盖	单位 GDP 能耗
3	中国香港	37	85	100
4	伦敦	55	70	100
5	洛杉矶	77	74	53
6	莫斯科	37	38	20
7	纽约	98	57	53
8	巴黎	53	20	63
9	首尔	25	59	33
10	上海	20	34	40
11	深圳	20	87	40
12	新加坡	37	100	70
13	悉尼	100	98	63
14	东京	48	20	63
15	多伦多	99	28	35

（二）综合记分牌与城市分组

在分领域记分牌中，为了体现城市特征和领域特征，保留了一些特征性指标和数据缺项指标。例如，在经济领域中，纽约、伦敦、中国香港、新加坡4个城市在商业和金融方面发挥着巨大影响力，这些城市的金融业占GDP比重均在20%左右。洛杉矶则属于以制造业为主的城市，是美国加利福尼亚州的工业中心，2018年，人均制造业增加值接近1万美元。人均制造业增加值比重和金融业增加值比重更多反映了城市的产业特征，不同城市由于资源禀赋和发展路径的差异，产业特征有所不同。在综合记分牌中，将不再采用这些特征性指标。此外，对于数据缺项较多的指标，例如生活满意度、选民投票率等，在综合记分牌中也将不再采用。

综合记分牌指标体系包含经济、政府治理、社会、文化和环境5个领域16个指标（表6–25）。

表 6–25　综合记分牌的指标体系

编号	领域	二级	指标	解释	单位
1	经济	生产与效率	人均 GDP	人均国民生产总值	美元
2			劳动生产率	雇佣劳动力的人均增加值	美元
3		经济结构	服务业增加值占 GDP 比例	服务业增加值占 GDP 的比例	%
4		科技创新	研发支出占 GDP 的比例	研发支出占 GDP 的比例	%

续表

编号	领域	二级	指标	解释	单位
5	政府治理	政府治理	营商环境	营商环境指数	指数
6	社会	人口与卫生	出生时的预期寿命	新生儿平均预期寿命	岁
7			婴儿死亡率	每千例活产婴儿在1岁内的死亡率	‰
8		教育	拥有高等教育的劳动力比例	拥有高等教育水平的劳动力占总劳动力百分比	%
9		收入与福利	人均可支配收入	人均可支配收入	美元
10			生活成本	生活成本指数	指数
11	文化	文化产业	文化产业比例	文化产业比例	%
12		网络文化	宽带普及率	拥有互联网宽带接入的家庭比例	%
13		国际交往	国际会议数量	ICCA统计的国际会议数量	次
14			全球城市关联度	全球城市网络连接指数	指数
15	环境	生态环境	PM2.5水平	空气中PM2.5含量	微克/立方米
16			单位GDP的能源消耗	单位GDP的能源消耗	千克石油当量/美元

按照城市现代化综合指数得分把15个城市划分为前沿城市、先进城市和发达城市，其中，高于15个城市综合指数平均值的为前沿城市和先进城市，低于平均值的为发达城市；在前沿城市和先进城市中，高于前沿城市和先进城市综合指数平均值的为前沿城市，低于该值的为先进城市（表6-26）。

表6-26　城市分组标准

城市分类	定量标准	备注
前沿城市	综合指数 > 73	15个城市的综合指数平均值为65； 前沿城市和先进城市综合指数平均值为73
先进城市	73 >综合指数> 65	
发达城市	65 >综合指数> 30	

从表6-27可知，前沿城市有3个，分别为伦敦、纽约和巴黎，先进城市有5个，分别为柏林、洛杉矶、新加坡、悉尼和东京，发达城市有7个，分别为北京、中国香港、莫斯科、首尔、上海、深圳、多伦多。

表6-27　2018年城市现代化综合得分的城市分组（按城市英文名升序排列）

>73分	65~73分	<65分
伦敦	柏林	北京

续表

>73 分	65~73 分	<65 分
纽约	洛杉矶	中国香港
巴黎	新加坡	莫斯科
—	悉尼	首尔
—	东京	上海
—	—	深圳
—	—	多伦多

绘制城市分领域雷达图，对前沿城市、先进城市和发达城市的特征进行分析。

1. 前沿城市

纽约、伦敦和巴黎作为前沿城市，在各个分领域的指标表现均较好，人均GDP、劳动生产率、服务业增加值比重、营商环境等居于前列（图6-3）。

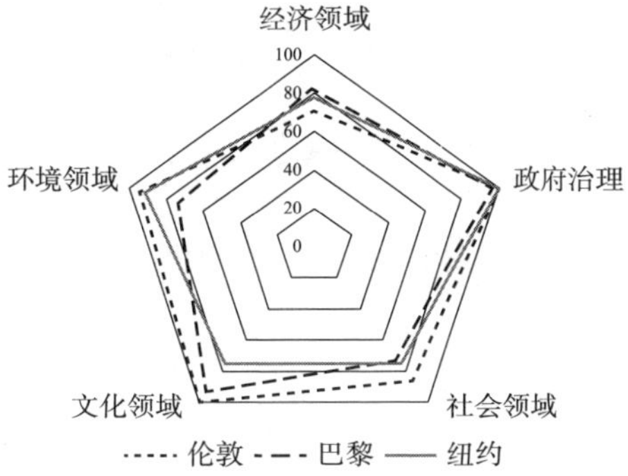

图 6-3　前沿城市分领域雷达图

2. 先进城市

柏林、洛杉矶、新加坡、悉尼、东京作为先进城市，一些领域的指标有明显优势，同时也在部分领域有提升潜力。例如，洛杉矶在经济领域的优势比较明显，但在文化和环境领域的指标有待提升；悉尼在环境领域的指标表现较好，在经济领域仍有较大提升空间。新加坡和东京的领域特征存在相似之处，社会领域指标表现较好，在经济、文化、环境领域有提升潜力（图6-4）。

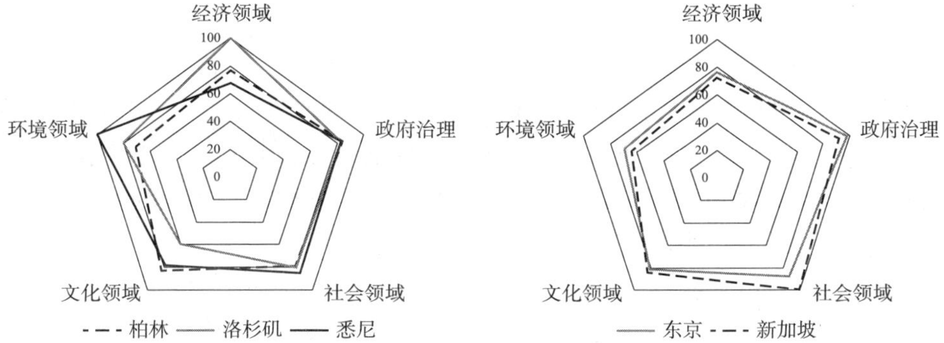

图 6-4　先进城市分领域雷达图

3. 发达城市

在发达城市中，多伦多和中国香港在经济、社会、文化、环境和政府治理领域的指标较为均衡；莫斯科和首尔在环境领域有较大提升空间；北京、上海和深圳在经济、环境等领域有提升潜力（图6–5）。

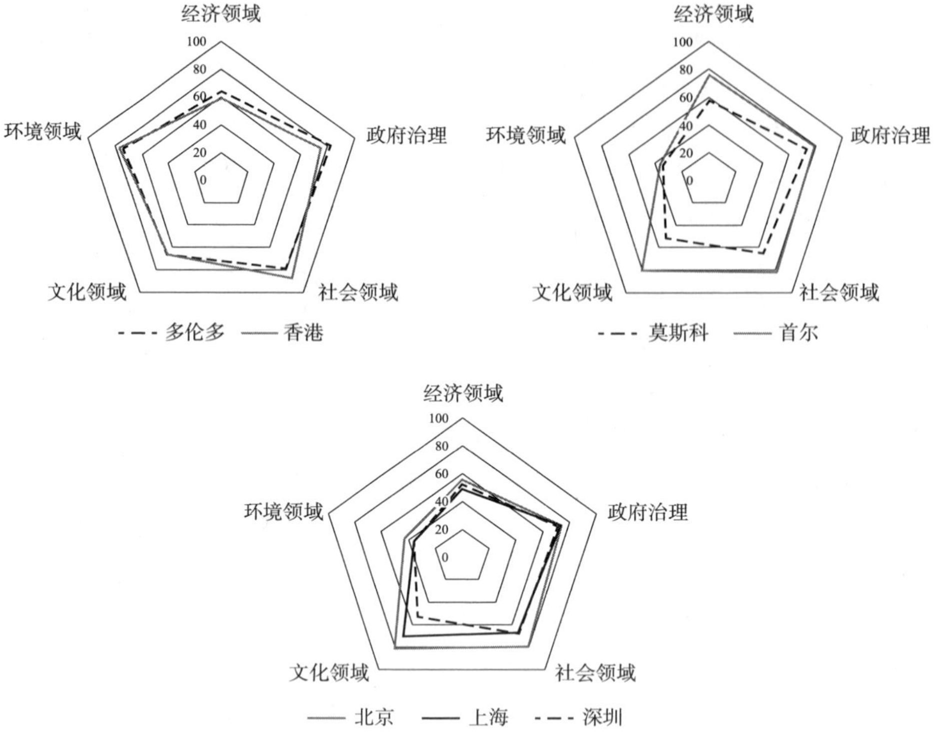

图 6–5　发达城市分领域雷达图

小结

本研究采用记分牌的方式，选取部分指标对纽约、伦敦、北京、上海等15个城市2018年的现代化水平进行大致分组与比较。结果显示，2018年，伦敦、巴黎、纽约3个城市处于世界城市发展的前沿，新加坡、东京、柏林、悉尼、洛杉矶5个城市处于先进城市行列，北京、中国香港、莫斯科、首尔、上海、深圳、多伦多7个城市处于发达城市行列。

城市相关数据的可获取性以及统计口径的差异，对本研究结果产生一定影响。有些指标由于很难找到城市相关数据，只能用省（州）级或国家级的数据进行替代；有些指标由于当年数据缺失，只能用临近年数据替代；这些都会导致一定的系统误差。因此，城市现代化记分牌与分组结果的准确性仍有待提高。同时，城市现代化指标体系和评价方法等也需要进行更多专题研究和持续改进。

城市现代化是一个复杂、动态的过程。本研究所反映的只是2018年的城市现代化格局，2019年以来，新冠肺炎疫情对世界城市格局产生重要影响。科尔尼《2020年全球城市指数报告》认为，世界城市正在建立新冠肺炎疫情后的新秩序，全球城市综合排名显示，2020年，北京取代中国香港跻身全球综合实力前五强城市，上海的排名也有大幅提升，中国城市正在快速追赶欧洲和北美城市（Kearney，2020）。世界城市格局的变迁有待更长时间序列的动态跟踪与研究。

结语

全球城市现代化的经验与启示

城市是人类文明发展的重要载体。城市现代化进程有普遍规律，更有各自特色。每座城市的现代化之路都没有现成的样本可以照搬和复制。城市现代化是多元的，不同的地区、不同城市现代化的模式和路径各有不同。在城市的共性或普遍性要素达到一定水平、把握城市现代化发展大势的基础上，每座城市需要提炼自己的城市特色，形成适合自身的个性化发展之路。

一、顺应现代城市发展的时代趋势，把握城市现代化的一般规律

通过考察系列全球前沿城市和审视衰退或收缩的城市，正反两方面的案例分析显示，世界城市现代化有一些共性，呈现出若干共同的发展趋势。

（一）科学规划顶层设计，引导城市有序发展

规划作为城市发展的先行指引，其理念决定了城市战略目标的前瞻性和世界性。全球前沿城市普遍重视战略规划，充分利用科学规划的指导作用，对城市发展进行前瞻性、引导性布局。尤其是伦敦，在其发展的每个阶段，都非常注重规划。早在1909年，伦敦就设立了城市规划系统，伦敦的历次规划清晰地呈现出城市发展的历史脉络，体现出伦敦以开放、积极的态度面对城市发展的各种机遇与挑战，迎接城市人口的增加和经济的增长。科学规划助力提升伦敦世界城市的整体竞争力。

城市规划要紧紧围绕城市功能定位来设计，通过完善提升城市功能，更好地服务于城市现代化建设。从中长期的“愿景规划”到“空间规划”，再到近期的具体策略和专项规划、主题规划、区域规划、生活圈规划等，不同层次不同尺度、跨区域跨部门的城市发展战略规划有助于复杂问题的解决，从不同层面上研判城市现代化的方向、规模和布局，并对城市发展环境进行科学的预断和评价，协调各方面矛盾，统筹各项建设，对整个城市的建设发展

起到了很好的指导作用。同时，还要设置多样性措施保证规划的实施，建立监测、评估、实施、管理等完整体系，明确各部门权责，分散管理，推动各部门间高效协作。规划的渐进性和连续性要结合起来，保障规划实施层次逐级递进，并在一定程度上能够应对未来的风险，为城市现代化提供安全保障。

改革开放以来，我国的北京、上海等城市的规划建设都取得了举世瞩目的成就，并逐步显现出越来越鲜明的特点，但与世界城市相比，我国大城市现代化建设在创新性和独特性方面还有待加强，在城市总体现代化战略方面，要协调统筹市中心和周边区县的协同发展，要协调不同城市形成的都市圈的协同发展。要从解决区域现实问题入手，积极发挥政府在推动都市圈区域经济融合与发展中的作用，高起点、高定位地科学规划空间发展布局。

我国城市规划中，还要注意城市规模适度。实现城市现代化的进程与城市规模大小之间不存在必然的联系，城市现代化并不是由规模来决定的，不是规模大的城市就会率先实现现代化，而是取决于其他现代化的因素。现代化城市应该在聚集的规模经济和因此造成负外部性张力间取得平衡，既充分发挥要素集聚带来的规模效应、创造潜力，又避免过度集聚产生的拥挤、浪费和内耗等。

（二）技术创新产业升级，促进城市创新发展

创新是城市发展的动力，更是城市更新的动力。不断推进科技创新、理论创新和组织创新等，才能促进产业转型和产业升级，提高城市发展的质量和层次。科尔尼公司发布的《2021年全球城市指数报告》显示，全球竞争力排名靠前和竞争力提升的城市，无一不是创新资源丰富、创新生态良好的城市，折射出科技创新对经济产业发展、社会民生发展的推动。当今世界，谁下好了科技创新这步先手棋，谁就能占领先机。全球城市发展已进入科技创新赋能城市更新的新阶段。这不仅体现在科技创新对提升城市经济增长速度的支撑性作用越来越明显，而且科技创新会直接助力城市更新行动，推动新一轮城市空间格局的重塑。全球前沿城市，如伦敦、巴黎、东京、新加坡等都充分体现了科技创新赋能城市更新。

科技创新还带动城市产业转型和产业升级。优化产业结构，转变发展方式是城市经济现代化的核心问题。就城市现代化而言，经济结构，特别是产业结构，不仅说明经济发展的质量和水平，而且是人类社会不断进步，进入一个新时期的表现。从经济结构来看，当前，全球前沿城市中工业在经济体系中已非主导性地位，这也意味着工业已失去将自己的特质强加于并驾驭其他部门或社会关系的能力。当下主导性生产方式并非物质生产，而是知识的

生产和再生产，因此，科技创新的贡献度不言而喻。

在当今社会中，引领城市经济发展的不是第二产业，而是第三产业。第三产业与第二产业不仅产品不同，生产过程不同，而且产权结构、财富观念、道德标准、价值观念、生产关系等都有所不同。所以，三次产业结构不只是一个经济问题，更是一个社会问题。同样，城市现代化绝不仅是城市经济问题，更多是城市社会问题。经济结构不只是产业结构，更是涉及经济的各个方面，特别是分配结构，为实现共同富裕的社会主义远大目标奠定基础。

纽约等典型全球城市的发展经验告诉我们：创意产业和现代服务业推动城市产业更新，支撑产业行稳致远的是科技创新的力量。现代城市更新需要在把握世界城市发展大势的基础上，重点发展好主导产业和支柱产业，底特律、曼彻斯特、莱比锡等衰退或收缩的城市同样从反面证明了这一点。

科技创新还能助力城市精细化管理、城市智能化发展。科技创新驱动发展，科技创新主导竞争，所有的城市，不论城市规模大小，加快聚集科创要素、激发科创活力以打造城市发展动力，已刻不容缓。只有将科技创新摆在城市发展全局的核心位置，不断提升创新能力，以科技创新的逻辑和力量推动新一轮城市的转型和综合竞争力的重塑，城市经济发展才能早日实现质量、效率和动力变革，城市价值才会实现可持续提升。

（三）以人为本全民共享，促进城市协调发展

人是城市现代化的主体和核心。以人为本是指导全球主要城市发展愿景的重要原则。纽约、伦敦、东京等世界前沿城市的现代化都注重以人为本，城市发展愿景都是围绕提高城市居民生活质量、建设宜居城市展开的。提升居民生活品质的城市发展举措包括城市交通、通信网络等基础设施的合理布局方便出行，公共服务的精细化和均等化使居民有更好的体验感，公共产品极大丰富促进城市实现富裕公平等。

IESE发布的《2020年城市动态指数》报告中，伦敦再次被公认为世界上最聪明、最可持续的城市。该报告结合新冠肺炎疫情中城市发展的表现，提出一系列结论和建议，排在第一位的建议是“以人为本”。

政府主导、多方社会主体参与的城市现代化更加关注人的发展和人的现代化，实现人人共享的现代化。人是城市经济发展的动力、社会的细胞、文化的主体，城市是现代文明的发源地，代表人类的前进方向和进步力量。从这个意义上来说，城市现代化根本上就是人的现代化，是人的生产方式、生活方式和意识形态的现代化。人的现代化包含极其丰富的内涵和复杂的表现形态，反映在人们活动的各个方面和复杂的社会关系中。人的现代化必须达

到与现代科学技术发展相适应、与人类社会文化进步相一致、与复杂的社会关系相和谐的本质和素质。

以人为本的城市要和谐发展。城市和谐发展表现在诸多方面，大到人与环境的和谐，城市经济、社会、文化、意识各领域相互和谐，经济中产业结构、行业结构的和谐，生产、分配、流通和消费各环节的和谐；小到各社区邻里关系的和谐，居民生活各环节之间的和谐等。良好人居环境的城市，其和谐、均衡发展是全方位的。

"技术"和"人文"是未来城市发展的"两个支点"。以人为本、注重人文精神在城市发展规划中已经越来越受重视。未来的城市现代化应该以人为中心，把视角转到"人"上来，提升城市居民的体验感和获得感，也使得人这个城市建设者更能发挥主观能动性，从而赋能千行百业，激发城市活力。

（四）节能减排低碳生活，引领城市绿色发展

全球城市发展的重要趋势之一是城市生态环境的建设，通过环境保护、节能减排、低碳生活等举措进行生态治理，实现城市的绿色发展和可持续发展，如新加坡作为世界花园城市和洛杉矶的城市生态治理都很好地诠释了城市绿色发展的概念。当下更是提出了绿色城市更新的概念。

城市的绿色发展包括但不限于节能减排、污染治理和生态建设，还包括绿色生产、绿色流通、绿色交通、绿色资源、绿色能源、绿色建筑、绿色金融、绿色贸易、绿色教育、绿色治理等广泛的经济社会领域，是一个涵盖城市生产、生活、组织的整体性绿色城市体系。

绿色城市更新的领域，既有传统市政污水和固废处理的全覆盖、危险企业搬迁改造、城市建筑和基础设施等绿色化改造、绿色环保产业的建设，还有城市绿色交通、新能源基础设施、城市生态涵养等功能性设计构建等，广泛涉及绿色建筑、海绵城市、综合管廊、污水处理、固废处理、企业节能减排、绿色出行、清洁能源、生态保护与修复等。其中，城市绿色基础设施建设、低碳社区建设等备受关注。

城市绿色发展是谋求人与自然的和谐发展，注重通过转变生产和生活方式提高城市社会经济发展的资源环境效率，力图为城市寻找新的活力和发展机遇，强调绿色经济在城市发展中的地位。"低碳"是城市绿色发展的重要诉求，但不是唯一诉求；低碳产业是绿色新兴产业的重要内容，但不是全部内容；后金融危机的时代背景下，绿色城市理念与全球经济复兴、创造就业等内容紧密联系，具有更加深刻的内涵（海南省绿色金融研究院，2021）。

（五）传统与现代交融，推进城市包容性发展

城市不仅仅是经济的载体或工业基地，它是经济、社会和文化的综合体，繁荣的经济、和谐的社会和多元的文化集于城市，是城市现代化的本质。如德国的柏林就特别重视城市新与旧的融合，城市的内向发展中，一方面，积极发展现有城区，增加建筑密度，重新利用废弃的道路、工厂和其他空置土地，完善城市小空间，将大部分的发展用地尽可能安排在现有城区，以减轻柏林的扩展对外围地区的压力。另一方面，恰当适度地进行新区建设，重点是东北部的布赫霍尔茨区、布赫卡罗区、布兰肯堡区，以解决城市扩张和人口增长的需求，促进东柏林地区工业和社会服务业的发展。“新”与“旧”的融合在柏林得到很好的展现，并积极促进了城市的包容性发展。

包容性城市包含经济、社会、政治和文化4个方面的含义，且这4个方面相互关联与促进。它不仅体现在城市对来自不同地域、不同语言、不同文化背景、不同价值观的人群的接纳程度，更体现在城市不同群体，尤其是弱势群体，共享城市发展的成果、实现其美好生活追求的现实需要。

城市发展离不开文化的支撑，文化渗透贯穿于城市的整个发展过程和各个领域，文化已成为推进城市包容性发展的内在驱动因素。在城市现代化进程中，一方面是传统文化的保护传承，另一方面是现代文化的创造彰显，传统文化与现代文化在碰撞中交织融合，丰富了城市生活的内涵。传统文化与现代文化的融合是城市生活现代化的必然要求和彰显城市文化魅力、提升城市文化影响力的主要途径。

传统与现代的交融、文化多元化发展不只是促进了城市开放包容，还是城市国际化和建立广泛国际联系的基本条件。例如，纽约自建立以来就是一个多元化包容的城市，纽约承认新思想的价值，对新观点持开放态度，保持科技活力，鼓励技术创新，从而有利于创造力的迸发。不断以多元化和包容性来吸纳全球人才，拥有世界上比例较高的外籍人口和较宽松的移民政策。与之相比，我国北京、上海等城市常住外籍人口占城市总人口的比例不超过1%[①]。纽约市政府作为城市的领导者和政策制定者，利用多元化和复杂性引导市民形成共同的人文气质来建立文化产业，并在打造自己的城市文化的过程中凝练城市精神，这些先进经验和举措值得我国城市借鉴学习。

二、捕捉城市发展的个性特点，培养具有特色的城市精神

城市的特色发展不取决于城市规模，而取决于城市的内在要素，如城市

① 资料来源：《中国人口普查年鉴，2020》，第七次全国人口普查公报（第八号），http://www.stats.gov.cn/tjsj/tjgb/rkpcgb/qgrkpcgb/202106/t20210628-1818827.html.

定位、城市精神等。

根据城市定位的不同，面对未来世界发展趋势，依托战略性资源与核心竞争优势，每座城市都应提炼出适合自己城市的发展之路。北京依托中国首都和政治、文化、国际交往、科技创新中心的定位，打造世界著名的古都和现代国际城市，同时依据京津冀一体化战略规划，实现协同创新、区域生态环境保护和交通设施建设的一体化发展。上海不仅要在国际经济、金融、贸易、国际航运4个中心基础上实现2035年基本建成卓越的全球城市，还要发挥长江三角洲城市群核心城市的辐射带动作用，并合理疏散其非核心功能。

城市精神是城市发展的动力和源泉，是展示城市形象、构筑城市文明的重要体现。就前文已分析的15个案例城市而言，其城市现代化模式和路径具有鲜明的特色，并凝练出自己的城市精神。有的城市精神在于新旧交融，如伦敦、巴黎、莫斯科和柏林等；有的城市精神在于开放包容，如纽约、多伦多、东京、首尔、新加坡等。为便于分类，我们只选取一个典型视角进行阐述。

（一）致敬传统和创新的伦敦精神

英国人总是一面颂扬着英伦传统，一面张开怀抱迎接全新的世界，这一精神特质尤其体现在其首都城市伦敦。2014年，前任伦敦市长鲍里斯·约翰逊在《伦敦精神》中写道：伦敦是一座古老传统与创新文化高度融合的城市。

英国作为第一个完成工业化的国家，在资本主义经济体系上升时期发挥了不可替代的作用，伦敦也因此成为当时世界关注的中心，它在现代资本主义全球经济体系中的作用是独特的，也是短期内其他城市暂时无法替代的。不过，伦敦并不是一个工业城市，而是以国际商业、金融及贸易中心定位，突出它的历史文化都市的风格，使其成为国际性的旅游、观光、消费、休闲城市。

伦敦将历史建筑加以创新利用，提升历史文化区域业态活力。例如，泰晤士河两岸的历史建筑通过植入时尚化的设计元素进行空间改造，塑造城市天际轮廓，协调统一两岸风貌，展现了城市新旧并存的生机活力。伦敦在适应后工业化社会、现代信息社会方面做了大量工作，并取得了显著的成效，其金融产业、创意文化产业等现代服务业发展势头强劲。目前，伦敦的经济结构发生了巨大变化，产业不断升级，已发展成为金融中心、交通航运中心、信息科研中心、文化教育中心及人才高地。伦敦在维护历史文化传统、发展现代城市功能、保持其国际影响力、迎接新时代的挑战等方面积累了丰富的经验。尤其是伦敦重视利用历史遗产保护、生态导向和重大事件导向等方式来对原土地低效利用和废弃区域进行改造和更新，更多地促进闲置和公共土地参与更新。通过引入文化产业和创意产业提高城市更新项目的综合效益，实现城市的转型升级。这些经验对我国北京、上海等特大城市的未来发展有着借鉴和启示作用。

（二）坚忍不拔、创新包容的纽约精神

纽约作为一座典型的移民城市，开放、包容、多元的精神使它成为世界城市。多元文化熏陶下的纽约人不仅崇尚公平竞争与创新，而且坚持不懈地追求自由平等。自由女神像代表了纽约人崇尚自由平等的文化精神。就其城市现代化而言，纽约能取得今天的成就和地位，与其坚忍不拔、不断创新、多元包容的纽约精神密不可分。这些精神对纽约的崛起和腾飞有着巨大的作用，并将继续引领着这座城市的发展。

独立战争期间，纽约作为主要战场曾遭受严重破坏，但它凭借着坚忍不拔的精神，主动吸引英国资本，努力保持与英国商业中心利物浦、伦敦之间的贸易往来，很快从战争创伤中恢复并发展起来。随后，纽约商人并没有满足于从英国剩余工业品倾销中获得利益，而是积极创新，以吸引各地商人，其中的黑球班轮为纽约商人树立了大胆创新的商业领袖形象，并给19世纪的纽约带来了使其竞争对手望尘莫及的巨额财富。纽约市是世界城市中人种和民族最复杂多样的城市，而纽约也以包容的态度海纳百川，吸引着全球的人才，兼容各国的先进文化，为其发展提供了源源不断的动力。

（三）浪漫自由、理性创新的巴黎精神

作为浪漫之都的巴黎，不仅在法国，而且在欧洲都具有超然的地位。在雨果眼里，偌大的法国只是伟大的巴黎的影子。自20世纪60年代以来，巴黎一直致力于建成世界的时尚之都、欧洲的经济之都、欧洲大陆向世界开放的门户。巴黎拥有其他城市难以相比的历史古迹、艺术建筑和文化遗产，也是一座充满活力、创造力和生机的城市。

埃菲尔铁塔是现代科技的产物，也是法国人理性科学精神的象征。在科学理性和创新精神的支撑下，让巴黎在当今世界经济、文化现代化发展过程中始终保持着自己特有的品牌和魅力。巴黎的城市现代化之路还体现为在其浪漫自由的城市精神引导下，用文化来塑造这座城市。它的文化轴线布局，充分利用了历史文化积淀来塑造巴黎这座浪漫与现代交织的城市。巴黎挖掘城市历史文化遗产，将城市规划与城市轴线相结合，以城市轴线形成独特城市景观，延续城市的文脉。例如，巴黎打造形成的独一无二的塞纳河文化轴线不但连接了城

市的实体空间，也在时间和空间上映射出城市文化的更迭变迁。这条文化轴线途经卢浮宫、埃菲尔铁塔、蓬皮杜艺术中心等，成为巴黎的文化名片。

巴黎重视发挥文化空间规划在城市功能布局中的作用，将古迹和现代文化设施相互交融，在公共空间注入文化元素，利用其改造公共空间。在进行文化空间的打造时，对该城市的历史文化遗产进行保护和再利用，如巴黎圣母院、卢浮宫等。此外，特色文化空间的挖掘和展示、文创产业的扶持和发展等是巴黎以文化塑造城市的具体措施。城市发展离不开文化的延续，要寻找属于城市自己的文化发展路径，以文化塑造城市。

（四）多元包容、开放务实的东京精神

多元包容是东京极力倡导的城市精神，正如《东京2040》所提出的：未来的使命在于使东京成为多元人群文化交流和人才培养的场所，成为具有包容力的城市。开放务实是东京现代化过程中一直秉持的理念和原则。

东京的现代化之路始终坚持特色性、开放性和可行性。在经历了第二次世界大战的重创后，东京大力发展第二产业，但并没有盲目照搬西方国家的发展模式，而是结合城市发展特点和发展规律，用轨道交通的发展带动现代化发展，走出了属于自己的一条现代化发展道路。直到现在，日本的公共交通也十分发达，一直是人们出行的首选。

东京在现代化进程中注重发掘自己的原创力，尤其是在都市文化方面。东京独特的流行文化氛围与现代化发展并肩而行。东京已发展成为亚洲乃至世界最集中的出版、印刷、动漫、游戏产业中心之一，创造能力活跃。东京不仅是当代亚洲流行文化的传播中心，而且是世界时尚与设计产业的重要城市。基础设施、研究机构的现代化等可以有规划地进行，文化的发展却无法一蹴而就，需要的是观念和理念的突破。

（五）廉洁奉公、讲求效率的新加坡精神

新加坡是一个城市国家，国土面积小、人口高度密集，资源贫乏。但新加坡立足于外向型发展策略，利用经济杠杆推动社会的全面进步，倡导多元文化协调发展，如今，其城市现代化已走到世界前列。

吸引外资是新加坡的基本国策，正是这一发展策略创造了新加坡经济的成长奇迹、保持了它的竞争能力。这一策略的核心是实行贸易立国、外资立国，刺激国内企业出口，鼓励外国投资，从而增强新加坡经济的国际竞争力。这一经济策略与新加坡优越的地理位置相得益彰，在很大程度上弥补了其自

然资源的不足，逼迫其发挥优势、极度开放，更好地利用外部市场和外国资本，从而取得了骄人的成长业绩。新加坡将资本自由竞争与政府的宏观调控相结合，形成了一套稳定且独具特色的经济体系，制定了灵活有效的产业政策。随着近年来新加坡航空业、电信业、金融业的发展，新加坡日益成为国际经济贸易中心。

新加坡前总理李光耀执政时把“廉洁的政府、有效的民事服务”作为一条重要的治国原则，这也成为新加坡的城市精神被传承下来。在1997年全球57个国家与地区评比中，新加坡被评为亚洲最不贪污的国家，政府效率曾在国际竞争力评比中列为第一。历届新加坡政府从制约权力、以薪养廉、严厉的法律与强有力的手段、始终把民众的利益放在重要位置上等方面促进政府工作的廉洁高效、为民服务，并获得民众的认可和信赖。廉洁奉公、讲求效率的城市精神已成为新加坡人的共同价值观和文化特色。

（六）敢闯敢试、追求卓越的深圳精神

深圳是一座建市仅43年的年轻城市，从一个边陲小镇迅速成长为现代化城市，成为一座充满活力的创新型城市。它的快速发展堪称奇迹。

敢闯敢试的创新精神是深圳最鲜明的特色。肩负着为国家发展探路的重要责任，深圳以“敢为天下先”的观念鼓励创新、宽容失败，催生了深圳大大小小的创新，在经济、制度、文化、产业、高科技等领域不断用创新构思，寻求更适合的城市发展路径。没有这些创新，就不可能出现“深圳速度”。当前，深圳正加快建设大湾区综合性国家科学中心，城市更加重视科技创新能力建设。深圳正从应用技术创新向基础技术、前沿技术创新转变，从跟随模仿向科技领跑跃升，努力实现着更多从“0”到“1”的原始创新，持续发掘深圳科技创新的潜能。敢闯敢试既是深圳过去冲破束缚、大胆创新、应对各种困难和风险挑战的智慧和魄力的经验总结，也是对深圳未来发展继续勇于担当、开拓创新的期许。

深圳不仅勇于开拓创新，而且不断追求卓越。深圳40多年的发展离不开深圳人只争朝夕、不断进取的追求。在不断开放中博采众长，在宽容失败的前提下追求卓越。在城市现代化进程中，深圳人总是以积极的姿态迎接新的挑战，追求卓越似乎已经成为这座城市的惯性。对于未来，深圳人不满足于效率，而是追求质量，不满足于富强，而是追求和谐，这种追求卓越的品质使得深圳有着先行示范的潜质和能量（孙晓玲，2020）。“敢闯敢试，追求卓越”的深圳精神已然成为深圳的文化符号。

参考文献

[1] 2Thinknow. Innovation Cities™ Index 2021: Top 100 World's Most Innovative Cities [EB/OL] . [2021–12–01] . https: //www.innovation–cities.com/worlds–most–innovative–cities–2021–top–100/25477/.

[2] ABERCROMBIE, PATRICK.Greater London Plan [M] . London: University of London Press, 1944.

[3] ABU–LUGHOD, JANET L. New York, Chicago, Los Angeles: America's global cities [M] . Minneapolis: University of Minnesota Press, 1999.

[4] AD VAN DER WOUDE, AKIRA HAYAMI, JAN DE VRIES. Urbanization in history: a process of dynamic interactions [M] . New York: Oxford University Press, 1990.

[5] ALSHULER, ALAN, LUBEROFF, et al. Mega–projects: The Changing Politics of Urban Public Investment [M] .Washington, D.C: The Brookings Institution, 2003.

[6] BEAUREGARD, ROBERT A. The Textures of Property Markets: Downtown Housing and Office Conversions in New York City [J] . Urban Studies, 2005, 42 (13) : 2431–2445.

[7] BECK U, GIDDENS A, LASH S.Reflexive Modernization [M] .Stanford, California: Stanford University Press, 1994.

[8] BECK U.Risk Society: Toward a New Modernity [M] .London: Sage, 1992.

[9] BENDIX R. Tradition and Modernity Reconsidered [J] .Comparative Studies in Society and History, 1967, 9 (3) : 292–346.

[10] BLACK C E.The Dynamics of Modernization: A Study in Comparative History [M] .New York, Evanston, and London: Harper & Row, Pbulishers, 1966.

[11] BLACK C E.Comparitive Modernization [M] .New York: The Free Press, 1976.

[12] BLANEY D L, INAYATULLAH N. Neo–modernization? IR and the inner life of modernization theory [J] . European Journal of International Relations, 2002, 8 (1) : 103–137.

[13] BOUDEVILLE J R. An operational model of regional trade in France [J] . Papers of the Regional Science Association, 1961 (7) : 177–187.

[14] Bureau of Economic Analysis. GDP by County, Metro, and Other Areas [EB/OL] . [2021–11–20] . https: //www.bea.gov/data/gdp/gdp–county–metro–and–other–areas.

[15] CHANDLER, ALFRED D. Scale and scope: the dynamics of industrial capitalism [M] . Massachusetts: Harvard University Press, 1990.

[16] CHEW, VALERIE. Development guide plan [EB/OL]. [2021–06–28] . https: //ere–

sources.nlb.gov.sg/infopedia/articles/SIP_1371_2009-01-05.html.

[17] CHRIS COUCH, JAY KARECHA, HENNING NUISSL, et al. Decline and sprawl: an evolving type of urban development - observed in Liverpool and Leipzig [J]. European Planning Studies, 2005 (1).

[18] City of Sydney. City at a Glance [R/OL] . [2021-12-01] .https: //www.cityofsydney.nsw.gov.au/guides/city-at-a-glance.

[19] County Health Rankings Roadmaps [EB/OL]. http: //www.countyhealthrankings.org/.

[20] CROOK S, PAKULSKI J, WATERS M.Post-Modernization: Change in Advanced Society [M] . London: Sage, 1992.

[21] DAVOUDI, SIMIN, STRANGE, et al. Conception of space and place in strategic spatial planning [M]. London and New York: Rouledge, 2009.

[22] DENG Y, SING T, REN C.The future of public housing: Ongoing trends in the East and the West [J]. Berlin, 2013: 103-121.

[23] Economist Intelligence Unit. The Global Liveability Index 2021 [EB/OL] . [2021-12-01] . https: //www.eiu.com/n/campaigns/global-liveability-index-2021/#mktoForm_anchor.

[24] Economist Intelligence Unit. Benchmarking global city competitiveness [EB/OL] . [2019-11-15] . https: //www.citigroup.com/citi/citiforcities/pdfs/eiu_hotspots_2012.pdf.

[25] EISENSTADT S N. Mdoernization, Protest and Change [M] .Englewood Cliffs. N.J.: Prentice-Hall, 1966.

[26] ELLIS, DAVID MALDWYN. New York: State and city [M] . Ithaca: Cornell University Press, 1979.

[27] ENGERMAN, STANLEY L, GALLMAN, et al. The Cambridge economic history of the United States Volume Ⅲ: The twentieth century [M] . New York: Cambridge University Press, 1996.

[28] FEDOTOVA, VALENTINA.Fragmentation and Complexity of Modernization Processes [J]. Filosofskie nauki, 2012 (10): 72-81.

[29] Financial Centre Futures. The global financial centres index 30 [EB/OL] . [2020-12-05] . http: //en.cdi.org.cn/images/research/gfci/GFCI_30.pdf.

[30] FORTUNE. Global 500 2020 [EB/OL] . https: //fortune.com/global500/2020/.

[31] FREEMAN, LANCE. There Goes the Hood: Views of Gentrification from the Ground Up [M] . Philadelphia: Temple University Press, 2006.

[32] FRIEDMANN J. Regional Development Policy: A case study of Venezula [M] . Massachusetts: MIT Press, 1966.

[33] GaWC. Classification of cities 2020 [EB/OL] . https: //www.lboro.ac.uk/gawc/world2020t.html.

[34] GEYER H S, KONTULY T L.A theoretical foundation for the concept of differential urban-

ization [J] . International Regional Science Review，1993，15 (2) ：157–177.

[35] GaWC.The World according to GaWC 2020 [EB/OL] . [2021–12–01] . https: //www.lboro.ac.uk/gawc/world2020.html.

[36] GOTTMANN J. Megalopolis or the Urbanization of the Northeastern Seaboard [J] . Economic Geography，1957 (33) ：189–200.

[37] GOTTMANN J. Megalopolis revisited：25 years later [M] . College Park，Md.：University of Maryland Institute for Urban Studies，1987.

[38] Greater London Authority. About the GLA [Z] . 2012.

[39] Greater London Authority. The London Plan [Z] . 2004.

[40] Greater London Authority. The London Plan [Z] . 2008.

[41] Greater London Authority. The London Plan [Z] . 2011.

[42] Greater London Council. London Government Act 1963 [R/OL] . [2021–06–16] . https: //www.legislation.gov.uk/ukpga/1963/33/pdfs/ukpga_19630033_en.pdf.

[43] GROSSMAN G，and KREUGER A. Economic Growth and the Environment [J] . Quarterly Journal of Economics，1995，110 (2) ：353–377.

[44] HALL P.New trends in European Urbanization [J] . Annals of the American Academy of political and Social Science，1980 (451) ：50–51.

[45] HALL P，PAIN K. The Polycentric Metropolis：Learning from Mega–City Regions in Europe [M] . London：Earthscan，2006.

[46] HAN S S. Global city making in Singapore：a real estate perspective [J] . Progress in Planning，2005，64 (2) ：69–175.

[47] HARRIS，NIGEL. Cities in a Global Economy：Structural Change and Policy Reactions [J] . Urban Studies，1997，34 (10) ：1693–1703.

[48] HARRISON D. The Sociology of Modernization and Development [M] . London：Unwin Hyman，1988.

[49] HAUSER P M，SCHNORE L. The study of urbanization [M] . New York：John Wiley and Sons，1965.

[50] Hilmar von Lojewski. 统一后柏林的城市发展战略 [Z/OL] . https: //www.sohu.com/a/278551930_651721.

[51] HIRSCHMAN A O. The strategy of economic development [M] . Cumberland：Yale University Press，1958.

[52] HOHORST，GERD. Materialien zur Statistik des Kaiserreichs 1870–1914 [M] . d. 3，München，1978.

[53] HOWARD E. Garden Cities of Tomorrow [M] . Mantana：Kessinger Publishing，LLC，2008.

[54] HOYT H.The structure and growth of residential neighborhoods in American cities [M]. Washington U.S.: Federal housing administration, 1939.

[55] IESE Business School. IESE Cities in Motion Index 2020 [EB/OL]. [2021-12-30]. https: //media.iese.edu/research/pdfs/ST-0542-E.pdf.

[56] Independent Budget Office of the City of New York [EB/OL]. https: //ibo.nyc.ny.us/.

[57] INGLEHART R.Modernization and Postmodernization: Cultural, Economic and Political Change in 43 Societies [M].Princeton: Princeton University Press, 1997.

[58] Institute for Urban Strategies, The Mori Memorial Foundation. 2021.Global power city index 2021 [EB/OL]. [2021-11-25]. http: //www.mori-m-foundation.or.jp/english/ius2/gpci2/index.shtml.

[59] JOHN F MCDONALD. What happened to and in Detroit [M]. Urban Studies, 2014: 51.

[60] KEARNEY. Global Cities: divergent prospects and new imperatives in the global recovery. 2021 Global Cities Report [EB/OL]. https: //www.kearney.com/global-cities/2021.

[61] KEARNEY.Global cities: new priorities for a new world. [EB/OL]. [2021-12-02]. https: //www.kearney.com/documents/20152/60890709/Global+Cities%E2%80%94new+priorities+for+a+new+world.pdf/d908884f-b786-a49b-ffed-1c08735603fd?t=1608472416000.

[62] KLEIN, MILTON M. The empire state: A history of New York [M]. Ithaca: Cornell University Press, 1902.

[63] LARRY S, BOURNE, 严宁.多伦多规划所面临的挑战：过去、现在和将来 [J]. 国外城市规划，2005，20（2）：62-65.

[64] LEE E S. A Theory of Migration [J]. Demography, 1966, 3 (1): 47-57.

[65] LESLIE MABON, WAN-YU SHIH. Management of sustainability transitions through planning in shrinking resource city contexts: an evaluation of Yubari City, Japan [J]. Journal of Environmental Policy & Planning, 2018, 20 (4): 482-498.

[66] LEWIS W A.Economic Development with Unlimited Supplies of Labour. The Manchester School [J]. 1954, 22 (2): 139-191.

[67] Los Angeles city planning department. The citywide general plan framework: an element of the city of Los Angeles general plan [R/OL]. https: //planning.lacity.org/odocument/513c3139-81df-4c82-9787-78f677da1561/Framework_Element.pdf.

[68] Los Angeles Department of City Planning. the Bureau of sanitation. City-collected refuse disposal plan: An Element of the General Plan [R/OL]. https: //planning.lacity.org/odocument/c9dd48c1-d9ed-4569-a448-74216c30cfe1/Infastructure_Systems.pdf.

[69] Los Angeles Department of City Planning. Conservation element of the city of Los Angeles general plan [R/OL]. https: //planning.lacity.org/odocument/28af7e21-ffdd-4f26-84e6-

dfa967b2a1ee/Conservation_Element.pdf.

[70] Los Angeles Department of City Planning. Mobility Plan 2035：An Element of the General Plan [R/OL] . https: //planning.lacity.org/odocument/523f2a95-9d72-41d7-aba5-1972f84c1d36/Mobility_Plan_2035.pdf.

[71] MASTERCARD. Bangkok Tops Mastercard's Global Destination Cities Index for the Fourth Consecutive Year [EB/OL] . [2021-11-22] .https: //investor.mastercard.com/investor-news/investor-news-details/2019/Bangkok-Tops-Mastercards-Global-Destination-Cities-Index-for-the-Fourth-Consecutive-Year/default.aspx.

[72] MAYOR ERIC GARCETTI L A. Green New Deal：Sustainable city plan 2019 [R/OL] . https: //plan.lamayor.org/.

[73] Mayor of London. A city of all Londoners [Z] . 2016.

[74] Mayor of London. Draft Further Alterations to the London Plan [Z] . 2006.

[75] Mayor of London. Draft London Plan [Z] . 2002.

[76] Mayor of London. Draft London Plan：Consultation and minor suggested changes [Z] . 2018.

[77] Mayor of London. Planning for a better London [Z] . 2008.

[78] Mayor of London. The London Plan Consolidated with alterations since 2004 [Z] . 2008.

[79] Mayor of London. The London Plan [Z] . 2004.

[80] Mayor of London. The London Plan [Z] . 2011.

[81] Mayor of London. The London Plan [Z] . 2021.

[82] Mayor of London. The London Plan：Consolidated with alterations since 2011 [Z] . 2016.

[83] Mayor of London. The London Plan：Consultation draft replacement plan [Z] . 2009.

[84] Mayor of London. The London Plan：Draft further alterations to the London Plan July 2011 Consolidated with revised early minor alterations October 2013 [Z] . 2014.

[85] Mayor of London. The London Plan：Intend to publish （clean version） [Z] . 2019.

[86] Mayor of London. The London Plan：Revised early minor alterations [Z] . 2013.

[87] Mayor of London. Towards the London Plan [Z] . 2001.

[88] MCCLELLAND，PETER D，MAGDOVITZ，et al. Crisis in the making：The political economy of New York State since 1945 [M] . New York：Cambridge University Press.

[89] MULHOLLAND，H L NE. Boris Johnson mulls "intelligent" congestion charge system for London [M] . The Guardian，2009.

[90] MYRDAL G. Economic theory and underdeveloped regions [M] . London：Methuen，1972.

[91] NOWAK，DAVID J. The urban forest of New York City [R/OL] . [2021-11-22] . https: //doi.org/10.2737/NRS-RB-117.

[92] NUMBEO. Current Quality of Life Index [EB/OL] . [2021-12-01] . https: //www.numbeo.com/quality-of-life/rankings_current.jsp.

[93] NYC gov. NYC Population: Current and Projected Populations [EB/OL]. [2021-11-20]. http: //www1.nyc.gov/site/planning/data-maps/nyc-population/current-future-populations.page.

[94] NYC Mayor's Office of Sustainability. Inventory of New York City Greenhouse Gas Emissions [EB/OL]. [2021-11-22]. https: //www1.nyc.gov/site/sustainability/reports-and-data/ghg-inventory.page.

[95] PANAYOTOU T. Demystifying the Environmental Kuznets Curve: Turning a Black Box in to a Policy Tool [J]. Environment and Development Economics, Carmbridge: Cambridge University Press, 1997 (2): 465-484.

[96] PANDEY R. Modernization and Social Change [M].New Delhi: Criterion Publications, 1988.

[97] Paris Region Government [R/OL]. [2021-12-07].https: //www.prefectures-regions.gouv.fr/ile-de-france.

[98] Paris Region. Paris Region Key Figures [R/OL]. [2021-11-20]. https: //parisregion.eu/ discover.html.

[99] PAULINE MCGUIRK, PHILLIP O'NEILL. Planning a Prosperous Sydney: The challenges of planning urban development in the new urban context [J]. Australian Geographer, 2002, 33 (3): 301-316.

[100] PEVSNER, NIKOLAUS. London I: The cities of London and Westminster (The buildings of England) [M]. London: Penguin, 1962.

[101] PORTER M E. Competitive Strategy: Techniques for Analyzing Industries and Competitors [M]. New York: Free Press, 1998.

[102] POTTER, JIM. The American economy between the World Wars [M]. London: Macmillan, 1985.

[103] PWC. Cities of Opportunity7 [EB/OL]. [2020-05-15]. https: //www.pwc.com/us/en/cities-of-opportunity/2016/cities-of-opportunity-7-report.pdf.

[104] QS. QS World University Rankings [EB/OL]. https: //www.topuniversities.com/university-rankings/world-university-rankings/2021.

[105] RANIS G, FEI J CH. A theory of economic development [J]. The American Economic Review, 1961 (51): 533-565.

[106] SAARINEN E. The City: Its Growth, Its Decay, Its Future [M]. New York: Reinhold Publishing Corporation, 1943.

[107] SCHOFIELD, JOHN. London after the Great Fire [EB/OL]. [2011-11-28]. https: //www.bbc.co.uk/history/british/civil_war_revolution/after_fire_01.shtml.

[108] Scott Douglas Campbell. Cold War Metropolis: Urban Development and Economic Policy

in West Berlin [D] . Berkeley: University of California, Berkeley, 1990.

[109] SHEFTER, MARTIN. Political crisis, fiscal crisis: The collapse and revival of New York City [M] . New York: Basis Books, 1987.

[110] SITES, WILLIAM. Remaking New York [M] . Minneopolis: The University of Minnesota Press, 2003.

[111] STARR, ROGER. Rise and fall of New York City [M] . New York: Basic Books, 1985.

[112] Statistics of Tokyo.Tokyo Statistical Yearbook 2019 [DB/OL] . [2021-10-05] . https: //www.toukei.metro.tokyo.lg.jp/tnenkan/2019/tn19q3e001.htm.

[113] TAN, SUMIKO. Home, work, play [M] . Singapore : Urban Redevelopment Authority, 1999.

[114] The city of New York, Mayor Bill de Blasio. One New York: The Plan for a Strong and Just City [R/OL] . 2015. http: //www.nyc.gov/html/onenyc/downloads/pdf/publications/OneNYC.pdf.

[115] The city of New York, Mayor Bill de Blasio. OneNYC 2050: Building a Strong and Fair City [R/OL] . 2019. https: //onenyc.cityofnewyork.us/wp-content/uploads/2019/05/OneNYC-2050-Full-Report.pdf.

[116] The city of New York, Mayor Michael R. Bloomberg. PlaNYC: A greener, greater New York [R/OL] . 2007. http: //www.nyc.gov/html/planyc/downloads/pdf/publications/full_report_2007.pdf.

[117] The city of New York, Mayor Michael R. Bloomberg. PlaNYC: A stronger, more resilient New York [R/OL] . 2013. http: //s-media.nyc.gov/agencies/sirr/SIRR_singles_Lo_res.pdf.

[118] The Creative Industries in New York [Z] . 2005.

[119] The Creative Industries in New York [Z] . 2010.

[120] TODARO M P. Economics for a developing world: An introduction to principles, problems and policies for development [M] . Longman, 1977.

[121] TOKYO Metropolitan Government.About Tokyo [R/OL] . [2021-09-20] . https: //www. metro.tokyo.lg.jp/english/about/index.html.

[122] TSENKOVA S. Urban Regeneration: Learning from the British Experience [M] . Calgary: Faculty of Environmental Design, University of Calgary, 2003.

[123] United Nations Food and Agriculture Organization. Global Forest Resources Assessment 2020 Main report [Z] . 2020.

[124] United States Census Bureau ACS 1-year Estimate [EB/OL] . http: //www.census.gov/programs-surveys/acs/.

[125] United States Census Bureau. 2010 Census [EB/OL] . [2021-11-22] . https: //www.census.gov/programs-surveys/decennial-census/decade.2010.html.

［126］United States Census Bureau. 2020 Census［EB/OL］.［2021-11-22］. https: //www.census.gov/programs-surveys/decennial-census/decade.2020.html.

［127］United States Census Bureau. A Story Map：2020 Census Demographic Data Map Viewer［EB/OL］.［2021-11-20］. https: //mtgis-portal.geo.census.gov/arcgis/apps/MapSeries/index.html?appid=2566121a73de463995ed2b2fd7ff6eb7.

［128］United States Census Bureau［EB/OL］. https：//www.census.gov.

［129］WIRTH L.Urbanism as a way of life［J］. American Journal of Sociology，1989（49）：46-63.

［130］World Cities Culture Forum. World Cities Culture Report［R/OL］.［2021-12-20］. http: //www.worldcitiescultureforum.com/publications/world-cities-culture-report-2018.

［131］World Atlas. The Largest Libraries in The World ［EB/OL］.［2021-11-28］. https: //www.worldatlas.com/articles/5-largest-libraries-in-the-world.html.

［132］YEE，A T K. The vegetation of Singapore-an updated map［J］. Gardens' Bulletin Singapore，2011，63（1 & 2）：205-212.

［133］YU PENG LIN. The Fall of Detroit：A Financial Economist's Point of View［J］. International Journal of Economics and Finance，2014（6）.

［134］ZAPF W.Modernisierung，Wohlfahrtsentwicklung und Transformation［M］. Berlin：Sigma，1999.

［135］ZELINSKY W. The Hypothesis of the Mobility Transition［J］. The Geographical Review，1971（61）：219- 249.

［136］ПРАВИТЕЛЬСТВО МОСКВЫ.Приложение о территориальном планировании города Москвы［R/OL］. https: //genplanmos.ru/download/polozheniya_o_territorial-nom_planirovanii/.

［137］РОССТАТ. Россия в цифрах ［R/OL］. https: //mosstat.gks.ru/folder/64643.

［138］国际城市（县）管理协会，美国规划协会. 地方政府规划实践（原著第三版）［M］. 张永刚，施源头，陈贞，译. 北京：中国建筑工业出版社，2006.

［139］奥古斯特·勒施. 经济空间秩序：经济财货与地理间的关系［M］. 王守礼，译. 北京：商务印书馆，1995.

［140］菲利浦·奥斯瓦尔特.收缩的城市［M］.上海：同济大学出版社，2012.

［141］哥德伯戈.城市土地经济学［M］.北京：中国人民大学出版社，1990：17.

［142］罗伯特·帕克.城市：有关城市环境中人类行为研究的建议［M］.杭苏红，译.北京：商务印书馆，2016.

［143］巴顿.城市经济学——理论和政策［M］.北京：商务印书馆，1984：12.

［144］鲍宗豪. 城市现代化：走向科学理性的追求［J］. 毛泽东邓小平理论研究，2003，（4）：34-41.

[145] 布莱克.比较现代化[M]. 杨豫，译. 上海：上海译文出版社，1996.
[146] 曹晟，唐子来.英国传统工业城市的转型：曼彻斯特的经验[J].国际城市规划，2013，28（6）：25-35.
[147] 陈岸瑛. 世纪后半叶的都市现代化与巴黎印象派[J].艺术设计研究，2014，19：112-118.
[148] 陈春林，梅林，刘继生，等. 国外城市化研究脉络评析[J].世界地理研究，2011，20（1）：70-78.
[149] 陈锋.转型时期的城市规划与城市规划的转型[J]. 城市规划，2004，8（28）：9-19.
[150] 陈广汉.香港回归20年经济发展的回顾与展望[J]. 亚太经济，2017（4）：163-172.
[151] 陈济朋. 英国城市的扩张与萎缩[N]. 经济参考报，2017-11-28（4）.
[152] 陈洁.西方城市更新中的文化策略——以伦敦和悉尼为例[J].国际城市规划，2020（5）：61-66.
[153] 陈锦富，任丽娟，徐小磊，等. 城市空间增长管理研究述评[J]. 城市规划，2009（10）：19-23.
[154] 陈柳钦. 城市现代化及其指标体系新框架[J]. 中国市场，2010（37）：72-81.
[155] 陈顺清.城市增长与土地增值[M].北京：科学出版社，2000：9.
[156] 陈曦，汪军.英国城市政策变迁及其对我国的启示[J].规划师，2012，28（S1）：65-70.
[157] 陈颐.中国城市和城市现代化[M].南京：南京出版社，1998：3.
[158] 陈友华.上海城市总体规划编制的历史回顾[J].城市规划学刊，2008：23-26.
[159] 陈志洪，高汝熹，管锡展. 纽约产业结构变动及对上海的启示[J].上海经济研究，2003（10）：49-57.
[160] 崔援民.河北省城市化战略与对策[M].石家庄：河北科学技术出版社，1998：20.
[161] 高佩义.中外城市比较研究（增订版）[M]. 天津：南开大学出版社，2004：3.
[162] 高珮义.国外关于城市化理论研究的概况[J].北京社会科学，1990（4）：143-148.
[163] 顾朝林，黄春晓，吴骏莲. 江苏省城市现代化水平评价及预测[J]. 城市规划汇刊，2000（6）：34-39，79.
[164] 郭伟，刘扬.法国金融科技监管顶层设计、实践探索及启示[J].国际金融，2021（10）：30-38.
[165] 郭占恒，宋炳坚.长江三角洲率先基本实现现代化研究[J].上海经济研究，2001（4）：3-13.
[166] 国家发展改革委外事司.一个日本小城市的破产[J].中国经贸导刊，2006（17）：54-55.
[167] 国务院. 国务院关于调整城市规模划分标准的通知[EB/OL]. http: //www.gov.cn/

gongbao/content/2014/content_2779012.htm.
[168] 海南省绿色金融研究院.观点透视：用绿色发展理念引领城市更新［EB/OL］.［2022-01-20］. https: //m.thepaper.cn/baijiahao_13156922.
[169] 韩士元. 刍议城市现代化的内涵和评价标准［J］. 理论与现代化，2004（4）：15-18.
[170] 何传启.第二次现代化：人类文明进程的启示［M］.北京：高等教育出版社，1999.
[171] 何传启.现代化科学：国家发达的科学原理［M］. 北京：科学出版社，2010.
[172] 何传启.中国现代化报告2013：城市现代化研究［M］. 北京：北京大学出版社，2013.
[173] 何传启.现代化科学领导干部读本［M］.北京：人民日报出版社，2019.
[174] 何传启.中国现代化报告2020：世界现代化的度量衡［M］. 北京：北京大学出版社，2020.
[175] 何丹，栾峰. 现阶段中国城市环境问题叠加的经验分析［M］//城市规划面对面——2005 城市规划年会论文集（下）. 北京：中国水利水电出版社，2005：1456-1463.
[176] 何飞. 新加坡经济腾飞对杭州的启示［J］. 统计科学与实践，2013，346（8）：25-27.
[177] 赫茨勒.世界人口的危机［M］.何新，译.北京：商务印书馆，1963：52.
[178] 洪亮平，陶文铸. 法国的大巴黎计划及启示［J］.城市问题，2010（10）：91-96.
[179] 胡博峰.巴黎成为金融中心的六个优势［N］.经济日报，2012-04-09（006）.
[180] 胡国洪. 新加坡经济发展的模式及经验管窥［J］. 中国城市经济，2012，168（3）：16-17.
[181] 胡蓉. 城市规划在城市公共物品开发中的引导作用［J］. 辽宁科技大学学报，2009（5）：514-518.
[182] 黄玲.深圳城市总体规划与发展战略变迁研究［J］.红广角，2016（3）：36-39.
[183] 黄乃文. 城市现代化：基本内涵与指标体系［J］. 暨南学报（哲学社会科学版），2001（4）：18-23.
[184] 贾宇清，贾廷源.底特律破产对城市发展的启示［J］.中国国情国力，2014（7）：51-52.
[185] 江曼琦，唐茂华. 韩国首都圈建设中的政府作用及其对京津合作发展的启示［J］. 东北亚论坛，2007（5）：84-88.
[186] 焦秀琦.世界城市化发展的S形曲线［J］.城市规划，1987（2）：34-38.
[187] 杰弗里·布莱内.帆与锚［M］. 桂林：广西师范大学出版社，2021：391-399.
[188] 今野修平.城市化——中国的问题整理与对策建议［A］//城市化：中国现代化的主旋律［M］.长沙：湖南人民出版社，2001：281.
[189] 凯宜咨询公司.亚太地区最具创新力的城市［EB/OL］.［2019-11-29］. http: //www.asiainnovativecities.com/.

［190］科尔尼.科尔尼全球城市营商环境指数暨百强城市排行榜［EB/OL］.［2019-11-18］. https: //www.kearney.cn/article?/a/-11.

［191］科林·琼斯.巴黎城市史［M］.长春：东北师范大学出版社，2008.

［192］李百浩，郭建，黄亚平.上海近代城市规划历史及其范型研究（1843—1949）［J］.城市规划学刊，2006，166（6）：83-91.

［193］李斌.深圳2035年什么样？［J］.宁波经济，2017（12）：18-19.

［194］李慧.冷战时期西柏林城市的发展［D］.临汾：山西师范大学，2020.

［195］理查德·佛罗里达.创意阶层的崛起［M］.司徒爱勤，译.北京：中信出版社，2010.

［196］凌嘉勤.造城建家——香港城市规划回顾与展望［J］.国际城市规划，2017，32（3）：6-10.

［197］刘波，白志刚.伦敦世界城市建设的特征及对我国城市发展的启示［J］.城市观察，2012（5）：134-141.

［198］刘佳燕.社会多元化与政府转型情境下的规划模式转变——浅析多伦多新型社会规划［J］.城市问题，2006（6）：90-94.

［199］刘景华.英国城市现代化的准备阶段——老城市的转型与新城市的兴起（1500—1750年）［J］.天津师范大学学报（社会科学版），2011（1）：29-33.

［200］刘瑞，伍琴.首都经济圈八大经济形态的比较与启示：伦敦、巴黎、东京、首尔与北京［J］.经济理论与经济管理，2015（1）：79-94.

［201］刘通，韩丽亚.日本夕张市政府破产对中国资源型城市经济转型的启示［J］.宏观经济研究，2007（1）：60-63.

［202］刘艳艳.底特律汽车产业转型失败及启示［J］.世界地理研究，2012，21（3）：101-110.

［203］刘治彦，董宪军.世界城市的建设经验与北京发展策略［J］.企业经济，2010（10）：107-112.

［204］罗荣渠.现代化新论［M］.北京：北京大学出版社，1993.

［205］罗彦.深圳2035：实现由质量效益的精明增长［J］.中华建设，2018（4）：30-33.

［206］骆悰.转型背景下上海城市规划空间发展研究与思考［J］.上海城市规划，2011（1）：40-43.

［207］马崇明.中国现代化进程［M］.北京：经济科学出版社，2003：23.

［208］马克思.马克思恩格斯全集（第3卷第2册）［M］.北京：人民出版社，1960：25.

［209］马坤.底特律破产的原因及对中国城镇化的启示［J］.对外经贸实务，2014（1）：16-19.

［210］马祥军，李朝阳.香港2030年远景规划及启示［J］.规划师，2009，25（5）：67-72.

［211］迈克尔·布鲁顿，希拉·布鲁顿，于立，等.英国新城发展与建设［J］.城市规划，2003（12）：78-81.

[212] 潘英丽. 论金融中心形成中的政府作用 [J]. 上海综合经济，2002（10）：37-39.
[213] 蒲玉梅. 从普通港口城市到全球性城市 [D]. 武汉：华中师范大学. 2005.
[214] 山鹿城次.城市地理学 [M].朱德泽，译. 武汉：湖北教育出版社，1986：106.
[215] 上海市人民政府.上海城市总体规划（2017—2035年）[R].2018.
[216] 上海市国民经济和社会发展第十四个五年规划和二〇三五年远景目标纲要 [R/OL]. [2021-01-30]. https: //www.shanghai.gov.cn/nw12344/20210129/ced9958c-16294feab926754394d9db91.html.
[217] 尚慧霞. 第一次柏林危机爆发的原因 [J]. 湖南科技学院学报，2013，34（9）：67-69.
[218] 邵君. 19世纪末期的柏林 [J]. 商业文化（上半月），2011（6）：104-105.
[219] 深圳市规划和自然资源局.深圳市国土空间总体规划（2020—2035年）[Z].2021.
[220] 深圳市人民政府. 深圳市城市总体规划（2010—2020）[Z]. 2010.
[221] 石崧.香港的城市规划与发展 [J].亚洲城市，2012：113-116.
[222] 石忆邵，范华.悉尼大都市建设用地变化特征及其影响因素分析 [J]. 国际城市规划，2009（5）：91-95.
[223] 首尔市政府.首尔2030城市基本规划（韩文）[R/OL]. [2021-12-22]. https: //urban.seoul.go.kr/UpisArchive/DATA/PWEB/STATIC/1_seoul_plan.pdf.
[224] 孙立平. 社会现代化 [M]. 北京：华夏出版社，1988.
[225] 孙婷.碳中和背景下法国大巴黎都市区交通策略 [J].国际城市规划，2021.
[226] 孙晓玲.深圳精神与中国特色社会主义城市文化自觉 [J].特区经济，2020（9）：14-17.
[227] 孙衍德，丁萍萍，陈燕.总体规划编制的思考——《香港2030》的启示 [J].中国城市经济，2010（7）：231-232.
[228] 孙悦.地方政府破产与财政重建研究——以日本北海道夕张市为个案 [J].公共行政评论，2011，4（1）：122-136，182.
[229] 天津计委发展规划处.关于天津率先基本实现现代化主要指标体系的研究 [J].天津经济，2003（4）：15-19.
[230] 同济大学建筑与城市空间研究所，株式会社日本设计.东京城市更新经验——城市再开发重大案例研究 [M].上海：同济大学出版社，2018.
[231] 王桂芹，郑伯红. 长沙城市现代化评价指标体系建构研究 [J]. 湖南科技大学学报（社会科学版），2016，19（5）：117-122.
[232] 王兰，刘刚，邱松，等. 纽约的全球城市发展战略与规划 [J]. 国际城市规划，2015，30（4）：19-33.
[233] 王兰，刘刚. 20世纪下半叶美国城市更新的角色关系变迁 [J]. 国际城市规划，2007，22（4）：21-26.
[234] 王芃.探索城市转型和可持续发展的新路径——《深圳市城市总体规划（2010—

2020）》综述［J］.城市规划，2011，35（8）：66-82.
［235］王庆林，曼弗雷·杰姆斯. 悉尼宜居环境创新与经济模式转型发展［J］.资源与人居环境，2017（12）：66-72.
［236］王如松，周启星. 城市生态调控方法［M］.北京：气象出版社，2000.
［237］王胜今，景跃军.人口·资源·环境与发展［M］.长春：吉林人民出版社，2006：107-108.
［238］王旭，黄柯可. 城市社会的变迁［M］. 北京：中国社会科学出版社，1998.
［239］王旭. 美国城市史［M］. 北京：中国社会科学出版社，2000.
［240］王艳芬.澳大利亚的现代化之路——评王宇博的《澳大利亚——在移植中再造》［J］.世界历史，2001：119-121.
［241］王颖，盛静芬. 滨水环境与城市发展的初步研究［J］. 地理科学，2002（1）：12-17.
［242］王振亮.城市空间融合论［M］.上海：复旦大学出版社，2000：18.
［243］王周杨. 首尔规划愿景解读［J］. 上海经济，2015（12）：74-77.
［244］魏伟，刘畅，张帅权，等.城市文化空间塑造的国际经验与启示——以伦敦、纽约、巴黎、东京为例［J］. 国际城市规划，2020，35（3）：77-86.
［245］吴冠岑，牛星，田伟利. 我国特大型城市的城市更新机制探讨：全球城市经验比较与借鉴［J］. 中国软科学，2016（9）：88-98.
［246］吴浩军，邹兵.城市转型期的城市总体规划策略——以深圳城市总体规划（2009—2020）为例［J］.规划师，2010，3（26）：37-41.
［247］吴唯佳，唐燕，向俊波，等.特大型城市发展和功能演进规律研究——伦敦、东京、纽约的国际案例比较［J］. 上海城市规划，2014（6）：25-36.
［248］吴永保. 城市现代化及其指标体系的构建与应用［J］. 城市发展研究，2001（1）：9-14.
［249］希尔玛·冯·罗杰维斯基，陈宇琳. 关于柏林的城市特色和城市变化［J］. 国际城市规划，2008（2）：55-61.
［250］夏银平，刘伟. 城市空间的改造、生产到正义侵蚀（巴黎1850—1890）［J］.北京理工大学学报（社会科学版），2021，23（3）：181-188.
［251］香港特别行政区政府.香港2030：规划远景与策略（最后报告）［R］.2007.
［252］香港特别行政区政府.香港2030：规划远景与策略［EB/OL］.［2018-1-24］. https: // www.pland.gov.hk/pland_en/p_study/comp_s/hk2030/chi/finalreport/.
［253］肖扬，杜坤，张泽.全球城市视角下《香港2030》城市发展战略解析［J］.国际城市规划，2015，30（4）：29-33.
［254］谢鹏飞. 阿伯克隆比与英国早期区域规划［J］. 中国勘察设计，2011（5）：75-78.
［255］谢文蕙.城市现代化趋势与评价指标初探［J］.城市发展研究，1995（3）：31-34.
［256］谢文蕙. 城市经济学［M］.北京：清华大学出版社，1996：28.

[257] 新华社. 新华·国际金融中心发展指数报告：亚太金融中心成长韧性显著增长［EB/OL］.［2021-12-02］. https: //baijiahao.baidu.com/s?id=1714241230268992945&wfr=spider&for=pc.
[258] 邢来顺. 德国第一次工业革命述略［J］. 华中师范大学学报（人文社会科学版），1999（6）：85-89.
[259] 熊鲁霞，黄吉铭.改革开放后上海城市总体规划与展望［J］.城市规划学刊，2012，200（2）：97-100.
[260] 徐博，庞德良.从收缩到再增长：莱比锡与利物浦城市发展的比较研究［J］.经济学家，2015（7）：79-86.
[261] 徐继承. 19世纪德国城市经济职能的变化及其影响［J］. 都市文化研究，2016（2）：27-40.
[262] 徐巨洲. "城市经营"本质是对公共物品和公共服务的管理［J］. 城市规划，2002（8）：9-12.
[263] 徐毅松.迈向全球城市的规划思考——上海城市空间发展战略研究［D］.上海：同济大学，2006.
[264] 许学强，周一星，宁越敏.城市地理学［M］.北京：高等教育出版社，2009：23-28.
[265] 许云樵. 南洋史［M］. 新加坡：星洲世界书局，1961.
[266] 许重光. 转型规划推动城市转型——深圳新一轮城市总体规划的探索与实践［J］. 城市规划学刊，2011，193（1）：18-24.
[267] 薛原，陆巍，陈圆圆. 首尔城市规划转型的启示与经验借鉴［J］. 城乡规划，2017（2）：6-14.
[268] 阎小培，翁计传.现代化与城市现代化理论问题探讨［J］.现代城市研究，2002（1）：40-46.
[269] 杨剑龙.论上海城市规划的历史与现实［J］.甘肃社会科学，2007（3）：1-5.
[270] 杨捷. 美苏对德政策与第一次柏林危机的缘起［J］. 南昌大学学报（人文社会科学版），2010，41（3）：105-111.
[271] 杨友孝.约翰·弗里德曼空间极化发展的一般理论评介［J］.经济学动态，1993（7）：69-73.
[272] 杨振山，孙艺芸.城市收缩现象、过程与问题［J］.人文地理，2015，30（4）：6-10.
[273] 姚凯.上海城市总体规划的发展及其演化进程［J］.城市规划学刊，2007，167（1）：101-106.
[274] 姚士谋，汤茂林.中国城市现代化概念及指标体系［J］.城市规划，1999（1）：60-61.
[275] 叶晓东，吴友法. 两重困境：第二次柏林危机期间德美关系评析［J］. 武汉大学学报（人文科学版），2007（6）：784-789.
[276] 易鑫. "尊重现状的城市发展"——当代柏林的城市更新实践［J］. 建筑与文化，2014（5）：146-151.

[277] 于安国. 新加坡经济发展的成功经验及有关问题的进一步思考［ J ］. 经济研究参考，2003（70）：31–41.
[278] 于洪俊，宁越敏.城市地理概论［ M ］.合肥：安徽科学技术出版社，1983：17.
[279] 于文. 战后柏林问题探源［ J ］. 天津师范大学学报（社会科学版），1990（2）：19–26.
[280] 詹正茂，陈刚.我国城市现代化发展进程的评价与分析［ J ］.科学管理研究，2003（6）：9–13.
[281] 张洁，郭城.德国针对收缩城市的研究及策略：以莱比锡为例［ J ］.现代城市研究，2016（2）：11–16.
[282] 张晓兰. 东京和纽约都市圈经济发展的比较［ D ］. 长春：吉林大学，2013.
[283] 赵民，何丹. 论城市规划的环境经济理论基础［ J ］. 城市规划汇刊，2000（2）：54–59.
[284] 赵云伟. 当代全球城市的城市空间重构［ J ］. 国外城市规划，2001（5）：2–5+0.
[285] 中共北京市委.北京市国民经济和社会发展第十四个五年规划和二〇三五年远景目标纲要［ Z ］. 2020.
[286] 中国城市科学研究会，中国城市规划设计研究院情报所.国外城市化译文集［ Z ］. 1987.
[287] 中国发达城市现代化评价指标体系研究课题组.中国发达城市现代化评价指标体系研究［ J ］.数据，2011（9）：66–68.
[288] 中国社会科学院城市与竞争力研究中心.全球城市竞争力2015—2016年度排名［ EB/OL ］.［ 2019-12-15 ］. http: //gucp.cssn.cn/sy_111018/qqcsjzlpm/201804/t20180412_4357911.shtml.
[289] 中国现代化战略研究课题组.中国现代化报告2006：社会现代化研究［ M ］.北京：北京大学出版社，2006.
[290] 衷菲，赵玉奇.构建充满活力的步行生态系统——多伦多发现之旅的启示［ J ］.城市发展研究，2008：4–7.
[291] 周冯琦. 世界城市纽约对上海新一轮发展的启示［ J ］. 世界经济研究，2003（7）：28–33.
[292] 周毅.现代文明进程中的城市化理论［ J ］.特区理论与实践，2003（11）：22–26.
[293] 周振华. 上海迈向全球城市：战略与行动［ M ］. 上海：上海人民出版社，2012.
[294] 朱介鸣，赵民. 试论市场经济下城市规划的作用［ J ］. 城市规划，2004（3）：43–47.
[295] 朱铁臻.城市现代化发展中的几个理论问题［ J ］. 当代贵州，2003（3）：10–12.
[296] 朱英明，姚士谋，李玉见. 我国城市现代化指标体系有关问题研究［ J ］. 人文地理，2000（4）：16–19.
[297] 竺培芬. 柏林封锁的前前后后［ J ］. 国际问题资料，1984（22）：25–28.
[298] 邹涵.香港近代城市规划与建设的历史研究（1841—1997）［ D ］.武汉：武汉理工大学，2011.

数据资料来源

[1] CCI Paris（a）[EB/OL] . [2021-11-10] . https: //www.cci-paris-idf.fr/fr.

[2] CCI Paris（b）[EB/OL] . [2021-11-10] . https: //www.cci-paris-idf.fr/fr/prospective/crocis/chiffres-cles-region-ile-de-france.

[3] City of Sydney，2021. City at a Glance [R/OL] . [2021-12-05] . https: //www.cityofsydney.nsw.gov.au/guides/city-at-a-glance.

[4] City of Toronto，2021a.Toronto at a Glance [R/OL] . [2021-11-30] . https: //www.toronto.ca/city-government/data-research-maps/toronto-at-a-glance/.

[5] Statistics of Tokyo，2021.Tokyo Statistical Yearbook 2019 [DB/OL] . [2021-10-05] . https: //www.toukei.metro.tokyo.lg.jp/tnenkan/2019/tn19q3e001.htm.

[6] 北京统计局. 北京统计年鉴2021 [DB/OL] . [2021-12-28] . http: //nj.tjj.beijing.gov.cn/nj/main/2021-tjnj/zk/indexch.htm/.

[7] 国家统计局. 2020中国第三产业统计年鉴 [M] .北京：中国统计出版社.

[8] 国家统计局. 2016—2020中国统计年鉴 [M] .北京：中国统计出版社.

[9] 深圳市统计局. 2016深圳统计年鉴 [M] . 北京：中国统计出版社.

[10] 国家统计局城市社会经济调查司.2021中国城市统计年鉴 [M] .北京：中国统计出版社.

[11] 国家卫生健康委员会.国家卫生健康统计调查制度 [M] .北京：中国协和医科大学出版社，2021.

[12] 上海市统计局.2021年上海统计年鉴 [DB/OL] . [2021-12-20] . http: //tjj.sh.gov.cn/tjnj/20220309/0e01088a76754b448de6d608c42dad0f.html.

[13] 深圳政府在线. 深圳统计年鉴2020. [2021-12-30] . http: //tjj.sz.gov.cn/zwgk/zfxxgkml/tjsj/tjnj/index.html.

[14] 文汇客户端. 改革开放40年，上海生态环境发生了哪些变化？ [R/OL] . https: //wenhui.whb.cn/third/baidu/201905/29/266571.html.

[15] 香港特别行政区政府统计处. 香港统计年刊（1995 —2021）[DB/OL] . [2021-10-29] . censtatd.gov.hk/sc/EIndexbySubject.html?scode=460&pcode=B1010003.

[16] 中华人民共和国文化和旅游部. 中国文化文物和旅游统计年鉴2021 [M] . 北京：国家图书馆出版社.